国家社会科学基金教育学一般课题
"融合教育背景下特殊学校课程建设问题研究"
（项目号：BHA170118）成果

王 辉 著

特殊儿童感知觉训练

/ 第二版 /

南京大学出版社

图书在版编目(CIP)数据

特殊儿童感知觉训练 / 王辉著. -- 2版. -- 南京：南京大学出版社，2020.3(2024.2重印)
 ISBN 978-7-305-22993-0

Ⅰ. ①特… Ⅱ. ①王… Ⅲ. ①儿童教育—特殊教育—智力开发 Ⅳ. ①G76

中国版本图书馆CIP数据核字(2020)第037439号

出版发行	南京大学出版社
社　　址	南京市汉口路22号　　邮　编　210093

书　　名　**特殊儿童感知觉训练**
　　　　　TESHU ERTONG GANZHIJUE XUNLIAN
著　　者　王　辉
责任编辑　丁　群　吴　汀　　　编辑热线　025-83597482

照　　排　南京南琳图文制作有限公司
印　　刷　江苏扬中印刷有限公司
开　　本　787×1092　1/16　印张 19.25　字数 460千
版　　次　2020年3月第2版　2024年2月第2次印刷
ISBN　978-7-305-22993-0
定　　价　56.00元

网址：http://www.njupco.com
官方微博：http://weibo.com/njupco
微信服务号：NJUyuexue
销售咨询热线：(025) 83594756

* 版权所有，侵权必究
* 凡购买南大版图书，如有印装质量问题，请与所购
　图书销售部门联系调换

第二版序言

教育部在2007年、2016年先后颁布的三类特殊教育学校义务教育《课程设置实验方案》和《课程标准》中,明确把感知觉训练列为特殊教育学校康复课程的主要内容。同时,教育部在2015年颁布的《特殊教育教师专业标准》中也提出:特殊教育教师要了解康复训练的基本知识与方法,促进康复训练与学生生活实践紧密结合,协助相关专业人员对学生进行必要的康复训练。这些不仅表明感知觉训练对促进特殊儿童发展的重要性;同时,也表明作为合格的特殊教育教师需具备特殊儿童感知觉训练的知识与技能,这是特殊教育教师专业知识、专业能力的重要组成部分。

《特殊儿童感知觉训练》一书因应了当代特殊儿童康复、发展以及特殊教育学校与高等师范院校特殊教育专业课程实施的需要,2012年由南京大学出版社出版。本书出版以来,深受业界师生、专业人士的青睐,受到了广泛的好评。

虽然历经八年的实践检验,证明本书确有很好的学习价值。但是,从学科发展的角度来审视本书,也存在一些不足:一是书中的理论基础部分语言表述不够精炼、通俗,需进一步加强其可读性;二是部分章节的结构、设计还需进一步调整、斟酌;三是八年来国内外对特殊儿童感知觉训练的应用性研究有了新的进展,取得了很多新的研究成果。因此,原书中的部分内容、材料需要与时俱进,以确保其前沿性、时代性。根据客观形势的变化对本书加以修订、补充,既是时代的迫切要求,也是学科逐步完善的必经历程。

本次修订主要集中在以下四个方面:第一,对第一章特殊儿童感知觉训练概述部分的内容进行了补充完善,增添了国内外近年的研究成果。第二,对各章节的语言表述与部分内容进行了调整、修改,更突出其可读性。第三,对第十四章感觉统合训练各个活动设计中的图片进行了替换,提高了图片的实践性与清晰度。第四,对全书的文字运用进行了提炼、斟酌,去除了一些口语化、非规范性的表述。

本次修订继续沿用原书的框架,全书仍分为上下两篇,上篇是基础理论模块,下篇是活动设计模块。基础理论模块包括四章内容:第一章特殊儿童感知觉训练概述,第二章特殊儿童感知觉训练的理论基础,第三章特殊儿童感知觉训练的实施步骤,第四章特殊儿童感知觉训练的内容与方法。活动设计模块包括十章内容,先分后总,即第五章特殊儿童视觉训练活动设计,第六章特殊儿童听觉训练活动设计,第七章特殊儿童触觉训练活动设计,第八章特殊儿童味觉训练活动设计,第九章特殊儿童嗅觉训练活动设计,第十章特殊儿童本体觉训练活动设计,第十一章特殊儿童时间知觉训练活动设计,第十二章特殊儿童空间知觉训练活动设计,第十三章特殊儿童运动知觉训练活动设计,第十四章特殊儿童感觉统合训练活动设计。

  本次修订仍然是团队合作的结果,王辉负责第一到第九章内容的修订以及全书审核、统稿,李晓娟修订了第十到第十三章,熊琪修订了第十四章。

  本书在修订过程中,得到了南京大学出版社和吴汀、丁群二位编辑的大力支持,在此表示衷心感谢。在修订过程中,我们也参考和借鉴了一些国内外相关的的文献资料,谨向有关作者一并致以谢意。

  由于修订者的水平有限,恐难尽如人意。敬请同仁们批评指正。

王　辉

2020 年 1 月于翠杉园

序　　言

感知活动是儿童所有认知活动的开端，感知能力是日常生活运作及学习的先备能力。随着特殊儿童心理学的不断发展，越来越多的研究揭示：特殊儿童感知能力的不足严重影响其学习与生活的适应。因此，教育部在2007年2月印发的《盲校义务教育课程设置实验方案》《聋校义务教育课程设置实验方案》和《培智学校义务教育课程设置实验方案》中，明确把感知觉训练列为三类特殊教育学校相关课程的主要内容。因而，具备对特殊儿童进行感知觉训练的能力，也就成为特殊教育教师的专业能力之一。

南京特殊教育师范学院特殊教育专业于2005年在全国率先开设了"特殊儿童感知觉训练"课程，探索特殊儿童感知觉训练的理论与方法，对特教师范生进行针对性的感知觉训练能力培养。本专业的教师们经过八年的理论研究与实践探索，逐渐形成特殊儿童感知觉训练的设计模式，完成了《特殊儿童感知觉训练》一书，推进了学院的课程改革和教学模式的改革。

本书的撰写，立足于理论的了解、方法的介绍与使用；同时，遵循读者的认知特点，采用模块设计。全书分为上下两篇，上篇是基础理论模块，下篇是活动设计模块。基础理论模块包括四章内容：第一章特殊儿童感知觉训练概述，第二章特殊儿童感知觉训练的理论基础，第三章特殊儿童感知觉训练的实施程序，第四章特殊儿童感知觉训练的内容与方法。活动设计模块主要通过大量活动设计的案例介绍感知觉训练活动的设计方法，包括十章内容：第五章特殊儿童视觉训练活动设计，第六章特殊儿童听觉训练活动设计，第七章特殊儿童触觉训练活动设计，第八章特殊儿童味觉训练活动设计，第九章特殊儿童嗅觉训练活动设计，第十章特殊儿童本体觉训练活动设计，第十一章特殊儿童时间知觉训练活动设计，第十二章特殊儿童空间知觉训练活动设计，第十三章特殊儿童运动知觉训练活动设计，第十四章特殊儿童感觉统合训练活动设计。第五～十三章主要介绍特殊儿童各感觉和知觉训练活动的设计方法，第十四章介绍特殊儿童多感觉统合训练活动的设计方法。

《特殊儿童感知觉训练》一书的撰写突出了以下特点：第一，以理论为据，突出方法的科学性；第二，以实用为主，突出实施步骤的可操作性；第三，以案例为主，突出活动设计的示范性；第四，以能力培养为主，突出思考与练习活动的实践性。

本书的出版旨在帮助特殊教育、特殊儿童康复等专业的学生系统地掌握特殊儿童感知觉训练的方法，使他们对特殊儿童感知觉训练的理论与方法有更全面的了解。同时，本书可以作为中、高等师范院校特殊教育专业的教材或参考书,以及医学院校特殊儿童康复专业的教材或参考书,还可以作为特殊教育教师及特殊教育工作者的继续教育培训教材。另外,它也可以对特殊儿童的父母、康复机构的工作人员、医务工作者、社会工作者等提供有益的指导。

《特殊儿童感知觉训练》的完成是团队合作的结果,凝聚了李晓娟和熊琪两位老师的聪明智慧与辛勤劳动。全书框架由王辉策划、设计并负责撰写第一～第九章的全部内容,李晓娟撰写了第十～第十三章的内容,熊琪撰写了第十四章的内容。全书由王辉审核、统稿。

本书孕育了八年得以顺利完成,在此过程中得到了多方支持与勉励。感谢我的父母、我的先生和我的女儿给予的关爱与精神支持,感谢我的领导丁勇书记、方仪院长和姜玉泉院长的关心与勉励,感谢我的同事施莉萍老师、张茂林老师、李晓庆老师、陈冠杏老师、石晓辉老师、陈琳老师以及范佳露老师参与的讨论与建议,感谢南京大学出版社吴汀编辑的鼓励与辛勤劳动,感谢南京大学出版社使此书得以付梓出版。

本书在撰写过程中,我们也参考和借鉴了大量国内外的文献资料,由于时间仓促,未能将所有作者一一列出,在此谨向有所有作者一并致以诚挚的谢意。

由于著者的水平有限,本书的缺点、错误在所难免,恳请广大读者批评指正。

王 辉

2012 年 10 月于南京

目　　录

上篇　理论基础

第一章　特殊儿童感知觉训练概述 （3）
第一节　感知觉概述 （3）
一、感觉和知觉的含义 （3）
二、感知觉的生理基础 （4）
三、感知觉的作用 （4）
第二节　感知觉训练及其发展 （5）
一、感知觉训练的含义 （5）
二、儿童感知觉训练的发展 （5）
第三节　特殊儿童感知觉训练的意义 （12）
一、特殊儿童感知觉的特点 （12）
二、特殊儿童感知觉训练的意义 （13）
第四节　特殊儿童感知觉训练的原则 （14）

第二章　特殊儿童感知觉训练的理论基础 （17）
第一节　神经系统的基本结构和功能 （17）
一、神经元及其功能 （17）
二、中枢神经系统及其功能 （18）
三、周围神经系统及其功能 （20）
第二节　神经可塑性理论 （22）
一、中枢神经系统可塑性理论 （22）
二、周围神经系统可塑性理论 （25）
第三节　丰富环境刺激理论 （27）
一、丰富环境概念 （27）
二、丰富环境与多感官刺激 （28）
三、丰富环境与神经可塑性 （28）
第四节　运动控制理论 （31）
一、反射运动控制学说 （31）
二、阶梯运动控制学说 （32）
三、系统运动控制学说 （32）

第五节　儿童发展理论 (33)
一、生物学视角 (33)
二、学习视角 (37)
三、社会情境视角 (41)

第三章　特殊儿童感知觉训练的实施程序 (46)
第一节　评估特殊儿童感知觉能力 (46)
一、感知觉能力的评估内容 (47)
二、感知觉能力的评估方法 (53)
三、感知觉能力的评估工具 (56)
四、感知觉能力评估示例 (59)
第二节　拟定特殊儿童感知觉训练的方案 (61)
一、拟定特殊儿童感知觉训练目标 (61)
二、选择感知觉训练的内容与方法 (63)
第三节　设计训练活动 (63)
一、感知觉训练活动设计方法 (63)
二、感知觉训练活动设计的原则 (64)
第四节　安排训练环境 (65)
一、有适宜、安全的场地和空间 (65)
二、有训练所需要的安全器材及其他资源 (65)
三、训练场所与日常教学、生活联系密切 (66)
四、训练时间视活动内容和儿童反应而定 (66)
第五节　实施训练与评估 (66)
一、实施训练 (66)
二、实施评估 (67)

第四章　特殊儿童感知觉训练的内容与方法 (71)
第一节　特殊儿童感知觉训练的内容 (71)
一、视觉 (72)
二、听觉 (72)
三、触觉 (73)
四、味觉 (75)
五、嗅觉 (76)
六、本体觉 (77)
七、前庭觉 (78)
八、空间知觉 (80)
九、运动知觉 (83)

十、时间知觉 ··· （84）
　第二节　特殊儿童感知觉训练的方法 ·· （85）
　　一、游戏训练法 ··· （85）
　　二、感觉统合训练法 ·· （86）
　　三、动作教育法 ··· （88）
　　四、行为改变技术 ··· （89）

下篇　活动设计

第五章　特殊儿童视觉训练活动设计 ·· （95）
　第一节　视觉注意 ·· （95）
　　活动一：这是什么颜色？ ·· （96）
　　活动二：放大镜、显微镜与望远镜 ·· （96）
　　活动三：你看到了什么？ ·· （97）
　　活动四：这是什么表情？ ·· （97）
　　活动五：大家来找茬 ·· （98）
　第二节　视觉追踪 ·· （98）
　　活动一：手电筒游戏 ·· （98）
　　活动二：万花筒——变变变 ··· （99）
　　活动三：抛接小沙袋 ·· （99）
　　活动四：上下左右看 ·· （100）
　　活动五：小汽车在哪里？ ·· （100）
　第三节　视觉辨别 ·· （100）
　　活动一：哪一个是我？哪一个是我的？ ··································· （101）
　　活动二：藏图游戏 ··· （101）
　　活动三：找相同 ··· （102）
　　活动四：配数字 ··· （102）
　　活动五：看看缺什么？ ··· （103）
　　活动六：你把它看成了什么？ ·· （103）
　第四节　视觉记忆与再现 ·· （104）
　　活动一：有趣的卡通片 ··· （104）
　　活动二：少了什么？多了什么？ ··· （105）
　　活动三：走一走、看一看 ·· （105）
　　活动四：它的位置在哪里？ ··· （106）
　　活动五：先看后画 ··· （107）
　　活动六：你也做一做 ·· （107）
　　活动七：看一看，折一折 ·· （108）

活动八：跟我这样做 …………………………………………………… (108)
　　活动九：走迷津 ……………………………………………………… (108)
　　活动十：剪纸游戏 …………………………………………………… (109)

第六章　特殊儿童听觉训练活动设计 …………………………………… (111)
第一节　听觉注意 ……………………………………………………… (111)
　　活动一：什么声音？ ………………………………………………… (112)
　　活动二：你听到了什么？ …………………………………………… (112)
　　活动三：听到了没有？ ……………………………………………… (113)
　　活动四：声音在哪里？ ……………………………………………… (113)
　　活动五：听词举手 …………………………………………………… (114)
　　活动六：听听我是谁？ ……………………………………………… (114)
第二节　听觉辨别 ……………………………………………………… (115)
　　活动一：摇一摇，猜一猜 …………………………………………… (115)
　　活动二：听一听，排一排，比一比 ………………………………… (116)
　　活动三：哪个声音长？哪个声音短？ ……………………………… (116)
　　活动四：哪个声音快？哪个声音慢？ ……………………………… (117)
　　活动五：听鼓声，拿珠子 …………………………………………… (118)
　　活动六：配对游戏 …………………………………………………… (118)
第三节　听觉记忆 ……………………………………………………… (119)
　　活动一：你能记住吗？ ……………………………………………… (119)
　　活动二：你听过吗？ ………………………………………………… (120)
　　活动三：你记住了吗？ ……………………………………………… (120)
　　活动四：记住这些数字了吗？ ……………………………………… (121)
　　活动五：传递消息 …………………………………………………… (121)
　　活动六：木琴游戏 …………………………………………………… (122)
　　活动七：背数字游戏 ………………………………………………… (122)
　　活动八：语言接龙 …………………………………………………… (123)
第四节　听觉理解 ……………………………………………………… (123)
　　活动一：我说你做 …………………………………………………… (124)
　　活动二：图形词汇 …………………………………………………… (124)
　　活动三：了解问题 …………………………………………………… (125)
　　活动四：老师说的是什么？ ………………………………………… (125)
　　活动五：听从指示 …………………………………………………… (126)
第五节　复述 …………………………………………………………… (126)
　　活动一：听故事，讲故事 …………………………………………… (127)
　　活动二：相似词与反义词 …………………………………………… (127)

  活动三：句子完成 ……………………………………………………………… (128)

  活动四：故事的结局怎样? ………………………………………………… (129)

  活动五：还有其他用途吗? ………………………………………………… (129)

第七章 特殊儿童触觉训练活动设计 …………………………………… (131)

第一节 触觉的敏锐性 ……………………………………………………… (131)

  活动一：痒不痒? …………………………………………………………… (132)

  活动二：有东西吗? ………………………………………………………… (132)

  活动三：热不热? …………………………………………………………… (133)

  活动四：冷不冷? …………………………………………………………… (133)

  活动五：走一走 ……………………………………………………………… (133)

第二节 触觉的辨别 ………………………………………………………… (134)

  活动一：辨认光滑和粗糙的表面 ………………………………………… (134)

  活动二：辨认粗细大小 ……………………………………………………… (135)

  活动三：哪个干燥? 哪个湿黏? …………………………………………… (135)

  活动四：辨别湿黏干燥 ……………………………………………………… (136)

  活动五：玩石头 ……………………………………………………………… (136)

第三节 触觉的记忆 ………………………………………………………… (137)

  活动一：八宝囊探宝 ………………………………………………………… (137)

  活动二：开布庄 ……………………………………………………………… (137)

  活动三：哪个长? 哪个短? ………………………………………………… (138)

  活动四：长短粗细的辨认 …………………………………………………… (138)

  活动五：冷暖排序 …………………………………………………………… (138)

第八章 特殊儿童味觉训练活动设计 …………………………………… (140)

第一节 味觉的敏锐性 ……………………………………………………… (140)

  活动一：甜不甜? 酸不酸? ………………………………………………… (141)

  活动二：咸不咸? 苦不苦? ………………………………………………… (141)

  活动三：辣不辣? …………………………………………………………… (142)

  活动四：尝一尝，猜一猜 …………………………………………………… (142)

  活动五：水果拼盘 …………………………………………………………… (143)

第二节 味觉的辨别 ………………………………………………………… (143)

  活动一：哪个更甜? ………………………………………………………… (144)

  活动二：哪个更酸? ………………………………………………………… (144)

  活动三：哪个甜,哪个咸? ………………………………………………… (145)

  活动四：哪个酸,哪个苦? ………………………………………………… (145)

  活动五：酸酸甜甜 …………………………………………………………… (146)

第三节　味觉的记忆 …………………………………………………… (146)
　　　　活动一：尝一尝，认一认 …………………………………………… (147)
　　　　活动二：品一品，尝一尝 …………………………………………… (147)
　　　　活动三：是苹果还是梨子？ ………………………………………… (148)
　　　　活动四：是妈妈烧的菜吗？ ………………………………………… (148)
　　　　活动五：聪敏的小舌头 ……………………………………………… (149)

第九章　特殊儿童嗅觉训练活动设计 …………………………………… (150)
　　第一节　嗅觉的敏锐性 …………………………………………………… (150)
　　　　活动一：香不香？ …………………………………………………… (151)
　　　　活动二：闻水果 ……………………………………………………… (151)
　　　　活动三：酸不酸？ …………………………………………………… (151)
　　　　活动四：空气好香哦 ………………………………………………… (152)
　　　　活动五：臭不臭？ …………………………………………………… (152)
　　第二节　嗅觉的辨别 ……………………………………………………… (153)
　　　　活动一：闻一闻，辨一辨 …………………………………………… (153)
　　　　活动二：辨认水果 …………………………………………………… (153)
　　　　活动三：找牙膏 ……………………………………………………… (154)
　　　　活动四：辨认调料 …………………………………………………… (154)
　　　　活动五：哪一个更酸？ ……………………………………………… (155)
　　第三节　嗅觉记忆及与味觉的关系 ……………………………………… (155)
　　　　活动一：香味一样吗？ ……………………………………………… (156)
　　　　活动二：酸不可闻 …………………………………………………… (156)
　　　　活动三：谁的鼻子最灵？ …………………………………………… (157)
　　　　活动四：快快躲开 …………………………………………………… (157)
　　　　活动五：臭不可闻 …………………………………………………… (158)

第十章　特殊儿童本体觉训练活动设计 ………………………………… (160)
　　第一节　身体各部分位置的辨别 ………………………………………… (161)
　　　　活动一：摸摸你的鼻子 ……………………………………………… (161)
　　　　活动二：谁的手大？ ………………………………………………… (161)
　　　　活动三：动动你的头 ………………………………………………… (162)
　　　　活动四：娃娃的眼睛在哪里？ ……………………………………… (162)
　　　　活动五：手套在我手，鞋子在我脚 ………………………………… (163)
　　　　活动六：认识五官 …………………………………………………… (163)
　　　　活动七：画画自己 …………………………………………………… (164)
　　　　活动八：穿越障碍物 ………………………………………………… (164)

活动九：放松、缩紧你身体的某一部位 ……………………………………… (165)
　　　活动十：试试看，摸摸看 ………………………………………………………… (165)
　　　活动十一：给身体各部位着色 …………………………………………………… (166)
　　　活动十二：认识身体各部位 ……………………………………………………… (166)
　　　活动十三：做特定身体部位的活动 ……………………………………………… (167)
　　　活动十四：分辨男女 ……………………………………………………………… (167)
　　第二节　身体平衡与协调性训练 ………………………………………………… (168)
　　　活动一：四肢运动 ………………………………………………………………… (168)
　　　活动二：下肢平衡协调运动 ……………………………………………………… (169)
　　　活动三：跳跃运动 ………………………………………………………………… (169)
　　　活动四：蒙眼跳跃 ………………………………………………………………… (170)
　　　活动五：平衡台 …………………………………………………………………… (171)
　　　活动六：平衡木 …………………………………………………………………… (171)
　　　活动七：节奏运动 ………………………………………………………………… (172)
　　　活动八：身体的节奏 ……………………………………………………………… (172)
　　　活动九：抛接球 …………………………………………………………………… (173)

第十一章　特殊儿童时间知觉训练活动设计 ……………………………… (175)
　　第一节　一般时间观念 …………………………………………………………… (176)
　　　活动一：辨认四季风景 …………………………………………………………… (176)
　　　活动二：燃烧的蜡烛 ……………………………………………………………… (176)
　　　活动三：今天是哪一天？ ………………………………………………………… (177)
　　　活动四：经过了多少天？ ………………………………………………………… (177)
　　　活动五：太阳仪 …………………………………………………………………… (178)
　　　活动六：认识早、中、晚 ………………………………………………………… (178)
　　　活动七：认识一个星期 …………………………………………………………… (179)
　　　活动八：认识昨天、今天、明天 ………………………………………………… (179)
　　第二节　时钟概念 ………………………………………………………………… (180)
　　　活动一：认识时钟 ………………………………………………………………… (180)
　　　活动二：几点钟做什么事？ ……………………………………………………… (180)
　　　活动三：雷声的计时 ……………………………………………………………… (181)
　　　活动四：煎一个鸡蛋要几分钟？ ………………………………………………… (181)

第十二章　特殊儿童空间知觉训练活动设计 ……………………………… (183)
　　第一节　深度知觉 ………………………………………………………………… (184)
　　　活动一：认识身体各部位和所在的环境 ………………………………………… (184)
　　　活动二：创造性地运动 …………………………………………………………… (184)

活动三:认识身体各部位的空间位置 …………………………………… (185)
活动四:滑梯 ……………………………………………………………… (185)
活动五:荡秋千 …………………………………………………………… (186)
活动六:开汽车 …………………………………………………………… (186)
活动七:通过隧道 ………………………………………………………… (187)
活动八:母鸭带小鸭 ……………………………………………………… (187)
活动九:穿越立体迷宫 …………………………………………………… (187)

第二节 形状知觉 …………………………………………………………… (188)
活动一:找出相同的东西 ………………………………………………… (188)
活动二:说出常见物体的形状 …………………………………………… (188)
活动三:几何嵌图板 ……………………………………………………… (189)
活动四:立体模型 ………………………………………………………… (189)
活动五:拼图板 …………………………………………………………… (190)
活动六:钉板游戏 ………………………………………………………… (190)
活动七:图形的组合 ……………………………………………………… (191)
活动八:图形接龙 ………………………………………………………… (192)
活动九:形状辨别 ………………………………………………………… (192)

第三节 大小知觉 …………………………………………………………… (192)
活动一:比比看 …………………………………………………………… (193)
活动二:玩具套叠 ………………………………………………………… (193)
活动三:区别大小不同的嵌图板 ………………………………………… (194)

第四节 方位知觉 …………………………………………………………… (194)
活动一:辨认前后 ………………………………………………………… (194)
活动二:指出上下 ………………………………………………………… (195)
活动三:熟悉的东西在哪里? …………………………………………… (195)
活动四:认识左手和左脚 ………………………………………………… (196)
活动五:认识右手和右脚 ………………………………………………… (196)
活动六:辨认身体的左右侧 ……………………………………………… (197)
活动七:我是一只小小鸟 ………………………………………………… (197)
活动八:左右侧腰运动 …………………………………………………… (198)
活动九:我是一只大滚筒 ………………………………………………… (198)
活动十:男左女右 ………………………………………………………… (199)
活动十一:东西南北 ……………………………………………………… (199)
活动十二:阅读中国地图 ………………………………………………… (200)
活动十三:观察自然景物 ………………………………………………… (200)
活动十四:观察画册和图片 ……………………………………………… (201)

第五节　视觉—空间知觉协调性 (201)
　　活动一：姿势模仿 (201)
　　活动二：拍皮球 (202)
　　活动三：动动你的手——握笔练习 (202)
　　活动四：看指示找目的地 (203)

第六节　听觉—空间知觉协调性 (204)
　　活动一：听指令转动身体 (204)
　　活动二：完成指令 (204)
　　活动三：听音乐，做动作 (205)

第十三章　特殊儿童运动知觉训练活动设计 (207)

第一节　粗大动作 (208)
　一、滚翻运动 (208)
　　活动一：前滚翻 (208)
　　活动二：侧滚翻 (209)
　　活动三：鸡蛋侧滚翻 (209)
　　活动四：后滚翻 (210)
　　活动五：分腿前滚翻 (210)
　　活动六：分腿后滚翻 (211)
　二、爬行运动 (211)
　　活动一：跨越障碍物 (211)
　　活动二：爬行比赛 (211)
　　活动三：匍匐爬行 (212)
　　活动四：盲人追赶老鼠 (212)
　　活动五：爬跷跷板 (213)
　三、行走运动 (213)
　　活动一：带小布袋行走 (213)
　　活动二：请你跟我走 (214)
　　活动三：走圈圈 (214)
　　活动四：推纸箱 (215)
　四、跑步运动 (215)
　　活动一：让我们一起来跑步 (215)
　　活动二：带着球跑 (216)
　　活动三：把纸盒子放到桌子上 (216)
　　活动四：看看谁捉到最多人 (217)
　五、投掷运动 (218)
　　活动一：看谁击中的次数最多 (218)

活动二：投布袋 …………………………………………………………（218）
活动三：看你能不能闪躲我的球 ………………………………………（219）
活动四：看谁得分多 ……………………………………………………（220）
活动五：看谁投得快 ……………………………………………………（220）
活动六：看谁投得准 ……………………………………………………（221）
六、跳跃运动 …………………………………………………………………（221）
活动一：跳跳看 …………………………………………………………（221）
活动二：看谁跳得高 ……………………………………………………（222）
活动三：摘苹果 …………………………………………………………（222）
活动四：单脚跳动绕着房间走 …………………………………………（223）
活动五：跳方格子 ………………………………………………………（224）
七、韵律运动 …………………………………………………………………（224）
活动一：让我们一起轻轻地滑动 ………………………………………（224）
活动二：如果你高兴，你就摆摆头 ………………………………………（225）
活动三：听音乐，做动作 …………………………………………………（225）

第二节 精细动作 …………………………………………………………………（226）
活动一：扣扣看与拉拉看 ………………………………………………（226）
活动二：穿穿看（穿洞板）………………………………………………（227）
活动三：穿珠子 …………………………………………………………（227）
活动四：插插看（插棒板）………………………………………………（228）
活动五：画画看，连连看 …………………………………………………（229）
活动六：剪剪看 …………………………………………………………（229）
活动七：画线动作 ………………………………………………………（229）

第十四章 特殊儿童感觉统合训练活动设计 ……………………………（231）
第一节 滑板活动 …………………………………………………………………（233）
活动一：静态飞机 ………………………………………………………（234）
活动二：乌龟仰躺 ………………………………………………………（235）
活动三：乌龟爬行 ………………………………………………………（236）
活动四：青蛙蹲 …………………………………………………………（237）
活动五：俯卧旋转 ………………………………………………………（237）
活动六：牵引滑行 ………………………………………………………（238）
活动七：滑板过河 ………………………………………………………（238）
活动八：滑板过隧道 ……………………………………………………（239）
活动九：滑板上投球 ……………………………………………………（240）
活动十：滑板上水平推球 ………………………………………………（240）
活动十一：双人推球比赛 ………………………………………………（240）

活动十二:滑板上抛接球 （241）
活动十三:双人拍球比赛 （241）
活动十四:闭眼的滑板活动 （241）

第二节　滑梯活动 （242）
　　活动一:俯卧滑滑梯 （242）
　　活动二:坐姿滑滑梯 （244）
　　活动三:立位滑滑梯 （245）
　　活动四:逆上滑梯 （246）

第三节　吊缆活动 （246）
　一、网兜吊缆 （246）
　　活动一:摇篮游戏 （247）
　　活动二:吊缆秋千活动 （247）
　　活动三:吊缆插棍活动 （247）
　　活动四:竖立吊缆活动 （248）
　　活动五:直立吊缆活动 （248）

　二、圆筒帽 （248）
　　活动一:坐姿摇摆和旋转 （249）
　　活动二:站立摇摆和旋转 （249）
　　活动三:坐在圆筒帽上 （249）

　三、四足位平衡吊缆 （250）
　　活动一:站立平衡吊缆 （250）
　　活动二:坐姿平衡吊缆 （250）
　　活动三:俯卧平衡吊缆 （251）
　　活动四:仰躺平衡吊缆 （251）

　四、圆木柱吊缆 （251）
　　活动一:俯卧环抱圆木柱 （252）
　　活动二:骑木马 （252）
　　活动三:圆木柱秋千 （253）
　　活动四:立位秋千 （253）

　五、旋转轮盘吊缆 （254）
　　活动一:坐姿吊缆 （254）
　　活动二:主动摇晃吊缆 （254）
　　活动三:站立吊缆 （255）

　六、游泳圈吊缆 （256）
　　活动一:感受游泳圈 （256）
　　活动二:仰躺或俯卧游泳圈 （256）

第四节　平衡木、台(板)活动 ……………………………………………………… (257)

一、平衡台(板) …………………………………………………………………… (257)
活动一：平躺摇晃 ……………………………………………………………… (257)
活动二：俯卧摇晃 ……………………………………………………………… (258)
活动三：跪坐或静坐摇晃 ……………………………………………………… (258)
活动四：双人站立平衡台 ……………………………………………………… (258)
活动五：被动的平衡台站立摇动 ……………………………………………… (258)
活动六：主动的平衡台站立摇动 ……………………………………………… (259)

二、平衡木 ………………………………………………………………………… (259)
活动一：走直线平衡木 ………………………………………………………… (260)
活动二：行走其他形状平衡木 ………………………………………………… (260)

三、独脚凳 ………………………………………………………………………… (260)
活动一：坐独脚凳 ……………………………………………………………… (260)
活动二：踢腿运动 ……………………………………………………………… (261)

四、太极平衡板 …………………………………………………………………… (261)
活动一：站立平衡板 …………………………………………………………… (261)
活动二：套盘运球 ……………………………………………………………… (262)

五、平衡触觉板 …………………………………………………………………… (262)
活动：行走平衡触觉板 ………………………………………………………… (263)

六、平衡踩踏石 …………………………………………………………………… (263)
活动：踩踏石行走 ……………………………………………………………… (263)

第五节　球类活动 …………………………………………………………………… (264)

一、大、小龙球 …………………………………………………………………… (264)
活动一：俯卧大龙球 …………………………………………………………… (265)
活动二：俯卧小龙球 …………………………………………………………… (266)
活动三：仰卧大龙球 …………………………………………………………… (266)
活动四：倚靠小龙球 …………………………………………………………… (267)
活动五：坐大龙球 ……………………………………………………………… (267)
活动六：坐小龙球 ……………………………………………………………… (268)
活动七：大龙球压滚游戏 ……………………………………………………… (268)
活动八：大龙球上跳跃 ………………………………………………………… (269)

二、羊角球 ………………………………………………………………………… (270)
活动：骑羊角球 ………………………………………………………………… (270)

三、球类活动 ……………………………………………………………………… (271)
活动一：趴地推球、抛球 ……………………………………………………… (271)
活动二：对墙壁打球、踢球 …………………………………………………… (272)

　　　　活动三：拍球 ··· (272)
　四、球池活动 ··· (272)
　　　　活动一：球池游泳 ··· (273)
　　　　活动二：球池踏步或跳跃 ·· (273)
　　　　活动三：球池寻物 ··· (274)
　　　　活动四：跳跃击球 ··· (274)
　　　　活动五：飞身入池 ··· (275)
　　　　活动六：软垫、球池、吊缆组合游戏 ·· (275)
　第六节　蹦床活动 ··· (275)
　　　　活动一：指导者辅助的蹦床活动 ·· (276)
　　　　活动二：儿童自主跳跃 ··· (276)
　　　　活动三：双人跳跃 ··· (277)
　第七节　钻笼、滚筒活动 ··· (277)
　一、时光隧道 ··· (277)
　　　　活动一：钻隧道 ··· (277)
　　　　活动二：隧道取物 ··· (278)
　二、滚筒 ·· (278)
　　　　活动一：俯卧滚筒 ··· (278)
　　　　活动二：站立滚筒 ··· (279)
　　　　活动三：滚筒隧道游戏 ··· (279)
　　　　活动四：筒内滚动游戏 ··· (279)
　　　　活动五：滚筒内摇晃 ·· (280)
　第八节　浴盆活动 ··· (280)
　　　　活动一：坐或蹲在其中 ··· (280)
　　　　活动二：趴在旋转浴盆上 ·· (281)
　第九节　袋鼠跳活动 ··· (282)
　　　　活动：看谁跳得快 ··· (282)

参考文献 ··· (285)

>>>>>>> **上 篇**

理论基础

第一章 特殊儿童感知觉训练概述

学习目标：
1. 了解感知觉的概念及感知觉的关系与作用。
2. 理解感知觉训练的含义及其发展历史。
3. 理解特殊儿童感知觉训练的意义。
4. 掌握特殊儿童感知觉特征及其训练原则。

感知是人类认识世界的开端，是人类认识过程的初级阶段。只有在感知的基础上，人类才能进行更高级的心理活动。人们的生活、学习、工作等都离不开感知，因此，感知觉能力的发展对个体而言极其重要。同时，感知觉能力的发展也离不开训练，大部分儿童通过日常的感知活动，其感知觉能力获得正常发展；但也有小部分儿童必须通过专门的训练，其感知能力才能获得最大限度的发展。

第一节 感知觉概述

一、感觉和知觉的含义

（一）感觉

感觉是人脑对直接作用于感觉器官的事物的个别属性的反映。客观事物具有许多个别属性。例如，在我们面前的一朵玫瑰花有特定的颜色、形状、气味和质感等，这些都是玫瑰的"个别属性"。我们用眼睛看看它的颜色是红的，形状是有层次的；用鼻子去闻是香的；用手去摸是光滑的。这朵玫瑰直接作用于我们的眼睛、鼻子和手，于是在我们的头脑里，就产生了对它的颜色、形状、气味和质感的反映。这些个别属性在人脑中的反映就是感觉。

感觉在人类的生活中具有非常重要的作用。首先，感觉是人们认识世界的开端。其次，感觉是维持正常心理活动的重要保障。

（二）知觉

知觉是人脑对直接作用于感觉器官的事物的整体反映，是对感觉信息的组织和解释过程。任何一种感觉，反映的是事物的个别属性。当我们把对事物的不同个别属性加以综合时，就产生了对事物的全面的反映，形成了知觉。

知觉是比感觉复杂的反映形式。知觉的产生以头脑中存在的各种感觉信息为前提，并且与感觉同时进行,但并不是各种感觉的简单叠加,而是各种感觉信息按事物的联系和关系被整合成一个完整的映象。例如,听一首歌曲,我们的大脑除了反映其声音的高低、强弱和音色这些个别属性外,还反映这些属性在时间延续、空间定位和运动节奏变化等方面的联系和关系,从而整合成为一首曲调稳定、旋律优美的歌曲,这就是知觉。日常生活中,人们通常是以知觉的形式来反映事物的。

(三) 感觉和知觉的关系

感觉和知觉是紧密联系而又有区别的心理过程。它们都是客观事物直接作用于感觉器官时在人脑中的反映。可见,客观事物是感觉和知觉的源泉。

一方面,两者都是对直接作用于感觉器官的事物的反映。知觉是在感觉的基础上产生的,没有感觉,也就没有知觉。同时,感觉到的事物的个别属性越多、越丰富,对事物的知觉也就越准确、越完整,但知觉并不是感觉的简单相加;反之,知觉的完整性和正确性也影响着感觉的鲜明性和精确性。由于感觉和知觉有这种密切的关系,因此,经常把它们合起来统称感知。

另一方面,感觉和知觉是不同的心理过程,是两种本质不同的感性认识阶段。感觉是一种最简单的心理现象,通过感觉只能认识事物的个别属性,还不能把握事物的全部;知觉是一种较复杂的心理现象,它反映的是事物的整体,即事物的各种不同属性、各个部分及其相互关系。感觉仅依赖个别感觉器官的活动,而知觉依赖多种感觉器官的联合活动。可见,知觉比感觉复杂。感觉和知觉是两个本质不同而又相互联系的概念。

二、感知觉的生理基础

感知觉是客观事物作用于神经系统,引起神经系统活动而产生的。产生感觉和知觉的神经系统叫分析器。分析器由感受器、传导神经和神经中枢三部分组成。人体有多种分析器,如视觉分析器、听觉分析器、味觉分析器等。

感受器是指接受某种刺激产生兴奋的神经装置,如:眼、耳、鼻、舌等感受器官中的感觉细胞或神经末梢。外界事物对感受器的影响叫刺激,每种感受器都有各自的适宜刺激,如:光波就是视网膜的适宜刺激。感受器在接受适宜刺激时,把外界刺激的物理或化学能量转化为神经系统上的电活动(神经冲动),因而,感受器实际上是一种能量转换器。环境中的信息只有通过感受器进行能量转换,才能实现神经传导。

感受器中产生的神经冲动,沿传导神经传向神经中枢。当神经冲动到达大脑皮层相应区域之后,皮层相应区域就进行分析、综合活动,从而产生了感知。如果分析器的三个部分中任何一个部分在结构和机能上出现问题,都不能产生感觉和知觉。如:有些人的视觉结构没有问题,但如果其大脑皮层视觉区的机能受到损害,也不能看到东西。

感觉的产生是某一种分析器活动的结果,知觉的产生往往是多种分析器同时或相继活动的结果。

三、感知觉的作用

感知觉虽然简单,是基本的心理过程,但它们却是一切高级、复杂心理活动的基础。感知活动是儿童所有认知活动的开端,感知能力是日常生活运作及学习的先备能力。

感知觉虽是认识活动的初级形式,却是一切理性认识的源泉和基础。没有感知觉,环境中的信息就不可能进入人脑,人的认知活动也就成了"无源之水"和"无本之木",也就不可能有记忆、思维、想象、情感和意志等心理过程,更不会形成兴趣、理想、能力和性格等个性心理。

感知觉不仅是高级复杂心理活动的基础和认识过程的重要阶段,也是调节和维持正常心理活动不可缺少的因素。"感觉剥夺"的实验证明,在完全的感觉隔离情况下,人的注意、记忆、思维等心理功能都会受到不同程度的破坏,甚至会产生幻觉和强迫观念等反常心理现象,失去对周围世界的正确认知。

第二节 感知觉训练及其发展

一、感知觉训练的含义

感知活动是儿童所有认知活动的开端,感知能力是日常生活运作及学习的先备能力,因而,感知觉训练在儿童的发展中占据着重要的地位。

儿童对任何事物的学习或从事任何类型的认知行为,首先必须能够有效地通过感知系统地搜集与分析资料。而搜集资料的过程,就有赖于敏锐的感官活动。因此,儿童是否能够学习从环境中接收与分析信息,从中摄取知识,予以记忆,并在适当的时间及场合应用所得到的知识,关键在于其是否有敏锐的感知能力、适当的选择和反应,以及良好的记忆能力。若个体的经验有了增加,其知觉范围也会随之扩大。这样,就更能从复杂的环境中摄取相关的知识,并察觉到这些知识之间的相互关系,使学习更为充实有效。

事实上,儿童都需要接受感知觉训练,不过,大部分儿童在日常生活中已自然地学会了这方面的技巧;但是,对于一些有各种障碍或功能限制的特殊儿童来说,就需要通过特别的训练才能使其掌握相关的技能。

二、儿童感知觉训练的发展

早在18世纪,人们就开始对儿童进行感知觉训练,至今已有200多年的历史。伊塔德、谢根、蒙台梭利、弗劳斯蒂格以及爱尔丝等人开辟了特殊儿童感知觉训练的领域,为之做出了卓越的贡献。

(一)依塔德发明了"感觉训练法"

依塔德(Jean Marc-Gaspard Itard,1774—1838):19世纪上半期法国著名的医学家及特殊教育家。他利用5年时间开展了驯化野孩维克多的特殊教育实验(1800—1805),分阶段对野孩维克多进行了感觉、智力、情感等方面的训练,探索并开创了一套特殊教育的方法,在教育实验领域成功地进行了训练弱智[1]及多重残疾人的实践[2]。感觉训练法

---

[1] 本书未将引文中出现的"弱智""智力残疾""智力落后"等概念全部统一表述为"智力障碍",以示对原文的尊重,以及反映不同时期人们对智力障碍认识的变化。

[2] 杨汉麟,李贤智.近代特殊教育的开路先锋——依塔德驯化野孩教育实验的历史回顾[J].华中师范大学学报(人文社会科学版),2007(7):119-124.

是其中之一。

1800年初,在法国中南部的阿韦龙森林地带,人们发现并抓住一个在野外长大,秉性似兽,似乎又聋又哑,约十二三岁的男孩,后起名叫"维克多"(Victor)。出于种种动机,野孩被抓住后受到了法国社会、政府、学者和一些学术机构的广泛关注。1800年7月20日,奉政府之命,维克多被送往巴黎国立聋校。经过3个月的训练,维克多进步很小。

1800年12月,维克多被转给依塔德。依塔德接收维克多后,为其制订了一个系统的训练、教育计划,并开始了长达5年的教育训练实验。实验大致可以分为两个阶段。

1. 第一阶段训练(1800.12—1801.06)

依塔德在第一阶段为维克多设定了5个训练目标,其中包括通过大量的、强有力的刺激和偶尔的、集中的情感刺激,唤醒其神经感觉能力。在实施训练时,依塔德吸收了孔狄亚克及洛克(J. Locke)的观点,认为感觉器官必须进行大量的刺激,否则就不能与观念相联系。因而,他首先对维克多进行感觉训练。具体方法如下:

(1) 每天用热水给维克多洗澡;
(2) 给他穿上暖和的衣服;
(3) 注意他的床铺与房间的保暖;
(4) 经常不停地揉搓维克多的脊柱和腰部。

同时,依塔德尝试使用奖励、惩罚、鼓励等方法,帮助维克多获得新需要,使其学会了可以坐在桌边,等待上菜,吃饭时用餐具,等等。为了引导维克多使用语言,依塔德还开始练习他的听力,使之有所进步。

依塔德在1801年6月向人类观察者委员会提交了第一阶段的总结报告。在报告中,依塔德对维克多的进步进行了描述:经过训练后,维克多可以自由地使用他所有的感觉,已具有注意力、反应力和记忆力,可以对比、分辨、判断,而且可以动用他所有的智力去了解与他的教育有关的物体。这些早期的成果足以证明对野孩维克多的教育是可行的。

2. 第二阶段训练(1801.07—1806.03)

第二阶段的训练是对第一阶段训练的调整和提高。在这一阶段里,依塔德训练的目标之一是发展感觉。他运用"与榜样相一致"(matching to sample)的技巧,让维克多进行行为模仿以训练其听觉的明确性;通过打乱单词的顺序,让维克多分辨字母来训练其视觉;通过实物的触摸与辨别来训练其触觉;通过扩大食物和饮料的范围来训练其嗅觉和味觉。

依塔德在对维克多的教育实验中,采用医学的、心理的和教育的手段对其进行矫正和训练。他先对其失常进行原因诊断,认为是感觉失调、活动失调以及口头语言失调,然后确定了对维克多进行训练的发展起点。在实际操作中,从感觉活动开始,接着发展语言,最后发展抽象思维。由此,依塔德创造性地形成了一种"医学-教学"(medico-pedagogical)治疗模式,训练特殊学生。

依塔德在1806年发表了第二份有关维克多的研究报告。报告指出,经过5年的强化训练,维克多发生了明显的变化。维克多养成了正常的睡眠、进食和个人卫生习惯;视、听、触、味觉都得到了发展;知道一些常用物品的法文单词,并能依单词拿回物品;学会了一些形容词与动词,可以抄写熟悉的单词;对周围的人产生一些眷念和依赖情感。

依塔德在教育实验中,受洛克白板说和孔迪亚克感觉论的影响,发明了感觉训练法。他深信,感觉是一切知识的来源,通过感觉所进行的观察是人类知识的全部基础。人们所了解的一切无不是通过感觉提供的,人的需要因此而产生并且扩展了知识。他坚信"感觉是人的思维中最先起作用的,它使我们可以想象、沉思、记忆、反应、区别、对比、归纳、分析、假设、判断、归因"。

他还认为感觉器官必须进行大量的练习,否则就不能与观念联系;触觉在所有的感觉中地位最重要,一旦触觉得到训练,它就会成为所有感觉的先导,通过训练触觉,可以使眼睛学会估计尺寸和判断距离。在实验中,依塔德也尽量对维克多进行多种感官功能训练,让他用眼睛看、用耳朵听、用手摸、用鼻子嗅、用口品尝等,以帮助维克多提高视觉、听觉、触觉、嗅觉、味觉等各种感觉能力。[1]

(二) 谢根设计了"整套系统感觉训练法"

谢根(Edouard Seguin,1812—1880):法国 19 世纪著名的精神科医生,依塔德的学生,智力落后教育最早的实践者。1837 年,谢根在巴黎创办了世界上第一所智力落后者训练教育学校。该校一直推行谢根自己设计的"整套系统感觉训练方法"训练智力落后儿童,并取得了很大成功。

谢根深受法国传统感觉主义哲学理论的影响,尤其是卢梭关于触觉能力是一切知识获得的基础的哲学对其影响特别深刻。他从感觉主义理论出发,认为人的大脑除非受到了严重损害,否则智力落后的原因更多是他们的各种感觉被长期剥夺、隔离的缘故,因为他们缺乏与正常人一样的体验。谢根提出,如果对智力落后的人的大脑进行有效的触觉和运动觉的反复刺激,激活其大脑运动,对智力落后者的感知觉唤醒是可能的。

在关于智力落后者是否可训练方面,谢根的观点与其师依塔德的观点一致,相信通过有效的生理刺激训练可以使智力落后者获得改善。因而,他采用了依塔德的感觉训练法,并将其扩展成三个组成部分,即:① 运动觉和各种感觉的物理训练;② 智力恢复训练;③ 道德和社会化的训练。他相信用他的生理学方法,特别是采用触觉训练和道德治疗法对所有障碍儿童训练都会有效。1842 年,法国巴黎学术委员会承认了他的研究。[2]

1848 年,谢根移居美国,并继续从事智力落后儿童的教育工作。1876 年,谢根被美国智力落后协会任命为第一届理事。其教育观念是促进儿童在生理、智力和道德方面的和谐发展,特别强调儿童的感官经验。

(三) 蒙台梭利发展了"感官教育法"

蒙台梭利(Maria Montessori,1870—1952):意大利著名的教育家,被誉为世界上自福禄培尔以来最伟大的幼儿教育家,也是意大利历史上第一位学医的女性和第一位女医学博士。她运用病理学与自制的教具训练特殊儿童,潜心研究精神病患者和特殊儿童的行为特征,并亲自对特殊儿童实施教育。在教学实践中,她继承、吸收了依塔德的教育思想和方法,创制了成套的感官训练教具,发展出蒙氏感官教育法用于训练特殊儿童及幼

---

[1] 杨汉麟,李贤智.近代特殊教育的开路先锋——依塔德驯化野孩教育实验的历史回顾[J].华中师范大学学报(人文社会科学版),2007(7):119-124.

[2] 张福娟,马红英,杜晓新.特殊教育史[M].上海:华东师范大学出版社,2000:126-128.

儿,获得显著成绩。

蒙台梭利提出:教育的目标是发展能力,感官教育的目标是通过反复练习改善对不同刺激的感觉能力,感官教育的技巧是训练时尽可能把各种感官孤立。① 其感官教育包括触觉、视觉、听觉、嗅觉和味觉等感官的训练。1898年,在都灵召开的教育会议上,她发表的见解"缺陷儿童的教育问题比医疗问题更为重要",引起各界人士的关注。她自己同时还教儿童阅读和书写,取得了经验之后,将教育对象转向正常幼儿。1907年,她在罗马贫民住宅区为3~7岁的贫苦儿童开办了"儿童之家"幼儿学校,把训练特殊儿童的方法运用在这些普通儿童身上,不断地观察总结,出版了《蒙台梭利法》,全面阐述了她的自由教育和感官教育方法。

在蒙台梭利的教育体系中,感官教育具有特别重要的地位。3~6岁儿童正处于身体迅速发育阶段,也是感官活动和智力形成联系的时期。她认为,智能的培养首先依赖感觉,利用感觉搜集事实,并对它们进行归类。感觉练习是初步的、基本的智力活动。她着重指出:通过感官教育可以在早期发现容易被人们所忽略的感觉能力缺陷;同时,能有效地培养幼儿敏锐的观察力、注意力和判断力等,为发展认知活动奠定基础。蒙台梭利认为儿童发展的不同阶段,各种感官的敏感性不同,对刺激的反应也不同,儿童之间存在着个别差异。她的感官教育主要是根据儿童不同感官发展出现的感觉期进行适当的感觉训练,并把感觉期分为五个阶段。②

(1) 秩序感觉期:3岁儿童对秩序有强烈的要求,看到东西放乱了便会吵闹,放得整齐便高兴,喜欢把东西放在原来的地方。

(2) 细节感觉期:1~2岁的儿童常把注意力集中在细小的枝节上,最初注意艳丽的物体,各种光彩夺目的颜色、图案。

(3) 使用双手的感觉期:18个月~3岁的儿童喜欢抓东西,把东西打开、关闭,把物体放进容器中,一会儿又倒出来,还喜欢堆积物品。

(4) 行走感觉期:幼儿学习行走,类似第二次降生,儿童在学习行走时,总是带着自豪心理走来走去。

(5) 语言感觉期:儿童有一种接受语言的天赋,学习语言的能力非常强,不论儿童生长在什么地方,儿童语言的发展阶段是相同的。从咿呀学语到单词句阶段、双词句阶段,以后进入更复杂的句子结构阶段。这些阶段是以连续的方式出现的,不能把它们截然分开。

根据儿童感觉期的发展,蒙台梭利设计了一整套对应的感官训练的教具与使用方法,见表1-1。

---

① 玛利亚·蒙台梭利.蒙台梭利教育法[M].霍力岩,李敏谊,胡文娟译.北京:中国人民大学出版社,2008:157-166.

② 杨晓萍.蒙台梭利的自由教育和感官教育[J].西南师范大学学报(哲学社会科学版),1994(2):41-45.

表 1-1　蒙台梭利感官训练教具与使用方法

感觉种类	教　具	构造及使用方法
1. 触觉	粗滑盘	(1) 粘贴粗、滑两种纸于长方形木板上； (2) 交互粘粗、滑两种纸条于长方形木板表面； (3) 重要的在于让儿童接触最粗、最滑的各种纸及其他。
2. 温觉	金属制的杯	注温度不同的水于薄的金属制的杯中,用温度计测量,让儿童由指尖接触实验。
3. 重量感觉	轻重板	木制的小板,由三种木质制成的,长 8 cm,宽 6 cm,厚 0.5 cm,重量是 12、18、24 克。
4. 嗅觉	各种花	让儿童嗅木槿、山栀等各种花香。
5. 味觉	各种溶液	让儿童用舌头尝酸、甘、碱等各种溶液。
6. 视觉	(1) 厚高大　锤形	木台 3 个,各长 55 cm,高 6 cm,宽 8 cm,每个木台附有 10 个孔,此外有圆柱,让儿童练习把它箝入孔中。圆柱体分为三种:a. 高同直径不同者;b. 直径同而高不同者;c. 高与直径均不同者。
	(2) 厚　阶段	木制方柱,大小 10 个方柱,长各 20 cm,侧面边最大为 10 cm,每边依次减少 1 cm,涂上黑褐色,练习排列阶段。
	(3) 长　长段	木制长方竿 10 根,最长 1 m,高宽各 3 cm,各方竿每隔 10 cm 加以切段,颜色是赤青交互的,让儿童练习排列顺序。
	(4) 大　方塔	木制立体,无底,最长边 60 cm,每边依次减少 1 cm,让儿童在赤色绿色毛毡上练习堆积方塔。
7. 视觉	箱板	木板制的几何形数种,以及箝入台、板框,让儿童不断箝进去或挪出来。
8. 触觉筋觉	型板及型纸	几何形的小木牌及纸牌各若干组。几何形的纸牌分为三种:a. 全面涂青色的;b. 青色纸而留有轮廓的;c. 黑色线而留有轮廓的。让儿童以小木牌遮蔽的形式观察。
9. 色觉	色线卷	黑、赤、橙、黄、青、茧、褐、绿等 8 色的绢线卷,各有浓淡 8 个阶段,合计为 64,让儿童练习排列。
10. 听觉	音筒	木制筒 6 个,内放砂和小石等,用它来敲木制筒,让儿童听音,以练习儿童的听觉。
11. 手指的练习	布框	木框 10 个,为布类或皮类,两面附有纽扣及穿孔,让儿童练习解纽扣、扣纽扣,其种类如下:a. 毛织物的面,骨制的大纽扣;b. 麻织物的面、贝壳的纽扣;c. 皮的面,大的纽扣;d. 布的面,大的布纽扣;e. 麻织物的面,小的布纽扣等。

（四）弗劳斯蒂格提出了"动作教育"

弗劳斯蒂格（Frostig M）是动作教育的首创者,1964 年编制了视知觉发展测验（Frostig Developmental Test of Visual Perception, DTVP）,继而开发了"视知觉训练"课程,并于 1970 年出版《动作教育之理论与实际》一书,逐步建立动作教育的理论体系,并将之纳入特殊教育与幼儿教育,使这种独具特色的教育方法广受瞩目,在欧美一些国家得到了广泛的应用和发展。

弗劳斯蒂格于1964指出,儿童从出生至2岁便会通过他的感官和动作对周围环境进行探索,由此认识自己是一个独立个体,并学习在空间移动和控制自己的身体,特别是双手。从3.5~7.5岁期间,儿童的感知已经发展到开始认识世界、事物的阶段。这个阶段的感知发展主要是以视觉和听觉作为了解环境的渠道。通过不同的感知渠道,儿童便逐渐形成了一个数据收集系统。而认知上的学习,便是儿童有效地察知所收到信息的相互之间的关系。人类所有的学习经历,都是依靠这个复杂系统进行。任何一个收集处理及发放信息的渠道,如果未能正常发展,便会形成感知活动上的障碍,使学习出现不同程度的困难,这也是部分儿童产生学习困难或读写困难的原因。[1]

1970年,弗劳斯蒂格提出了动作教育(movement education),即:① 动作的学习,包含基本的动作能力(稳定性、移动性、操作性动作能力)和身体能力(健康的身体、调整能力);② 通过动作进行教学,包含对身体、周遭环境的探索,认知运动能力和概念化,以及情绪的发展(建立自我概念和培养同伴关系)。他还指出动作教育的目标在于:增进感觉运动技能,增进身体意识,增进时间、空间、因果关系等概念,增进各种心理机能。[2]

动作教育可以使儿童在毫无身心负担的情况下,学到很多在发展过程中所必需的"动作",又可以通过各种"动作"的操作,去获得将来学习更复杂事物的"预备条件"。所以,在特殊儿童身上积极推广动作教育,显得非常重要。

因为,动作教育受物理环境、儿童发育与发展的程度以及指导者的兴趣与能力等所影响。因此,设计动作活动时,需考虑下述原则:

(1) 重视儿童愉悦和自主性的原则:考虑儿童产生喜悦和兴趣的游戏,并与运动技能习得的成就感相结合,促进其情绪发展。

(2) 重视创造性的原则:提供儿童的活动内容,不仅要有目的性地规划,还要考虑到对儿童本身能产生挑战性、心像化的运动。这样做不但可以促进儿童自我意识与身体意识的形成,还可以统合知觉、记忆、感情、思考的水平,促进智能的发展。

(3) 重视成功感的原则:根据儿童的兴趣,配合其实际情况,准备活动的内容与主题,使其从成功中获得成就感。

(4) 重视注意力持续的时间与集中度:规划安排儿童有兴趣、适合其能力的活动与空间。

(5) 富有变化的反复原则:动作教育必须持续实施20~30分钟,要富有变化。

(6) 节制的周期性原则:静态活动与动态活动均衡地循环,可以促进儿童适度地紧张,同时也能培养时间的感觉。

(7) 排除竞争的原则:在重视儿童幸福感达成的动作教育上,除了竞技项目外,不需要个人或团体的竞争。

(8) 方法采用弹性的原则:指导者对于指导量的多少,依据儿童的特殊行为或能力及其反应来决定,应给予最少量指导。

(9) 有效地利用环境和器具的原则:动作教育不使用器具也能指导,但是器材的使用

---

[1] 李灵,陶沙,董奇.动作教育及其发展的新趋势[J].辽宁师范大学学报(社会科学版),2002,25(3):46-49.
[2] 陈英三,林南风,吴新华,等.动作教育的理论与实践[M].台北:五南图书出版公司,1994:26.

更能促进儿童运动属性与身体意识的发展。

（五）爱尔丝提出了"感觉统合训练法"

爱尔丝（A. J. Aryes）：美国南加利福尼亚大学临床心理学家。她根据神经生理学的理论，于1972年系统地提出了感觉统合（Sensory Integration Theory）理论。这一理论的提出标志着儿童行为理论和儿童心理学的完美结合。

环境中存在各种各样的感觉刺激信息，个体通过感觉系统（包括视、听、触、味、嗅等）搜集周围环境中的这些信息，在中枢神经中形成有效的组合的过程，即对不同感觉通路传来的时间和空间上的信号进行解释、联系和统一，这一过程即感觉统合。儿童的感觉统合功能是在发展的过程中，从单纯的各种感觉发展到初级的感觉统合，即身体双侧的协调、眼手协调、情绪的稳定及从事有目的性的活动，进一步发展到高级统合，即注意力集中，组织能力加强，自我控制、学习能力、概括和推理能力不断发展等。人类感觉统合的能力是生来就有的，每个人生下来就有这种能力，但需要从小与周围的事物接触，相互往来，并让身体和大脑顺应环境的挑战，才能不断发展和完善感觉功能。[①]

倘若进入儿童大脑的各种感觉刺激信息不能在中枢神经系统内形成有效的组合，而产生一种缺陷，即感觉统合失调，也称"神经运动机能不全症"，多发生在五六岁至十一二岁儿童的身上。爱尔丝认为，儿童之所以表现出感觉统合失调的症状，与其说是大脑皮质（上丘脑）的障碍，不如说是脑干（间脑、中脑、脑干、延髓）脊髓系（下丘脑）基本功能的统合障碍。[②]

若感觉系统的功能出现了问题，即统合出现了失调，就需要进行感觉统合训练，即感觉统合治疗。这种方法是以神经发展及神经生物学为基础发展而来的。其本质是以游戏的形式让儿童参加，以丰富感觉刺激。正常儿童在玩的时候可以获得大脑所需要的各种感觉刺激，不需要特别训练。神经系统功能发育不好的儿童，无法通过这一活动来组合大脑的顺应性反应，因而，需要针对性的环境、活动设计，进行统合训练。

爱尔丝认为，营养和药物都治不好儿童感觉统合失调症的脑功能障碍和学习困难，只有感觉统合训练式游戏才能治疗，才是对症治疗。她强调感觉统合训练的特点是以游戏的方式使儿童乐意参加，这种训练能够改善大脑的功能，训练的关键在于控制感觉的输入，着重于对深部感觉的刺激。因此，在指导儿童的活动过程中，重点应放在自动的感觉过程上，而非指导儿童如何做出反应。在活动中涉及的感觉系统越多，学习效果就越好。

为了强化训练的效果，在进行感觉统合训练时应遵循下列原则：

（1）训练当中要让儿童感到愉快而不是压力和恐惧。

（2）训练中儿童是主角，要尊重儿童对感觉刺激的需要和选择。

（3）通过控制环境给儿童以适当的感觉刺激，从而改善其感觉统合能力，使儿童能做出适应性反应，不要教孩子如何做。

（4）训练过程中，给儿童以积极的反馈，并与家长分享儿童成功的喜悦。

---

① 吴汉荣. 儿童学习困难的预防及其矫治[M]. 武汉：华中师范大学出版社，2000：33-34.

② Ayres, A. J. Sensory integration and learning disorders. Los Angeles, CA: Western Psychological Service, 1972.

（5）针对在学习与生活中感统失调的儿童先评估，后对症训练。

（6）为儿童创建丰富多彩的室内活动场所，在游戏中进行快乐教学。

（7）给儿童自由选择项目的权利，根据他们的自然活动，调动他们活动训练的积极性，从自选动作过渡到规定动作，以此调动他们的参与兴趣。

（8）设计多样化的、有趣的活动，调动儿童乐此不疲的兴趣，以完成训练目标。

（9）对年龄幼小的儿童，在活动中要本着适应幼儿平等游戏特点的原则，用带领引导的方法与其沟通互动，以此帮助他们体验各种活动而达到训练目的。

（10）通过感觉统合训练，加强孩子意志品质的培养，表扬他们的勇敢、自信、相互学习、欣赏、互相友好的态度，培养他们的团队精神，调动他们的各种优良品质并加以赞扬，使他们感到自信、快乐，促进其身心健康发展。

第三节　特殊儿童感知觉训练的意义

一、特殊儿童感知觉的特点

特殊儿童的感知发展常常具有一定的缺陷。不同类别的特殊儿童其感知觉的缺陷也不尽相同，相互之间会存在一些差异。即使是同类别的特殊儿童，其障碍的轻重程度不同，感知觉的限制也有差异。

（一）智障儿童

智障儿童视觉、听觉、触觉、嗅觉、味觉、前庭觉和本体觉等感官刺激的敏锐性、辨别能力、记忆能力以及动作的平衡性、协调性等方面发展都比较迟缓、迟钝。具体表现在：

（1）感官的感受性普遍较差；

（2）感知速度慢、范围窄、容量较小；

（3）感知分化较弱，主动选择性差；

（4）感知恒常性、整体性差，感知水平和质量都低于健全儿童；

（5）在感知动作协调性方面比健全儿童差；

（6）空间知觉、时间知觉发展较落后。

（二）自闭症儿童

自闭症儿童对感官刺激的反应或是过敏或是迟钝。具体表现在：

（1）视觉方面：害怕与人目光接触，却过分留意窗帘、灯、手电筒及其光线转移等；

（2）听觉方面：对别人的话充耳不闻，却喜欢自己制造声音，如拍桌子、晃椅子；有的对耳语或某些其他声音过分敏感；

（3）触觉方面：对痛觉、寒冷、烫凉等表现，或者敏感或极迟钝，有些还会出现严重自伤，如咬手指（甚至咬破）、吃手指等；

（4）嗅觉方面：特别注意物体的气味，不断去嗅东西，吃饭时还会先闻后舔，最后吞吃；

（5）动觉方面：喜欢无意义地走动、转手或不停地拍手等；

(6)对周围环境感知能力差。

(三)学障儿童

尽管学障儿童有完好的感官,但却不能精确地反映各种刺激。具体表现在:

(1)难以从背景中觉察出对象,在视觉识别或听觉理解方面有困难;

(2)空间知觉发展很差,在判断距离、方向和大小方面有困难,难以区别部分与整体、左与右等;

(3)走、跑姿势不佳,动作协调性差,不自然,常常表现为同手同脚;

(4)运动技巧差,不灵活,动作不是太快就是太慢,经常跌倒,撞伤自己;

(5)眼—手协调不好,经常打翻东西,弄脏或损坏作业本;

(6)本体感较差,身体或肩部肌肉僵硬,不能放松。

除了上述三类特殊儿童外,其他如视障、听障、脑瘫、多重、言障以及情障等类别的特殊儿童,也存在这样或那样的感知觉问题,只不过问题的类型不同、轻重不同。即使是相同类别的特殊儿童,其感知问题也不相同,因人而异。

二、特殊儿童感知觉训练的意义

儿童感知能力的发展与认知能力的发展密切相关,只有发展了特殊儿童的感知能力,才能为其认知能力的发展提供前提条件,而认知能力的发展又为特殊儿童的学习打下了良好的基础。感知觉障碍严重地阻碍着特殊儿童的发展与适应。因此,通过感知觉训练提高特殊儿童的感知能力,在特殊儿童训练中具有极其重要的意义。

(一)协助特殊儿童充分发挥其感官功能,形成敏锐的感觉反应

特殊儿童因其障碍的程度、类别不同,其感官功能也受到不同程度、不同方面的影响。若对其进行针对性的感知觉训练,充分发挥其感官功能,则可以最大限度地提高其感知的敏锐性、辨别能力、理解能力和记忆能力等,形成敏锐的感觉反应力。如:低视力儿童虽有残余视力,但其视功能较差,因而,也影响其日常的学习、生活等,若对其视觉能力进行针对性的训练,则可以提高其视觉的敏锐性和适应性,充分发挥其视觉的功能,提高其生活、学习的适应性与效率;拥有残余听力的儿童,佩戴助听器以后,通过听觉能力训练,则可以提高其听觉的敏锐性和辨别能力等;智障儿童经过感知训练,则可以拓宽其感知的范围、灵敏性以及身体的协调性等。

(二)促进特殊儿童感知活动能力的协调发展

特殊儿童感知活动的协调性往往较差,如:有些智障儿童身体双侧的协调、上下肢的协调不好,或者视动协调和听动协调较差,这就影响到他们的生活、学习的质量和效率,因此,通过针对性的感知训练,则可以改善其身体活动的协调性。盲生经过感官定向训练,则可以矫正其盲态和刻板动作,促进其感知活动能力的协调发展。

(三)协助特殊儿童提高其独立活动能力和日常生活质量

学生需要认识及运用自己身体各部分的功能,才可以发展身体平衡及协调的技巧,以提高他们的独立活动能力,去从事不同的观察及学习活动,提高其日常生活质量。因此,帮助特殊儿童认识身体左右两边各部分的配合,对其发展空间关系、概念尤为重要。若特殊儿童能掌握身体活动协调技巧,便能随心所欲地去进行不同的活动,也有助于建立其

自信。

(四)培养特殊儿童利用感知能力去探索环境的兴趣,为进一步学习奠定基础

由于特殊儿童自身的特点,如智障儿童感知迟钝、感知范围狭窄,听障儿童听不到外界各种声音,视障儿童看不到五彩斑斓的颜色,学障儿童看东西不平顺、听声音不理解等,这些功能障碍导致特殊儿童失去探索环境的兴趣。因此,通过针对性的、有效的、有趣的感知能力训练,提高其感官功能,激发其探索周围环境的兴趣,为其后续学习打下坚实的基础。

(五)养成特殊儿童欣赏美好生活的意识

由于特殊儿童不同的感官功能的限制,导致其缺乏对生活中美好事物的欣赏,如:绚丽的色彩、优美的舞姿、动听的旋律,等等。在感知训练活动设计中,加入这些视听元素的设计,既可以提高其相应感官的功能,也可以培养其欣赏生活中美好事物的意识,提高其生活的乐趣。

(六)特殊儿童感知觉训练的最终目的是帮助其融入社会

特殊儿童可能在感知觉发展方面比普通儿童迟缓,有些还伴有生理上的缺陷,严重者更不会主动与环境接触。这样,他们获得、加工感觉刺激信息就受到限制,难以形成正确、有效的反应,因而,影响到他们的社会参与和融入。因此,为了帮助特殊儿童更好地融入社会、适应社会,为不同发展阶段及不同学习能力的特殊儿童安排适当的环境,有计划地促进这些儿童在感知能力方面的发展,并引导他们主动地探索和学习,使他们能够利用学习到的感知协调技巧,进一步学习其他知识技能并运用在日常生活中。

第四节 特殊儿童感知觉训练的原则

普通儿童可以在日常活动、游戏中发展和完善其感知力,而特殊儿童因其感官的障碍或身体功能限制或发育迟缓等原因,导致其感知能力不能随着年龄的增长而同步发展完善。这就需要给予他们特殊的、针对性的训练,充分开发其感知能力,为其后续的学习奠定基础。要使特殊儿童的感知训练具有针对性、计划性、有效性和科学性,实施特殊儿童感知训练时需遵循以下原则。

(一)目标导向原则

要使特殊儿童感知训练取得预期效果,必须对特殊儿童进行感知觉能力的诊断性评估,依据评估结果为其订立明确的训练方向和目标,按照目标和方向来进行训练。因为,特殊儿童之间的差异很大,即使是同类别的特殊儿童之间也存在较大的差异。每个人的需求各不相同,具有鲜明的独特性,甚至,特殊儿童个体内的感知能力差异也很大,这就需要通过评估来确定具体的训练目标。有了目标才能设计针对性的训练活动,并设置环境实施训练和进行训练效果的评估,以及训练方案的调整。

(二)理论指导原则

对特殊儿童实施感知觉训练,其训练目标、训练内容和训练方法的选择,要以学生的成长发展理论为基础,从基本学习能力开始延伸。切忌不切实际,不了解学生感知、身体

能力的现状与局限,生搬硬套一些训练目标、活动设计与方法,人为拔高或降低儿童的能力,违背儿童生长发育规律,导致训练无效,甚至对儿童造成伤害。

（三）因材施教原则

对特殊儿童进行感知觉训练时,要依据特殊儿童的各自特点,在教、学和评估中,运用因材施教的策略和方法,突出针对性,设计恰当、有趣的活动,精心布置安全、适宜、有益的环境,灵活选择适性的、多元化的训练方法,尽可能把训练项目融入生活流程中,避免与日常生活及其他课程的学习脱节。

（四）循序渐进原则

对特殊儿童实施感知觉训练,在训练目标、训练内容、训练方法和训练步骤上要由浅入深、由易而难、由低级到高级地螺旋上升。在训练中,若发现儿童停止反应,则需分析原因。如果是难度太大,则需要再进行任务分解,降低难度；如果是难度太低,儿童没有兴趣或是活动设计缺乏趣味性,则需改进活动设计,增加难度,调动儿童参与的积极性。

（五）综合性原则

对特殊儿童实施感知觉训练,要尽可能设计那些能让特殊儿童多感官参与的综合活动,尽可能使同一个训练活动中体现更多的训练目标和方法,尽可能实现单位时间内训练效益的最大化,这样才能充分发挥特殊儿童感觉整合的作用,更有利于其感知能力的发展。同时,在感知训练中,将知识、技能与培养特殊儿童正确的态度及较高层次的思考能力并重。

（六）因人而异原则

在特殊儿童感知能力和感知训练的评估中,需用客观的标准衡量儿童的现有能力及其进步。评估标准的制订因人而异,评估结果的分析也因人而异。前后的评估结果只作个体的纵向比较,来反映个体在感知训练中是否有进步、进步速率如何,训练目标、训练内容和训练方法等是否具有适切性、针对性、层次性、可操作性和科学性等。评估结果通常不作儿童之间的横向比较。

（七）激励强化原则

对特殊儿童实施感知训练,训练前应做好充分的调查、观察,了解儿童的喜好,准备好训练中所需要的强化物。在感知训练中,要认真观察,及时肯定、强化与激励儿童的正确反应,重视儿童在训练中的点滴进步,激励其进一步练习。训练结束时,对训练中反应正确的儿童要给予一个有力的肯定与强化,帮助其建立自信心,激发其参与训练的积极性。

（八）效果反馈原则

对特殊儿童实施感知训练,训练计划结束后,需用评估结果或报告的形式,用事实数据、视频等呈现特殊儿童的感知训练效果及其进步情况。因此,在制订训练方案的同时需明确阶段评估与终结评估的客观标准,用来衡量儿童训练的实况,还要使儿童的训练进度和结果能清楚地显示出来,以便向家长、教师和学校（机构）提供更多数据。

【本章小结】

特殊儿童的感知觉训练离不开感觉和知觉这两个基本的概念。因此,本章开篇就介绍了感知觉的概念、感知觉的生理基础和感知觉的作用。

接着，本章分析了感知觉训练的含义，梳理了感知觉训练发展的历程，重点分析了依塔德发展的"感觉训练法"、谢根设计的"整套系统感觉训练法"、蒙台梭利发展的"感官教育法"、弗劳斯蒂格提出的"动作教育"以及爱尔丝提出的"感觉统合训练法"。

随后，本章列举了智障、学障、自闭症三类特殊儿童的感知觉特点，说明特殊儿童感知觉发展中存在的问题及其差异性，并从六个方面阐明感知觉训练对特殊儿童的重要意义。

最后，本章阐述了对特殊儿童进行感知觉训练需要遵循的八个原则，确保训练的针对性、适切性、科学性。

【思考与练习】

1. 什么是感觉和知觉？二者之间有何区别与联系？
2. 感知觉的生理基础是什么？
3. 什么是感知觉训练？
4. 历史上哪些人物对儿童感知觉训练的发展做出了贡献？做出了哪些贡献？
5. 特殊儿童的感知觉有何特点？
6. 对特殊儿童进行感知觉训练的意义何在？
7. 对特殊儿童进行感知觉训练需要注意哪些问题？

第二章 特殊儿童感知觉训练的理论基础

学习目标：
1. 了解特殊儿童感知觉训练理论基础中涉及的相关概念。
2. 理解五大理论基础及其与特殊儿童感知觉训练之间的关系。
3. 掌握神经系统的基本结构、功能及神经可塑性特征。

感知觉训练在特殊儿童的早期干预实践和学校教育训练中，已然成为一个重要的教育、干预内容，这是一个不争的事实。然而，其产生、运用并非人们突发奇想，而是建立在科学的理论依据之上。特殊儿童的感知觉训练不仅有生理基础，还有相关的理论为其产生的科学性提供可靠的依据。人类神经系统的基本结构和功能的研究，为特殊儿童感知觉训练的产生提供了坚实的生理基础；神经可塑性理论、丰富环境刺激理论、运动控制理论与儿童发展理论则为特殊儿童感知觉训练的产生奠定了理论基础。

第一节 神经系统的基本结构和功能

神经系统包括中枢神经系统（central nervous system, CNS）和周围神经系统（peripheral nervous system, PNS）两大部分。前者指脑和脊髓部分，后者指脑和脊髓以外的部分。神经系统内含有两大类细胞，即神经细胞和神经胶质细胞。神经细胞又称神经元。

一、神经元及其功能

神经元是神经系统的基本结构单位、功能单位和营养单位。它由细胞体和突起两部分组成。细胞体的中央有细胞核，核的周围为细胞质。神经元的突起根据形状和机能又分为树突和轴突。树突较短但分支较多，它接受冲动，并将冲动传至细胞体。每个神经元只发出一条轴突（外面包上一层髓鞘即为神经纤维），长短不一，胞体发生出的冲动则沿轴突传出。

神经元的功能主要是接受刺激（信息）、传递信息和整合信息。

所谓接受刺激就是把刺激的物理、化学能量转化为神经能，即神经冲动；传递信息就是沿着神经纤维传递神经冲动，或从感觉器官传至中枢，或从神经中枢传至效应器官；整合信息就是对信息进行分析和综合。

神经元分为感觉神经元（传入神经元）、运动神经元（传出神经元）和中间神经元（在感觉和运动神经元之间起联络作用的联络神经元)三种。

二、中枢神经系统及其功能

大量的神经细胞集中的地方称为神经中枢。中枢神经系统包括脊髓、脑干、大脑皮层、小脑和基底节等。其主要功能是传递、储存和加工信息，产生各种心理活动，支配与控制人的全部行为。

(一) 脊髓

脊髓是最低层次的运动中枢，是完成躯体运动最基本的反射中枢。其上接脑部，外连周围神经，31对脊神经分布于它的两侧。脊髓的活动受脑的控制。来自躯干、四肢的各种感觉信息通过感觉神经传送至脑，进行高级的分析和综合；脑的活动也要通过运动神经传至效应器。脊髓本身也可以不经大脑完成许多反射活动，如牵张反射、膀胱和肛门反射等。

脊髓的主要功能是通过神经回路传导最基本的、定型的和反射性运动活动。其反射活动构成了运动调节的基础。

(二) 脑干

脑干位于耳朵的高度，包括中脑、脑桥和延脑三部分。脑干是生命中枢，是维持生命的基本活动，如呼吸、心跳、体温调节等生理活动的主要机构。脊髓中的感觉路径在脑干中延续，但是脑干除了这些路径之外，还有许多很重要而且复杂的核。脑干的中心是一群神经元与核，像一张错综复杂的网，被命名为网状系统。

脑干在运动控制中主要起承上启下的作用，也是初级抓握反射和眼球运动等许多中枢所在。

延脑紧接脊髓，位其上方，是上下行神经纤维的通道，但是，从身体两侧来的神经纤维，经延脑的椎体交叉向对侧传导，使大脑两半球与身体两侧成为对侧传导和对侧支配。其主要功能在于控制呼吸、心跳、吞咽及消化，稍受损伤即危及生命。

脑桥位于延脑之上，小脑之前，是神经纤维上下行的通道，也是联系大脑与小脑，以及两个小脑半球之间神经纤维的通道，如果受损可使睡眠失常。

中脑位于脑桥之上，恰好处在整个脑的中间，是上下行神经纤维的通道，也是视觉和听觉的反射中枢。

网状结构位于中脑的中心，是许多散在的神经核团和上、下行神经纤维交织构成的一个神经网络结构，贯穿于脑干的大部分区域。它的功能主要是调节睡眠与觉醒，保持唤醒水平和清醒状态，维持注意并激活情绪。

(三) 大脑皮层

大脑皮层是中枢神经系统中最重要的部分，平均厚度为2.5～3.0毫米，面积约为2 200平方厘米，上面布满了下凹的沟和凸出的回。大脑皮层的不同区域有不同的机能。大致可分为3个机能区，即皮层感觉区、皮层运动区和皮层联合区。皮层感觉区又分为视觉区(枕叶后端)、听觉区(颞叶的颞上回)和躯体感觉区(顶叶的中央后回)。皮层运动区位于额叶的中央前回。皮层联合区并不直接与感觉过程和运动过程相联系，而是起着联络、综合作用的结构和机能系统，它在大脑皮层中执行着高级的心理功能。

大脑皮层是最高级的运动控制中枢,对运动的控制极其复杂,它是语言、听觉、视觉、躯体运动与感觉等多个中枢,见图2-1。此外,大脑皮层还可以通过直接控制放置反射、单腿平衡反应、视觉翻正反射和皮层抓握反射,实现对功能活动所需的快速、精确的运动调节。

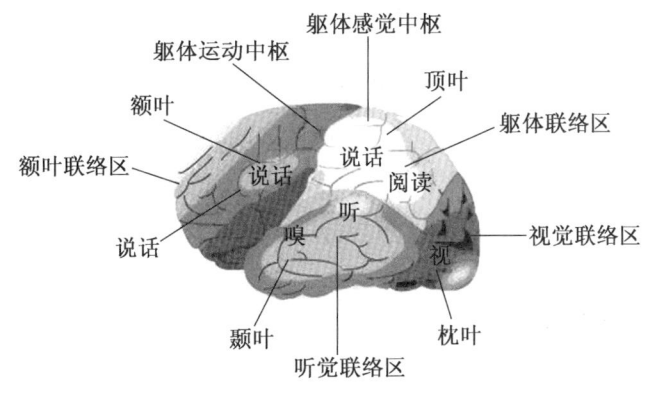

图2-1 大脑皮层结构图

在大脑皮质下方还有边缘系统、丘脑、下丘脑、脑垂体、胼胝体等共同组成前脑,见图2-2。

边缘系统是位于胼胝体之下的复杂神经系统,包括多种神经组织,在范围上除包括部分丘脑和下丘脑之外,还包括海马和杏仁核等。海马的功能与学习、记忆有关,杏仁核的功能与动机、情绪有关。

丘脑位于胼胝体的下方,是卵形的神经组织,具有转运站的功能。从脊髓传来的神经冲动,都先中止于丘脑,然后再由丘脑分别传送至大脑皮质的相关区域。如果丘脑受损,将使感觉扭曲,而无法正确了解周围世界。

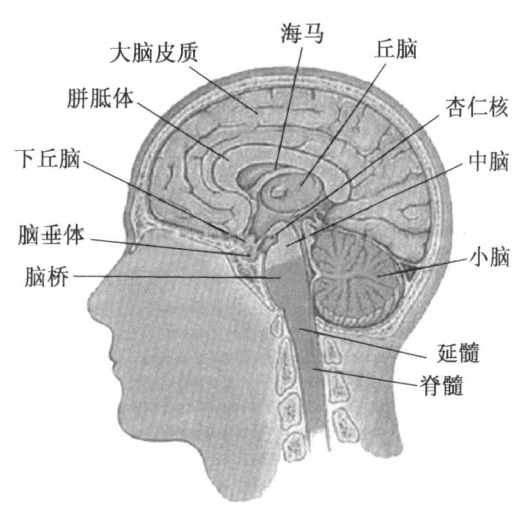

图2-2 大脑剖面图

下丘脑位于丘脑下方,其体积虽然比丘脑小,但功能比丘脑复杂。下丘脑是自主神经系统的主要控制中心。它直接与大脑皮质的各区相连,同时连接脑垂体。下丘脑的主要功能是控制内分泌系统、维持新陈代谢、调节体温,并与饥、渴、性等生理性动机及情绪有关。

脑垂体位于下丘脑之下,如豌豆大小,是内分泌系统中最主要的分泌腺之一。此外,胼胝体连接大脑两半球,使两半球的神经网络能够彼此沟通。

(四)小脑

小脑位于脑干的后面,是运动中枢调节机构,并无传出纤维直接到达脊髓,而是通过脑干运动系统和大脑皮层对随意运动起启动、监测、调节和矫正作用。小脑通过脑干前庭通路参与控制运动平衡,调整姿势;通过红核脊髓及网状结构参与对牵张反射的调节,影响肌张力,纠正运动偏差,使运动精确完整。小脑是前庭核衍生物,所以其功能中有一项任务就是延续前庭核的工作。

小脑的功能主要是控制身体的运动与平衡。如果小脑受损,即丧失身体自由活动的能力。

(五)基底节

基底节又叫基底核,是埋藏在两侧大脑半球深部的一些灰质团块,是组成锥体外系的主要结构。它主要包括尾状核、豆状核(壳核和苍白球)、屏状核以及杏仁复合体。基底节接受几乎所有大脑皮层的纤维投射,其传出纤维经丘脑前腹核和外侧腹核接受后,又回到大脑皮层,构成基底神经节与大脑之间的回路。通过各级结构的调节,人的运动得以顺利、协调地完成。

三、周围神经系统及其功能

周围神经系统是从中枢神经系统发出,导向人体各部分的神经网络,可分为躯体神经系统和自主神经系统。周围神经系统主要担负着与身体各部分的联络工作,起传入和传出信息的作用。

(一)躯体神经系统

躯体神经系统(somatic nervous system)包括脑神经和脊神经。脑神经主要分布于头面部,脊神经主要分布于躯干和四肢。它们的主要功能是在神经活动的反射过程中,一方面通过传入神经纤维把来自感受器的信息传向中枢神经系统,另一方面通过传出神经纤维把中枢神经系统的命令传向效应器官,从而导致骨骼肌的运动。它们起着使中枢神经系统与外部世界相联系的作用。

1. 脑神经

脑神经亦称"颅神经",是与脑相连的周围神经。从脑发出左右成对的神经,共12对,依次为嗅神经、视神经、动眼神经、滑车神经、三叉神经、展神经、面神经、位听神经、舌咽神经、迷走神经、副神经和舌下神经,见图2-3。其中三叉神经分别由眼神经、上颌神经和下颌神经组成。

按所含主要纤维的成分和功能的不同,可把脑神经分为三类:一类是感觉神经,包括嗅、视和位听神经;另一类是运动神经,包括动眼、滑车、展、副和舌下神经;第三类是混合神经,包括三叉、面、舌

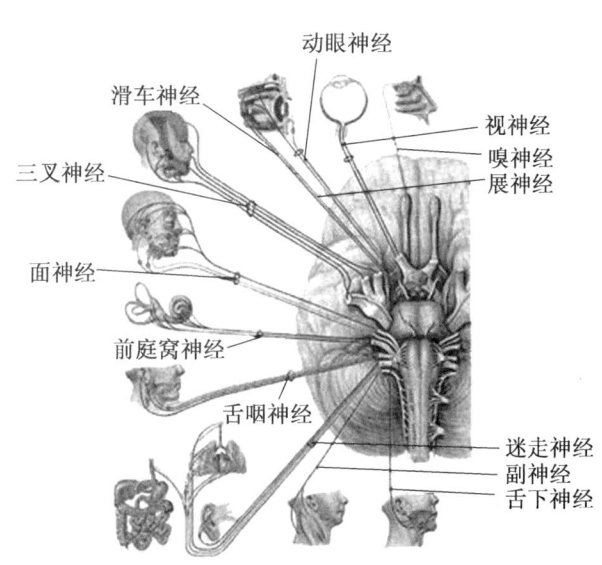

图2-3 脑神经示意图

咽和迷走神经。

2. 脊神经

脊神经从脊髓发出，由与脊髓相连的前根(anterior root)和后根(posterior root)在椎间孔合并而成。前根属运动性，后根属感觉性。脊神经主要支配身体和四肢的感觉、运动和反射，共有31对，即8对颈神经、12对胸神经、5对腰神经、5对骶神经、1对尾神经。

（二）自主神经系统

自主神经系统(autonomic nervous system)分布于内脏器官、心血管、腺体及其他平滑肌，包含感觉（传入）神经纤维和运动（传出）神经纤维。传入纤维传导体内脏器的运动变化信息，这种刺激的感受对机体内环境的调节起着重要作用。而分布于各脏器的传出神经纤维，正常情况下主要保持相对平衡和有节律性的内脏活动，如呼吸、心跳、消化、排泄、分泌等，以调节机体的新陈代谢。如果环境发生紧急变化，则促使机体发生应付紧急情况的一系列内脏活动。内脏活动一般不受意识控制，也不在意识上发生清晰的感觉。

自主神经系统可分为交感神经系统和副交感神经系统。这两类神经都几乎向所有的腺体和内脏发放神经冲动。交感神经的功能主要表现在当机体应付紧急情况时产生兴奋以适应环境的变化，如心跳加速、呼吸加深等一系列反应。副交感神经的功能主要是保持身体安静时的生理平衡，如协助消化、保存身体的能量等。这两种系统在许多活动中既具有拮抗作用，又相辅相成，如：交感神经使心跳加快，而副交感神经则使之减慢。

延伸阅读

首张完整的人类大脑皮层神经系统图问世[①]

据《科学日报》报道，由美国和欧洲科学家组成的一个国际研究小组日前首次成功绘制出完整的高分辨率的人类大脑皮层神经图，该图清楚地显示出大脑皮层中数以百万计的神经纤维是如何连接和沟通的。科学家们指出，这一开创性的研究成果具有十分重要的意义，神经图表明大脑具有一个且唯一一个神经网中心，它很可能是大脑两个半球运作的关键部位。

印第安纳大学、洛桑大学、洛桑理工学院和哈佛医学院的研究人员组成了这一国际神经影像学研究小组。科学家们利用前沿的扩散磁共振成像技术来测定神经纤维的连接轨迹。这是一个非侵入式扫描技术，具有高度敏感的变量，被称为扩散频谱成像(DSI)，可以描绘多元纤维

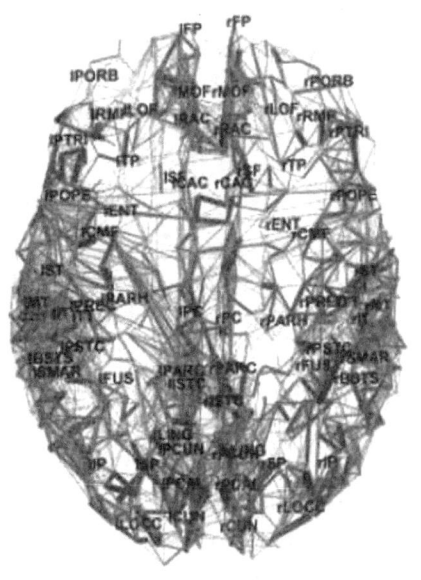

图2-4 人类大脑皮层神经图

---

① 搜狐科学：http://www.39kf.com/focus/lc/sjk/2008-07-03-498725.shtml/2008-07-03.

的前进方向。该研究小组运用这一技术对人的整个大脑皮层进行检测,并绘制出遍及大脑高速运转部分运行的百万条神经纤维。印第安纳大学的神经学家奥拉夫·斯伯恩斯称,科学家们经过计算,试图找出在连接中发挥更核心作用的大脑区域,即大脑皮层神经网的中心。让人吃惊的是,分析结果表明,在所有的实验参与者的大脑中都有一个唯一的紧密连接的结构核心,大脑最核心的部分位于大脑皮层的内侧后部,同时跨越左脑和右脑之间,这是以前所不知道的。例如,当你休息的时候,大脑的这一部分消耗了大量的代谢能量,但至今仍不清楚为什么。

大部分科学家至今仍使用功能性核磁共振成像技术(FMRL)来研究大脑活动,并专注于在感知或认知过程中活跃的大脑部分。但这一技术也有缺点,大脑在发生感知或认知活动时,运用该技术很难观察大脑皮层神经的活动。此前,人类对大脑神经纤维的连接和路径的了解基本上都来自对动物的研究,并没有绘制出完整的人脑皮层神经连接图。他们的研究成果标志着人类已在最神秘的脑部器官的研究领域跨上了一个新的台阶。印第安纳大学的神经学家奥拉夫·斯伯恩斯称:"这是我们构建大型人脑计算模型的第一步。这意味着如果我们知道大脑皮层神经是如何连接的,我们就能预测大脑将如何活动。这将有助于研究在疾病状态中和伤口的恢复过程中难以直接观察的脑部活动。"

第二节 神经可塑性理论

一、中枢神经系统可塑性理论

神经可塑性(neurop lasticity)理论是指神经系统在结构或功能上发生动态变化以适应不断改变的内外环境的特性,这一特性体现在神经系统的发育过程中、动物的学习和技能训练过程中以及在神经系统损伤后的代偿和修复过程中。神经可塑性作为一项基础理论,在现代教育、康复领域具有非常重要的理论和实践意义,为特殊儿童感知觉训练的开展提供了有力的依据。

中枢神经系统可塑性是指在环境变化或受伤时,具有的结构与功能的相应变化能力[1]。结构可塑性主要表现在神经元突触形态、神经环路的亚微结构等方面的变化,其指标主要有树突长度、树突分支类型、棘密度、突触数目、突触密度、突触大小及突触界面曲率或突触穿孔等。功能可塑性宏观上主要表现在与结构变化相应的脑功能(如学习记忆功能)、行为表现及精神活动的改变,长时程增强是微观水平突触可塑性重要的功能指标[2]。

(一)中枢神经系统可塑性理论的发展

早在1930年,贝特(Bethe)等首先提出了中枢神经系统可塑性的概念。他认为神经系统可塑性是指生命机体适应发生的变化以及应付生活中危险的能力,并认为这也是中

---

[1] 蔡文琴,李海标.发育神经生物学[M].北京:科学出版社,2001:57-200.
[2] 蒲昭霞,赵聪敏.丰富环境对脑损伤后脑功能恢复的作用[J].中国临床康复,2005,9(21):184-185.

枢神经系统受到打击后重新组织以保持适当功能的基础。他在实验中观察了两栖类动物在被去除1~3个肢体后的功能恢复情况,发现实验动物可以通过调整以新的方式继续运动。他根据这些结果认为,人和高等脊椎动物之所以具有高度的可塑性,不是由于神经再生,而是由于动态的功能重组或适应的结果。1969年,鲁利亚(Luria)等重新提出并最后完善了功能重组的理论,认为受伤后脑的残留部分通过功能重组,以新的方式代偿已失去的功能[1]。

不能再生的观点并不适用于神经轴突、树突及突触连接上。对动物脑皮质研究后发现,当部分神经细胞死亡时,存活细胞中丰富的轴突可以代偿这种损失,因为丧失的轴突可由大量完好的轴突通过侧支长芽的方式来取代。同时,很多研究证明,突触有很好的可塑性。突触可塑性是指由各种突触前和突触后机制介导的突触功效的变化,可伴随形态的变化,例如突触外密度和突触覆盖率的改变。短时程的突触可塑性可持续几秒到几分钟,递质的释放可回到控制水平而显现出明显的突触功效的长时程修饰性改变。而在长时程的突触可塑性中,突触传递功效的变化可持续几分钟、几天甚至几周[2]。

同样,未成熟脑在发育过程中受遗传与环境因素共同作用,根据"用进废退"原则,通过凋亡修剪等机制,建立与环境相适应的神经细胞突触连接和相应的神经元回路,形成了高度复杂的中枢神经系统;成熟的神经系统虽然不再产生新的神经元,神经元胞体也一直保持相对稳定的状态,但现存的神经元却具有产生新的突起和形成新的突触连接的能力,神经元及其突起所形成的突触回路一直处于持续的被修饰状态。中枢神经系统所具有的突触形态和功能的可塑性正是人类从幼年、成年到老年能够不断学习和记忆最重要的神经基础。

(二)中枢神经系统可塑性的表现形式

中枢神经系统损伤后由于可塑性的存在使丧失的功能得以不同程度的恢复,但神经系统究竟通过何种方式实现功能恢复,目前较为公认的是中枢神经系统的功能重组。当神经系统损伤后引发功能重组,从而导致行为改变是突触可塑性的重要表现。在中枢神经系统中,当某一部分损伤后,它所支配的功能可由另一部分完好的,但与损伤系统完全无关的系统来代替,表现出中枢神经系统可塑性的潜能。神经系统的功能重组分系统内重组和系统间重组[3]。

1. 系统内重组

系统内重组是指在功能相近的系统内通过重新组织原来的系统或损伤部分以外的系统承担因病损而丧失了的功能。主要方式是:轴突长芽、突触更新、潜伏通路的开放、突触传递效率的改变。

(1)轴突长芽

轴突长芽有两种形式。一种为再生长芽,即从损伤轴突的断端向损伤区生长,重新支配去神经支配的组织。由于速度慢、距离长,往往尚未长到损伤区而该区已被生长迅速的

---

[1] 马南,路来金,张敬莹,等.周围神经损伤后神经系统的可塑性[J].中国临床康复,2006,10(22):128-130.
[2] 谢玉丰.神经胶质细胞与突触可塑性研究新进展[J].生理科学进展,2007(2):111-114.
[3] 倪朝民.神经康复学[M].北京:人民卫生出版社,2008:3-4.

神经胶质包围而形成神经胶质疤,以致无法进入损伤区,结果无法恢复神经支配。另一种为侧枝长芽,即从最靠近损伤区的正常轴突向侧方伸出分支去支配损伤组织。由于轴突本身正常,再加上距离近,因此能够迅速达到恢复支配的目的。已证实在单侧视皮层损伤后,在外侧膝状体和顶盖前核中出现侧枝长芽,并使相应的功能得到恢复。

(2) 突触更新

突触更新通过突触后的致密部进行。常见的形式是由呈小扁盘状、无孔的致密部的直径逐步增大,达到阈值时穿孔、成沟、分裂而形成新的轴突。

(3) 突触传递效率的改变

当某部分神经组织损伤导致靶组织神经支配减少时,那么在突触前水平,支配该区域的其他残留神经轴突末梢会不断扩大,从而增大信息传递面积,同时该神经末梢释放的神经递质的量也将增多;在突触后水平,靶组织细胞膜的通透性和敏感性均增加,相应的神经递质受体分布范围也不断扩大;在突触间隙方面,机体破坏和灭活神经递质的机制减少或失效。这些变化共同导致突触传递效能增强,减轻由于神经损伤所致的功能障碍。同时,病灶周围组织也可以通过突触效率的提高代偿损伤区。

(4) 轴突上离子通道的改变

电镜研究证实,在有髓鞘轴突中神经冲动的传导是通过髓鞘再生纤维,并在脱髓鞘区连接传导,是由于重新形成适当的 Na^+ 通道。由于轴突上离子通道的改变,而引起了突触效率的改变,加速了神经损伤后的功能重组。

(5) 潜伏通路的开放

潜伏通路是指在发育过程中已经存在,但在正常情况下对某一功能不起主导作用或没有发挥作用,处于备用状态,一旦主要通路无效时其功能才得以显现的神经通路。中枢神经中可以通过头—眼协调控制试验证明,头—眼协调控制是由迷路和颈本体感受器控制的。在灵长类动物中,若在其头的前右方放一食物,动物的眼睛先转向它,然后头随之转动。但当头转到正对食物前,眼睛应当回转少许,否则当头正对食物时,眼睛将向右超出。这种协调即头—眼协调。当破坏动物的迷路时,头—眼协调丧失,意味着此协调仅由迷路控制。但经过数周后此协调恢复,亦即在迷路功能丧失的情况下恢复,其原因是以前潜伏的、没有生效的颈本体感受器通路发生作用而取代迷路的作用。潜伏通路和突触的启用是中枢神经系统可塑性的重要成分,其机制目前认为与上述的突触效率改变中的大多数因素有关。

2. 系统间重组

系统间重组是指由另一个原先在功能上完全不同的系统来代偿,如由皮肤的触觉来代偿视觉等。其主要形式有:古旧脑的代偿、对侧半球的代偿、在功能上几乎完全不相干的系统代偿。

(1) 古旧脑的代偿

哺乳类动物的脑部在发育上可分为古、旧和新三个部分。新的部分在人脑的最外层,占人脑的大部分,位置外露,由终末血管支配,难以形成侧支循环,容易受到损伤,而且不易修复;但古、旧部分在内层,血运丰富,双侧支配明显,因此在新脑的部分损伤以后,其较粗糙和较低级的功能即可由这些部分承担。

(2) 对侧半球的代偿

中枢神经系统对运动的双侧支配是存在的,一侧半球损伤后,其功能常可由对侧半球代偿的事实已有许多例证。在正常情况下,同侧支配处于次要地位。在中枢神经系统受损后,对侧半球功能发挥代偿可成为运动功能恢复的神经基础之一。在我国已有半球切除后康复成功的例子。因此,对侧半球的代偿已成为中枢神经系统可塑性的典型案例。

(3) 由在功能上几乎完全不相干的系统代偿

在这方面,国外研究成功的触觉取代视觉的触视取代系统就是一个典型例证。在先天盲的患者身上将微型摄像机装在眼镜框上接受视觉刺激,然后将这些刺激的电信号通过连线放大并传输到胸前的皮肤刺激板上,后者为有1 000余个点的点阵刺激器,因此,可在其上形成患者由摄像机取得的图像。经过足够的训练后,患者能够掌握特有的视觉分析法,不但能够自由行走,而且能够从事用类似于注射器针头的细管向试管内注入溶液的工作。这充分证明利用中枢神经系统的可塑性,通过充分地训练,可以让在正常情况下完全不相干的系统承担某种功能。国内近年也对盲人、聋人进行了跨通道功能重组的实验,都证实了在功能上几乎完全不相干的系统具有代偿功能。

二、周围神经系统可塑性理论

中枢神经系统具有可塑性,周围神经系统作为神经系统的一部分也存在很多可塑性的现象,例如:感觉神经移植后供区感觉的恢复就是靠诱导邻近感觉正常区域的感觉神经代偿来完成。周围神经系统损伤后可以利用神经系统可塑性修复周围神经的损伤。

周围神经外包结缔组织,从外向内分为神经外膜、神经束膜、神经内膜。神经损伤后神经元胞体肿胀,尼氏体消失,细胞核偏移,突触终端减少,运动轴突和髓鞘因瓦氏变性而崩解,但神经胶质细胞即施万细胞却很少坏死,相反地呈肥大增值,形成 Burngner 带。当 Burngner 带形成后,远端轴突开始以 1~4 mm/d 的速度逆行性生长。同时,神经元胞体逐渐产生轴突反应,由胞体合成蛋白质和轴突生长所需的物质,通过轴突运输到达断端的回缩球,在回缩球的表面长出许多再生的轴突枝芽(生长锥),称之为终末再生。轴突枝芽有许多分支,其末端膨大处称为丝足。当丝足遇到 Burngner 带时,则深入带的中央,为施万细胞所包裹,从而走上有引导的再生道路,此后,轴突再生相当迅速,一般以 2~4 mm/d 的速度向靶器官生长。在神经轴突的再生过程中,施万细胞分泌多种神经营养因子和细胞外基质,参与构成周围神经再生的微环境,从而影响神经再生。

周围神经的损伤通常有三种情况,即神经功能失用、轴索断裂、神经断裂。周围神经损伤后其修复的原理在于中枢神经系统可塑性的变化和周围神经系统可塑性的变化。

(一) 周围神经损伤后中枢神经系统可塑性的变化

1. 脊髓的可塑性变化

周围神经损伤后,由于破坏了相应的脊髓中神经元胞体的营养供给,导致其发生一系列形态、生化、代谢及基因表达的改变,甚至神经元胞体死亡。由于神经元胞体是一种终末分化细胞,死亡后就不可能再生。以往提到的胞体神经再生主要指的是利用存活的胞体发出的轴突、树突等组织,通过侧支发芽的方式来代偿损伤神经胞体所拥有的功能。

1994年Viterbo等报告[1],将大鼠腓总神经切断后以端侧方式吻合,使完整胫神经后腓总神经功能得到恢复。后被证明腓总神经是通过胫神经侧支发芽方式来恢复功能的。那么,来自胫神经的神经纤维是怎样同时支配大鼠屈肌和伸肌这一对拮抗肌的?神经解剖学已经证实,这也是由脊髓的可塑性整合而成。位于脊髓前角支配不同肌肉的运动神经元,在组织学和形态学上没有本质的区别,而且,胫、腓神经运动神经元在脊髓内的分布极为紧密,因此,在神经端侧吻合后,部分支配胫神经的神经元发生重组来支配其拮抗肌运动。

2. 大脑皮质的变化

四肢在大脑相应皮质的投射区也具有随着四肢功能的改变而发生漂移和转换的可塑性。研究发现,刺激猴子的手指会导致大脑皮质中手指相应代表区的扩大,小提琴家由于反复使用手指可使大脑中的手指相应代表区比普通人大。所有研究都证实,这种可塑性变化是以应用依赖型的方式发生的。

动物和人体实验已证实:在周围神经系统损伤后,大脑皮质代表区可以迅速发生重组现象,周围神经损伤后几秒内,就可监测到大脑皮质相应代表区的变化,随后在大脑皮质中与这条神经相对应的投射区将受到持久的阻滞。有研究[2]将猴子的正中神经切断,会使其正中神经所对应的大脑皮质区受到阻滞而处于静默期,随后由邻侧正常的尺神经的代表区域开始扩张代偿,随着时间进展,这种新生的皮质代表区域的定位逐渐变得精细,与周围邻近大脑皮质的代表区边缘也变得明显。

(二) 周围神经损伤后周围神经系统可塑性的变化

1. 神经侧支发芽

周围神经受到损伤时其邻近的正常神经纤维可通过发出侧芽的方式来代偿受损神经的功能。很多研究认为,神经纤维侧支发芽的部位是郎飞结,神经胶质细胞及神经生长因子等可以促进这种侧支发芽。有研究通过观测在神经端侧吻合时,供体神经开窗组与不开窗组的受体神经内的神经乙酰胆碱转移酶活性,总结出开窗与否对神经侧支发芽没有影响。但也有研究认为开窗有利于轴突侧支发芽,开窗组的功能恢复优于不开窗组,同时束膜开窗优于外膜开窗。还有实验发现,感觉神经发芽能力优于运动神经发芽能力。

2. 周围神经伸缩性

周围神经在正常状态时存在一定的伸缩性,如将神经干切断,两断端便向相反的方向收缩而出现一定距离的缺损,如及时进行修复,又能将两断端牵拉靠拢,进行无张力下的缝合。神经伸缩性的基础来源于周围神经的长度和弹性储备。长度储备是指神经纤维在束膜内呈纵向波浪状排列迂曲走行,牵拉时可致神经延长。弹性储备产生于周围神经的外膜和束膜,其内部的胶原纤维和弹力纤维在牵拉过程中可被延长。

---

[1] Viterho F, Trindade JC, Hoshino K, et al. Two end-to-side neurorrhaphies and neve graft with removal of the epineural sheath: experimental study in rats. *Br J Plast surg* 1994, 47(2): 75-80.

[2] 马南,路来金,张敬莹,等.周围神经损伤后神经系统的可塑性[J].中国临床康复,2006,10(22):128-130.

3. 神经趋化性再生

周围神经损伤后,再生轴突能自动识别远端神经的性质,并朝相应的靶器官生长,被称为神经趋化性再生。由远端神经和靶器官产生的趋化因子是发生这种趋化性的原因。大量实验证实[1],神经趋化性再生有组织特异性(再生神经选择性地向远侧的神经组织而不是其他组织生长)、运动或感觉功能特异性(再生神经选择性地向远侧的同种神经生长)、区域特异性(再生神经选择性地向原先相同的远侧通路或区域生长)。

周围神经受损后,虽有神经再生,但在大脑皮质感觉区却出现明显的表位异常,从而妨碍执行细致的、精确度要求高的动作。有研究证明,在周围神经损伤后,进行专门的感觉功能的训练,有助于学会把功能上配对失误的神经纤维重新编码,套入大脑新的、对应的、功能上有特异性的接受区。

第三节 丰富环境刺激理论

丰富环境只是相对于动物和人生存的单调环境而言。神经系统的发育是遗传因素和环境因素共同作用的结果,脑由环境和经验塑形已成为事实。1947年美国人赫布(Hebb)提出丰富环境的概念,这一模式被广泛用来研究环境对脑功能的影响,也为特殊儿童的感知觉训练奠定了理论基础。

一、丰富环境概念

自Hebb提出丰富环境概念以来,国内外学者对此进行了众多实验研究。研究结果证实,丰富环境能促进中枢神经系统的发育以及功能恢复。

丰富环境对大脑发育及可塑性有极为重要的影响,这已在细胞、分子、生理和行为等各个水平上有广泛研究。行为学的实验证实,丰富环境暴露可以提高动物的行为学表象,增强其空间学习能力;对视觉的研究表明,在丰富环境中饲养的猫,其神经元的方位调谐曲线较对照组动物更窄,显示这些动物具有更强的视觉空间分辨能力;对听觉系统的研究也显示,丰富环境饲养能够显著提高听觉神经元听反应的强度和对纯音的选择性,同时,降低听反应的阈值和反应潜伏期[2]。

对丰富环境的研究众多,但是,何为"丰富环境"?1978年丰富环境首次被定义为:复杂的无生命物与社会刺激的复合体,即动物的饲养环境空间增大,内置物体丰富而新奇,成员较多,不仅提供了多感官刺激和运动的机会,而且赋予了相互间社交性行为的可能。这是相对于标准环境和孤独环境而言,标准环境是指每只笼里有实验用老鼠3~6只,但不提供物体;孤独环境是指每只老鼠单独饲养于一个很小的笼子里,不提供物体;丰富环境是指大鼠在大笼中饲养,每8~12只老鼠一组,笼内放置不同颜色及形状的物体,包括转盘、管道、斜坡和玩具等,并按一定的频率更换以造成新异的刺激,这种环境不仅提供了

---

[1] 马南,路来金,张敬莹,等.周围神经损伤后神经系统的可塑性[J].中国临床康复,2006,10(22):128-130.
[2] 蔡睿.早期丰富环境诱导中枢听觉功能可塑性的细胞分子机制[D].上海:华东师范大学博士论文,2010:14.

多感官刺激和运动的机会,而且赋予了社会性情感体验的可能。在丰富环境中饲养的动物被称作"丰富动物"。如今的研究,对丰富环境的具体设置各有差异,但总的原则是要增加自愿物理运动、社会性刺激及相互交往的机会[1]。因此,概括地说,丰富环境是指具有可操纵的多个物品、社会整合因素刺激与体力活动(或运动)的联合体的特征性环境。

二、丰富环境与多感官刺激

丰富环境通过对多感官的刺激,使皮质躯体感觉运动回路重组,感觉运动和学习记忆功能得到增强。

实验研究中,将小鼠出生后暴露于丰富环境中,成年后与标准环境中的小鼠相比,发现其在视觉水迷宫测试中,视觉敏锐度增加了18%,说明视觉环境的复杂性显著影响着视觉系统的发育[2]。Woodcock[3]让断奶前的大鼠每天接受25分钟的丰富环境刺激,里面设置极其丰富,提供了具有触觉、前庭觉、视觉、听觉、温度觉、嗅觉、运动觉刺激的物体,同时结合触摸刺激和鼠妈妈的舔抚刺激,结果发现动物成年后在Hebb-Williams迷宫中解决问题的能力比断奶后接受同样刺激的大鼠强。尽管二者都有神经解剖和神经生化的改变,但对学习记忆的作用只在断奶后才能测出,证明断奶前环境刺激对学习记忆的效果优于断奶后,并伴有海马结构的改变。同时生后18天大鼠的短期记忆与生后23天大鼠的无差别,但长期记忆能力要差,可能与海马发育延迟有关。因为,丰富环境刺激可以加速断奶前大鼠海马的发育,即断奶前接受丰富环境刺激的大鼠,到青年时期表现出较未接受丰富环境刺激的大鼠更好的长期记忆。

三、丰富环境与神经可塑性

已有研究证实,丰富环境对脑发育和脑损伤修复具有显著的促进作用,而脑发育与脑损伤修复的基础是神经可塑性。丰富环境可以促进中枢神经损伤者神经的再支配,这与教育学上提出的丰富环境对儿童智力发育有益的基本理论不谋而合。

(一)丰富环境影响神经形态学结构的变化

众多的形态学研究证实,丰富环境可引起神经系统形态学结构的变化,如脑质量增加、体积增大、皮质增厚。对"丰富猫"的研究发现[4],与在标准环境中饲养的猫相比,其体质量增加10%,脑质量增加7%,视皮质增厚,脑的总长度不受影响,脑半球的宽度和长度增加5%,脑血管生成也有所增加。丰富环境刺激后还可以使神经元胞体增大,细胞的凋亡减少。最重要的形态学改变是树突、轴突及突触的变化。具体包括:神经元树突变长,树突分枝增加,密度增大,树突数目增多,轴突增多,突触及突触小结变大,新突触连接增

---

[1] 鲁利群,赵聪敏. 丰富环境与神经可塑性[J]. 中国临床康复,2005,9(16):141-143.

[2] Glen T Prusky, Candance Reidel, Robert M Douglas. Environmental enrichment fom birth enhances visual acuity but not place learning in mice. *Behav brain Res*. 2000: 114: 11-15.

[3] Woodcock EA, Richardson R. Effects of Multisensory environmental stimulation on contextual conditioning in the developing Rat. *Neurobiol Learn Mem*, 2000: 74: 89-104.

[4] Schrijver NC, Pallier PN, Brown VJ, et al. Double dissociation of social and environmental stimulation on spatial learning in rats. *Behav brain Res*, 2004, 152: 307-314.

加,突触囊泡聚集密度增强等。

（二）丰富环境影响行为学功能的变化

突触可塑性常联系着行为学功能的改变,丰富环境的刺激主要影响着感觉运动和学习记忆功能,二者分别主要定位于皮质和海马。几十年来的研究证实了丰富环境对行为学功能尤其是学习记忆功能的促进作用。复杂的环境能改善实验动物的脑功能,加强其在复杂的行为学测试中解决问题的能力。丰富环境刺激可补偿脑损害导致的障碍和神经退化。

对 27 个月的老年鼠进行丰富环境刺激,发现其随年龄减弱的空间记忆能力得到明显改善,氧化亚氮合酶的活性也显著增加,减轻了氧化亚氮产物引起的神经损害。有学者认为,即使物理损伤恢复了,但认知的缺陷会持久存在并影响着那些慢性患者的生活质量,损伤后的空间导航和记忆缺失可持续数月。非侵入性的环境刺激对减轻认知障碍和维持组织完整是有益的。在行为学测试中,应用最经典的是水迷宫试验,它与空间学习记忆密切相连。如癫痫后眩晕状态产生后 28 天大鼠,在丰富环境刺激 28 天后,虽脑电图和脑形态学改变无差异,但在水迷宫试验中,其认知能力得到改善[①]。

（三）丰富环境影响脑可塑性的分子生物学机制

丰富环境可促进脑损伤后功能或结构的恢复,目前的动物实验主要从形态学和行为学两方面阐述了环境干预对脑可塑性的影响,对于其如何促进中枢神经系统生长发育,使受损神经修复的机制有待进一步研究。但近年来的研究表明,丰富环境不仅引起脑的神经化学和神经生理变化,也影响神经元的发生。

研究还发现,丰富环境刺激可诱导脑内神经营养因子的表达,尤其是增加神经生长因子的数量和神经生长因子受体的密度,而神经营养因子在脑损伤后修复过程中均有重要作用。另外,丰富环境还可以促进大脑神经纤维髓鞘的发育,从而影响中枢神经系统的发育和修复过程。

总之,丰富环境、被动活动、主动学习和训练对于脑损伤与发育迟缓者功能的康复具有重要作用。丰富环境刺激还具有神经保护作用,提高中枢神经系统的环境适应能力,降低再次受损的危险性。因此,如果将丰富环境结合被动活动和主动学习与训练运用于教育、康复中,将会显著促进脑损伤与发育迟缓者认知能力和感觉运动功能的恢复与发展。

延伸阅读

最新发现：人类大脑的"人性基因"正加速进化

http://www.360doc.com/content/1610211/00/12484715_533768411shtml

生物谷报道：生活在大城市里的人与世世代代生活在封闭区域的人相比,其聪明程度的差距可能正在拉大。美国华人科学家、芝加哥大学助教 Bruce T. Lahn(蓝田)吃惊地发现：人类大脑中的一组"人性基因 Humanness"仍在以超乎寻常的速度进化！这一组基因决定前人类的脑容量以及智力的进化和发育。由于这组基因的进化与人所处社会的文

---

① 鲁利群,赵聪敏. 丰富环境与神经可塑性[J]. 中国临床康复,2005,9(16):141-143.

明活动有关,大脑的加速进化还可能带来一些社会后果——可能会导致不同社会中人种间的智力发展不平衡。这一组基因是通过对大量高等生物的基因组比较筛选出的候选基因。

这一研究结果刊登在 2005 年 Science 9 September 杂志上,由华裔科学家蓝田领导的研究小组的新发现有可能引发人类学家激烈的争论。蓝田同一课题的两篇论文[①]同时发表在同一期 Science 杂志上,实属罕见。这两篇论文分别介绍了人脑中两个正在高速进化的"人性基因 Humanness",以证明人类大脑仍在高速进化。其中一个名为 ASPM 的基因在距今 5 800 年前才出现,另一个名为 Mi-crocephalin 的基因是距今 37 000 年前出现的。此前,人类学家认为 20 万年前现代人出现之后,人类进化就"定型"了。蓝田等人的研究可能引起人类学家对现代人进化速度的重新关注。科学家认为,这两个"新基因"可能决定人脑的容量,进而可能影响到人类的智力水平。

科学家推测,这两个"新基因"的出现可能与农耕、语言、文字等人类文明活动的出现有关,这似乎表明了人类基因进化随着社会文明的不断发展而推进,两者之间存在一种因果关系。另一方面,由于人类文明发展速度不平衡,一些落后地区的人大脑中"人性基因"的进化速度可能较为缓慢。

美国科学家说,基因分析表明,直到现在为止,人类的大脑一直在快速进化过程中,而且这种进化与人类文明的兴起有密切联系。

早先的化石和基因证据表明,人类和黑猩猩在约 600 万年前由共同的祖先"分家",此后人类祖先的大脑快速进化,并产生了较高级的认知功能,直至距今约 20 万年前现代智人出现为止。在人们的习惯观念中,现代人类大脑在生理上已经"定型"了。

由芝加哥大学科学家蓝田博士领导的一个研究小组,对人类体内管理脑容量大小的两个基因的演变进行分析。他们共搜集了世界各地 59 个民族、1 000 多人的基因样本,并发现这两个基因都正在进化中,现代人的大脑没有"定型"。

蓝田解释说,这种进化并不是同时发生在整个种群中,而是一个漫长的选择过程。极少数个体率先发生基因变异,出现新的单模态;而基因的新单模态使这些个体获得生存和繁衍的优势,然后在整个种群中传播。

研究人员发现,这两种对大脑发育至关重要的基因在自然选择的压力下以超乎寻常的速度进化。70%的现代人小脑症基因的单模态,是距今 3.7 万年前首次出现的;而 30% 现代人异常纺锤形小脑畸形症相关基因的单模态,是在 5 800 年前首次出现。两种形态的出现都大大晚于 20 万年前出现的现代人类。

研究人员说,这些新近出现的基因变异,在时间上与人类文明的兴起有密切联系。人类历史上首次出现复杂工具制造、艺术、音乐等是在 5 万年前,而人类最古老的文明——美索不达

[①] Patrick D. Evans, Sandra L. Gilbert, Nitzan Mekel Bobrov, Eric J. Vallender, Jeffrey R. Anderson, Leila M. Vaez Azizi, Sarah A. Tishkoff, Richard R. Hudson, and Bruce T. Lahn. "Microcephalin, a Gene Regulating Brain Size, Continues to Evolve Adaptively in Humans", Science 9 September 2005:1720-1722.

Nitzan Mekel Bobrov, Sandra L. Gilbert, Patrick D. Evans, Eric J. Vallender, Jeffrey R. Anderson, Richard R. Hudson, Sarah A. Tishkoff, and Bruce T. Lahn. "Ongoing Adaptive Evolution of ASPM, a Brain Size Determinant in Homo sapiens", Science 9 September 2005:1720-1722.

米亚文明在公元前7 000年兴起。他们猜测,文明的出现使人类面临的环境更加复杂,也加快了选择的过程,因此优势的基因单模态能很快传播。

蓝田说,人类大脑的容量和复杂度仍然在快速进化中,现代人类面临的环境变化更快,也需要更复杂的技能;而人脑将继续通过适应性选择来进化,跟上变化的环境。生物谷专家认为蓝田博士的研究使人类从分子水平对人类的进化作了新的阐述,是分子进化学的研究上的里程碑式的研究,从分子角度揭示了高等生物,尤其是人类进化之谜。

第四节 运动控制理论

运动控制系统包括神经系统和运动有关的组织结构,以及实施运动的骨、关节、肌肉组织等。运动可分为反射运动、随意运动、节律性运动。这些运动过程的控制必须有中枢神经系统的参与才能达成,且中枢神经系统在运动控制中起着主导作用。正如郝洛克(Horak)的运动控制理论所强调,正常运动控制是指中枢神经系统运用现有及以往的信息将神经能转化为动能,并使之完成的有效的功能活动[1]。

运动控制的结构由低级到高级依次为脊髓、脑干和大脑皮层。小脑和基底节在大脑皮层和脑干对运动的控制中起调节作用,但并不直接参与运动的产生。这三层控制必须从内外环境中获得感觉刺激信息,包括环境中的事件、躯体、机体的位置和取向,以及肌肉的收缩程度。中枢神经系统感受这些信息的变化后,及时准确地做出运动应答,或是产生合适地运动,或是调整正在进行的运动。这样一个过程即运动控制。

近年关于运动控制的研究很多,也形成了很多学说理论,因各自关注的重点不同,因此,没有一个能全面地解释运动起源的本质和原因。在这些学说理论中,代表性的有反射运动(reflex model of motor control)、阶梯运动(hierarchical control theory)和系统运动(systems theory of motor control)三种运动控制学说[2]。这些学说为特殊儿童的本体感、前庭平衡以及运动知觉的训练提供了依据。

一、反射运动控制学说

该学说由查尔斯·谢林顿(Charles Sherrington)提出。他认为,反射是一切运动的基础,神经系统通过整合一连串的反射来协调复杂的动作。而正常情况下,神经系统各个部分相互作用,简单的各种反射综合产生完整的动作,最终构成个体的行为。

反射运动控制学说认为,控制运动的主要因素有三个,即周边感觉刺激、反射弧、反馈控制以修正动作。例如:在进行运动疗法时,利用感觉刺激来诱发"好"的反射,控制"坏"的反射;或者通过感觉刺激来降低痉挛,或者通过触摸式轻拍增强牵张反射来诱发动作。

---

[1] Horak FB. Assumptions under lying motor control for neurologic rehabilitation [A]. In: Lister MJ. Contemporary management of motor control problems: proceedings of 2nd STEPconference [C]. Alexandria, VA: Foundation for Physical Therapy, 1991: 5-10.

[2] 张通. 运动控制理论简介[J]. 中国康复理论与实践, 2001, 7(1): 42-43.

然而,该学说也有不足之处:实验发现,即使缺乏感觉刺激仍可以有动作产生;在动作执行前,中枢神经可修正即将执行的动作,这就是前瞻性或预期性的动作修正;有些动作一旦执行后,就没有修正的机会了。

二、阶梯运动控制学说

该学说由罗道尔·马格努斯(Rodol Magnus)于1940年率先提出。他认为脑损伤会破坏皮层的控制系统,同时出现异常反射,造成不正常姿势和动作困难。同年,阿诺德·格塞尔(Arnold Gesell)提出,正常动作的发展源自中枢神经系统的逐渐皮层化。皮层化使高级控制中心具有控制低级反射的能力,即为有关动作发展的神经成熟理论。具有代表性意义的是肌张力和平衡的控制。

1978年,波巴斯(Bobath)在上述基础上提出了神经发育理论,这也是目前人们最熟悉的理论之一。波巴斯指出,中枢神经系统损伤会使正常情况下受控制的下位中枢开始活动,从而引发不正常的姿势和异常的动作方式。其神经易化技术就是通过控制不正常的运动模式、异常的张力和异常协同方式来引发正常运动模式的出现。例如:通过控制张力性颈反射来诱导平衡反射,促进对平衡的控制。在动作训练中,可根据儿童动作发展的阶梯顺序,先从翻身、坐、爬、跪,再到站、走、跑这一过程进行动作控制的训练。

虽然波巴斯的神经发育理论影响最大,目前应用也最为广泛,效果也最受肯定,但它也有不足之处:① 在正常情况下,并非所有反射都受高级中枢的控制,如成年人具有的低级反射动作;② 人的动作的发展并非完全依据固定的顺序向前发展;③ 行走功能也并非完全在高级中枢的控制下进行。

三、系统运动控制学说

该学说由本斯腾(Bernsten)于1967年提出。他认为运动的控制问题就其周围环境状况而言,因人而异,而且,还要根据个体的要求、环境和目标的改变而不断改变。所以,感觉、认知和活动三者之间相互作用。在该模式中,中枢神经系统并不发出直接的指令,而是各部分一起整体互动,系统地进行整合。

该学说的主要观点是:动作控制以达成动作功能为目标;确认身体其他系统对动作控制的影响;动作控制需要考虑外在环境因素的影响,如地心引力等;动作本身也遵循力学定律,相互影响。因此,该学说强调必须重视评估,通过评估确定训练的目标,了解对目标训练产生影响的因素,以及影响动作本身的力学问题。例如:步行训练首先应评估分析步态以及影响步态的主客观因素,根据步态评估的结果,在步行训练中有针对性地解决相关问题,而不是简单地从反射或其他低级动作开始。

在实际训练中,系统运动控制学说强调训练应以功能性动作为目的。系统运动控制学说在评价等方面较前两种理论更全面、更系统,能考虑多方面的因素;但因为其定义模糊,涉及范围过大,因而,实际应用难度较大。

第五节 儿童发展理论

特殊儿童的感知觉训练必须基于儿童发展的理论,遵循儿童的身心发展规律与教育原则。何谓理论?在儿童发展领域,理论是指组织起来的一系列解释发展的观点[①]。那么,当今儿童发展理论有哪些?至今,国内外关于儿童发展的研究很多,理论层出不穷,这些理论依据其类似性概括起来有五大视角,即生物学视角、精神动力学视角、学习视角、认知发展视角和社会情境视角。在这五大视角的理论中,生物学、学习和社会情境视角的理论为特殊儿童感知觉训练的假设提供了理论依据。

一、生物学视角

(一)成熟论

根据生物学理论,智力、人格的发展和生理的、动作的发展一样,根据生物计划进展。最早的生物学理论之一是成熟势力说,简称成熟论,其代表人物是格赛尔(A. Gesell)。

成熟论被公认为属于遗传决定论。格赛尔的儿童心理发展理论的核心是所谓"成熟势力说"或"成熟潜能说",深受卢梭的自然教育理论、18世纪胚胎学研究、霍尔的复演说和达尔文的进化论影响。格赛尔认为,发展只是生物计划的自然展开,经验的作用很小。200年前的卢梭观点与其相同。

1. 成熟论观点

格塞尔通过向家长发放调查表等方法收集每一个年龄段儿童的典型行为,归纳他们的成长趋势,总结出"行为剖面",并从中概括出三条重要观点。

(1)发展是遗传因素的主要产物

根据遗传决定论的观点,格塞尔认为个体的生理和心理发展,都是按基因规定的顺序有规则、有次序地进行的。他把通过基因来指导发展过程的机制称为成熟。成熟指导着发展,是推动儿童发展的主要动力。没有足够的成熟,就没有真正的变化;脱离了成熟的条件,学习本身并不能推动发展。这个观点来源于他的双生子爬梯实验。

(2)在儿童成长过程中,较好的年头和较差的年头有序地交替

较好的年头和较差的年头,确切地说,是发展质量较高或较低。成熟是从一种发展水平向另外一种发展水平突然转变实现的。不同水平是不连续的,表现为波峰和波谷周期性的变化,这种变化受到不同时期的成熟机制的影响。发展的本质是结构性的,只有结构的变化才是行为发展变化的基础。生理结构的变化按生物的规律逐步成熟,而心理结构的变化表现为心理形态的演变,其外显的特征是行为差异,而内在的机制仍是生物因素的控制。决定学习最终效果的因素,取决于成熟。

同时,格赛尔强调,儿童在发展的过程中遵循一定的原则,需要耐心等待。

第一,发展方向的原则。发展具有一定的方向性,由上到下、由中心到边缘、由粗大动

[①] 罗伯特.V.卡尔.儿童与儿童发展[M].周少贤.等,译.北京:教育科学出版社,2009:13.

作向精细动作发展。

第二，相互交织的原则。人类身体结构是建立在左右两侧均等的基础之上，对称两边需要均衡发展，通过相互交织发展，使相互的力量在发展的不同阶段分别显示出各自的优势，达到互补作用，并最终把发展引向整合并达到趋于成熟的高一级水平。

第三，技能不对称的原则。发展形成优势手以及颈强直反射表明人类可能从一个角度面对世界更为有效。

第四，个体成熟的原则。个体的发展取决于成熟，而成熟的顺序取决于基因决定的时间表。儿童在成熟之前处于学习的准备状态。所谓准备，就是由不成熟到成熟的生理机制的变化过程。只要准备好了，学习就会发生。而在未准备之前，成人应该等待儿童达到对未来学习产生接受能力的水平。

第五，自我调节的原则。自我调节是生命现象固有的能力，婴儿能够自我调节形成固定的模式。

（3）在儿童的身体类型和个体之间有明显的相关性

发展本身是一个模式化的过程，模式化是指神经运动系统对于特定情境的特定反应。每一个特定的行为模式都标志着一定的成熟阶段。格塞尔经过数十年的研究，收集了数以万计的儿童发展行为模式，发现了每一个特定年龄行为发展的平均水平，即年龄常模的资料，并于1940年推出格塞尔发展量表。

2. 理论评价

成熟论强调重视成熟机制的重要性，重视对自然规律的理解、尊重，对当今的教育学、心理学和医学的研究发展产生了积极而深远的影响。一方面，格赛尔虽然重视遗传因素的作用，但并没有否定环境的作用。例如，他认为"儿童的成长特征实际上是内在因素与外在因素之间相互作用的最后产物的表现"。他所制订的年龄常模不仅为了测试，也是为了引起成人对儿童发展异常状况的重视以便干预。这些都表明他并不排除后天的作用。然而，格赛尔忽视环境与教育作用的看法有失偏颇。成熟虽然重要，但并不是儿童心理发展的唯一条件。成熟只是为儿童心理发展提供一种可能性，没有环境与教育这样的外部条件，这种可能性也无法实现，环境与教育才能决定儿童心理发展的现实性。也许格赛尔是过分重视成熟的作用，才忽略儿童心理发展的其他因素。总之，虽然他的理论存在着或多或少的争议，但是他对儿童的贡献不可否认。

（二）习性学理论

习性学的发展理论不同于其他学派的发展理论。它目前还没有一个创始人，也没有一整套的系统理论，只有某些专题的微型理论。习性学理论对儿童发展研究的重要贡献在于它的理论倾向、研究视角、研究方法等方面。

习性学是生物学的一个分支，研究物种在它的自然环境中的进化的、有意义的行为，又称为行为学。18世纪的习性学是指研究伦理的科学，在相当长的一个时期，习性学和生态学常被混淆。19世纪的海因罗特、费伯和斯波尔丁都可称为最早的习性学家。20世纪30年代以后，洛伦茨（K. Lorenz）和廷伯根（N. Tinbergen）等人在鸟类行为方面的研究和发现，丰富和发展了习性学。20世纪50年代，英国的精神病学家鲍尔毕（J. Bowlby）把习性学与心理学正式联系在一起，对人类行为特别是儿童的行为发展进行了习性学的解释。

1. 习性学的理论核心

（1）物种特有的遗传行为

物种特有的遗传行为，指的是某一物种的所有成员基本都具有的行为，受基因控制，在特定的环境中表现出来。遗传行为具有模式性、先天性和稳定性的特性。习性学强调生物的遗传行为并不表明轻视习得行为。事实上，生理结构上的遗传和遗传行为应该源于环境因素的变化和生物性因素两个方面，但习性学更强调生物因素对行为的影响。习性学所指的遗传行为包括三种类型。

第一种是先天的反射。反射，就是简单的刺激反应。作为先天的反射，绝大部分都会在一定的发展阶段消失[1]。

第二种是空间定向，也叫趋性、向性。空间定向就是指动物有机体趋向某一特定刺激的能力，或者说是使有机体定向于一种特定刺激的身体运动，如昆虫趋光、蛇类趋暖等。

第三种是固定的行为模式。固定的行为模式是一种复杂的遗传行为，是以固定的、定型的方式发生的某些行为序列，有助于增加物种生存的机会。它产生于中枢神经系统中一种"协调的行为的遗传程序"[2]。

（2）进化的观点

进化是指同一物种的几代之间发生的变化。物种都要解决由环境造成的问题，这些问题包括如何避免野兽的伤害，如何获取食物、繁衍后代，等等。个体发展的过程遵循着一定的方式，这种方式因其有利于生存而被物种保留。人类的某些生理特征增加了人类生存的机会和能力。当习性学家研究一个特定行为时，其真正的目的在于想了解这种行为如何促进这一物种对环境的适应，如何使物种适于生存。

（3）学习倾向

学习倾向又叫作学习的预先安排倾向，包括关键期和一般或特殊的学习能力两个方面。

关键期指发展过程中一种特殊类型的学习发生所在的时期，在此前此后，相同的学习很困难甚至是不可能的。习性学家认为，所有的动物按生物学程序发展，一些学习只发生在特定时期即关键期。研究生物因素目的是为了解决物种如何提高适应性的问题，如哪些行为是可以改变的，哪种学习最容易在哪一阶段发生，学习的机制是什么，物种与物种之间学习的差异是什么，等等。

生物因素对行为的控制不仅表现在进化过程中获得先天的遗传行为中，而且也表现在一般学习能力或特殊学习能力上。特别是人类，经过长期的进化，遗传了众多学习经验的一般能力，如中枢神经系统的灵活思考能力是其他动物所不及的，手可以执行各种行为的能力等。此外，不同的物种还有其特殊的学习能力。

（4）习性学的研究方法

习性学家借助于两种方法研究行为，即自然主义的观察法和实验室实验法。

---

[1] 朱智贤.儿童心理学[M].北京:北京师范大学出版社,2002:97-99,126-127.
[2] 王振宇.儿童心理发展理论[M].上海:华东师范大学出版社,2004:270-274.

2. 心理学中的习性学观点

(1) 习性学的依恋理论

习性学研究动物的行为的目标在于最终研究人的行为。英国伦敦的精神分析家鲍尔毕(John Bowlby,1907—1990)首先把习性学引入发展心理学领域中。鲍尔毕提出了一套生态学的依恋理论,被心理学界普遍接受。

关于依恋行为。鲍尔毕认为儿童对依恋对象会产生一系列表达情感的行为方式。这类表达情感的行为方式就是依恋行为。它是依恋关系的外显表达和维持方式。儿童的依恋行为随年龄不断变化,但其依恋的关系是不变的。

关于依恋发展的阶段。鲍尔毕将儿童依恋的发展划分为四个阶段。他认为在婴儿最初三年的生活里,主要任务就是经过四个依恋发展阶段对另一个人产生依恋感。如果没有这一过程,那么这个孩子就有可能在今后与他人的交往中产生严重的人格问题。儿童依恋的发展四阶段分别是:第一阶段——无分化阶段,第二阶段——低分化阶段(3~6个月),第三阶段——依恋形成阶段(6个月~2岁半),第四阶段——修正目标的合作阶段(2岁半以后)。

关于依恋的生物功能。从人类进化的观点看,儿童的依恋是一种适应性行为,为了随时得到成人的保护,不致发生意外危险。从社会化的功能来看,儿童在养育者的保护下也容易适应社会环境,不致产生异常。

关于依恋的行为系统。鲍尔毕认为,人类具有若干个行为系统,这是物种进化的产物。婴幼儿有4个行为系统:依恋行为系统、警觉—恐惧行为系统、探究行为系统、交往行为系统。鲍尔毕特别强调4个行为系统之间的相互作用。有些行为系统之间能相互激活,而有些行为系统之间则相互抑制。

(2) 同伴的相互作用

儿童的同伴关系是与亲子关系相互平行的、不可替代的人际关系,具有重要的心理价值。

同伴之间的相互作用是平等的、互惠的,它为儿童的社会化提供了一个全新的舞台。它的功能就在于发展社会认知和社会技能,吸收同伴的经验,培养社会责任感和增强情感支持。从习性的观点看,儿童的同伴关系与儿童获得资源的目的有关。为了增强获得资源的力量,儿童需要与同伴合作,而合作中又有竞争。

(3) 认知习性学

认知习性学的观点认为,在实际的行动中,儿童能运用自己的智力去适应环境中的各类障碍(包括物理的、社会的、信息的),并努力地解决问题。这一观点与皮亚杰的主动活动很接近,而且对早期教育具有特殊的启示。

(4) 习性学的发展观

习性学的发展观认为,儿童的发展水平是以他的行为来划分的,每一个发生的行为都有其生物学的基础。行为的发生是不连续的。只有当机体成熟到一定的程度,一个信号刺激便能激发出一个新的行为模式。习性学很强调行为的起因和功能。前者包括即时起因、个体发生起因、种系发生起因,后者包括即时功能、生存功能。大多数的发展理论只关心行为的即时起因和个体发生起因;习性学进一步考察了行为的种系发生的起因和生存功能,从而大大地提升了对人类行为认识的高度和深度,体现了多层次、多维度认识的新观点。

3. 理论评价

习性学观点更重视经验,从进化学角度看待发展。这种理论认为,许多行为是适应性的——具有生存意义。习性学从理论、方法两个方面给儿童发展的研究提供新的启示。当然,它必然也存在一定的局限性。首先,习性学理论所做出的描述多于所能做出的解释,如果把习性学的一些瞩目的概念运用到发展理论中来,还需要进一步的验证和阐述;同时,习性学强调对物种行为的观察,但许多心理现象并不是一直表现在行为上的。其次,习性学以研究动物行为为主,因此,把习性学的研究方法,尤其是实验研究方法照搬到儿童发展中,于法于理于情都是不允许的,而且有许多被习性学关注的行为在社会生活中难以控制。

二、学习视角

学习理论家赞同洛克的观点,认为婴儿的心灵就是一面供经验涂写的白板。华生是第一个将这种取向运用于儿童发展的理论家,创立了行为主义心理学。斯金纳、班杜拉为新行为主义者。

(一)华生与行为主义学派

华生(J. B. Watson,1878—1958):美国心理学家、行为主义心理学的创始人。他认为心理的本质就是行为,心理学研究的对象就是可观察到的行为。华生否认遗传在个体成长中的作用,认为一切行为都是刺激(S)—反应(R)的学习过程,通过刺激可以预测反应,通过反应可以推测刺激。较复杂的行为形式可能包含一个刺激复合而不是一个单项刺激。他认为,学习决定了儿童将成为什么,采用正确的技术,几乎所有人都能习得任何事。发展是行为模式和习惯的逐渐建立和复杂化,是一个量变的过程,因而不体现出阶段性。经验在发展道路上决定全部。华生还提出了行为主义的四种研究方法,即观察法、条件反射法、言语报告法、测验法。其中,条件反射最初是俄国生理学家巴甫洛夫提出的,但它后来在心理学中的广泛运用则主要归功于华生。

1. 行为主义的基本观点

(1) 心理学的对象不是意识而是行为

所谓行为,乃是有机体用以适应环境变化的各种身体反应的组合。华生把心理或意识归结为内隐而轻微的行为。思维是全身肌肉特别是喉头肌肉的内在和轻微的反应。事实上,他把"思维"和"喉头的习惯"视作同义词。情绪是身体结构特别是内脏和腺体的变化,是内隐、轻微行为的一种形式。

(2) 心理学的任务在于预测和控制行为

华生认为构成行为的基础是个体表现出来的外在的反应,反应的形成与改变则归因于有机体所受的刺激,即 S-R 公式。华生认为"人和动物的全部行为都可以分析为刺激与反应",不管多么复杂的行为总不外乎是一套反射而已。心理学需符合一般科学共有的预测、控制的基本原则。心理学研究行为的任务就在于查明刺激与反应之间的规律性关系,以预测控制动物和人的行为。

（3）研究方法应该是客观的方法而不是内省

华生不相信内省法的精确性，这也是他在心理学对象上否定意识的必然结果。他清楚地说过客观的方法有四种，即应用和不应用仪器控制的观察、条件反射法、言语报告法和测验法。条件反射法是行为主义者最重要的研究方法。

（4）行为是后天环境决定的

华生认为行为最后都可以分析还原为由刺激引起的反应，而刺激不可能来自先天遗传，所以行为当然就不可能来自先天遗传了。人类行为中似乎像本能一样的行为，实际上都是在社会中形成的条件反应。

2. 对华生行为主义的评析

华生创立的行为主义，是对构造主义和机能主义心理学传统的反抗。行为主义的兴起和延续，对心理学的发展具有重大的贡献。

其贡献在于：① 使心理学从哲学的边缘跳入科学之林；② 使心理学研究从主观内省转入客观经验研究；③ 使心理学走出学院的围墙进入广泛的实用领域；④ 对儿童心理和教育提供了有益的指导原则，如反对体罚，从小培养儿童的良好习惯等。

其不足之处在于：① 由于华生否认意识——确切地讲，否认意识是心理学的研究对象，以条件反射来解释行为，把心理归结为肌肉、腺体的活动，甚至把高级心理过程也归纳为含蓄的习惯反应一类，这就把复杂的心理现象简单化、庸俗化了。② 华生强调客观的、实证的、可重复的经验研究，排斥任何形式的内省，不可避免地造成研究方法的单一，不利于心理学的研究。③ 华生强调环境对塑造儿童行为的决定性作用，进而发展为教育万能论，强调教育对儿童发展的控制，既否认了遗传的重要性，又否认儿童主观状况对发展的影响，夸大了教育、环境的功能。

（二）斯金纳与操作性行为主义

斯金纳（B. F. Skinner，1904—1990）：美国心理学家、操作性条件反射学说的创始人，新行为主义学派的主要代表。斯金纳传承了华生的行为主义基本信条，即行为是心理学的研究对象；但与其不同的是，斯金纳用操作性条件反射作用来解释行为的获得。他认为，心理学的目标是指明决定特定行为的特定因素，以此来分析行为，并把先行影响与随后行为间关系的真正性质确定下来。要做到这点，最好的方式就是实验，因为只有在实验中，所有影响行为的因素才可以得到系统的控制。

在进行行为实验时，斯金纳不仅仅考虑一个刺激与一个反应之间的单一关系，而是同时考察刺激与反应之间的条件。他把这个条件称为"第二变量"，用方程式表示为：$R = f(S \cdot A)$。公式中，R 表示行为反应；S 表示情境刺激；A 表示影响反应强度的条件，为"过去形成的条件"。有机体的行为反应是自变量 S 和刺激情境（条件）的函数（f）。这一公式所表达的意义不仅在于对行为的预测，更在于对行为进行控制。

1. 操作性行为主义的基本观点

（1）行为的分类

斯金纳认为行为可以分为两类，一类是应答性行为，另一类是操作性行为。前一种行为就是经典条件反射中由刺激引发的反应行为；后一种行为是个体自发出现的行为，有机体发出的反应被强化刺激所控制。在一个操作性行为出现之后，如果有一个作为强化物的事件紧随其后发生(即"强化依随"),那么该操作性行为发生的概率就会大大增加。

(2) 儿童行为的强化与惩罚

斯金纳认为,行为的发生由行为的后果而定。若行为的后果是愉快的,该行为的发生率就会增加;若行为的后果是痛苦的,该行为的发生率就会降低。个体偶尔发出的行为得到了强化,这个行为以后出现的频率就会大于其他行为,得不到强化的行为就会逐渐消退;若行为表现后受到了惩罚,则这个行为以后出现的频率就会低于其他行为。因此,该理论不仅可以提高良好行为的发生率,也同样可以减少不良行为的发生。最常用的途径就是对儿童的不良行为予以"忽视"(即不予强化)或惩罚。

(3) 儿童行为的塑造

按照斯金纳的观点,人的行为大部分是操作性的,行为的习得不仅与及时强化有关,也与塑造有关。人类语言的获得就是通过操作性条件作用形成的,如:父母逐步强化了孩子发音中有意义的部分,从而使孩子进一步发出这些音节,导致语言体系的最终掌握。因此,儿童新行为的获得是一点一滴地塑造出来的,每一个塑造出来的行为可以组合成一个完整的反应链,从而使个体的发展越来越朝人们预期的方向接近。

(4) 操作性条件反射在教育中的作用

斯金纳的行为发展观在行为改变和教学实践中产生了巨大的影响。成人对儿童有意义行为的及时强化、对不良行为的消退处理、程序教学过程中的小步子信息呈现、及时反馈与主动参与等,至今仍是强化与控制个体行为发展的有效途径。斯金纳的努力使人们对行为的认识更接近现实;当然,操作性条件反射观点也具有明显的机械主义色彩,忽视了人的内在认知因素的作用。

2. 对操作性行为主义的评析

斯金纳创立的新行为主义,是对传统行为主义的延续,对心理学的发展具有重大的贡献。

其贡献在于:① 斯金纳的操作性行为主义的概念,丰富了华生的 S-R 公式的内容。斯金纳认为人的行为是由有机体所处的环境、有机体的操作以及操作所产生的结果而组成,一个操作的发生(反应),接着呈现一个强化刺激,该行为再次发生的强度(概率)就增加。此外,斯金纳指出影响有机体行为的外部环境不仅包括现存环境,还包括历史环境和遗传环境。因而,他对人的行为的研究变得更精细,更符合行为的真实性。对于心理的内部过程,他承认其存在,也承认这些东西应作为心理学的研究对象。② 斯金纳的新行为主义立场比早期行为主义更坚定,他不仅想描述行为,更在于想控制行为。

其不足在于:斯金纳认为内部的心理过程(内隐事件)与外显行为(公开事件)具有同样的维度,心理过程是行为本身的一部分。他把反映客观事物的心理映像与客观事物本身混同了起来,在物质与意识的关系上制造了混乱。

(三) 社会学习理论

班杜拉(A. Bandura,1925—):社会学习理论的创始人、认知理论之父、新行为主义学派的主要代表人物之一。班杜拉着重研究人的行为学习,在他看来,儿童总是"张着眼睛和耳朵"观察和模仿那些有意的和无意的反应,因此,他强调观察学习在行为发展中的作用。以华生和斯金纳为代表的新老行为主义学派主要通过对动物(如白鼠、鸽子等)的实验来建构理论,并用这些理论来解释人类的行为。这些理论受到抨击的一个重要原因是忽视了行为的社会因素。班杜拉的社会学习理论在某种程度上弥补了这种不足。社会学习论则较偏向于综合论点。其主要特点有三:第一,强调环境事件对于某一种行为的获得与调整的影响,大部分是决定于认知历程。这些认知历程又根据学习者先前的经验、所承受的环境影响、学习者如何知觉到这些影响、记忆多少这些影响,以及短期内将有多大影响等因素而定。第二,强调个体既不单纯受驱于内部力量,也不全然受制于外界压力。合理的解释应该是三个连锁因素,即行为、认知与环境因素交互作用而成。第三,个体是行为改变的主宰者,应具有行为改变的自我导向的潜在能力。

1. 社会学习理论的基本观点

(1) 观察学习及其过程

班杜拉的观察学习理论认为,人们的学习有两条途径,一是言语的途径,二是观察的途径。个体的许多行为其实都是通过观察周围人们的行为表现而习得的。对个体而言,是对榜样观察后进行模仿学习;对环境而言,则是向个体提供榜样的示范行为,供其观察学习。

个体的观察学习大体经历四个过程。一是注意,个体有选择地注意榜样行为的模式、特点,这是观察学习的开始;二是保持,个体把选择性注意所获得的信息转换成言语符号或表象,保存在自己的记忆中,这样的记忆能指导以后模仿时的行为操作;三是重现,个体把注意和保持的榜样行为付诸行动,这要求个体有必要的体力和技能,并且开始时模仿行为常与榜样有距离,通过获得反馈信息而逐渐变得精确;四是动机,个体去重现自己所注意需要的榜样行为不是自动的,是受动机变量所控制的,能满足个体需要的榜样行为才能使观察者处于加以仿效的动机状态。

(2) 观察学习的效用

观察学习的作用表现在三个方面,即学习新行为、抑制行为和促进行为。学习新行为指个体观看了榜样的行为,就能学会新的行为方式。当榜样展示的行为对观察者来说是一种新的行为时,观察者就有可能去加以仿效。儿童有较强烈的好奇心,就更会去加以模仿。抑制行为是指个体观察了其他人的行为,也会因此而抑制自己相应的行为,即避免表现出某种特定的行为反应,这就是观察学习的行为抑制效用。促进行为是指在某种适当的情境和相应的条件下,个体就从他自己的行为库中提取,并表现出某种特定的行为反应来适应环境,获得某种需要的满足。当个体看到榜样的示范行为其实自己也会,只是不去加以操作的话,那么通过观察在面临类似于榜样的情境时,他就会从自己的行为库中提取该行为而表现出来。

2. 对社会学习理论的评析

班杜拉所提出的社会学习理论是在与传统行为主义的继承与批判的历史关系中逐步形成的,正是因为他的研究而导致了社会学习理论的诞生。

其贡献在于:观察学习更加接近儿童的真实学习过程。班杜拉从人的社会化角度研究学习问题,指出观察学习的重要性,改变了过去的学习理论重个人轻社会的理论倾向,使学习理论更加贴近儿童真实的学习过程。班杜拉认为,人的行为变化,是人、人的行为与环境相互作用的结果,这种相互决定的观点在相当程度上反映了人类学习的特点。这一点,比早期行为主义和斯金纳的操作行为主义更为科学。

其不足之处在于:缺乏对认知因素的充分认识。虽然他的社会学习理论提到认知因素的作用,但他的研究依然围绕着儿童的学习行为进行,并没有把认知因素放在应有的位置上,最终说明的仍是行为。

三、社会情境视角

大多数心理学家都同意,环境在发展中是一股重要力量。传统上,大多数儿童发展理论强调环境直接影响儿童。这些直接影响对儿童的生活很重要,但从社会视角来看,这些只是更大系统的一部分。在这个大系统中没有一个因素能不受其他因素影响而独立起作用,如父母、家人、学校、社会等。

所有这些人和场所糅合在一起,组成了个人文化——知识、态度、相关群体的行为方式。文化提供了儿童的发展背景,最早强调文化作用的代表人物是维果茨基。当今最佳推崇者是布朗芬布伦纳。

(一)维果茨基与文化历史理论

维果茨基(Lev Vygotsky,1896—1934):苏联建国时期的卓越心理学家,主要研究儿童发展与教育心理,着重探讨思维和语言、儿童学习与发展的关系问题。由于维果茨基在心理学领域做出的重要贡献而被誉为"心理学中的莫扎特",他所创立的文化历史理论不仅对苏联,而且对西方心理学产生了广泛的影响。维果茨基主张,心理学应该坚持科学的、决定论的、因果性的解释原则研究高级心理机能,他反对将复杂的形式分解成简单的成分,认为这样就失去了整体的属性。他坚信马克思主义关于"人的实质由社会关系构成"之论断的正确性,拒绝从大脑深处解释高级心理过程。其文化历史理论既丰富又深刻。

1. 文化历史理论的基本观点

(1)"社会-文化-历史学派"将低级心理机能与高级心理机能作了区分

维果茨基认为,所谓低级心理机能,是依靠生物进化而获得的心理机能,它是在种族发展的过程中出现的,如感知觉、不随意记忆、形象思维、情绪等心理过程等均属于低级心理机能。高级心理机能是社会历史发展的结果,它以人类社会特有的语言和符号为中介,受社会历史发展规律所制约。思维、有意注意、高级情感、逻辑记忆等心理过程则属于高级心理机能。

(2)高级心理机能具备的特点

维果茨基认为高级心理机能具备以下特点:① 高级心理机能是随意的、主动的;② 高级心理机能的反映水平是概括的和抽象的;③ 就其实现过程的结构而言是间接的,是以符号或词为中介的;④ 在起源上是社会文化历史的产物,受社会规律所制约;⑤ 从个体发展来看,它们是在人际交往过程中产生并不断发展起来的。

(3)环境和社会因素在儿童发展中的作用

维果茨基强调环境和社会因素在儿童发展中的作用,提出心理发展的实质是在环境和教育的影响下,个体的心理在低级心理机能的基础上逐渐向高级心理机能转化的过程。他认为,发展大部分得益于由外向内,即个体通过内化从情境中吸取知识,获得发展。儿童的许多学习发生在与环境的相互作用中,这个环境决定了大部分儿童内化的内容。内化说是维果茨基心理发展观的核心思想。

(4) 儿童发展具有"最近发展区"

维果茨基提出了最近发展区(zone of proximal development,ZPD)的概念。最近发展区是一种介于儿童看得见的现实能力(表现)和并不是显而易见的潜在能力(能力)之间的潜能范围。换句话说,最近发展区是指一种儿童无法依靠自己来完成,但可在成人和更有技能的儿童帮助下来完成的任务范围。发展变化本质上是不同时期一系列最近发展区的获得。最近发展区是一个动态的概念,处于某一年龄阶段的儿童,他的最近发展区在一定条件下转变为下一个年龄阶段的现实发展水平,而下一个阶段又有自己的最近发展区。

(5) 教学应走在发展的前面

在维果茨基看来,教学的可能性是由学生的最近发展区决定的,"教学应走在发展的前面"。教学应走在发展的前面有两层含义:一是教学在发展中起主导作用,它决定着儿童的发展,决定着发展的内容、水平、速度及智力活动的特点;二是教学创造着最近发展区。教学即要应适应学生的现有水平,但更重要的是发挥教学对发展的主导作用。

2. 对文化历史理论的评析

维果茨基关注成人向儿童传递信仰、习俗以及所在文化的技能等方式。他认为儿童发展的每方面必须考察其社会情境。

其贡献在于:① 维果茨基关于教学与发展关系的主要结论是"教学应当走在发展前面"。教学成了儿童发展的源泉,集中地体现了他的社会文化历史的发展观。由此而引申的一系列观点,如最近发展区、最佳学习期限、教学与发展之间的复杂的动力制约关系、教学形式随发展阶段转变的变化、教学方法对发展的最大效果等,不仅指导教师尽可能科学地发挥教学的功能,操纵学生的发展,也为教师发挥最大的能动性提供了舞台。② 开创了以辩证唯物主义为指导思想的心理学理论体系。在心理学史上,维果茨基是第一个自觉运用辩证唯物主义建立比较完整的心理学理论体系并取得学术界公认的人。维果茨基还把唯物辩证法用到心理学方法论的改造上,创造性地运用单位分析法取代传统心理学的要素分析法,运用因果发生法研究概念的形成等,克服了传统研究方法的静止、片面、孤立的形而广学的倾向。

其不足之处在于:① 过于强调自然过程与文化历史过程的对立。维果茨基在分析高级心理机能发展时,多次强调这一发展不伴随人的有机体结构的生物型变化,有失偏颇。② 过分强调教学对发展的决定性作用。维果茨基把教学当作"发展的源泉",是"激起与推动儿童一系列内部的发展过程"的动力,甚至把教学的概念扩大到儿童发展的所有时间和空间。这一说法过分夸大了教学的作用。

(二) 布朗芬布伦纳与生态系统理论

布朗芬布伦纳(U. Bronfenbrenner,1917—2005):著名的心理学家,美国问题学前儿童启蒙计划的创始人,提出了生态系统理论。布朗芬布伦纳认为,正在发展的儿童处于一系列复杂、交互作用的系统包围中,对儿童发展特点的研究要强调其发展的情景性,认为发展心理学生态化是指发展心理学研究应当在自然环境和具体的社会背景下探讨个体发展问题的一种研究取向。传统的发展理论和研究,引发了对人类发展基本问题的争论:第一,遗传和环境在心理发展中的作用问题;第二,发展的主动性和被动性问题;第三,发展的连续性和阶段性问题。为此,1979年布朗芬布伦纳提出了著名的生态系统理论。他用生态系统理论对人类发展的基本问题和争论做出了与众不同的解释,对环境对青少年发展的影响提出了详细的分析[①]。

1. 生态系统理论的基本观点

(1) 生态系统理论模型

布朗芬布伦纳创建了生态系统理论模型,在模型中将人生活于其中并与之相互作用的不断变化的环境称为行为系统。该系统分为4个层次,由小到大分别是:微观系统、中观系统、外观系统和宏观系统。这4个层次是以行为系统对儿童发展的影响直接程度分界的,从微系统到宏系统,对儿童的影响也从直接到间接,见图2-5。

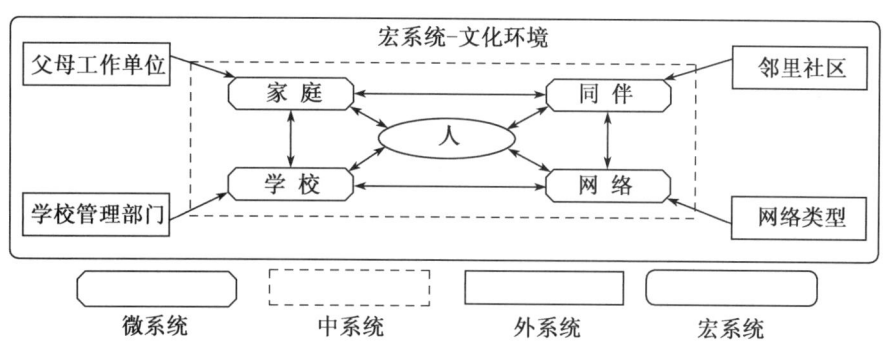

图2-5 生态系统理论的行为系统模型

(2) 微观系统

微观系统是环境层次的最里层,指个体活动和交往的直接环境,这个环境是不断变化和发展的。对大多数婴儿来说,微观系统仅限于家庭。随着婴儿的不断成长,活动范围不断扩展,幼儿园、学校和同伴关系不断纳入婴幼儿的微观系统中。对学生来说,学校是除家庭以外对其影响最大的微观系统。布朗芬布伦纳强调,为认识这个层次儿童的发展,必须看到所有关系是双向的,即成人影响着儿童的反应,但儿童决定性的生物和社会的特性——其生理属性、人格和能力也影响着成人的行为。

(3) 中观系统

中观系统是第二个环境层次,是指各微系统之间的联系或相互关系。布朗芬布伦纳认为,如果微系统之间有较强的积极的联系,发展可能实现最优化。相反,微观系统间的非积极的联系会产生消极的后果。儿童在家庭中与兄弟姐妹的相处模式会影响到他在学校中与同学间的相处模式。

(4) 外观系统

外观系统是第三个环境层次,是指那些儿童并未直接参与但却对他们的发展产生影响的系统。例如,父母的工作环境就是外层系统的影响因素。儿童在家庭的情感关系可

---

① 刘杰,孟会敏.关于布朗芬布伦纳发展心理学生态系统理论[J].中国健康心理学杂志,2009,17(2):250-252.

能会受到父母是否喜欢其工作的影响。

(5) 宏观系统

宏观系统是第四个环境系统,指的是存在于以上3个系统中的文化、亚文化和社会环境。宏观系统实际上是一个广阔的意识形态,如政策、法规等。在不同文化中这些观念是不同的,但是这些观念存在于微观系统、中观系统和外观系统中,直接或间接地影响儿童知识经验的获得。

(6) 时间纬度

布朗芬布伦纳的模型还包括了时间纬度,或称作历时系统,把时间作为研究个体成长中心理变化的参照体系。他强调了将时间和环境相结合来考察儿童发展的动态过程。

2. 对生态系统理论的评价

布朗芬布伦纳的生态系统理论强调环境作为一个复杂的系统对人的发展的影响,认为应该在活生生的自然和社会生态环境下研究人的发展。生态理论把家庭、学校、社区、社会等环境因素看作是一个网络,并认为个体一生都是在这样一个环境网络中发展的。个体的发展不是孤立地进行的,而是在与他们的家庭、学校、社区和社会的关系中发展的。我们每一个人都生活在多个环境系统中,与他人和环境之间的交互作用是发展的关键。

其贡献在于[①]:① 扩大了心理学研究中环境的概念。传统的发展心理学研究中关注的只是影响儿童的即时环境,布朗芬布伦纳生态系统理论将"环境"的范围拓展得更宽、更复杂。② 从多方面促进儿童的发展。生态系统理论中的四个系统之间存在千丝万缕的联系。对环境影响的详细分析,可以找出影响儿童发展的因素,从而给予及时的干预。③ 强调发展的动态性。布朗芬布伦纳生态系统理论将时间纬度作为研究个体成长中心理变化的参照体系,认为时间系统的最简单形式是关注一生的过渡点。

其不足之处在于:① 过分强调环境对发展的作用。布朗芬布伦纳的研究是以环境为主,但是,忽略了生物性,即遗传对人类的影响。② 布朗芬布伦纳并未提出一个人类发展的系统的理论模式。布朗芬布伦纳的生态系统理论强调的是影响人类发展的因素,尤其是环境的作用。但是,他并没有形成一个人类发展的连贯的一般模式。从这个角度来说,布朗芬布伦纳的生态系统理论只是人类其他发展理论的补充,还有待于更进一步的发展。

【本章小结】

特殊儿童感知觉训练在实践中早已产生。本章主要分析、介绍了其产生的生理基础,即神经系统的基本结构和功能,以及神经可塑性理论、丰富环境刺激理论、运动控制理论与儿童发展理论等理论基础。

神经系统的基本结构和功能的介绍,主要强调神经元及其功能,中枢神经系统(包括:脊髓、脑干、大脑皮层、小脑和基底节等)及其各组成部分的功能,周围神经系统及其各组成部分的功能,尤其重视神经系统的基本结构和功能与感知觉之间的关系。

神经可塑性理论着重强调神经可塑性是指神经系统在结构或功能上发生动态变化以适应不断改变的内外环境的特性,通过功能重组、代偿和修复已失去的功能。研究证实:感觉神经发芽能力优于运动神经发芽能力;周围神经损伤后,进行专门的感觉功能的训练,有助于学会把功能上配对失误的神经纤

---

① 刘杰,孟会敏. 关于布朗芬布伦纳发展心理学生态系统理论[J]. 中国健康心理学杂志,2009,17(2):250 - 252.

维重新编码,套入大脑新的、对应的、功能上有特异性的接受区。

丰富环境刺激理论强调丰富环境不仅能促进中枢神经系统的发育以及功能恢复,而且对脑发育和脑损伤修复具有显著的促进作用,而脑发育与脑损伤修复的基础是神经可塑性;同时,丰富环境还通过对多感官的刺激,使皮质躯体感觉运动回路重组,感觉运动和学习记忆功能得到增强。

运动控制理论强调运动控制是中枢神经系统运用现有及以往的信息将神经能转化为动能,并使之完成的有效的功能活动。其中,反射运动控制学说认为,反射是一切运动的基础,神经系统各个部分相互作用,简单的各种反射综合产生完整的动作,最终构成个体的行为;阶梯运动控制学说认为正常动作的发展源自中枢神经系统的逐渐皮层化,皮层化使高级控制中心具有控制低级反射的能力;系统运动控制学说认为感觉、认知和活动三者之间相互作用,强调训练应以功能性动作为目的,必须重视评估,通过评估确定训练的目标,了解对目标训练产生影响的因素,以及影响动作本身的力学问题。

儿童发展理论有五大视角,即生物学视角、精神动力学视角、学习视角、认知发展视角和社会情境视角。其中,生物学、学习和社会情境视角的理论与特殊儿童感知觉训练的关系最为密切。其中,成熟论、习性学理论、行为主义理论、社会学理论、文化历史理论以及生态系统理论等都提出了许多与儿童身心发展紧密相关的观点。

【思考与练习】

1. 特殊儿童感知觉训练的生理依据是什么?
2. 特殊儿童感知觉训练的理论基础有哪些?
3. 神经可塑性理论与特殊儿童感知觉训练之间有何关系?
4. 丰富环境刺激理论与特殊儿童感知觉训练之间有何关系?
5. 运动控制理论与特殊儿童感知觉训练之间有何关系?
6. 儿童发展理论与特殊儿童感知觉训练之间有何关系?
7. 如何正确认识感知觉训练的理论基础?

第三章　特殊儿童感知觉训练的实施程序

学习目标：
1. 了解实施训练与评估的注意事项。
2. 理解合理安排训练环境的重要性。
3. 掌握特殊儿童感知觉训练的评估内容和实施程序。
4. 应用特殊儿童感知觉能力的评估方法、训练方案及训练活动的设计方法于实践。

感觉是神经系统的食物，或者说营养。每一个肌肉、关节、内脏器官、皮肤以及头部的感觉器官，都要不断地将感觉刺激传送到大脑。每一种感觉就是一种信息，神经系统即运用这些信息来产生身心顺应性的反应。如果没有各种感觉充分的供应，神经系统就无法适当地发展；大脑需要各神经感觉持续不断地供给营养，才能发展并发挥功能。由此可知，对伴有感知觉功能异常的特殊儿童进行感知觉训练，尤其是低年龄段的特殊儿童来说意义重大。然而，并非每个特殊儿童都需要进行感知觉训练，即使需要进行感知觉训练，那么训练什么、何时训练、怎么训练等，这就需要按照一定的顺序步骤来安排，才能使训练做到科学有序，又有针对性。本章将按照实施的顺序逐节介绍特殊儿童感知觉训练的实施步骤，从评估到制订训练方案，再到设计训练活动、安排训练环境以及最后的实施训练与评估，共六个环节。

第一节　评估特殊儿童感知觉能力

明明是一位智力正常但个性安静的六岁儿童，他无法正确接收及表达某些文字。在写字方面也有困难，他经常会把汉字翻转颠倒，例如把"张"写成"长弓"。此外，明明在基本阅读能力上有障碍。教师观察发现明明对听觉信息的接收能力较好，听觉记忆力不错，但对视觉信息的接收不佳。为了确定这个问题的成因及程度，教师请专家为他作评估。

在评估过程中，专家检查明明的视力以判定他的视敏度是否有问题，结果没有发现任何问题；专家又给明明做了视知觉测验，结果发现他对视觉信息的加工处理能力明显低于平均水平。由此分析可知，明明的问题在于：手——眼协调及空间认知能力不足。依据评估结果，专家建议在班上和家里，为明明安排一些手眼协调训练活动和视知觉动作练习活动。

上例说明，评估对感知觉能力发展有缺陷的儿童来说非常重要，只有评估才能知道其是否需要做感知觉训练。如果需要,那又需要对其哪些方面进行训练?虽然说特殊儿童在感知觉能力发展方面存在的问题比较多,但也不代表所有的特殊儿童都需要进行感知觉训练,而是针对有特殊需要的特殊儿童开展感知觉训练。同时,有需要进行感知觉训练的特殊儿童,也不是说他们的所有感知觉都要训练。有些儿童需要训练的是听觉,有些需要训练视觉,有些则可能需要训练的是视觉和前庭觉,等等。这就需要对他们的感知觉能力进行评估。

对特殊儿童进行感知觉能力的评估,既是制订感知觉训练方案的前提,也是了解感知训练方案是否合理、感知训练效果如何等的重要手段。

对特殊儿童进行感知评估的目的:了解特殊儿童感知活动表现,确定特殊儿童已有的感知能力,发现特殊儿童感知能力的不足和需要,协助制定未来的教育训练方案,了解感知觉训练的效果。

一、感知觉能力的评估内容

依据儿童发展理论和特殊儿童感知觉发展的特点,对特殊儿童进行感知觉能力评估,至少需要涵盖 10 个方面的内容,即视觉、听觉、触觉、味觉、嗅觉、本体觉、前庭觉以及空间知觉、运动知觉和时间知觉。

(一)视觉能力

视觉发生的最初时间是在胎儿期的中晚期,4~5 个月的胎儿就具有视觉反应能力及相应的生理基础。新生儿具备一定的视觉能力,获得了基本的颜色过程,视敏度达 20/200~20/400,并具备了原始的颜色视觉。[1] 新生儿出生 2~3 个月的时间里,他们就能分辨所有的基本颜色,到了 4 个月时,就已经像成人那样将细微差别的颜色归类到统一基本色组——红色、绿色、蓝色以及黄色。[2] 分析已有研究,对特殊儿童进行视觉能力的评估,需要评估下述 6 个方面。

1. 眼球动作、视野、视力

视觉接收是视觉能力中最底层的能力,也是影响视力最基本的要素。眼球动作能让眼珠上下左右移动、旋转看不同方向的物品,视野是指眼睛直视前方所能看到的范围,视力是能看清楚物品的能力。

2. 视觉注意力

视觉注意力的评估需要考虑 4 个层面的问题:

(1)敏锐性问题——东西出现在眼前,能不能注意到;

(2)持续性问题——注意到了之后,能不能持续地注意,还是一下子就分散掉而去看别的东西;

(3)选择性问题——如果眼前不止一个东西,要选择注意哪一个东西,而忽略不相关的;

(4)分配协调性问题——必须同时注意两件事物以上的时候,能够妥善分配及应用。

---

[1] 林崇德. 发展心理学[M]. 北京:人民教育出版社,1995:157.
[2] [美]David R. shaffer. 发展心理学——儿童与青少年[M]. 邹泓,等,译. 北京:中国轻工业出版社,2005:198.

研究证明,视觉注意力决定与视觉相关的阅读、书写、计算能力的获得和运用[1],视觉注意力不足是学习障碍、多重障碍、智力障碍、过动性注意缺陷、广泛发育障碍等类儿童最常见的困扰之一。

3. 视觉追视力

看到物品以后,目光能追随物品的上、下、左、右、顺时针、逆时针移动而移动。

4. 视觉记忆力

把现在看到的东西和以前的经验做比较,加以分类、整合再储存在大脑中,即所谓的视觉记忆或再认能力。

5. 视觉辨别力

能认出物体之间特征的异同点,把一个物体从另一个物体中区别出来。

6. 视觉想象力

能不用看到物品,大脑就能想象出具体的样子。

(二)听觉能力

听觉能力是个体将耳朵所接收到的刺激音分析成有意义的意象的历程,这个历程包括有觉察、分辨、辨识和理解。根据知觉的内容可分为听觉注意力、辨别能力、听觉记忆能力、听觉理解能力、听觉编序能力和听觉混合能力等6个方面。已有研究表明,婴儿在刚出生的几个小时里,其听力能够达到成人感冒时的水平;新生儿具备了辨别音量、长短、方向以及频率不同的声音的能力。[2] 因此,儿童的听觉障碍排除器质性原因外,一般是指听觉注意力、辨别能力、记忆能力、理解能力、编序能力等方面的不足。

1. 听觉注意力

听觉注意力即听觉专注力,是指人在精神集中的状态下,用听觉获取信息的能力。它是听觉辨别、记忆、理解和编序等能力的基础,可以采用观察及特殊的测验进行测试。对儿童而言,听课、听写和回答问题是听觉信息的获取和运用过程,需要注意力的集中和维持,如果听觉注意力不集中,就会影响到学习信息的获取和运用。

2. 听觉辨别能力

听觉辨别能力是指对不同声音之间差异辨别的能力以及辨别一组或一对词之间差异的能力,可以通过一些特殊的测验来评价。如向孩子呈现发音差异很小的一对词,要求孩子背对测试者(避免孩子从说话者的口形中找出视觉线索),判别这对词的异同,如"再—菜""光—刚""为—会""柴—材""出—粗""b—p""d—t"等。

3. 听觉记忆能力

听觉记忆能力是指贮存与回忆所听到信息的能力。例如,和孩子玩"打电话"的游戏时,说:"喂,你好,我是爸爸的同事陆叔叔,我找你爸爸,让他明天上午7点半在单位门口等我,我们一起去开会。"要求被测孩子尽量回忆刚才"电话"里的相关重要信息:谁、找谁、什么时候、在哪儿、和谁、干什么等。

---

[1] 曾桂香,王加林,等.视觉、听觉注意力缺损与学习障碍关系探讨[J].中国儿童保健杂志,2007,18(7):591-593.

[2] [美]David R. shaffer.发展心理学——儿童与青少年[M].邹泓,等,译.北京:中国轻工业出版社,2005:198.

4. 听觉理解能力

听觉理解力是指儿童能辨识声音以及了解说话的能力。有些儿童虽然智力水平、知识结构具备了听课能力,但对教师讲课内容听而不懂,原因之一就在于听觉理解力差。听觉理解力差的儿童往往听不懂词意、句义,听不懂老师的讲课内容,很难确定两个听觉概念之间的关系。如:草是绿的、天是蓝的、火是红的,等等。

5. 听觉编序能力

听觉编序能力是把别人口头所述的一系列信息按次序回忆出来的能力。许多测验都有这个方面的内容,如ITPA中的听觉系列化测验——听觉系列记忆、韦氏智力量表中的数字广度测验等。例如,测试者说"A、B、C……"或"小红、小明、小刚……",要求儿童按照测试者所说的顺序回忆出来。

6. 听觉混合能力

听觉混合能力是一种把单个语音或音素混合成一个完整的词的能力。这方面能力不足的儿童不能把音素"g-uang"合成"光"、把"t-uan"合成"团"的发音,或把"pú—táo"形成词"葡萄"。

儿童在听觉能力方面的缺陷,往往不是听力方面的问题,而是听觉加工技能方面的不足。

(三)触觉能力

触觉是指分布于全身皮肤上的神经细胞接受来自外界的温度、湿度、疼痛、压力、振动等方面的感觉,是由压力和牵引力作用于体表触觉感受器而引起。它是皮肤觉中的一种,是人类的第五感觉,也是最复杂的感觉,是轻微的机械刺激使皮肤浅层感受器兴奋而引起的感觉。触觉中包含有至少11种截然不同的感觉,触觉感受器在头面、嘴唇、舌和手指等部位的分布都极为丰富,尤其是手指尖。相关研究表明,胎儿在49天时就有初步的触觉反应,2个月时能对细而尖的刺激产生反应活动。新生儿能依靠口腔触觉来辨别软硬的不同,4个月时能辨别不同形状和不同软硬的乳头。

对特殊儿童进行触觉能力的评估,主要是对特殊儿童的触觉反应(敏锐性)、触觉记忆力和触觉辨别能力进行评估,即对其温度、湿度、疼痛、压力及振动等感觉的反应、记忆力和辨别能力进行观察和测试。

(四)味觉能力

味觉是指食物在人的口腔内对味觉器官化学感受系统的刺激并产生的一种感觉。凡能溶于水的物质都是味觉的适宜刺激。从生理上来说,基本的味觉有四种,即咸、甜、苦、酸。人的几种基本味觉来自我们舌头上的味蕾,舌头前部,即舌尖有大量感觉到甜的味蕾;舌头两侧前半部负责咸味,后半部负责酸味;近舌根部分负责苦味。事实上,人类舌头上的味蕾可以感觉到各种味道,但敏感度不同。

味觉是人类在进化过程中选择食物的重要手段,也是儿童最为发达的感知觉之一。婴儿在出生时,味觉已发育得相当完好,因而,其一出生就能表现出明显的味觉偏爱——喜欢甜食,并能通过其面部表情和身体活动等方式对甜、咸、酸、苦等四种基本味觉做出不同的反应。对特殊儿童进行味觉能力的评估主要是对其甜、咸、酸、苦等味觉反应(敏锐性)、味觉辨别能力和味觉记忆力进行观察和测试。

（五）嗅觉能力

嗅觉是一种感觉，由物体发散于空气中的物质微粒作用于鼻腔上的感受细胞而引起。嗅觉的刺激物必须是气体物质，只有挥发性有味物质的分子，才能成为嗅觉细胞的刺激物。嗅觉不像其他感觉那么容易分类，在说明嗅觉时，还是用产生气味的物质来命名，例如玫瑰花香、肉香、腐臭，等等。

味觉和嗅觉器官是我们的身体内部与外界环境沟通的两个重要出入口，它们担负着一定的警戒任务。敏锐的嗅觉，可以避免有害气体进入我们体内，如：有毒气体、石油液化气等。在营养方面，人们可以根据嗅觉和味觉分析器的协同活动，对不同的食物做出不同的反应。已有研究表明，新生儿就能察觉出各种气味，他们会躲避不喜欢的气味，或表现出厌恶的表情等强烈反应。此外，他们还能由嗅觉建立食物性条件反射，并有初步的嗅觉空间定位能力。

一方面，嗅觉对特殊儿童的身体起着警戒、防御的作用。如果嗅觉出现了问题，特殊儿童就会降低身体的警戒、防御能力。另一方面，在听觉、视觉损伤的情况下，嗅觉作为一种距离分析器具有重大意义。盲人、聋人运用嗅觉就像正常人运用视觉和听觉一样，他们常常根据气味来认识事物，了解周围环境，确定自己的行动方向。因此，对特殊儿童进行嗅觉能力的评估，主要是对其嗅觉反应（敏锐性）、嗅觉辨别能力和嗅觉记忆力进行观察和测试。

（六）本体觉

本体觉是人体的深度感觉，它包括位置感觉和运动感觉，是提供关于肌肉、关节、韧带、肌腱和结缔组织信息的感觉系统，是人对于自己的位置、力量、方向和身体各部位动作的感觉，如我们能感觉到头部是弯曲的还是直立的、胳膊是外伸的还是内展的。当本体感觉系统很好地工作时，我们可以通过空间知道身体的位置和运动，能够意识到完成活动需要多少力量以及能够自动重新调整我们身体的位置。因而，本体感觉可以帮助人随时与地心引力保持协调的关系，例如，我们在做任何活动时不用特别注意身体、四肢的位置，也能很顺畅地完成相互关联的活动，如翻身、站立、跳跃、扣扣子、写字和梳头等。

本体觉主要包括关节位置的静态感知能力、关节运动的动态感知能力和肌肉收缩反射和肌肉张力的调节能力。关节位置的静态感知能力、关节运动的动态感知能力主要反映本体感觉的传入活动能力，而肌肉收缩反射和肌肉张力的调节反映本体感觉传出的活动的能力。对特殊儿童进行本体感觉的评估，主要是观察、测试其对身体各部分位置的辨别能力以及其身体的平衡性和协调性的发展情况。

（七）前庭觉

前庭觉是以前庭神经核为主组成的神经体系，是处理前庭平衡的整个感觉系统。前庭觉是影响婴幼儿成长和学习发展最重要的一种能力。前庭主要接受从脸的正前方传递过来的视、听、触、嗅、味等讯息，这些讯息的处理中心在后颈部脑干（大脑中枢神经）前方的前庭神经核。因为，前庭神经核是大脑讯息的守卫，身体任何讯息进入大脑，必须经过前庭神经核过滤，同时还要处理前庭讯息，所以说前庭神经核是大脑功能最为重要的守护神，通常称为前庭体系。

前庭体系正好位于身体到三角形架构的上方，也就是头重脚轻的头部，是平衡感上面最不平衡的地方，所以前庭体系必须和平衡体系保持密切的协调，人类才能理解视、听讯息和身体间的正确关系,进而做出应有的行动,这就是前庭平衡。处理前庭平衡的整个感觉系统称为前庭觉,包括视、听、触、嗅、味等感觉,头部和颈部的所有活动,以及这些讯息和大脑功能区脑细胞的互动等。前庭觉的成熟与否和平衡感关系密切。平衡感不良,造成身体操作不稳定,会形成好动不安的现象。多动的儿童,前庭觉的发展普遍不佳。前庭也几乎包括了所有和语言发展相关的器官,所以前庭觉不良,语言能力的发展必然受到影响。前庭觉是大脑功能分化的守护神,特别在3岁前后的左右脑功能分化。如果前庭觉发育不好,对于这些功能也会形成障碍。

对特殊儿童进行前庭觉的评估主要是观察、测试其前庭平衡功能的发展情况,如前庭觉与视觉的协调性、前庭觉与本体觉的协调性等。

（八）空间知觉能力

空间知觉是指对物体距离、形状、大小、方位等空间特性的知觉,是由"视、听、触和动觉系统"联合活动形成的复杂知觉过程。对个体生活而言,空间知觉是一种必不可少的能力,因为个体生活在三维空间内,在一切活动中,必须随时随地对远近、高低、方向做适当的判断,否则就难免发生困难甚至遭遇危险。空间知觉包括形状知觉、大小知觉、深度(距离)知觉、方位知觉等。空间知觉是人在后天实践中形成、发展和完善起来的。因此,对特殊儿童进行空间知觉能力评估,主要观察、测试其以下几个方面。

1. 形状知觉能力

形状知觉是对物体的轮廓线条走向及其大小相互关系的知觉。研究表明,3个月大的婴儿就已具有分辨简单形状的能力；随着年龄的不断增长,婴幼儿可以根据自己的独特偏爱,有组织地喜欢、选择某些具有图腾颜色的玩具、图画等。如果一个儿童不能正确分辨简单的物体形状,那么他的形状知觉能力就存在缺陷,这将影响他今后的学习等。

例如：

儿童的视力检查正常,但辨别形状却有困难,难以在一定的背景条件下识别图形和汉字,分不清字的反转或倒转,典型表现为上与下、6与9、d与b等分辨不清；有时单独一个字能认识,放在句子中就难以辨认。儿童的空间定位能力也较差,不易分清左与右。这种视觉—空间知觉障碍,会明显影响儿童的识字和阅读能力。

2. 深度知觉能力

深度知觉是对物体不同部位远近的感知,又称立体视觉。深度知觉主要是利用两个视网膜上略有差异的映象,使人能在二维的视网膜刺激基础上,形成三维的空间映象,从而观察物体的空间关系。

研究表明,新生儿对逼近物体有某种初步反应,并具备原始的深度知觉,2～3个月时已有对外来物的保护性闭眼反应。吉布森和沃克(E. J. Gibson & R. D. Walk)设计的视崖实验发现,90%的6个半月大及更大的婴儿只爬过浅滩的部分,只有10%的婴儿能够爬过深的部分。由此可见,绝大多数的处于爬行阶段的婴儿能清楚地知觉到深度,具有了深度知觉能力,并且对陡峭的悬崖表现出惧怕。实验中,将2个月大的婴儿置于视崖深侧时,他们的心率比处于浅侧时的心率低,说明他们能够从知觉上区分这种差异。[①]

[①] 熊哲宏. 你来知晓的20世纪最杰出心理学家[M]. 北京:中国社会科学出版社,2008:82-88.

3. 方位知觉能力

方位知觉是人们对自身或客体在空间的方向和位置关系的知觉,也是对上下、左右、前后方位的判断。对于知觉者自身与物体以及物体之间空间关系的判断,除以知觉者自身所建立的参考系外,也经常以自身以外的事物作为参考系。人们对方位知觉的发展认识过程一般是:先上下、次前后、再左右。通常是3岁能辨上下,4岁能辨前后,5岁开始能以自身为中心辨别左右,7~8岁能以客体为中心辨别左右。但有的人则一生中对方位知觉的辨别能力都处在劣势不清楚状态。

4. 大小知觉能力

大小知觉是在深度(距离)知觉的基础上对不同远近的物体做出的大小判断。儿童大小知觉发展比较早。研究表明,婴儿6个月时就出现大小知觉,儿童对物体大小辨别的能力随着年龄增长而提高,而且对立体(三维)物体大小的辨别要比对平面(二维)的大小辨别容易。6岁儿童的视觉大小辨别能力明显优于3岁儿童。[①] 入学后,儿童不仅能熟练地用目视测量和比较测量进行直觉判断,而且还逐渐运用推理进行判断。研究还发现,对图片空间面积大小的判断能力,7~8岁儿童处于直觉判断和推理判断相交叉的过渡阶段,高年级儿童有85%以上人次已能运用推理判断来比较空间和面积的大小,说明小学高年级学生大小知觉发展到新的水平。

5. 视觉空间知觉与听觉空间知觉

由于视觉和听觉是空间知觉的主要信息来源,因此,根据空间知觉信息来源途径的不同,又可分为视觉空间知觉和听觉空间知觉。视空间知觉的线索包括单眼线索和双眼线索,单眼线索主要强调视觉刺激本身的特点,双眼线索则强调双眼的协调活动所产生的反馈信息的作用;听觉空间知觉,在距离方面主要以声音强度为线索,而要判定声源的方位则必须依据双耳听觉线索。由此可知,视觉与空间知觉的协调性以及听觉与空间知觉的协调性在儿童空间知觉的形成发展中起着重要作用。

(九)运动知觉能力

运动知觉是人对空间物体运动特性的知觉,是对外界物体运动和机体自身运动的反应,通过视觉、动觉、平衡觉等多种感觉协同活动而实现。通过运动知觉可以知道物体的运动和运动的速度。在特殊儿童感知觉训练中所说的运动,并非一般的体育运动。运动知觉强调的是对机体自身运动的反应,是指个体通过神经系统控制,使自己的外部肌肉去完成某种动作的过程。人的运动表现为各种动作,因此常把"大运动"称为"粗大动作"或"大肌肉活动",包括走、跑、跳、单腿平衡等;精细运动则称为"精细动作"或"小肌肉活动",阅读、绘画、写字等学习活动更多地依赖于精细动作的参与和协调,尤其依赖于眼与手的协调。因此,对特殊儿童进行运动知觉能力的评估主要观察、测试以下三个方面。

1. 身体姿势的变化

身体姿势是指身体及身体各部位在不同动作阶段所处的状态。身体姿势的变化,包括从开始姿势、动作过程中的姿势到结束姿势三部分,如:儿童头部、四肢、躯干等位置、姿势的变化。动作前身体及身体各部分所处的准备状态称为"开始姿势",用以作为后面动

---

① 韩凯,林仲贤.学前儿童视、触大小知觉实验研究[J].心理学报,1983(3):329-335.

作的主要部分创造有利条件;身体完成动作主要部分的活动状态称为动作过程中的姿势,此时的姿势要求较稳定,如行走的姿势、骑自行车的姿势等;动作结束时,身体及其各部所处的状态称为"结束姿势"。

2. 身体的移动

身体的移动是指大肌肉的基本活动,一般反映肌肉活动时的力量、速度、耐力、灵敏、柔韧等,如爬、走、跑、跳、跨、蹦、跳等活动。

3. 操作、摆弄物品的活动

操作、摆弄物品的活动主要是指眼睛和手的复杂动作,以及视知觉—视动作的协调,例如:玩积木、拼图、涂色、剪纸、画画、写字、穿针、刺绣等动作。

在观察、测试中,还要注意平衡性和协调性在儿童运动能力中起着很重要的作用。

(十)时间知觉能力

时间知觉是指在不使用任何计时工具的情况下,个人对时间的长短、快慢等变化的感受与判断,是人脑对客观现象延续性和顺序性的反映。时间知觉的特殊之处是它并非由固定刺激所引起,也没有提供线索的感觉器官。时间知觉具有相对性和主观性的特点。一般而言,人们从7岁左右开始运用、发展时间知觉。

时间知觉是在人的实践活动中逐渐发展起来的。机体并没有相应的感觉器官,人对时间的感知无专门的分析器,因而,没有办法直接感知时间。在实际生活中常常是把自然界匀速而有规律的周期性变化的现象和生理方面有节律的活动作为判断时间的重要标准。人们以太阳的升降来确定一天的时间,以月亮的盈亏标志一个月的时间,以四季的变化来计算一年的时间;在生理方面,常以呼吸、心跳、消化等活动的有节奏的次数为感知时间的信号。

儿童的时间知觉总是以生活中的具体事情或周围现象为指标,如早晨是起床、上学的时候或太阳升起的时候,上午是午饭前上课的时候,下午是午饭后的时候,晚上是放学回家或天黑的时候,明天是今天晚上睡觉醒来的时候。因此,对特殊儿童进行时间知觉的评估,常常是观察、测试其一般时间观念(如:辨别早晨、上午、中午、下午、晚上、昨天、今天、明天、一会儿、马上等)和时钟概念(如:认识钟面、时针、分针等)。

二、感知觉能力的评估方法

感知觉能力评估的方法可以分为两大类,即标准化和非标准化评估方法。标准化的评估方法通常指用标准化测验量表或精密的测验仪器来测量儿童的感知觉能力。目前,标准化测验量表和精密仪器的研究日趋增多,给感知觉评估提供了更多的选择。此外,非标准化的评估方法也不少,包括直接观察法、晤谈法、问卷调查法、教师自编测验、评定量表、检核表、事件记录表、医学检查等。在特殊儿童感知觉能力的评估中,常用的评估方法主要有测验法、直接观察法、晤谈法、评定量表。

(一)测验法

测验法是评估者应用各种心理和教育测验来收集有关特殊儿童心理特征、行为表现和成就资料的一种方法。测验法又分为标准化测验和非标准化测验。

1. 标准化测验

所谓标准化测验是指建构测验材料、实施步骤、计分方法及测验结果解释的技巧是一致的。标准化测验主要有常模参照测验与标准参照测验,代表着两种不同解释成就表现的方法。

常模参照测验包括评估人员必须遵循标准化程序,是相较于他人的成就表现(常模组或对照组)来解释儿童的成就表现。在心理与教育评估中较常用的常模有年龄常模、年级常模、百分等级常模及标准分数常模等四种。在特殊儿童的感知能力评估中,常用的是年龄常模。年龄常模是依据各个不同年龄而建立的标准化样本,这可由个体在不同年龄层正确回应测验项目的百分比来加以决定。

标准参照测验是指依据某些功能性水准或标准来解释儿童的成就表现。大多数标准参照测验都包括可以调整的实施程序,以保持测验的弹性。而此种弹性则提供鉴定和评估人员符合儿童需求的机会。

2. 非标准化测验

非标准化测验是指与标准化测验相对,没有经过或没有完全经过标准化程序的测验,如教师自编测验。

(二)直接观察法

感知觉能力的评估方法除了使用测验法以外,研究者或特殊教育工作者还使用直接观察方法进行评估,这种方法也是进行感知觉评估的重要方法之一。

直接观察法是指观察者通过感官和辅助仪器,有目的、有计划地对处于自然情境下的特殊儿童的感知觉特征或行为表现进行系统的直接观察和记录,从而获得有关事实材料的方法。在观察过程中,观察者对所观察的事件或行为不加以控制或干涉。直接观察法是搜集特殊儿童评估资料的一种最基本、最重要的方法和途径。在特殊儿童感知觉能力评估中,由相关人员如父母、教师、专家就儿童的表现加以观察。观察法可以根据不同的标准划分为不同的类型,在此,把观察法划分为自然观察和实验观察两大类。

1. 自然观察

自然观察是指观察者在自然条件下针对特殊儿童的感知行为和表情等进行有目的、有计划的观察,以了解其感知能力的方法。

2. 实验观察

实验观察指根据研究需要,通过实验控制设置某种情境,观察被试在特定情境中的感知行为表现。

为了保证直接观察所得的资料具有客观性和正确性,在观察之前须有详细的规划,明确规定所要观察的项目、步骤以及记录观察结果的方法。

(三)晤谈法

晤谈法又称访谈法、面谈法或询问法,就是与个案或者是了解个案者面对面有目的地交谈、收集资料的一种方法。它也是搜集特殊儿童评估资料的一种最基本的方法和途径。晤谈时可使用一些事先设计好的表格来协助进行,该表格可根据感知觉能力评估的内容来设计各项具体问题。

如:(1)知道左右吗?

(2)平衡有问题吗?步态稳定吗?

(3)有协调问题吗?

(4) 能转头或转动眼来帮助观察吗？
(5) 能握笔画画吗？
(6) 在屋里活动自由吗？
(7) 在教室、办公室、宿舍、图书馆等地方活动困难吗？
(8) 能安全上下楼梯吗？
(9) 能在室外游戏吗？
(10) 会骑自行车吗？

(四) 量表评定法

量表评定法是指使用评定量表评估特殊儿童感知觉能力的方法。运用此法需要编制相应的评定量表。评定量表编制的过程通常没有经过标准化，因此，无信、效度和常模等。其功能在于方便记录、编写个别化教育计划等。评定量表有几种，通常包括儿童的父母、老师、同伴或"有意义的他人"，评定的范围需包含"儿童所表现出的特定的不适应行为反应"。其目的在于评定所观察行为反应或特质的品质，不在于记录它们是否出现。这种量表最适合用于个人的态度和行为，如情绪、人际关系等，见表3-1、表3-2。

表 3-1 粗大运动功能评估（节选）

项目	A: 卧位 & 翻身	计分	NT
	1. 仰卧: 头位于中线; 旋转头部时肢体对称	0□ 1□ 2□ 3□	
	2. 仰卧: 双手位于中线, 手指交叉	0□ 1□ 2□ 3□	
	3. 仰卧: 头抬起 45°	0□ 1□ 2□ 3□	
	4. 仰卧: 屈曲右髋和右膝到达全范围	0□ 1□ 2□ 3□	
	5. 仰卧: 屈曲左髋和左膝到达全范围	0□ 1□ 2□ 3□	
	6. 仰卧: 右上肢和手拿玩具穿过中线	0□ 1□ 2□ 3□	
	7. 仰卧: 左上肢和手拿玩具穿过中线	0□ 1□ 2□ 3□	
	8. 仰卧: 自右侧翻身至俯卧	0□ 1□ 2□ 3□	
	9. 仰卧: 自左侧翻身至俯卧	0□ 1□ 2□ 3□	
	10. 俯卧: 抬头至竖直	0□ 1□ 2□ 3□	
	11. 前臂俯卧: 头部竖直, 肘部伸直, 胸部抬起	0□ 1□ 2□ 3□	
	12. 前臂俯卧: 右前臂支撑, 对侧上肢向前方完全伸直	0□ 1□ 2□ 3□	
	13. 前臂俯卧: 左前臂支撑, 对侧上肢向前方完全伸直	0□ 1□ 2□ 3□	
	14. 俯卧: 自右侧翻身至仰卧	0□ 1□ 2□ 3□	
	15. 俯卧: 自左侧翻身至仰卧	0□ 1□ 2□ 3□	
	16. 俯卧: 使用肢体自由向右翻身 90°	0□ 1□ 2□ 3□	
	17. 俯卧: 使用肢体自由向左翻身 90°	0□ 1□ 2□ 3□	

A 部分总分 _____

注: 0＝无法进行此项运动（无法开始），1＝仅能开始此项运动（运动完成<30%），2＝部分完成，3＝全部完成，NT＝无法测试

表 3-2　一般常见的多感官评估项目(节选)

评估项目	评估程度	补充及建议
1. 肌能		
肌肉张力(高/低)	1. □　2. □　3. □　4. □	
关节活动能力提高	1. □　2. □　3. □　4. □	
技能活动增加	1. □　2. □　3. □　4. □	
2. 感官功能		
视觉专注	1. □　2. □　3. □　4. □	
视觉追踪	1. □　2. □　3. □　4. □	
视觉扫描	1. □　2. □　3. □　4. □	
视觉辨认	1. □　2. □　3. □　4. □	
听觉专注	1. □　2. □　3. □　4. □	
听觉追踪	1. □　2. □　3. □　4. □	
听觉辨认	1. □　2. □　3. □　4. □	
嗅觉专注	1. □　2. □　3. □　4. □	
嗅觉追踪	1. □　2. □　3. □　4. □	
嗅觉辨认	1. □　2. □　3. □　4. □	
触觉专注	1. □　2. □　3. □　4. □	
触觉追踪	1. □　2. □　3. □　4. □	
触觉辨认	1. □　2. □　3. □　4. □	

注:1. 高　2. 中　3. 低　4. 缺乏

三、感知觉能力的评估工具

在特殊儿童感知觉能力评估中,可以运用的评估工具有很多,下面仅列举一些常用的、方便易得的标准化和非标准化评估工具。

(一)标准化评估工具

1. 希-内学习能力测验

希-内学习能力测验(H-NTLA)是美国 Nebraska 州大学希斯基(Hiskey)教授 1941年为耳聋学生设计的一套智测量表。1966 年,希斯基对该测验做了一次修订,在修订本中同时制订了聋童常模和听力正常儿童常模,适用于 3~17 岁的儿童。1989 年,曲成毅等人发表了 H-NTLA 在我国山西省修订的研究报告,1997 年发表了基于全国样本所做的修订报告,并将修订本命名为"希-内学习能力倾向测验中国修订本",简称 H-NTLA-CR,2011 年再次修订。该测验由 12 个分测验组成,即穿珠、记颜色、辨认图画、看图联想、折纸、短期视觉记忆、摆方木、完成图画、记数字、迷方、图画类同、空间推理。这 12 个分测验都可以同时测试儿童的视觉、空间知觉、手眼协调、精细动作等感知觉能力。

2. 瑞文标准推理测验

瑞文标准推理测验（SPM）由英国心理学家瑞文（J. C. Raven）于 1938 年创制，1985 年中国修订，适用于 5 岁半～70 岁的普通人群的智力/推理能力测试。测验有 A、B、C、D、E 五组测试题，每组 12 题，共 60 题。五组的题目难度逐步增加，每组内部题目也是由易到难排列，每组题目所用解题思路基本一致，而各组之间则有差异。该测验可以同时用以测试儿童的视觉、空间知觉能力。

3. 韦氏儿童智力测验

1949 年，韦克斯勒首次发表儿童智力量表（WISC），适合于 5 岁～15 岁 11 个月的儿童。该表先后三次修订，2003 年第四次修订，适用范围调整为 6 岁～16 岁 11 个月的儿童、青少年。WISC-Ⅳ 已不再把测验项目分成言语和操作两部分，而是直接分成言语理解、知觉推理、工作记忆和加工速度四大领域。整套测验共包括 15 个分测验，其中 10 个是必做的分测验，5 个是补充的分测验。其中，类同、词汇、矩阵推理、积木、图形概念、填图、数字广度、字母-数字排序、符号搜索、译码、删除图形等分测验都可以用来评估儿童的部分感知觉能力，如听觉、视觉、空间知觉、精细动作能力等。2008 年，国内对 WISC-Ⅳ 进行了修订，建立了中国内地的常模。

4. 斯坦福-比内智力量表

1905 年比内-西蒙智力量表（B-S）首次发表。1916 年，斯坦福大学心理学教授推孟做了出色的修订，称为斯坦福-比内智力量表（SB）。1937、1960、1973、1986 年，该表又进行了四次修订。2003 年，洛伊德（G. H. Roid）发表了由他主持修订的斯坦福-比内智力量表第五次修订的修订本（SB-5），适用于 2 岁至成人。洛伊德把整个测验分为言语领域和非言语领域两部分，每个部分均包括五个分测验，分别测量流体推理、知识（晶体能力）、数量推理、视觉-空间信息加工和工作记忆 5 个因子。其中，言语知识（定位测验）、言语视觉-空间信息加工、言语工作记忆、非言语流体推理（定位测验）、非言语知识、非言语视觉-空间信息加工、非言语数量推理、非言语工作记忆等分测验可以同时测试儿童的视觉、听觉、空间知觉以及运动知觉能力。

5. 中国儿童发展量表

中国儿童发展量表（CDCC）是北京师范大学张厚粲教授主持编制的，适用于我国 3～6 岁儿童的发展量表。儿童发展量表的内容由语言、认知、社会认知以及动作等四个方面构成，分为智力发展量表与运动发展量表两个部分，共 16 个项目。其中，看图命名、语言理解、看图补缺、按例找图、袋中摸物、拼摆图形、单脚站立（测平衡力）、立定跳远（测爆发力）、左跳右跳（测动作的灵活性）、蹲蹲站站（测耐久力）、快捡小豆（测手眼的协调和灵敏性）等测验项目可以同时测试儿童的视觉、听觉、触觉、本体觉、空间知觉、粗大动作以及精细动作等感知能力。

6. Peabody 运动发育量表

Peabody 运动发育量表（PDMS-2）由福利奥（M. Rhonda Folio）与菲威尔（Rebecca R. Fewell）等人编制，初版发表于 1983 年，1998 年发表修订版。量表适用于 0～5 岁婴幼儿，旨在评估婴幼儿的运动发育情况，为个体化家庭服务计划（IFSPS）或个别化教育计划

(IEPS)提供依据。量表由 6 个亚测验组成,包括反射、姿势、移动、实物操作、抓握及视觉—运动整合等,共 249 项。测试结果最终以粗大运动、精细运动和总运动等的发育商来表示。该量表是一套专门测试幼儿运动能力的评估工具。

7. PPVT 图片词汇测验

PPVT 图片词汇测验由邓恩夫妇(L. M. Dunn & L. M. Dunn)1959 年编制出版,于 1980 年、1997 年两次修订为 PPVT-Ⅲ,主要测量 2.5 岁至老年发声有困难的人及聋人使用词汇的能力。PPVT-Ⅲ也有 A 型和 B 型两个系列,每个系列由 204 张图板组成,在每张图板上都画有 4 幅图画。该量表可同时测试儿童的听觉能力。

(二)非标准化评估工具

1. 儿童感觉统合能力发展评定量表

儿童感觉统合能力发展评定量表是由台湾的郑信雄于 1985 年根据 Ayres 的研究成果编制而成,1994 年北京医科大学精神卫生研究所进行了修订,用于测查儿童的感觉统合能力的发展水平。量表由 58 个问题组成,分为 5 项内容。① 大肌肉及平衡:14 题,主要涉及身体的大运动能力。② 触觉过分防御及情绪不稳(触觉过分防御):21 题,主要对情绪的稳定性及过分防御行为进行评定。③ 本体感不佳,身体协调不良:12 题,主要涉及身体的本体感及平衡协调能力。④ 学习能力发展不足或协调不良:8 题,主要涉及由于感觉统合不良所造成的学习能力不足。⑤ 大年龄的特殊问题:3 题,此项包括对使用工具及做家务的评定,主要评定 10 岁以上的儿童。此量表适用于 3～12 岁儿童感觉统合能力发展水平的评定。由儿童的父母或知情人根据儿童最近 1 个月的情况认真填写。量表的评分方法按"从不,很少,有时候,常常,总是如此"1～5 五级评分。凡标准分≤40 者说明存在感觉统合失调现象,标准分在 30～40 之间为轻度,20～30 为中度,20 分以下为重度。

2. 孤独症儿童发展评估表

孤独症儿童发展评估表由全国残疾人康复工作办公室组织有关专家于 2009 年研制、推广。目的在于对心理年龄在 0～6 岁之间的孤独症及其他发育障碍儿童进行系统、科学、全面的评估,并在此基础上根据每个儿童的发展特点,制订个别化教学和康复训练计划,促进孤独症及其他发育障碍儿童的身心发展。该量表由感知觉、粗大动作、精细动作、语言与沟通、认知、社会交往、生活自理以及情绪与行为 8 个评估领域,共 493 个项目组成。其中,感知觉、粗大动作和精细动作 3 个领域是专门测试儿童的感知觉能力的发展水平与存在问题。

3. 粗大运动功能评估表

粗大运动功能评估表(gross motor function measure,GMFM)由 Russell 等人编写出版,主要用于测量脑瘫儿童的粗大功能运动状况随时间或由于干预而出现的运动功能改变,是目前脑瘫儿童粗大运动评估中使用最广泛的量表。该量表包括 5 个分量表,共 88 项,即 A. 卧位与翻身,B. 坐位,C. 爬行与跪位,D. 站立,E. 行走、跑步与跳跃。量表的评分方法分为"0＝无法进行此项运动(无法开始),1＝仅能开始此项运动(运动完成＜30%),2＝部分完成,3＝全部完成,NT＝无法测试"0～3 四级评分。

4. Berg 平衡量表

Berg 平衡量表(berg balance scale,BBS)由 Katherine Berg 于 1989 年报道,用于评

定个体的平衡功能。BBS 包括 14 个项目：① 由坐到站，② 独立站立，③ 独立坐，④ 由站到坐，⑤ 床—椅转移，⑥ 闭眼站立，⑦ 双足并拢站立，⑧ 站立位上肢前伸，⑨ 站立位从地上拾物，⑩ 转身向后看，⑪ 转身一周，⑫ 双足交替踏台阶，⑬ 双足前后站立，⑭ 单腿站立。每个项目最低得分为 0 分，最高得分为 4 分，总分 56 分，测试一般可在 20 分钟内完成，量表按得分分为 0～20、21～40、41～56 三组，其代表的平衡能力则分别相应于坐轮椅、辅助步行和独立行走三种活动状态。如果总分少于 40 分，预示有跌倒的危险性。

四、感知觉能力评估示例

示例 3-1：一例过动性注意缺陷儿童感知能力评估结果的分析

一、评估记录

评估领域：视觉、听觉、触觉、嗅觉、味觉、前庭觉、本体觉、运动知觉、空间知觉和时间知觉等能力。

评估方法：采用正式评估方法如标准化测验，或是非正式评估方法如观察、晤谈、评定表等。

项目	评估方法或工具	评估日期	评估者	结果摘要
正式评估	☑韦氏智力测验（第四版） ☐希-内学习能力测验 ☐瑞文标准推理测验 ☐儿童智力筛查测验 ☐学龄前儿童 50 项智能筛查量表 ☐其他_____	2012.5.17	陈琳	14 个分测验中，积木、类同、译码、字母—数字排列、矩正推理、理解、符号检索、填图、划消测验以及算术 10 个分测验均得零分，仅有背数(2 分)、图画概念(1 分)、词汇(3 分)以及常识(3 分)4 个分测验得到了少量的分数，凭这些分数无法得出其真实智商。这个测验结果反映：明明具有有限的工作记忆、知觉推理、言语表达与生活自理能力
非正式评估	☑观察 ☑晤谈：其家长与老师 ☐检核表 ☑评定量表：儿童感觉统合发展能力评定表 ☐其他	2012.5.10	白岩	晤谈：在家需要母亲照顾，自己能够控制大小便，厕后需要他人处理，自己不会洗脸刷牙，不会自己独立穿衣服，知道饥饱，可以用羹匙自己吃饭，不挑食。老师反映，明明不会主动交流，别人问他问题时，可以理解简单的话语，不理解复杂的话语。上课时，他有时会喊叫；要求得不到满足或逃避问题时也会喊叫，或是坐在地上哭闹；在陌生环境中不知所措，会出现拍打头部、吸吮手指的行为；和其他小朋友几乎没有语言交往，对吃特别感兴趣，喜欢看动画片，尤其是挖土机的视频 观察：在课堂上，明明注意力不集中，几乎不参与教学活动，随意说话，用手拍桌子，不被关注时就会离开座位甚至坐在地上哭闹；在

续表

项目	评估方法或工具	评估日期	评估者	结果摘要
非正式评估	☑ 观察 ☑ 晤谈：其家长与老师 ☐ 检核表 ☑ 评定量表：儿童感觉统合发展能力评定表 ☐ 其他	2012.5.10	白岩	要求没有立即满足时会控制不住自己的情绪，在课堂上喊叫；总是出现咬手指的行为；不会主动与人交流，当别人问她问题时，简单的可以理解，复杂的不理解；持续活动的时间较短暂；有时为了逃避一些自己不喜欢的事情就大喊叫或赖地哭闹或躲避；对于喜欢的事情，比如看动画片或是挖土机视频可以维持较长时间；不会数数，更不认识5以内的数；不理解多少、轻重等概念，也没有颜色、大小等概念；有点胆小，本体觉严重失调；喜欢吃，也不挑食 **感觉统合发展能力评定**：前庭平衡轻度失调，本体感重度失调，没有学习能力

二、现况描述

运动能力	使用交通工具：☐ 能骑自行车 ☑ 能搭公交车 ☑ 能搭出租车 ☑ 能搭火车 ☐ 完全无法使用 ☑ 其他_____ 独立行动方面：☑ 完全独立行走 ☑ 需用拐杖 ☑ 需用轮椅 ☑ 需借助其他辅具 ☑ 完全无法独立行走，需协助_____ 精细动作方面：☑ 能用手指捡起物品 ☑ 能捏揉 ☑ 能握拿 ☑ 能抓放 ☐ 能剪贴 ☐ 能穿插拔 ☐ 能击准 ☐ 手眼协调不佳，需协助_____ ☐ 其他观察纪录：
感知觉能力/健康状况	视知觉能力　☐ 良好　☑ 普通　☐ 不佳 听知觉能力　☐ 良好　☐ 普通　☑ 不佳 触知觉能力　☐ 良好　☑ 普通　☐ 不佳 味知觉能力　☐ 良好　☑ 普通　☐ 不佳 嗅知觉能力　☐ 良好　☑ 普通　☐ 不佳 手眼协调能力　☐ 良好　☐ 普通　☑ 不佳 能保持合宜的两性互动　☐ 良好　☑ 普通　☐ 不佳

三、优劣势能力综合分析

请根据前项现况描述勾选结果,分别就视觉、听觉、触觉、味觉、嗅觉、本体觉、前庭觉、运动知觉、空间知觉及时间知觉等能力,进行优劣势分析。

优　势	劣　势
1. 视觉注视和追视、熟悉人物和常见物品的辨认能力较好 2. 坐姿、站姿、爬、坐、站立、简单行走能力发展较好 3. 摆弄物品、简单的操作能力较好 4. 触觉能力基本正常	1. 听觉注意、理解和记忆能力以及视觉记忆与区辨能力等都很弱 2. 直线走、侧走、踮脚走、倒退走、脚跟脚尖走以及跳跃、推、抛、击、接、拍能力欠缺 3. 较复杂操作、双手配合、手眼协调、握笔写画、工具使用能力严重缺乏 4. 前庭平衡轻度失调,本体感重度失调,没有学习能力 5. 口腔器官的运动能力不佳

第二节　拟定特殊儿童感知觉训练的方案

一、拟定特殊儿童感知觉训练目标

特殊儿童感知觉能力的训练因需而定,并非一刀切、齐步走,因此,要实现因人而异、因需而定。除了需要评估以外,还需要依据评估的结果来制订感知觉训练的目标,有了训练目标才能进行具体的训练设计并可开展有效训练。

（一）分析评估结果,明确训练目标的选择范围

特殊儿童感知觉训练目标的确定,必须依据其感知觉能力的评估结果。在进行感知觉训练时,除了要了解特殊儿童感知觉能力的现有水平、优势和不足以外,还要对评估的结果做进一步的分析,找出需要训练加强的劣势项目,也要分析可以充分发展的优势项目,以此确定感知觉训练目标的范围,如示例3-2。

示例3-2:一例过动性注意缺陷儿童感知觉训练目标与方法

范围	训练目标	训练方法
视觉 听觉 触觉	1. 能追视快速运动物体 2. 能辨认自己的影像 3. 能对图画感兴趣 4. 能对突发声做出反应 5. 能注意和专心聆听音叉、哨子、响板等声音,并转向声源 6. 能区分衣物的干湿 7. 能区分食物的冷热	1. 多呈现移动物体由慢而快,进行追视能力训练 2. 进行颜色、图形、形象与背景等的区辨和记忆能力训练 3. 运用多种不同的人声、自然界的声音、动物的声音以及乐器等的声音进行辨别与记忆训练 4. 进行指令和短句的理解能力训练 5. 通过感统等活动设计训练其前庭、触觉能力

续表

范围	训练目标	训练方法
本体觉/动作能力	1. 能单脚站5秒 2. 能原地双脚跳（离地5厘米） 3. 能跳过高度及膝的栏杆 4. 能左右跳3次 5. 能向前跨跳一步 6. 能站立推球1.5米远 7. 能双手向下抛球至1.5米处 8. 能单手向下抛球至1.2米处 9. 能单手-手过肩抛口袋至3米远2米宽目标 10. 能双手过肩抛抛球至1.5米处 11. 能垂直、横拍击中吊球 12. 能双手接自1.5米处抛、弹回来的球 13. 能扔球后接弹起的球 14. 能双手连续向下拍球 15. 能单手连续拍球3次 16. 能左右手向上连续拍气球4次	1. 设计针对性的感觉统合训练活动，加强前庭平衡能力的训练 2. 设计针对性的感觉统合训练活动，加强上下肢、左右侧身体协调性的训练 3. 在日常生活中多训练跳跃能力 4. 加强腕部、脚踝灵活性的训练 5. 课间多练习抛、接、拍球游戏，加强眼—手协调性的训练
	1. 能手握摇晃玩具 2. 能双手互击积木 3. 能双手配合穿洞板 4. 能用掌心握笔在纸上涂鸦 5. 能把橡皮泥搓成条状 6. 能拉开或套上笔套	1. 加强手部肌力和抓握、释放能力的训练，多做手指操 2. 通过穿珠子、捡豆子等活动，加强眼手协调和精细动作能力训练 3. 加强左右手双侧协调性的训练
	1. 能做双唇运动 2. 能做舌头的灵活运动 3. 能做牙齿的运动 4. 能模仿口部动作	1. 口腔按摩游戏 2. 吹气吸气游戏 3. 示范各种口部动作 4. 激励、强化、塑造

（二）拟定长、短期训练目标

感知觉训练的范围确定后，再反观观察、晤谈结果及各种施测后的评量表，找出反映感知觉能力不足的具体的行为、反应，并重点分析一些有代表性、概括性的感知行为的描述，作为感知训练长、短期目标拟定的基础。

1. 长期目标

何谓长期目标？实际上长期目标是训练者对训练最终结果的一种假设。

长期目标承担着两种功能。第一，它是作为训练后最终期望达到的感知觉能力的行为标准，而且必须是在训练之前提出。第二，长期目标具有明确的方向性，它必须明确规定长期目标经训练之后是增强还是削弱。同时，对长期目标的确定和表述必须符合三项条件，即①明确、清晰地命名反映特殊儿童感知觉能力不足的全部行为，②明确感知觉训练的方向，③反映感知觉能力的行为标准必须具体、可测量。参见示例3-2。

例如：

(1) 能辨认自己的影像，正确率95%以上。

(2)能单脚站5秒,达标率100%。
(3)能分清红、白、黄、绿、蓝五种颜色,正确率100%。

2. 短期目标

短期目标是对长期目标进行分解,形成若干个小环节、小步子,每个环节、步子都有一个感知行为目标,根据短期目标可以设计具体的训练活动。每个短期目标的完成都会向长期目标靠近一步。

例如:

长期目标:能分清红、白、黄、绿、蓝五种颜色,正确率100%。

短期目标则可分解为:

(1)能辨认红、白、黄、绿、蓝五种颜色中的一种颜色;
(2)能辨认红、白、黄、绿、蓝五种颜色中的两种颜色;
(3)能辨认红、白、黄、绿、蓝五种颜色中的三种颜色;
(4)能辨认红、白、黄、绿、蓝五种颜色中的四种颜色;
(5)能辨认红、白、黄、绿、蓝五种颜色。

二、选择感知觉训练的内容与方法

长短期训练目标确定后,可根据训练目标和特殊儿童的身心特点,选择、确定感知觉训练的具体内容和方法。针对不同类型、不同程度的特殊儿童,感知觉训练的内容和方法也需要体现出差异性,即使是障碍类型与程度相同,但其优势与劣势能力的不同,也会影响感知觉训练内容和方法的选择。总之,特殊儿童的感知觉训练重在康复与补偿缺陷、发展潜能,因此,必须因人而异,突出针对性、科学性、可操作性。具体内容详见第四章。

第三节 设计训练活动

特殊儿童的感知训练目标、内容确定后,接下来就要针对训练目标和内容,设计对应的训练活动。

一、感知觉训练活动设计方法

一个好的感知觉训练活动设计应包含训练活动的主题、功能和方法三个主要部分。

(一)训练活动的主题

主题是指给所设计的感知觉训练活动一个名称,代表训练活动的主要内容。围绕主题选择设计的活动内容,让特殊儿童知道自己玩了一个什么游戏活动并能够记住它或留下深刻印象。

(二)训练活动的功能

功能是设计每一个训练活动首要考虑的问题。只有明确了训练活动的功能或作用,才能使活动设计目标明确,内容和方法才能有据可依。因而,使每个活动设计紧紧围绕特殊儿童的感知训练需要,为特殊儿童的定向康复服务,而不是流于热热闹闹的活动形式,与儿童的需要不匹配,无的放矢。

（三）训练活动的方法

在训练活动方法设计中,包含有训练活动的准备和操作层次两个环节。

训练活动的准备是指训练活动开始前的准备工作,包括材料、工具、场地、强化物等的准备。

训练活动的操作层次是指围绕活动功能设计的一个又一个活动,这些活动相互之间既有联系又相互独立,每一个活动都以前一个活动建立起来的能力为基础,螺旋向上递进。在设计训练活动的操作层次时,要求:程序上应由易而难、循序渐进、层层深入;层次上每一个层次都应是一个独立的训练活动,多个螺旋上升的活动,组成一个围绕活动目标的系列活动,或称单元系列活动。

另外,所设计的训练活动应与儿童的身心特点相吻合,与现有训练条件相吻合,具有可行性、可操作性和安全性。

二、感知觉训练活动设计的原则

感知觉训练能否生效,关键之一就在于感知觉训练的活动设计是否科学、有效,因此,在设计感知觉训练活动时,需要遵循以下原则。

（一）形式上具有规范性、趣味性

设计的感知觉训练活动在形式上应体现设计的规范性,每个活动设计有明确的训练功能,有可操作的方法,考虑需要准备的材料、场地、强化物等,以及循序渐进的操作层次。这样,我们在设计感知觉训练活动时方可有章可循、有据可依,同时,在设计感知觉活动时应充分考虑特殊儿童的特点。特殊儿童首先是儿童,作为儿童就具有儿童的特点。他们喜欢有趣味的游戏活动,不喜欢枯燥、单调的训练活动。有些智力/发展障碍的儿童本身缺乏游戏的能力,因而,更需要设计具有趣味性的训练活动,以调动他们训练的积极性、配合性,使其从快乐、趣味性的游戏活动中收获有效的感知训练效果,愉悦身心。

（二）训练功能上具有准确性、综合性

设计的感知觉训练活动不同于一般的游戏活动,感知觉训练活动须有明确的功能,且其功能取决于特殊儿童的需要,由特殊儿童感知觉能力评估的结果而定,并非任一活动都可以用来训练特殊儿童的感知觉。因此,在设计感知觉训练活动时,功能定位不仅要具有准确性,还要具有综合性。功能定位的准确性强调满足特殊儿童的感知觉发展需要,并且根据功能定位设计相应的活动方法;综合性则强调一个训练活动并非只有一个功能,而是通过这个训练活动可以达成多个目标,即多功能性而非单一性。

（三）在训练目标上具有针对性、科学性

为特殊儿童设计感知觉训练活动不同于为普通儿童设计的游戏活动,在训练目标上须具有针对性和科学性。针对性强调训练活动的"对症下药",针对特殊儿童感知觉发展中的问题而设计;科学性则强调所设计的训练活动既要有趣味性、游戏性、有效性,又要有科学性,以免违反规律给特殊儿童造成伤害,或产生负向作用。

（四）在训练方法上具有适切性、可操作性

为特殊儿童设计的感知觉训练活动,在训练方法上应具有适切性与可操作性。适切性是指所选用的方法及其难易度应适合需要训练的儿童,尤其是有各种不同障碍、优劣势能力各异的特殊儿童,选用方法需考虑所训特殊儿童的特点。可操作性是指所选用的方法应适合需要训练的特殊儿童,要考虑到其障碍对其训练活动的限制,设计特殊儿童可以实际操作、参与的活动。例如:为肢体障碍儿童设计的训练活动应考虑其移动的困难,为视障儿童设计的训练活动应考虑其视觉能力的限制,为智障儿童设计的训练活动应考虑其智力的限制、迁移的困难,等等。

(五)在训练过程上具有层次性、循序渐进性

为特殊儿童设计的感知觉训练活动,设计的训练过程应具有层次性和循序渐进性。感知觉训练所设计的训练活动不是一个单一的训练活动,而是一个系列性的训练活动,即一个主题下有多个训练活动,每个训练活动都是整个系列训练活动中的一个层次,且层次与层次之间关系密切,由易而难、由简而繁、由低级而高级,循序渐进,螺旋排列上升。这样既可以使训练活动前后衔接,循序渐进地持续进行,又可以节省教师设计训练活动的时间,减少额外、繁重的工作。

(六)在训练实施上具有可行性、安全性

为特殊儿童设计的感知觉训练活动,所设计的活动过程以及活动需要的场地、工具、材料等应具有可行性和安全性。可行性是指特殊儿童能够实际操作所设计的训练活动。若设计的活动仅有游戏性没有可行性,就无法使用这个活动设计进行实际训练。安全性主要指设计的感知觉训练活动的活动过程以及所需要的场地、工具、材料、强化物等应充分考虑安全因素,防患于未然,以免给特殊儿童造成不必要的伤害。

第四节 安排训练环境

训练环境的合理安排是决定训练活动能否见效的关键之一。特殊儿童感知觉训练的环境应达到以下要求。

一、有适宜、安全的场地和空间

特殊儿童感知觉的训练应选择适宜、安全的场地和空间,确保其训练的可行、充分与安全。特殊儿童因其功能受到各种限制,在活动中对身体的控制与运用往往不能随意而行,有这样或那样的困难,有些智力/发展障碍儿童还容易受外界的干扰或影响,因此,对特殊儿童进行感知觉训练须针对受训儿童的特点选择适合个别或小组训练的场地和空间。所选场地应是僻静、无嘈杂声音或其他干扰等,场地、空间的大小也要适合训练的需要,同时,更要注意场地、空间等在训练中的安全性。

二、有训练所需要的安全器材及其他资源

特殊儿童感知觉的训练应准备训练所需要的所有器材、玩具、教具以及其他强化物等资源,并具有安全性。由于特殊儿童的感知觉训练与一般的儿童游戏不同,它既有很明确的功能性,又有很强的活动性、趣味性,让特殊儿童在有浓浓趣味的游戏活动中得到针对

性的训练。因此,在借助一些器材、玩具、教具或其他强化物等资源进行训练的同时,必须确保这些资源安全,以免给特殊儿童造成新的伤害。

三、训练场所与日常教学、生活联系密切

特殊儿童感知觉训练所选择的场所应与日常教学及生活密切相关。一方面,这样做有助于特殊儿童将训练活动及训练效果迁移到自然环境中,拓展其训练的时间与空间,类化、迁移训练效果于其生活与学习中。另一方面,有些特殊儿童对新环境的适应性较差,甚至排斥环境的微小改变,尤其是广泛性发育障碍儿童。因此,利用特殊儿童熟悉的场所进行感知觉训练,有助于儿童情绪的稳定与训练活动的实施。总之,最终的目的在于提高特殊儿童感知觉训练的有效性。

四、训练时间视活动内容和儿童反应而定

特殊儿童感知觉训练的时间长短、时段安排需根据训练活动的具体内容和特殊儿童的具体情况而定。个别训练的时间一般在 30 分钟左右,小组训练的时间通常在 30~60 分钟之间,训练的时段最好是特殊儿童情绪平静的时间段。事实上,具体的训练时间和时段安排要视特殊儿童训练中的活动形式及其身体反应而定。比较剧烈的训练活动时间需稍短或者中间交替安排一些活动度较小的活动;训练中儿童反应疲惫、动作缓慢吃力、注意力不集中时,训练需要暂停调节。

第五节 实施训练与评估

当前述所有准备工作完成后,就可以根据训练方案中规定的训练日程、时间、项目、内容等实施具体的训练了。

一、实施训练

训练活动的有效实施是取得感知觉训练效果的最关键因素。因此,在实施训练的前后必须要注意一些事项,以保证特殊儿童感知觉训练活动的有效实施。

(一)训练前注意事项

训练前,要仔细分析、预演设计的训练活动,根据训练活动设计的要求,认真做好所有的准备工作,包括准备场地(教室)、器材、教玩具、强化物以及视听辅助设备,等等。同时,也要分析受训的特殊儿童在训练中可能出现的问题及解决对策,并明确训练活动的规则。

(二)训练中注意事项

训练中,首先要向受训儿童说明活动规则,并示范、引导儿童按照规则去进行游戏活动。其次,当儿童在训练中出现问题时,教师应及时示范、启发和引导;同时,教师还应随时观察受训儿童的反应,即时调整训练节奏,训练要求因人而异。再者,对训练中儿童的反应,教师可借助视频或辅助教师做好观察记录。

(三) 训练后注意事项

训练结束后,教师要及时对训练中儿童的表现、出现的问题、采取的措施及其有效性等进行总结和反思,在此基础上调整、完善感知觉训练活动的后续层次的设计和安排,使特殊儿童通过感知觉训练获得缺陷补偿和潜能开发的最佳康复效果。

二、实施评估

特殊儿童感知觉的训练并非一两次就可以完成,能力的提升是从量变到质变的过程,需要持续一段时间甚至是一年、两年或更长时间。因此,一段时间的训练结束后,应及时做好特殊儿童感知觉训练的阶段性评估和终结性评估,通过评估确认感知觉训练措施的有效性,并根据评估结果调整训练方案和活动设计,向学校和家长提交训练效果的评估报告。

在一份完整的感知觉训练方案中,制订感知觉训练评估方案是不可或缺的内容。因此,在训练前就需要对这些行为的发生情况做具体的观察、记录,取得训练前的基线数据,并且为所选定的目标行为制订出评估指标,以便做训练前后效果的比较。评估指标可以是1,2,3,4……也可以是一、二、三……或A、B、C、D、E等几个等级,每个等级代表着训练目标完成的质量如何或是训练目标达成了多少(可用百分比等表示)。例如,表3-3和表3-4就是两种目标行为的选择与评估指标的运用方法。

表3-3 感知训练效果的评估

评估项目	评估程度	补充及建议
感官功能		
视觉专注	1. □ 2. □ 3. □ 4. □	
视觉追踪	1. □ 2. □ 3. □ 4. □	
视觉扫描	1. □ 2. □ 3. □ 4. □	
视觉辨认	1. □ 2. □ 3. □ 4. □	
听觉专注	1. □ 2. □ 3. □ 4. □	
听觉追踪	1. □ 2. □ 3. □ 4. □	
听觉辨认	1. □ 2. □ 3. □ 4. □	
嗅觉专注		
嗅觉追踪	1. □ 2. □ 3. □ 4. □	
嗅觉辨认	1. □ 2. □ 3. □ 4. □	
触觉专注	1. □ 2. □ 3. □ 4. □	
触觉追踪	1. □ 2. □ 3. □ 4. □	
触觉辨认	1. □ 2. □ 3. □ 4. □	

注:1. 高 2. 中 3. 低 4. 缺乏

表3-4的评估指标是采用5点法来确定。如果所要训练的感知项目都是从未发生或很少发生的,我们就可以采用百分等级指标,如:A——达成行为的80%以上,B——达

成行为的 60%～80%，C——达成行为的 40%～60%，D——达成行为的 20%～40%，达成 20% 以下。

总之，我们在确定感知项目的评估指标时要根据实际需要，灵活调整；另外，要根据特殊儿童感知觉能力缺陷情况及训练的长短期目标和训练的项目、内容制订训练的评估方案，包括评估的项目与内容、评估的时间、评估的地点、评估的工具和方法、评估的工作人员安排等；并根据阶段评估结果，及时调整训练方案，以做到训练方案、方法能真正满足儿童的特殊需要。

表 3-4 某某儿童感知训练效果的评估

领域	评估项目	评估指标	备注
视觉	不能分辨物体大小	1.□ 2.□ 3.□ 4.□ 5.□	
	不能分辨颜色	1.□ 2.□ 3.□ 4.□ 5.□	
	不能分清物体的上下位置	1.□ 2.□ 3.□ 4.□ 5.□	
	不能分清物体的左右位置	1.□ 2.□ 3.□ 4.□ 5.□	
	不能分辨背景中的图形	1.□ 2.□ 3.□ 4.□ 5.□	
	不能目测手与物体间的距离	1.□ 2.□ 3.□ 4.□ 5.□	
	在正常光线下，斜眼、闭眼、皱眉	1.□ 2.□ 3.□ 4.□ 5.□	
	对生人无视觉反应	1.□ 2.□ 3.□ 4.□ 5.□	
运动觉	对周围东西喜欢触摸、嗅或尝	1.□ 2.□ 3.□ 4.□ 5.□	
	吃饭、画画等双手不协调，常忘了另一边	1.□ 2.□ 3.□ 4.□ 5.□	
	俯卧地板和床上，头、颈、胸无法抬高	1.□ 2.□ 3.□ 4.□ 5.□	
	双手表现不恰当的动作	1.□ 2.□ 3.□ 4.□ 5.□	
	喜欢惹人、捣蛋、恶作剧	1.□ 2.□ 3.□ 4.□ 5.□	
	爬上爬下，跑进跑出，不听劝阻	1.□ 2.□ 3.□ 4.□ 5.□	
	经常弄乱东西，不喜欢整理自己的环境	1.□ 2.□ 3.□ 4.□ 5.□	
	经常毁坏东西	1.□ 2.□ 3.□ 4.□ 5.□	
触觉	对陌生地方的电梯或楼梯，不敢坐或动作缓慢	1.□ 2.□ 3.□ 4.□ 5.□	
	害怕到新场合，常常不久便要求离开	1.□ 2.□ 3.□ 4.□ 5.□	
	容易黏妈妈或固定某个人，不喜欢陌生环境和被搂抱	1.□ 2.□ 3.□ 4.□ 5.□	
	看电视或听故事，容易大受感动，大叫或大笑，害怕恐怖镜头	1.□ 2.□ 3.□ 4.□ 5.□	
	严重怕黑，不喜欢在空屋，到处要人陪	1.□ 2.□ 3.□ 4.□ 5.□	
	疼痛反应迟钝	1.□ 2.□ 3.□ 4.□ 5.□	

续表

领域	评估项目	评估指标	备注
本体觉	吃饭时常掉饭粒,口水控制不住	1.□ 2.□ 3.□ 4.□ 5.□	
	语言不清,发音不佳	1.□ 2.□ 3.□ 4.□ 5.□	
	无法组成较长的语句	1.□ 2.□ 3.□ 4.□ 5.□	
空间知觉	不喜欢翻跟头、打滚、爬高	1.□ 2.□ 3.□ 4.□ 5.□	
	怕爬高,拒走平衡木	1.□ 2.□ 3.□ 4.□ 5.□	
	到新的陌生环境很容易迷失方向	1.□ 2.□ 3.□ 4.□ 5.□	
听觉	学习阅读或做算术特别困难	1.□ 2.□ 3.□ 4.□ 5.□	
	不专心,坐不住,上课常左右看	1.□ 2.□ 3.□ 4.□ 5.□	
	对老师的要求及作业无法有效完成,常有严重挫折	1.□ 2.□ 3.□ 4.□ 5.□	

注:1——总是发生,2——常常发生,3——偶有时候,4——很少发生,5——从不发生

【本章小结】

特殊儿童感知觉训练的实施程序是对感知觉训练的操作步骤进行归纳和分解,共分为五个步骤,即评估特殊儿童的感知觉能力、拟定特殊儿童感知觉训练的方案、设计训练活动、安排训练环境、实施训练与评估。

评估特殊儿童的感知觉能力需要从十个方面进行评估,具体包括:视觉、听觉、触觉、嗅觉、味觉、本体觉、前庭觉、空间知觉、时间知觉以及运动知觉。评估感知觉能力的方法有很多,但常用的有四种方法,即测验法、观察法、晤谈法、评定量表法。常用的感知觉能力评估工具分为标准化评估工具和非标准化评估工具两类。标准化评估工具主要有:希-内学习能力测验、瑞文标准推理测验、韦氏儿童智力测验、斯坦福-比内智力量表、中国儿童发展量表、Peabody运动发育量表以及 PPVT 图片词汇测验等;非标准化评估工具主要有:儿童感觉统合能力发展评定量表、孤独症儿童发展评估表、粗大运动功能评估表以及 Berg 平衡量表,等等。

特殊儿童感知觉训练方案主要包括三方面内容,即特殊儿童感知觉训练目标(包括长期目标和短期目标)、特殊儿童感知觉训练的内容以及感知觉训练的方法。

拟定了感知觉训练方案,随之可依据训练方案设计训练活动。感知觉训练活动的设计由三个部分组成,即活动主题、活动功能及活动方法;同时,在设计训练活动时还要遵循六个原则,确保所设计的训练活动具有规范性与趣味性、准确性与综合性、针对性与科学性、适切性与可操作性、层次性与循序渐进性、安全性与可行性。

训练活动设计后,需要安排训练环境,实施训练与评估。训练环境的安排需有适宜、安全的场地和空间,训练所需要的安全的器材及其他资源。训练场所与日常教学、生活联系密切,训练时间视活动内容和儿童反应而定。实施训练时需要做好训练前的准备,训练中的示范、引导、调节与观察,训练后的评估与调整。

【思考与练习】

1. 特殊儿童感知觉训练的实施程序包括哪几个步骤?
2. 特殊儿童感知觉能力评估的内容有哪些?评估常用的方法有哪些?

3. 有哪些评估工具可以用来评估特殊儿童的感知觉能力？
4. 如何拟定特殊儿童的感知觉训练方案？长期目标和短期目标之间有何关系？
5. 如何设计感知觉训练活动？设计感知觉训练活动应注意哪些原则？
6. 如何安排感知觉的训练环境？
7. 如何实施感知觉训练？如何进行感知觉训练效果的评估？
8. 请你对自己所带研究个案的感知觉能力进行评估，并完成评估报告与训练方案。

第四章 特殊儿童感知觉训练的内容与方法

学习目标:
1. 理解特殊儿童感知觉训练内容涉及的相关概念。
2. 掌握特殊儿童感知觉训练的内容与方法。
3. 应用特殊儿童感知觉训练的方法与实践。

感知觉是我们进入知识宝库的第一道"大门",是一切知识的来源。它们虽然是简单的认识过程,只反映事物的表面特性和外部联系,但对于我们了解外部世界十分重要,它为我们的认知提供了可加工的材料。若没有感知,认知加工就会陷入"巧妇难为无米之炊"的境地。人的大脑之所以能产生感知觉,是因为有一个个分析器在"工作"。当感受器、传入神经、大脑皮层相应区域这三个部分组成的"分析器"都正常时,协同活动才能产生;而协同活动是我们感知世界的基础,特殊儿童也不例外。

第一节 特殊儿童感知觉训练的内容

正常儿童可以在日常的活动或同伴间的游戏等活动中接受各种各样的感知刺激,使其感知觉得到逐步发展与完善;而特殊儿童由于其自身的一些感官出现了缺陷或者某些感官功能受到了限制等,导致他们很难在日常的活动中使其感知觉获得正常的发展与完善。例如:研究发现[①]学习障碍儿童视觉注意力异常发生率达84.2%;95.1%的学习障碍儿童听觉注意力异常;80.2%的学障儿童同时存在视觉和听觉注意力异常,说明绝大多数学障儿童都存在听觉和视觉注意力集中维持困难,进而影响他们的听觉和视觉信息的处理效果。因此,这些特殊儿童必须经过针对性的科学训练才能使他们的感知能力得到最大限度的发展,为其学习和生活奠定基础。

那么,对特殊儿童进行感知觉训练,需要训练什么? 依据儿童感知发展的全面性来分析,特殊儿童感知觉训练的内容总体上包括视觉、听觉、触觉、味觉、嗅觉、前庭觉、本体觉、空间知觉、时间知觉、运动知觉等方面。当然,对特殊儿童来说,每个儿童感知发展中所存在的问题不一样,因而,其需要训练的内容也有差异,即使是存在同样的感知问题,但其训练内容的重点也不尽相同,因人而异,必须依据评估的结果来确定训练的具体内容。

---

① 曾桂香,赵亚萍,等.学习障碍儿童视觉、听觉注意力的变化[J].疑难病杂志,2011,10(5):370-371.

一、视觉

对特殊儿童来说,视觉训练的目的是提高其视觉能力,而不是视力(中心视力)。视觉能力包括视觉敏锐性、视觉注意力、视觉记忆力、视觉区辨力、视觉想象力以及编序能力等。这些能力的提升需要通过对应的训练内容来落实,具体包括下述几个方面。

(一)视觉注意

特殊儿童视觉注意的训练,目标在于通过集中视线训练提高特殊儿童对视觉刺激信息的敏锐性和注意力。这个能力是儿童通过视觉接受外界刺激信息的前提。因此,可以通过感知物体的存在,感知身边的物体(环境),让儿童视线集中注意指定的位置,持续注意图片或文字等活动来训练提升特殊儿童的视觉注意力。

(二)视觉追踪

进行视觉追踪训练的目标也在于提高特殊儿童视觉的注视与追视能力。视觉追踪力的训练既包括注视,也包括视觉注视持续时间的长短,这也是儿童能否顺利完成课堂学习活动的前提。因此,可以通过设计一些追视活动来训练,如:追视移动的气球、光点、图片、文字、动物等物体,单眼追视活动,双眼追视活动等。

(三)视觉辨别

视觉辨别的训练目标在于提高特殊儿童的视觉敏锐性、视觉注意力、视觉记忆力和视觉区辨能力。这个能力是特殊儿童顺利完成学习任务的一个重要保障。如果儿童在这方面出现问题,就可能会造成其不能正确区分和辨认字形、图形以及物体的差异等。因此,可以通过设计一些图片或文字的划消,图形的辨认与找茬,从背景中选择知觉对象、配对、分类等活动,提升特殊儿童的视觉能力,尤其是视觉敏锐性和区辨能力。

(四)视觉记忆及再现

视觉记忆及再现事物的训练,目标在于提高特殊儿童的视觉注意力、记忆力、想象力以及视觉编序能力。这一能力也是儿童日常生活和学习所必需的能力。若这方面的能力不足,将影响儿童对视觉信息的接收与加工,从而影响其正确的视觉反应,如看过的东西记不住,不能再认,看到的顺序回忆不起来,等等。因此,可以设计一些针对性的活动进行这方面能力的训练,如:视动模仿、看图做排列、分辨常见关系、找相同与不同、按特征排列及按顺序活动等,通过循序渐进的训练提高特殊儿童的视觉能力。

对视觉能力的训练,除了上述针对性的训练活动以外,还可以结合感觉统合训练对特殊儿童视觉系统的功能进行全面的训练,进一步改善、提高其功能。

二、听觉

根据需要对特殊儿童进行听觉能力的训练,根本目的是提高其听觉的综合能力,而不是听力。听觉能力包括听觉敏锐性、听觉注意力、听觉辨别力、听觉理解力、听觉记忆力、视觉编序能力以及听觉混合能力等。这些能力的提升需要通过对应的训练来落实,具体包括下述几个方面的内容。

(一)听觉注意

对特殊儿童进行听觉注意的训练,目标在于通过训练提高特殊儿童对周围环境中各种声音的敏感性、专注力和辨别力。这种敏感性、专注力和辨别力是儿童通过听觉接受外界刺激信息的前提。因此，可以通过设计听辨自然界的各种声音、听辨各种音乐声音、听辨各种车声、听辨各种人声等活动，由易而难、由简单到复杂、循序渐进地进行训练，来提升伴有听觉能力异常的特殊儿童的听觉能力。

（二）听觉辨别

对特殊儿童进行声音的听觉辨别训练，目标在于通过训练提高特殊儿童对各种声音的注意和辨别能力，如：不同的音色、音量、音调、方位、强弱、高低、长短、背景音等。听觉的辨别能力是我们与外界沟通所必备的条件之一，更是儿童学习、生活、社交的必备条件之一。因此，可以通过设计不同的声音刺激活动，由低而高、由少而多、由简而繁、循序渐进地进行训练，提升伴有听觉能力异常的特殊儿童的听觉辨别能力，以及听觉的敏感性与专注力。

（三）听觉记忆

对特殊儿童进行听觉记忆方面的训练，目标在于通过训练提高特殊儿童的听觉记忆、听觉编序以及听觉辨别能力。听觉的记忆、编序和辨别能力对每个人都很重要，对特殊儿童来说更重要。因此，通过设计一系列听、辨、记的材料与活动，如：序列性的各种声音、序列数字、无规律的词语、简单句、复合句、歌曲歌词、短文等，由易而难、由简而繁、循序渐进地持续训练，以提高特殊儿童的听觉注意、辨别、记忆与编序能力。

（四）听觉理解

听觉理解方面的训练对特殊儿童而言非常重要，其目标在于通过训练提高特殊儿童的听觉理解能力以及听觉注意、辨别、记忆能力。听觉理解能力与听觉注意、辨别和记忆能力紧密相关，可以说后三者是其发展的前提条件，然而，对一个人来说，听觉理解能力与三者同等重要，对正在学习的儿童来说，尤为重要。因此，可设计一系列听、辨、记和理解的材料与活动，如：理解指令、理解简单问题、理解复杂问题、理解句子、理解故事、理解短文等，由易而难、循序渐进地持续训练，以提高特殊儿童的听觉能力，尤其是听觉理解能力。

（五）复述

听觉编序与声音混合能力的训练必须通过复述训练活动来完成，同时，复述训练也可以提高儿童的听觉注意、辨别和记忆能力。因此，对特殊儿童来说，复述训练至关重要，它更是一个综合性的听觉能力训练活动。通过设计一系列听、辨、记、编序的材料与活动，如：复述各种有顺序的数字、词语、短文、故事等，由易而难、循序渐进地持续训练，以提高特殊儿童的听觉能力，尤其是听觉编序与声音混合的能力。

对听觉能力的训练，除了上述针对性的训练活动以外，还可以结合听觉统合训练对特殊儿童听觉系统的功能进行全面的训练，进一步改善、提高其功能。

三、触觉

触觉是指分布于全身皮肤上的神经细胞接受来自外界的温度、湿度、疼痛、压力及震动的感觉。其主要作用是保护人体冷、热、痛、痒的正确反应，辨别触摸到的物体的软硬，感受压力的大小。由此可知，触觉和其他肤觉是影响人们生活学习活动最为广泛的感受器。若触觉系统异常,过分敏感或过分迟钝,会给个体的生活、学习以及其他适应带来不利的影响。过分敏感会使儿童失去与外界沟通的重要途径,过分迟钝则使儿童失去保护生命健康的"卫士"。这种异常在很多特殊儿童身上都或轻或重地存在,因此,对有此特殊需求的儿童进行触觉训练,根本目的是提高其适应性的触觉能力。触觉能力主要包括触觉反应(敏锐性)、触觉记忆力和触觉辨别能力等。这些能力的提升也需要通过对应的训练来落实,包括下述三个方面。

（一）触觉敏锐性

对特殊儿童进行触觉敏锐性的训练,目标在于通过训练提高儿童对质地、形状、大小、温度、强度等都不相同的各种刺激的快速反应能力(敏锐性)以及区辨能力。触觉的敏锐性与触觉的辨别力是紧密相关的,与触觉记忆力之间也有重要联系,因此,在训练触觉敏锐性时,常常与触觉辨别力或者触觉记忆力结合来训练,尽可能扩大训练的范围,提高训练的效率。可以根据训练的侧重点设计一些训练活动,如：有东西吗？痛不痛？痒不痒？热不热？冷不冷？哪个冷哪个热？一样吗？相同不相同？哪个舒服？力度大一点还是小一点？快一点还是慢一点？等等。训练所用的物品、材料由少而多,呈现时间由多而少,持续、交替地进行多种刺激训练,以提高特殊儿童的触觉敏锐性及触觉辨别能力。有些活动设计也可以同时训练儿童的触觉记忆力。

（二）触觉辨别

对特殊儿童进行触觉辨别力的训练,主要目标在于提高特殊儿童运用触觉去识别对象的粗糙与平滑、大小、外形、干湿、软硬、干燥与湿黏等辨别能力,也可同时训练儿童的触觉敏锐性和记忆力。正常的触觉辨别能力对每个个体都很重要,不仅能准确感知事物,而且具有防御和保护功能,可以使肌肉和心理放松,也可以传递个体间的友爱、亲情。因此,可以通过设计一系列活动来训练触觉辨别力异常的特殊儿童,如：触辨粗糙与平滑、触辨大小长短、触辨形状、触辨干湿、触辨软硬、触辨干燥与湿黏、身体感知大小（粗糙与光滑、质地差异、压力、形状）,等等。训练所用物品、材料间的差异由大而小、由粗而精,循序渐进地进行刺激训练,以提升特殊儿童的触觉辨别能力,以及触觉的敏锐性与记忆力。

（三）触觉记忆

对特殊儿童进行触觉记忆力的训练,主要目标在于提高特殊儿童运用触觉去识记对象特征的能力,也可同时训练儿童的触觉敏锐性和辨别力。个体可以通过触觉记忆分辨识记过的对象,如：盲人用手摸读盲文,辨别外界事物,摸自己熟悉的人或物；按摩师用手和脚依据触觉记忆辨认人身体上的穴位；婴儿睡觉时用手和身体分辨母亲的身体来寻求安全感等。由此可看出,触觉记忆对一个人的重要性。因此,若儿童的触觉记忆出现异常,则可以设计一系列针对性的活动来训练其触觉记忆能力,如：识别不同的物料并排序、识别大小并排序、识别形状、识别干湿、识别软硬并排序、识别长短并排序、识别干燥与湿黏,等等。训练所用物品、材料间的差异由大而小、由粗而精、由易而难、循序渐进地进行刺激训练,以提升特殊儿童的触觉记忆力,同时兼练其触觉辨别力与触觉敏锐性。

对触觉能力的训练,除了上述针对性的训练活动以外,还可以结合感觉统合训练对特殊儿童触觉系统的功能进行全面的训练,进一步改善、提高其功能。

四、味觉

味觉是人类在进化过程中选择食物的重要手段,也是儿童最为发达的感知觉之一,并能通过其面部表情和身体活动等方式对甜、咸、酸、苦等四种基本味觉做出不同的反应。可知,味觉器官是我们的身体内部与外界环境沟通的一个出入口,它担负着一定的警戒任务。对特殊儿童而言,尤其是伴有认知缺陷的儿童而言,常常会出现味觉问题,即分不清甜、咸、酸、苦这四种基本的味觉,因而,容易造成身体缺乏必要的对外界有害食物的防御能力,导致有害物质经由口入,而造成疾病或生命危险。因此,对于特殊儿童,尤其是味觉异常的或者有严重认知缺陷的儿童,味觉功能的训练尤其重要。对特殊儿童进行味觉训练,根本目的是提高味觉能力,增强其防御功能。味觉能力主要包括味觉反应(敏锐性)、味觉辨别能力和味觉记忆力。味觉能力的提升需要通过对应的训练来落实,主要包括下述三个方面。

(一)味觉敏锐性

对特殊儿童进行味觉敏锐性的训练,目标在于通过训练使他们能识别不同的味道,提高他们对甜、咸、酸、苦四种基本味觉刺激的快速反应能力(敏锐性)以及分辨能力。味觉的敏锐性与味觉的辨别力紧密相关,与味觉记忆力之间也存在重要关联,因此,在训练味觉敏锐性时,常常与味觉辨别力或者味觉记忆力结合起来,尽可能提高每次训练的效能。通常可以根据需要设计一些训练活动,如:甜不甜?咸不咸?酸不酸?苦不苦?甜的还是咸的?酸的还是苦的?臭的还是香的?等等。训练所用的物品、材料可以由少而多,类化到生活中常见的食品、水果、饮料等,物品、材料感知的时间由长而短,交替地进行多种刺激训练,以提高味觉异常和认知有缺陷儿童的味觉敏锐性及味觉辨别能力。

(二)味觉辨别

对特殊儿童进行味觉辨别能力的训练,目标在于通过训练提高味觉异常和认知能力有缺陷的儿童凭口腔的感觉分辨甜、咸、酸、苦四种刺激的能力。这一能力的训练也可以结合味觉敏锐性和记忆力同时进行,尽可能提高每个训练活动的受益面。因此,训练前,可以根据需要设计一些有针对性的训练活动,也可以将训练设计与日常生活中的饮食结合起来。如:哪一个甜哪一个咸?哪一个酸哪一个苦?哪一个香哪一个臭?哪一个咸哪一个淡?哪一个更咸?哪一个更甜?哪一个更酸?哪一个更苦?等等。训练所用的物品、材料可以由少而多,并且尽可能使用儿童生活中常吃和喝的食品、水果、饮料等,物品、材料感知的时间由长而短,交替地进行多种刺激训练,以提高味觉异常和认知有缺陷儿童的味觉辨别力及敏锐性。

(三)味觉记忆

对特殊儿童进行味觉记忆力的训练,目标在于提高他们凭口腔的感觉去识别、记忆食物的特质,如能对品尝或吃过、喝过的食品、水果、饮料等的味道进行记忆,进而能够分辨出哪些能吃能喝、哪些不能吃不能喝,以提高其味觉的防御功能。味觉记忆力的训练必须以味觉敏锐性和辨别力为基础,如果具备了一定的分辨力,可以设计一些活动进行综合训练,最好能将训练设计与日常生活中的饮食结合起来。如:是苹果还是橘子?是梨还是苹果?是橘子还是芦柑?是甜还是酸?是臭还是香?它能吃吗?这是什么?等等。训练所用的物品、材料由少而多,同时,尽可能使用儿童生活中常吃和喝的食品、水果、饮料等,物品、材料感知的时间由长而短,反复进行多种刺激训练,以提高味觉异常和认知有缺陷儿童的味觉记忆力及辨别力、敏锐性。

五、嗅觉

嗅觉与味觉一样,也是我们的身体内部与外界环境沟通的一个重要出入口。人们敏锐的嗅觉不仅担负着避免有害气体进入体内的警戒任务;而且在营养方面,人们根据嗅觉和味觉协同活动,对不同的食物做出不同的反应,也可以避免身体受到有毒或变质食物的伤害。此外,在听觉、视觉损伤的情况下,嗅觉作为一种距离分析器也具有重大意义。如盲人、聋人运用嗅觉就像正常人运用视觉和听觉一样,他们常常根据气味来认识事物,了解周围环境,确定自己的行动方向。由此可知,敏锐的嗅觉对人们的日常生活及身体安全非常重要。倘若人们的嗅觉过分迟钝或功能出现了异常,就会降低对身体的警戒、防御能力,造成危险。因此,对嗅觉迟钝者或嗅觉功能异常者进行针对性的嗅觉训练就显得很重要,尤其是伴有认知缺陷的特殊儿童。对特殊儿童进行嗅觉训练,根本目的是提升他们的嗅觉能力,增强其防御功能。嗅觉能力主要包括嗅觉反应(敏锐性)、嗅觉辨别能力和嗅觉记忆力。嗅觉能力的提升需要通过对应的训练来落实,主要包括下述三个方面。

(一)嗅觉敏锐性

对特殊儿童进行嗅觉敏锐性的训练,目标在于通过训练使他们能运用嗅觉,正确感知有无气味与何种气味的快速反应能力(敏锐性)以及分辨能力。嗅觉的敏锐性与嗅觉的辨别力紧密相关,与嗅觉记忆力之间也存在重要关联,因此,在训练嗅觉敏锐性时,常常与嗅觉辨别力或者嗅觉记忆力结合起来,尽可能提高每次训练的效能。通常可以根据需要设计一些训练活动,如:闻一闻?闻到了什么?什么气味?有气味吗?等等。训练所用散发气味的材料可以丰富多样,且尽可能运用生活中常见的食品、水果、调料等,感知材料的时间由长而短,交替地进行多种气味刺激训练,以提高嗅觉异常和认知有缺陷儿童的嗅觉敏锐性及嗅觉辨别能力。

(二)嗅觉辨别

对特殊儿童进行嗅觉辨别能力的训练,目标在于通过训练提高嗅觉过于迟钝和认知能力有缺陷的儿童,能正确分辨香味、酸味、腐臭味以及刺鼻味四类嗅觉刺激的能力。这一能力的训练可以结合嗅觉敏锐性和记忆力同时进行,尽可能提高每个训练活动的效益。因此,训练前,可以根据需要设计一些有针对性的嗅觉训练活动,也可以将训练设计与日常生活相结合,如吃饭之前,让孩子闭着眼睛闻一闻,说一说。如:香不香?臭不臭?酸不酸?哪一个香哪一个臭?哪一个香哪一个酸?哪一个刺鼻哪一个臭?哪一个更香?哪一个更臭?哪一个更酸?哪一个更刺鼻?哪一个最香?等等。训练所用的材料必须能散发出气味,嗅觉能够感知到,散发出的气味应是由浓而淡,也可以根据情况,浓淡交替,不同物质的气味可以交替呈现,同时,尽可能与儿童生活中常吃、喝、用的东西结合,感知材料的时间由长而短,交替地进行,以提高嗅觉异常和认知有缺陷儿童的嗅觉辨别力及敏锐性。

(三)嗅觉记忆及与味觉的关系

对特殊儿童进行嗅觉记忆力的训练,目标在于提高他们凭嗅觉去记忆、分辨日常生活中散发不同气味的物品,并知道具有何种气味的物品可以吃、喝、闻,具有何种气味的物品不能吃、喝、闻;即使是同类型气味,也能判断哪些可以吃哪些不可以吃,哪些能喝哪些不能喝,哪些能闻哪些不能闻,以此提高其嗅觉的记忆与分辨力,了解嗅觉和味觉的关系,提高其身体的安全防御功能。嗅觉记忆力的训练必须以嗅觉敏锐性和辨别力为基础,如果具备了一定的分辨力,可以设计一些活动进行综合训练,并将训练设计与日常生活中的吃喝穿用相结合。如:闻一闻是什么味?苹果味还是橘子味?玫瑰花还是茉莉花?香皂还是牙膏,能吃吗?香蕉还是草莓,能吃吗?香味还是臭味,能吃吗?等等。同样,训练所用的材料必须能散发出气味,嗅觉能够感知到。散发出的气味应是由浓而淡,也可以根据情况,浓淡交替。不同物质的气味可以交替呈现,尽可能与日常生活结合,同时,确保受训者是凭借嗅觉进行记忆、分辨,以提高嗅觉异常和认知有缺陷儿童的嗅觉记忆力及辨别力、敏锐性,了解日常生活中哪些物品好闻可用不可吃喝,哪些物品不好闻却可吃可喝等。

六、本体觉

由第三章介绍可知,本体觉是人体的深度感觉,是提供关于肌肉、关节、韧带、肌腱和结缔组织信息的感觉系统,是人对于自己的位置、力量、方向和身体各部位动作的感觉。简单而言,本体觉就是指一种自觉地或不自觉地感受肢体空间位置的感觉,是包含了关节运动觉、位置觉和振动觉的一种特殊感觉形式。人体的平衡、协调及技巧性运动与本体感觉的正确反馈密切相关。有研究表明当视觉或足-踝本体感觉受干扰时,静态姿势稳定性下降;而当视觉和本体感觉均受干扰时,姿势控制能力的降低最明显[1]。正常人在维持姿势平衡中,本体感觉的作用比视觉大[2]。这些研究证明,如果个体的本体感觉出现了问题,将导致其运动的速度、力量、方向不能及时感知和调整,造成平衡障碍、姿势异常、动作不协调,从而影响各种动作的准确完成。对特殊儿童而言,本体感觉对其影响更大。因此,了解特殊儿童是否伴有本体觉障碍,并有针对性地去训练,是特殊儿童教育康复的任务之一。对特殊儿童进行本体觉训练,目的是尽可能地改善、提升他们的本体觉功能,包括关节运动觉和位置觉。本体觉的改善、提升需要通过对应的训练来落实,主要包括下述两个方面。

(一)身体各部分位置的辨别

训练特殊儿童对身体各部分位置的辨别,目标在于提高本体感觉异常的儿童以及认知有缺陷的特殊儿童对身体各部分位置的准确辨别能力和感知能力。这一能力的训练可以结合身体的平衡性与协调习惯训练同时进行,尽可能提高每个训练活动的效能。因此,训练前,可以根据需要设计一些有针对性的身体位置辨别的训练活动,也可以将训练设计与日常活动、娱乐相结合,如:你的眼睛在哪里?你的嘴巴在哪里?你的耳朵在哪里?你

---

[1] 郭丽敏,迟放鲁.姿势平衡中的感觉相互作用[J].上海医学,2003,26(4):258-261.
[2] 刘波,孔维佳,邹宇.应用海绵垫干扰本体觉分析正常人姿势平衡中的感觉整合作用[J].临床耳鼻咽喉头颈外科杂志,2007,21(4):62-165.

的鼻子在哪里？你的小手在哪里？你的小脚在哪里？我的嘴巴在哪里？我的眼睛在哪里？你能左手摸右脚，右手摸左脚吗？拍拍手，摸摸头、眼、鼻子、嘴巴、脚，等等。所设计的训练活动一定要围绕身体部位的指认与辨别，由儿童自身的指认辨别推及他人或玩偶，由易而难、由少而多、由简单到复杂，循序渐进地进行训练。同时，尽可能与儿童日常活动、游戏相结合，反复训练、迁移、自动化，以提高本体觉异常和认知有缺陷儿童的身体部位指认辨别能力以及身体的平衡与协调功能。

（二）身体平衡与协调性训练

身体平衡是指人体处在一种姿势或稳定状态下，或在运动及受到外力作用时，通过自发地、无意识地或反射性地活动，自动地调整并维持姿势的能力。有研究证明，无论实验研究还是从生理学方面观察，都发现颈部本体感受器的传入冲动，对身体平衡关系重大。作为维持身体平衡的传入冲动，由半规管、耳石器、视觉及本体感受器传来的信息至关重要。本体感受器中，尤其由颈部的传入冲动与平衡感关系最密切，因为颈部作为深部知觉的感觉装置的肌纺锤的分布密度，高于其他与运动有关肌肉的肌纺锤[1]。协调是指人体产生平滑、准确、有控制的运动的能力，且所完成运动的质量应包括按照一定的方向和节奏，采用适当的力量和速度，达到准确的目标等几个方面。平衡和协调都属于运动功能的范畴，两者密切相关，与本体觉都有密切关系。此外，还有很多因素会影响人体的平衡与协调功能，如脑外伤、小儿脑瘫、脊髓损伤等中枢神经系统的疾病、骨科疾病、外周神经系统疾病等。若儿童的平衡与协调功能受到影响，最为直接有效的方法就是进行平衡功能和协调功能的训练。

对因本体觉异常造成平衡功能和协调功能障碍的特殊儿童进行针对性的训练，目标在于提高其身体的平衡性与协调性，以达到提高其社会适应性的目的。身体平衡与协调性的训练，主要包括：身体上下肢的协调、身体单双侧协调、肢体动作力度大小的控制、声音大小的控制、肢体动静态位置的感觉、与前庭觉及空间知觉的协调等。因此，为了提高训练的针对性和训练效果，必须在评估的基础上设计一些训练活动，如：纵跳（手弯，双脚并拢，向上跳）、前后跳（向前与向后跳）、侧跳（向左与向右跳）、方形跳（向方形位置跳）、转向跳（跳起后转向180°着地，身体与双手要去维持平衡，可向左与向右跳）、跳跃转向（以单脚跳）、侧向交叉步（左交叉与右交叉）、手脚反向动作（单脚立，双手与提起的脚方向相反）、站蹲撑立（先站立后蹲，然后双手撑地双脚向后蹬直，双脚再收回原地，最后站起），还有如：陀螺翻滚、左脚内曲用右手碰、持球8字摆振、站立抛接球、坐抛接球、抛球向前后跑向前接球、蹲互推、站立跳起互推、站蹲撑立接球、坐蹲立接球、翻滚接球，等等。训练时，应根据儿童的情况，由易而难，由简而繁，循序渐进地进行。

此外，本体觉的训练也可以借助感觉统合训练器材，结合视觉、触觉以及前庭觉的训练，设计一系列的活动，进行综合性的感觉统合训练，进一步提高训练的效能。

七、前庭觉

前庭觉是以前庭神经核为主组成的神经体系，是处理前庭平衡的整个感觉系统，包括

---

[1] 森园彻志.颈部震动刺激对身体平衡的影响[J].国外医学耳鼻咽喉科学分册,1997,17(4):237-238.

视、听、触、嗅、味等感觉,头部和颈部的所有活动,以及这些讯息和大脑功能区脑细胞的互动。前庭是大脑门槛,不仅接受脸部正前方视、听、触、味、嗅的信息,整个身体的触觉、关节活动信息也必须在此过滤以选择重要的信息做回应,所以前庭觉必须和平衡感取得完全协调,才能正确辨别身体的空间位置,这就是前庭平衡。前庭觉的成熟与否和平衡感关系密切。前庭觉不良,身体活动会受到明显的影响,如:笨手笨脚、动作不听指挥;视、听神经系统也会失调,形成阅读、听写及写字方面的困难。尤其是大脑的中枢神经贯穿前庭觉,如果前庭神经发育不良,身体行动及左右脑思考都会陷入混乱,更会引发语言发展的严重障碍。由此可知,前庭觉对儿童的影响非常重大。

事实上,前庭系统几乎随时随刻都在执行任务。换言之,前庭系统与其他系统的运作息息相关,例如,儿童能专心地学习,就是前庭、本体觉与视觉三者共同作用的结果,即所谓"感觉统合"。有很多研究证明,更多特殊儿童伴有前庭觉的功能异常。有调查表明,93.4%的注意缺陷多动障碍(attention deficit hyper-activity disorder,ADHD)兼有感觉统合失调,其中前庭功能失调者高达67.4%[1];伴前庭功能失调的ADHD儿童其多动、冲动症状突出,表明前庭功能失调主要与ADHD儿童的多动、冲动等表现有联系[2]。研究也证实,伴有行为问题的儿童前庭功能失调与其行为问题关系密切[3]。

如果儿童的前庭觉发展不良或前庭功能失调时,儿童会好动不安,喜欢捉弄人,经常跌倒,爱旋转爬高飙速或惧高怕快易晕眩;视知觉空间感应失常,容易碰撞桌椅,方向感不分,眼球追视能力弱,专注力差,不喜欢阅读写字,数学与理科学习严重困难;听知觉音感能力不理想,对声音反应过敏易惊慌,语言发展迟缓;本体运动觉不佳,身体双侧协调困难,动作计划不当,甚至有脑神经抑制功能失常,引发情绪障碍等。因此,了解特殊儿童是否伴有前庭觉障碍,并有针对性地去训练,是特殊儿童教育康复的任务之一。对特殊儿童进行前庭觉训练,目的是通过对应的训练尽可能地改善、提升他们的前庭觉功能,主要包括下述两个方面。

(一)前庭觉与视觉协调

前庭觉包括视、听、触、嗅、味等感觉,与视觉关系密切,即前庭觉的训练并非单兵作战,应与其他感觉系统的功能训练相结合,实现相互之间的协调工作。对特殊儿童进行前庭觉与视觉协调性的训练,目标在于提高其前庭系统和视觉系统的统合功能,提高其空间视知觉能力。因此,训练前,根据评估的结果,借助身边的资源或感觉统合训练的器材,设计一些有针对性的训练活动进行训练,如:滑板活动(滑板过隧道、滑板上投球、滑板上水平推球、双人推球比赛、滑板上抛接球等)、滑梯活动(例如,滑板从滑梯滑下时捡球、推球、抛球等)、吊缆秋千活动、吊缆插棍活动、圆筒帽上游戏、平衡台活动、走平衡木、太极平衡板游戏、球类活动,等等。所设计的训练活动一定要围绕前庭觉与视觉的协调,由易而难,由简单到复杂,循序渐进地进行训练。同时,每次训练的时间和活动量也由短而长,由少

---

[1] 杨莉.注意缺陷多动障碍的表型研究[D].北京:北京大学硕士论文,2001.
[2] 任园春,王玉凤.伴与不伴前庭功能失调的注意缺陷多动障碍患儿临床特点的对照研究[J].中华精神科杂志,2004,37(3):136-139.
[3] 任桂英,王玉凤,顾伯美,等.北京市城区1994名学龄儿童感觉统合失调的调查报告[J].中国心理卫生杂志,1995(9):70-73.

而多,与游戏相结合,尽可能调动儿童训练的积极性,以主动训练为主,从量变到质变,以提高前庭觉异常或伴有前庭觉问题的特殊儿童的前庭觉与视觉协调性,提高其生活、学习的适应性。

（二）前庭觉与本体觉协调

前庭觉与本体觉关系也非常密切。前庭系统与本体运动觉系统相互配合提高肌肉张力,带动肌腱、韧带、骨骼与关节做出平衡动作,并维持姿势。故对前庭或本体觉失调的儿童或特殊儿童进行前庭觉与本体觉协调性的训练,目标在于提高其前庭觉和本体觉的统合能力,使前庭平衡觉与本体运动觉的信息有效整合,掌握四肢在三度空间的位置,形成有意义的身体知觉。因此,训练前,根据评估的结果,借助身边的资源或感觉统合训练的器材,设计一些有针对性的训练活动进行训练,例如：旋转运动（圆筒帽旋转、木马旋转、座椅旋转等）、摇晃运动（采取俯卧位、仰卧位、侧卧位、头脚颠倒等体位进行秋千、吊缆、大龙球等游戏）、平衡运动（走平衡木、平衡板等）、跳跃性运动（蹦床、翻滚、垫上运动等）、姿势反应性运动（平衡踩踏车、跳沙坑或草坪、滑梯腹部爬行等游戏）、速度感、位置感、距离感的体验（滑板车、接或投沙包等游戏），等等。所设计的训练活动应围绕前庭觉与本体觉的协调,由易而难,由简单到复杂,循序渐进地进行训练。训练时,需要注意刺激信息的交替变化。同时,每次训练的时间和活动量也由短而长,由少而多,与游戏相结合,以主动训练为主,从量变到质变,以提高前庭觉异常或伴有前庭觉问题的特殊儿童的前庭觉与视觉协调性,提高其生活、学习的适应性。

总之,前庭觉与本体觉的训练需要借助一些器材或活动。感觉统合训练法就是有效方法之一,结合视觉、触觉以及本体觉的训练,设计一系列的活动,进行综合性的感觉统合训练,进一步提高前庭觉训练的效能。

八、空间知觉

空间知觉是指对物体距离、形状、大小、方位等空间特性的知觉。空间知觉是多种感觉器协同活动的结果,包括视觉、听觉、触觉、运动觉等的活动及相互联系,其中视觉系统起主导作用。空间知觉包括形状知觉、大小知觉、距离知觉、深度知觉（立体知觉）、方位知觉等。空间知觉是在我们的后天实践中形成、发展和完善起来的。视、听、嗅等各种感官为我们提供了来自空间各个点的信息,如果不能把这些信息组织起来,在这个变幻莫测的世界里就无法适应生存。由此可知,空间知觉的正常发展对你、我、他的重要性。事实上,并非每个儿童的身心发展都是一帆风顺的,有些儿童特别是特殊儿童在发展的过程中往往出现这样或那样的问题,空间知觉障碍就是其一。因此,对伴有空间知觉障碍的儿童或特殊儿童进行针对性的空间知觉训练,已成为当今特殊教育的重要任务之一。对这些儿童进行空间知觉训练,目的是使其空间知觉能力尽可能得到改善与提高。只有提高这些儿童的空间知觉能力,才能解决其在生活、学习适应中的一系列问题,提高其适应性与成功的机会。空间知觉训练主要包括下述六个方面。

（一）形状知觉

训练特殊儿童的形状知觉,目标在于形成其形状知觉,提高其生活、学习的适应能力。这一能力的训练可以运用认识、分辨、分类、配对、选择等方法进行,尽可能提高每个训练活动的效能。因此,训练前,可以根据需要设计一些有针对性的形状辨别、分类、排列、配对等的训练活动,也可以与日常生活中常见的各种形状相结合,如:认识常见的形状(圆形、三角形、四方形、多变形等),说出常见的物体形状(硬币、手帕、三角尺等),指认常见的物体形状(球体的东西、长方体的东西、圆柱体的东西等),找出相同形状,找出不同的形状,按相同形状进行大小排列,把相同形状放一起,等等。所设计的活动紧紧围绕形状知觉的训练展开,由设计针对性的训练活动逐渐迁移、类化到生活中的物品形状的辨别,由易而难,由少而多,由简单到复杂,循序渐进地进行训练。同时,尽可能与形状概念的形成相结合,反复训练、迁移,以形成形状知觉异常和认知有缺陷的特殊儿童的形状知觉。当然,设计训练活动及训练时,也要考虑儿童的年龄、特点和身心发展规律,切勿忽视规律、拔苗助长。

（二）大小知觉

训练特殊儿童的大小知觉,目标在于形成其大小知觉,提高其生活、学习的适应能力。这一能力的训练可以运用分辨有无、大小、多少等方法进行,尽可能使每个训练活动都有效。因此,训练前,可以根据需要设计一些有针对性的大小、多少、有无、排序、辨别等的训练活动,也可以与日常生活相结合,或者选择套娃、套杯等进行训练,如:哪个大哪个小(圆形、三角形、四方形、多变形等)？哪个多哪个少(圆形、三角形、四方形、多变形、硬币、手帕、糖、水果、玩具等)？哪个最大哪个最小？哪堆最多哪堆最少？等等。所设计的活动紧紧围绕大小知觉的训练展开,由设计针对性的训练活动逐渐迁移、类化到生活中物品的大小、多少的辨别,由易而难,由少而多,由简单到复杂,循序渐进地进行训练。同时,尽可能与大小概念的形成相结合,反复训练巩固,以形成大小知觉异常和认知有缺陷的特殊儿童的大小知觉。同样,设计训练活动及训练时要考虑儿童的年龄、特点和身心发展规律。

（三）深度（距离）知觉

训练特殊儿童的深度（距离）知觉,目标在于形成其深度（距离）知觉,提高其生活、学习的适应能力。这一能力的训练可以运用分辨快慢、高矮、远近等方法进行,尽可能使每个训练活动都有效。因此,训练前,可以根据需要设计一些针对儿童特点的分辨快慢、高矮、远近等的训练活动,也可以与日常生活相结合,如:哪个高哪个矮(套娃、人物图片、人物、塑像等)？哪个长哪个短(笔、小棒、绳子、筷子等)？哪个快哪个慢(走路、说话、跑步、移动物体等)？哪个最高？哪个最矮？哪个最长？哪个最短？哪个最快？哪个最慢？等等。所设计的活动紧紧围绕深度（距离）知觉的训练展开,由设计针对性的训练活动逐渐迁移、类化到生活中深度（距离）的辨别,由易而难,由简单到复杂,循序渐进地进行训练。同时,尽可能与深度（距离）概念的形成相结合,反复训练、迁移,以形成深度（距离）知觉异常和认知有缺陷的特殊儿童的深度（距离）知觉。同样,设计训练活动及训练时,要考虑儿童的年龄、特点和身心发展规律。

（四）方位知觉

训练特殊儿童的方位知觉,目标在于形成其方位知觉,提高其生活、学习的适应能力。这一能力的训练可以运用辨识你、我、他周围方位的方法进行,尽可能提高每个训练活动的有效性。因此,训练前,可以根据需要设计一些有针对性的方位(上下、前后、左右等)辨别的训练活动,并尽可能与日常生活相结合,如:哪个上哪个下？哪个前哪个后？哪个左哪个右？谁在谁的上面？谁在谁的下面？谁在谁的前面？谁在谁的后面？谁在谁的左面？谁在谁的右面？哪个是左手？哪个是右手？哪个是左脚？哪个是右脚？左手拍右脚，右手拍左脚，等等。所设计的活动紧紧围绕方位知觉的训练展开，由设计针对性的训练活动逐渐迁移、类化到生活中方位的辨别，由易而难，由简单到复杂，循序渐进地进行训练。同时，尽可能与方位概念的形成相结合，反复训练、迁移，以形成方位知觉异常和认知有缺陷的特殊儿童的方位知觉。同样，设计训练活动及训练时，要考虑儿童的年龄、特点和身心发展规律。

（五）视觉与空间知觉协调性

空间知觉是多种感觉器协同活动的结果，并非单一感觉器官活动所能达成。视觉和听觉是空间知觉的主要信息来源，主要起定位作用，而视觉又起主导作用。视觉和空间知觉的协调活动，则保证了我们活动的顺利进行，如：随时随地对远近、高低、方向做适当的定位判断，上下楼梯，穿越马路，工具操作，打球等。因此，若视觉与空间知觉的协调出现了问题，我们的很多活动将无法顺利进行。很多研究证实，学习障碍以及其他有认知缺陷的大部分特殊儿童，都存在视觉与空间知觉协调性的问题。例如，与正常儿童相比，阅读障碍儿童的视觉记忆和视觉结构能力低下，阅读障碍儿童在视觉空间短时记忆能力、视觉结构和视觉运动整合能力方面存在缺陷[1]。因此，有必要对伴有视觉与空间知觉协调性有障碍的特殊儿童进行视空协调性训练，根本目的在于提高其生活、学习的适应能力。

视空协调性训练，可以根据需要设计一些有针对性的训练活动，也可以与日常生活、学习相结合，如：正确地模仿看见的姿势，根据视觉提示进行活动，握笔活动，手眼协调活动，视觉与精细动作的配合，用动作配合视觉，球类活动，避开或越过障碍物，等等。所设计的活动紧紧围绕视空协调性的训练展开，由设计针对性的训练活动逐渐迁移、类化到生活与学习活动，由易而难，由简单到复杂，循序渐进地进行训练。同时，设计训练活动及训练时，也要考虑儿童的年龄、特点和身心发展规律，切勿违背规律而行。

（六）听觉与空间知觉协调性

关于空间的感受，除了视觉之外还能从听觉器官获得。耳朵能提供声音的方向和声源远近的线索，为我们的行动定向，使我们的活动能够顺利进行。因而，听觉和空间知觉的协调活动，对我们的活动也有极其重要的意义。如：根据声源确定方向，根据声音的强弱来判断声源的远近（如汽车、火车的声音），根据回声的远近辨别高低、深浅，根据声音确定动作，根据声音指示完成空间任务等。若听觉与空间知觉的协调出现了问题，我们的很多活动将无法顺利进行。很多研究证实，有认知缺陷的大部分特殊儿童都存在听觉与空间知觉协调性的问题。因此，对伴有听觉与空间知觉协调性有障碍的特殊儿童进行视空协调性训练，目的就在于提高其生活、学习的适应能力。

听空协调性训练，可以根据需要设计一些有针对性的训练活动，也可以与日常生活、学习相结合，如：蒙上双眼，随着声音方向转动身体；在声音混杂的环境中，蒙眼步行至目标声源的地方；跟随音乐声量的大小、轻重拍手；跟随音乐节奏的快慢打拍子；跟随音乐节

---

[1] Show. J. H. Clinical use of Benton Visual Retention Test for children and adolescents with learning disabilities. *Archives Clinic Neuropsychology*，1998，13(7)：629-636.

奏做韵律活动；随着音乐跳舞，以步法配合音乐；依照音乐或声音的指示去开始或停止一项活动；听从一连串的指示，准确依序做一连串的动作；辨别指示，完成指定的动作；从桌面找出指定对象；听从指示以最短的时间找出指定的对象；听到某种特别的声响便有某些特定的动作反应；依据听来的资料，正确地表达感情，等等。所设计的活动紧紧围绕听空协调性的训练展开，由设计针对性的训练活动逐渐迁移、类化到生活与学习活动，由易而难，由简单到复杂，循序渐进地进行训练。同时，设计训练活动及训练时，也要考虑儿童的年龄、特点和身心发展规律。

九、运动知觉

运动知觉是人对空间物体运动特性的知觉，是对外界物体运动和机体自身运动的反应，通过视觉、动觉、平衡觉等多种感觉协同活动而实现。通过运动知觉可以知道物体的运动和运动的速度。在这里，运动知觉强调的是对机体自身运动的反应，是指人通过神经系统控制，使自己的外部肌肉去完成某种动作的过程。人的运动表现为各种动作，因此常把"大运动"称为"粗大动作"或"大肌肉活动"，精细运动则称为"精细动作"或"小肌肉活动"。人有三种身体运动：① 身体（头、四肢、躯干）姿势的变化，② 身体的移动（爬、走、跑、跳），③ 操作、摆弄物品的活动（玩积木、拼图、涂色、剪纸、画画、写字）。前两项与手臂、腿部及身体的大肌肉群活动有关，故为粗大运动；后一项主要与手腕及手指的小肌肉群活动有关，故为精细运动。由此可知，运动知觉对每个人都很重要，只有具备了成熟的粗大动作和精细动作能力，才能满足我们日常生活、学习和今后工作等社会适应的需要。然而，有些人特别是一些儿童，由于脑损伤或脑部发育迟缓或发育异常等原因，导致其动作能力的发展受到很大影响，不能形成恰当的运动知觉。这就严重影响了他们的生活、学习等。因此，对这些特殊儿童进行动作能力的训练，目的是尽可能提高粗大动作和精细动作能力，形成运动知觉，提高其生活、学习的适应能力。对特殊儿童的动作能力训练，主要包括下述两方面。

（一）粗大动作训练

对特殊儿童进行粗大动作训练，目标在于纠正其异常模式的动作姿势，发展其正常模式的动作姿势，提高其身体的移动能力。这一能力的训练，可以在评估的基础上，依据儿童动作发展的阶梯设计一些有针对性的活动进行训练，如：训练控制头部活动，发展躺卧活动，发展翻滚活动，发展坐的活动，发展跪的活动，发展上肢伸直保护能力活动，发展位置转移活动，发展站立活动，发展步行动作，控制身体左右两边，控制对象活动，发展跑步动作，发展跳跃动作，掌握平衡技巧，发展攀爬动作，掌握踩踏四轮及三轮车等的技巧活动，等等。这些训练活动是按照儿童粗大动作发展的顺利编排的，前后活动之间具有一定的联系。所设计的活动紧紧围绕粗大动作的训练展开，由设计针对性的训练活动逐渐迁移、类化到生活中，由易而难，由简单到复杂，循序渐进地进行训练。同时，设计训练活动及训练时，也要考虑儿童的年龄、特点和身心发展规律。

（二）精细动作训练

对特殊儿童进行精细动作训练，目标在提高特殊儿童手腕及手指的小肌肉群的活动能力。这一能力的训练，可以在评估的基础上，依据儿童精细动作发展的阶梯设计一些有针对性的活动进行训练,如:发展伸手触物的能力活动,运用手指握对象的能力活动,运用手指释放对象的能力活动,运用手指操作的能力活动,运用手腕的动作,运用手前臂的动作,发展上肢协调的能力活动,操作简单的工具活动,操作轮椅/手推车活动,发展手眼协调能力的活动,控制脚踝脚趾的活动,等等。这些训练活动是按照儿童精细动作发展的顺利编排的,前后活动之间具有一定的联系。所设计的活动紧紧围绕精细动作的训练展开,由设计针对性的训练活动逐渐迁移、类化到生活、学习中,由易而难,由简单到复杂,循序渐进地进行训练。同时,设计训练活动及训练时,也要考虑儿童的年龄、特点和身心发展规律。

十、时间知觉

时间知觉是指在不使用任何计时工具的情况下,人对时间的长短、快慢等变化的感受与判断。时间知觉与其他感知觉的不同之处在于,它并非由固定刺激所引起,也没有专门提供线索的感觉器官。因而,在缺乏计时工具作为参考标准的情况下,获得时间知觉的线索主要来自两方面:其一,外在线索,比如太阳的升落、月亮的圆缺、昼夜的更替、四季的变化等,或生活、工作中的工作程序,都为人们判断时间提供了参数;其二,内在线索,如人体自身的呼吸、脉搏、消化以及生物节律等,也可成为判断时间的依据。时间知觉对每个人的重要性不言而喻。在日常生活中人们经常估计时间,儿童年龄越小,对时间估计的准确性越差。正常儿童随着年龄的增加、经验的积累,对时间的估计会越来越准确。然而,有些特殊儿童,由于认知缺陷或发育迟缓等原因,导致其不能像正常儿童一样形成时间知觉。他们的时间知觉能力的发展就会出现一些问题,往往不能正确感知,并做出一些错误的反应,这将影响他们的生活、学习等。必须通过专门的训练,才能使他们对时间获得初步的感知。因此,对这些特殊儿童进行时间知觉的训练,目的是尽可能提高其对时间的感知,形成初步的时间知觉。对特殊儿童进行时间知觉训练,主要包括下述两方面。

(一) 一般时间观念

对特殊儿童进行一般时间观念的训练,目标在于形成认知缺陷或发育迟缓等特殊儿童的一般时间观念。这一知觉能力的训练,可以在评估的基础上,依据儿童的身心发展水平,确定训练的目标,设计对应的训练活动,如:辨识一天的时间,如早晨、上午、中午、下午、晚上;认识昨天、今天、明天;知道一个星期有 7 天;对"马上""一会儿""立刻"有适当反应,等等。这些一般的时间知觉是儿童日常生活、学习需要用到的,也是相对比较简单、容易掌握的。所设计的活动紧紧围绕一般时间观念,由设计针对性的训练活动逐渐迁移、类化到生活、学习中,并与时间概念的形成相结合,由易而难,由简单到复杂,循序渐进地进行训练。同时,设计训练活动及训练时,也要考虑儿童的年龄、特点和身心发展规律。

(二) 时钟概念

对特殊儿童进行时钟概念的训练,目标在于使认知缺陷或发育迟缓等特殊儿童具有初步的时钟概念,能认识钟面、时针、分针,并知道点、分、时针、分针的意义。时钟概念的训练,可以在评估的基础上,依据儿童的身心发展水平,确定训练的目标,设计对应的训练活动,如:认识数字 1~12、认识钟面、辨认钟面上的 12 个数字、辨认时针与分针、知道时针与分针的意义、辨认一天中几个重要的时间和对应的活动、认识手表、辨认手表上的数字、辨认手表上的时间,等等。这些时钟概念是儿童日常生活、学习中每天都需要用的,但是比较难,不容易掌握。因此,所设计的活动必须紧紧围绕时钟概念的训练,既要有针对性,又要有趣味性,并与生活紧密结合,由易而难,循序渐进地进行训练。同时,设计训练活动及训练时,也要考虑儿童的年龄、特点和身心发展规律。

第二节 特殊儿童感知觉训练的方法

感知觉能力的训练方法有很多,然而在这些方法中,与感知觉训练最为密切、有效的方法,主要有游戏训练法、感觉统合训练法、动作教育法、行为改变技术等方法。

一、游戏训练法

(一) 含义

游戏训练法是一种通过游戏的形式来训练特殊儿童感知觉能力的主要方法。其旨在通过趣味性的游戏,激发特殊儿童的好奇心、兴趣及参与意识,从而完成训练任务,实现训练目标,提高特殊儿童的学习和适应能力。

游戏是儿童最自然的沟通媒介,也是自我表达情绪、想法和行动的工具。游戏的本质是使儿童能获得满足,提供儿童成就感和成功经验,使儿童获得主导权和控制感,协助儿童发展生理、心理和情绪及社会和精神。因此,游戏形式的教育康复活动也是顺应儿童天性与特点,将训练的元素加入游戏情境中,以游戏作为训练的媒介,协助儿童与训练者建立良好互动关系的训练方法。

(二) 游戏分类

皮亚杰认为游戏是随认知发展而变化的,他根据儿童认知发展的阶段,把儿童游戏分为以下三类。

1. 感觉运动游戏(0~2岁)

该游戏的主要表现形式是徒手游戏或重复操作物体的游戏。

2. 象征性游戏(2~7岁)

该游戏是学前儿童最典型的游戏形式。游戏中出现了象征物或替代物,用具体的事物表现某种特殊意义。儿童把一种东西当成另一种东西来使用,把自己假装成另一个人,是象征的表现形式。

3. 规则游戏(7~12岁)

儿童按照一定的规则进行的、带有竞争性质的游戏,参加游戏的儿童必须在两人以上。

(三) 训练形式

1. 个别训练

这种一对一的训练形式,主要针对有特殊强化需求的儿童,同时也要与团体训练相结合,增进儿童与其他伙伴之间的沟通、情绪的调整,以及提高其团体适应性。

2. 团体训练

团体训练是一种多人同时参训的形式。这种形式既可以满足不同儿童之间共性的训练需要,也可以兼顾每个儿童的不同情况,照顾差异。同时,多人同时参与一个游戏,还可以更好地调动儿童的参与兴趣,使他们学会相互沟通、合作、模仿,增强他们的社会适应性。这种训练形式可以扩大训练的面和效能,但组织者必须做好充分的准备,需要时要引进辅助教师的支持,才能使训练顺利进行。

(四)注意事项

1. 游戏只是训练的形式

在感知觉训练中,游戏只是训练的形式与载体。引进游戏的目的是为了服务于特殊儿童感知觉能力训练的需要,不在于游戏本身。

2. 游戏设计目标明确

在感知觉训练中,游戏活动设计的目标明确。游戏活动的设计依据训练目标而确定,并非为了游戏而设计游戏。

3. 游戏设计规则明确

在感知觉训练中,游戏活动设计要有明确的规则,便于参训的儿童了解游戏训练规则,以此约束自己的不合理行为,并学会遵循规则。

4. 游戏设计有启发性

在感知觉训练中,游戏活动的设计要有启发性,能够启发儿童去思考、创新与解决问题。

5. 游戏设计有趣味性

在感知觉训练中,游戏活动的设计要考虑儿童的身心特点,要能引起儿童的兴趣,必须有趣味性。

6. 游戏设计因人而异

在感知觉训练中,游戏活动的设计要遵循特殊儿童的身心特点和个体差异性。

7. 游戏设计适用可行

在感知觉训练中,游戏活动的设计要具有可操作性、适用性和可行性。

8. 适时示范引导

在感知觉训练中,使用游戏训练法时教师应根据需要及时示范、组织和引导。

二、感觉统合训练法

(一)含义

所谓感觉统合训练即感觉统合治疗,是一种以神经发展及神经生物学为基础而发展出来的治疗方法。该法通过设计轻松有趣的游戏刺激儿童的感觉神经,强化儿童的学习效果,并协助老师和家长了解儿童的特性及个别的困难,进而有效地帮助儿童建立信心,让他们健康快乐地成长。

儿童的感觉统合功能是在发展的过程中,从单纯的各种感觉发展到初级的感觉统合,即身体双侧的协调、眼手协调、注意力、情绪的稳定及从事目的性活动,进一步发展到高级的感觉统合,即注意力集中、组织能力强,自我控制、学习能力、概括和推理能力不断发展等。

（二）训练内容与器材

感觉统合训练可以借助一些器材，设计相应的活动进行持续地训练。每个功能的训练可以使用不同的器材，每一种器材也可以设计出不同的活动完成不同的功能。

1. 前庭平衡功能的训练

前庭平衡功能的训练可借助器材设计水平加减速、垂直加减速和角加减速（摆荡）活动，以一定的时间和频率进行持续、交替训练，以改善儿童的前庭平衡功能。可用的器材有滑板、滑车、滑梯、平衡台、平衡板、太极平衡板、平衡木、平衡荡桥、平衡浪木、吊缆系列、独脚凳、跷跷板、触觉盘（垫）、踩踏石、踩踏车、旋转盘、摇摆车、阳光隧道、滚筒、袋鼠跳、蹦蹦床、儿童多功能圆、四分之一圆、万象组合、半月湾组合、羊角球、大小龙球，等等。

2. 本体感的训练

本体感的训练可借助器材，设计与肌肉、关节、韧带、肌腱和结缔组织相关的，同时体现身体的位置、力量、方向和身体各部位动作变化的活动，进行持续、交替地训练，以改善儿童的本体感。可用的器材有滑板、滑车、滑梯、阳光隧道、滚筒、袋鼠跳、脚步器、协力板、儿童多功能圆、四分之一圆、万象组合、半月湾组合、羊角球、大小龙球、趴地推球、花生球、吊球、球池、多功能训练组合、软体组合、彩虹接龙、软体积木、积木、手眼掷圈、创意接龙、上下转盘、88轨道、巧手迷宫、手脚对应训练板、过河石、踩踏石、手行协调车、踩踏协力车、彩虹伞、儿童多功能架、组合攀爬梯、四足位，等等。

3. 触觉系统的训练

触觉系统的训练可借助器材，设计与温度、湿度、疼痛、压力及震动感觉相关的活动，以一定的时间和频率进行持续、交替训练，以改善儿童的触觉功能。可用的器材有触觉气垫、触觉转动盘、触觉步道、塑棍步道、触觉板、踩踏石、过河石、脚步器、协力板、手脚对应训练板、万象组合、阳光隧道、滚筒、陀螺、羊角球、大小龙球、颗粒按摩球、大小触觉球、趴地推球、花生球、吊球、球池，等等。

除了上述针对性的训练以外，也可以借助器材设计一些同时训练前庭、本体、触觉或视觉功能的综合性训练活动，如儿童多功能圆、四分之一圆、万象组合、半月湾组合、软体组合、彩虹接龙、软体积木、阳光隧道、滚筒、羊角球、大小龙球、趴地推球、花生球、球池、四足位，等等。用灵活的、科学的活动设计，尽可能扩大每次训练的实际效能。

（三）感觉统合训练原则

(1) 训练当中要让儿童感到愉快而不是压力和恐惧。

(2) 训练中儿童是主角，要尊重儿童对感觉刺激的需要和选择。

(3) 通过控制环境给儿童以适当的感觉刺激，使儿童能做出适应性反应。

(4) 训练过程中，给儿童以积极的反馈，并与家长分享儿童成功的喜悦。

(5) 训练前后对儿童感统失调的类型和程度进行评估，制订相应的训练课程。

(6) 为儿童创建丰富多彩的室内活动场所，在游戏中进行快乐训练。

(7) 给儿童自由选择项目的权利，从自选动作过渡到规定动作，以此调动他们的参与兴趣。

(8) 对年龄幼小的儿童，用引导的方法与幼儿沟通互动，以此帮助他们体验各种活动而达到训练目的。

(9) 通过感觉统合训练和表扬,加强儿童意识品质的培养,培养他们的团队精神,调动他们各种优良品质,使他们感到自信、快乐,使其身心健康发展。

三、动作教育法

(一) 含义

动作教育是以身体运动为核心来实现教学目标的一种教育方法。它通过身体动作活动或创造性运动经验的增进,使个体的身心获得最充分发展的教育或历程。动作教育的着眼点不仅仅是动作技能的掌握,还包括促进个体身心的和谐发展。它强调的不仅是个体对自己身体的认知与灵活运用,更重视个体最终能否获得健康与身心的和谐发展。

(二) MEPA 方案[①]

MEPA 方案,即动作教育程序评估(movement education program assessment),是巧妙地运用动作这一中介实现促进儿童整体发展的一系列程序化的活动方案。MEPA 方案强调根据儿童发展的测评结果来确立动作教育的目标,检测动作教育的效果,以促进个体身心的和谐发展。MEPA 方案不仅仅是一种单纯的动作评估方案,而且是为需要帮助的儿童度身制订的,适合其动作发展水平和心理特点的个性化身心发展指导计划。因此,它不仅是了解儿童运动发展水平,而且是以评估结果为依据,编制动作教育指导程序,帮助儿童心理发展的一种工具,具有显著的教育和康复的应用价值。

1. MEPA 方案的目标

MEPA 方案的目的在于充分了解儿童的运动技能、身体意识及心理机能的发展状况,并根据儿童目前已具有的动作和心理表现的发展水平,更进一步地探求适合其本身的教育指导线索。

2. MEPA 方案的内容

MEPA 方案以儿童的动作发展为主要线索,将儿童出生后的 72 个月(0~6 岁)划分为 7 个阶段,详细考察处于这一年龄阶段的儿童在感觉-运动、语言和社会性三大领域内的发展水平。每个年龄阶段的儿童,都有一个与它们的发展水平相对应的 MEPA 评估表。儿童的 MEPA 评估表系统总共有 7 个表格,分别对应着处于 7 个不同发展阶段的儿童。每个表格内的领域分为感觉-运动、语言和社会性三个类别。感觉-运动从姿势、移动与技巧三个方面加以评估,语言主要考察接纳性语言和表达性语言两个方面,社会性评估主要是对人际关系的考察。

3. MEPA 方案的活动设计

MEPA 活动设计包含以下两个方面的内容。

第一,运用 MEPA 方案进行评估。先按照不同年龄阶段儿童的 MEPA 评估表的具体项目进行评估,再整理 MEPA 评估表的评估结果,制作 MEPA 侧面图表和 MEPA 交互指标图表。

第二,根据 MEPA 的评估结果制订身心发展指导计划。根据 MEPA 评估表提供的

[①] 陈英三,林南风,吴新华,等. 动作教育的理论与实际[M]. 台北:五南图书出版公司,1994:66.

实施动作教育的线索,针对儿童的发展需要,详细制订有利于儿童发展的动作教育目标,以及促进发展的动作教育的方法。

（三）作用

1. 提高动作技能[①]

动作技能是个体在身体动作活动过程中所需要的各种能力要素的总和,包括身体协调与韵律能力、肌肉力量、持久性、敏捷性、柔韧性、平衡性等。

2. 增强身体意识与自尊

动作教育有利于个体身体意识与自尊的增强。身体意识是指身体意象、身体图式、身体概念和身体自尊等与身体相关联的意识,也指如何意识自我的身体,如何以控制自我的身体等要素为基础,在与外界交往的关系中确立自我的过程,是个体出生后经各种体验或学习逐渐发展而成的。

3. 促进认知与学习

动作教育可以通过促进个体的智力因素与非智力因素的发展,提高个体的认知与学习,也可以培养个体的时间与空间意识,还可以培养儿童解决问题的态度与能力。

4. 增进积极的情绪情感与心理健康

动作教育有助于培养积极的情绪情感,有助于通过人际关系的改善、非智力因素的发展和一些心理障碍的消除,对人的心理健康产生积极的影响。

5. 促进社会性发展

动作教育不仅可以通过培养个体的意志品质与促进社会适应能力来发展个体的社会性,还可以通过增加人际交往的机会,消除孤独感,提高其社会适应性。

（四）注意事项

（1）动作教育中要重视儿童的喜悦与自主性引导、发挥。

（2）动作教育中要重视儿童的创造性。

（3）动作教育中要重视儿童的成功感。

（4）动作教育中要重视儿童的注意力与集中力。

（5）动作教育中要重视活动的持续性。

（6）动作教育中要重视动、静活动的循环交替。

（7）动作教育中要排除竞争。

（8）动作教育中要有效利用环境和器具。

四、行为改变技术

（一）含义

行为改变技术自20世纪60年代产生以来,如今已在各行各业得到广泛的应用和推广,尤其是在儿童的教育中应用更为普遍、有效。行为改变技术是建立在广义的学习概念基础上的。行为改变的过程就是个体学习的过程,是个体学会新的良好行为,学习不再表现不良行为的过程。

[①] 董奇,陶沙. 动作与心理发展[M]. 北京:北京师范大学出版社,2002:233-238.

何谓行为改变技术？行为改变技术是指建立在心理学理论基础之上，旨在减少、消除个体不良行为，塑造、增进个体良好行为的各种原理、方法。应用行为改变技术的目的是为了增进个体的社会适应，促进个体的身心发展[①]。

（二）行为改变技术的功能

从行为改变技术的实际意义来分析，它的使用包含了三种不同的功能，即塑造新的良好行为、增进和维持已有的良好行为及削弱或消除已有的不良行为。

1. 塑造新的良好行为

塑造新的良好行为是行为改变技术的功能之一。这是一种最具积极意义的行为改变技术的使用价值，是指某一预期的良好行为尚未形成，即在个体现有的整个行为体系中还没有其一席之地，为了提高个体社会适应能力，需要设法塑造它。或者说，这是一种从无到有，使个体逐步获得某种崭新的良好行为的处理过程。

2. 增进、维持已有的良好行为

增进、维持已有的良好行为是行为改变技术的功能之二。这是为了使已有的受欢迎的良好行为能得以长期保持，不至于自然消退，或者为了增强其表现频率或强度等，以符合一般的社会认可的行为标准，从而帮助个体养成良好行为习惯的一种行为处理过程。

3. 削弱或消除已有的不良行为

削弱或消除已有的不良行为是行为改变技术的又一重要功能。这是指个体已有的某些异常行为，借助行为改变技术处理策略的实施，使其发生的频率、强度或者持续时间等逐渐削弱，或得到彻底消除的一种行为处理过程。

（三）常用方法

1. 正强化法

正强化法是指在一定的情境或刺激的作用下，某一行为发生后，立即有目的地给予行为者以正强化物，那么，以后在相同或相似的情境或刺激下，该行为的发生频率将会提高。这种有目的地利用正强化物来提高行为出现率的行为改变原理叫作正强化原理，简称正强化。

什么是正强化物？在日常生活中，那些能够满足人们需要的，或为人们所喜欢的，能够产生愉快结果的刺激，就是正强化物。人们可以利用正强化物来使良好行为出现率提高，使不良行为出现频率降低或消除。

正强化物的正确选择是顺利实施正强化的关键。因此，要根据个体间的爱好和需要来选择，要"投其所好"。同一个人在不同年龄阶段，在不同环境下，需要和爱好也不尽相同，要选择有效的强化物，必须了解个体对各种强化物的喜爱程度。正强化的用途非常广泛，可以运用于多个领域，多种行为的维持、增进和减少及消除。

2. 塑造法

塑造对于所有的儿童来说都是很自然的事。人类成长最初阶段中的很多行为都是通过塑造来习得的。

塑造是指在建立一个新行为时，可从起点开始对与该行为有关的一系列反应逐个进

---

① 王辉.行为改变技术(第二版)[M].南京：南京大学出版社，2014：16-47.

行强化,连续强化这些不断接近新行为的一系列反应,一直到该新行为建立为止。因此,此法又称为"连续接近法"。

塑造法可用来增加行为的数量、力量和强度,可改变儿童的孤僻不合群、语言障碍、行为障碍等问题行为以及生活适应中技能性的行为等。它在个体的生活适应中起着非常重要的作用。

3. 渐隐法

渐隐是指逐渐变化某项能引起特定反应的刺激,而令个体对于部分变化或有重大变动的刺激,仍可保持原来相同的反应。也就是说,刺激变化反应不变。

渐隐法的应用范围非常广泛,从儿童到成人都在应用这一原理培养社会适应能力。尤其是对特殊儿童,渐隐原理的作用更是日益凸显,通常它可用于特殊儿童的家庭教育、人际交往、生活卫生习惯的培养、休闲游戏、技能学习、技巧训练以及学习辅导等方面。

4. 链锁法

日常生活中许多行为都是由具有很多反应组成的复杂行为,这些行为都按照顺序发生,这种由许多部分组成的行为叫作行为链。链锁法就是根据行为的这一特点而产生的。

链锁法是指通过对刺激-反应链的正强化而建立终点行为的训练方法。链锁法可以用于训练个体日常生活中的系列性或技能性行为。

运用链锁来帮助个体建立新行为,在实施前需进行任务分析,即将一个行为链分成一个个单一的刺激-反应的分析过程。任何时候当你要教给别人一个由两个以上步骤组成的复杂任务时,第一步就是要将完成任务所要进行的所有行为都区分出来,并将它们写下来。下一步就是要区分出任务中每个行为的强化性辨别刺激。因为教给别人任务包括对行为链中的每一个刺激-反应部分的辨别训练,训练者必须进行详细的任务分析,使自己能正确理解每一个刺激-反应步骤。

5. 模仿法

模仿是以某一个人或某一个团体的行为为榜样,通过观察、收听、阅读或操弄等过程而改变个体的行为,以期形成与榜样相同的思维、态度、动作或言语表达等特性的过程,是人类彼此之间相互影响的重要方式,是实现个体行为社会化的基本历程之一。

获得奖赏、逃避惩罚是个体的模仿行为得以发生的主要动力。在观察过程当中,个体不仅会注意到一个榜样行为的发生,他更会关注这个行为到底产生了怎样的后果。当这个行为能够带来积极的后果时,个体就会模仿榜样的行为;相反,当榜样因为行为受到惩罚时,个体就会避免模仿榜样的行为。另外,在对团体行为的模仿中,个体能够与团体保持一致、不偏离团体,这将给他带来最大的安全感,这也是模仿行为得以发生的原因。

由于不同行为的复杂程度和困难程度不同,这将直接影响到受训者的行为获得。通常情况下,如果要模仿的示范行为比较简单,个体只需通过观察,无须经过实际演练、指导就可获得;但如果要学习的行为是比较复杂的,那就需要受训者不断地进行演练,指导者应该给予积极的指导和纠正。

【本章小结】

依据特殊儿童感知觉能力评估的范围可以确定特殊儿童感知觉训练的内容主要包括十个方面,即视觉、听觉、触觉、嗅觉、味觉、本体觉、前庭觉、空间知觉、运动知觉及时间知觉。特殊儿童感知觉训练的方法主要有游戏法、感觉统合训练法、动作教育法及行为改变技术四大类方法。

视觉能力的训练主要包括视觉注意、视觉追踪、视觉辨别、视觉记忆及视觉再现五个方面;听觉能力的训练主要包括听觉注意、听觉辨别、听觉记忆、听觉理解及复述五个方面;触觉能力的训练包括触觉敏锐性、触觉辨别和触觉记忆三个方面的能力;嗅觉能力的训练包括嗅觉敏锐性、嗅觉辨别和嗅觉记忆及与味觉的关系三个方面;味觉能力的训练包括味觉敏锐性、味觉辨别和味觉记忆三个方面;本体觉的训练主要包括身体各部分位置、身体平衡与协调性训练两个方面;前庭觉的训练主要包含前庭觉与视觉协调、前庭觉与本体觉协调两方面;空间知觉的训练包括大小知觉、方位知觉、形状知觉、深度(距离)知觉以及视觉与空间知觉的协调、听觉与空间知觉的协调六个方面;运动知觉的训练主要包括粗大动作和精细动作能力两方面;时间知觉的训练主要包括一般时间观念和时钟概念两方面。

运用游戏法进行感知觉训练主要有个别训练和团体训练两种形式,以及感觉运动游戏、象征性游戏、结构性游戏和规则性游戏四类。感觉统合训练法主要是借助一些器材,设计一些针对性的活动进行前庭平衡功能的训练、本体觉的训练和触觉系统的训练。动作教育法是以身体运动为核心促进儿童动作技能的掌握。MEPA方案是动作教育中的一种模式,强调根据儿童发展的测评结果来确立动作教育的目标,检测动作教育的效果,以促进个体身心的和谐发展。MEPA方案以儿童的动作发展为主要线索,将儿童出生后的72个月(0~6岁)划分为7个阶段,反映每一年龄阶段的儿童在感觉-运动、语言和社会性三大领域内的发展水平。其活动设计强调先评估,后制订身心发展指导计划。行为改变技术既可以增加良好行为的出现率,也可以减少、消除不良行为,还可以帮助建立新行为。其具体的方法很多,在感知觉训练中最常用的方法有正强化、塑造、渐隐、链锁和模仿等方法。

【思考与练习】

1. 特殊儿童感知觉训练的内容有哪些?
2. 特殊儿童感知觉训练的方法有哪些?
3. 选择合适的答案填空:
(1) 特殊儿童视觉能力的训练包括_____、_____、_____、_____及_____五个方面。
(2) 特殊儿童听觉能力的训练包括_____、_____、_____、_____、_____五个方面。
(3) 特殊儿童触觉能力的训练包括_____、_____、_____三个方面。
(4) 特殊儿童嗅觉能力的训练包括_____、_____、_____三个方面。
(5) 特殊儿童味觉能力的训练包括_____、_____、_____三个方面。
(6) 特殊儿童本体觉能力的训练包括_____、_____两个方面。
(7) 特殊儿童前庭觉能力的训练包括_____、_____两个方面。
(8) 特殊儿童空间知觉能力的训练包括_____、_____、_____、_____、_____、_____六个方面。
(9) 特殊儿童时间知觉能力的训练包括_____、_____两个方面。
(10) 特殊儿童运动知觉能力的训练包括_____、_____两个方面。
4. 请根据评估结果和训练方案确定你所带的研究个案的感知觉训练的内容和训练方法。

>>>>>>> **下 篇**

活 动 设 计

第五章 特殊儿童视觉训练活动设计

学习目标：
1. 了解视觉训练中的基本概念。
2. 理解视觉能力训练涵盖的范围与内容。
3. 掌握视觉训练的活动设计方法。
4. 应用视觉训练的活动设计方法，根据儿童的不同需求设计视觉训练活动。

视觉是人和动物最重要的感觉。视觉是光作用于视觉器官，经视觉神经系统加工而产生。人和动物可以通过视觉感知外界物体的大小、明暗、颜色、动静，获得对机体生存具有重要意义的各种信息。人类至少有80％以上的外界信息来自视觉，可见视觉对每一个人的重要性。

对特殊儿童进行视觉的训练，不是要训练提高其视力（中心视力），而是要提高其视觉能力，具体包括视觉敏锐力、视觉注意力、视觉记忆力、视觉区辨力、视觉想象力以及编序能力等。结合视觉训练的实践及操作的可行性，在训练时可将这些能力归纳为五个方面，即视觉注意、视觉追踪、视觉辨别、视觉记忆及再现能力。

在设计特殊儿童视觉训练活动时，要从活动设计的要求出发，结合训练的内容和主题，所设计的活动需具备规范性、准确性、针对性、适切性、层次性、循序渐进性及可操作性，并考虑到活动设计的趣味性，以免枯燥，影响训练的效果。另外，训练者要保证活动的安全性，合理安排训练的时间。

第一节 视觉注意

视觉注意力的训练可同时包含视觉敏锐力和视觉注意力两个方面。视觉的敏锐力需要生理与心理的相互配合。生理的条件是指儿童在适度的距离内能观察事物，而不会感到视觉疲劳以及在视力检查上也没有显著的视觉模糊现象。以此为基础，使儿童能对其视野内的物体，做出正确的观察与辨别的能力。视觉注意力则是指心理活动的指向与视觉集中于某种事物的能力。

特殊儿童尤其是智力/发展障碍儿童、多重及重度障碍儿童，他们的身心发育异常，因而，影响到他们视觉观察和辨别能力的发展。因此，视觉注意训练活动的目的在于给特殊儿童提供各种视觉经验与练习的机会,通过集中视线训练提高特殊儿童对视觉刺激信息的敏感性和注意力。

活动一:这是什么颜色?

(一)功能

1. 提高特殊儿童的视觉敏锐力与注意力。
2. 让特殊儿童认识各种不同颜色的名称。
3. 让特殊儿童知道颜色会变化。
4. 了解特殊儿童所喜欢的颜色。

(二)方法

准备:搜集各种不同颜色的色板(色纸)、水彩、手电筒和玻璃纸。

操作层次:

1. 让特殊儿童认识1～5种不同颜色的名称,先从基本颜色开始,如黑、白、红、蓝、黄、绿,逐渐增加橙、靛、紫、灰及其他混合色(可以视儿童的情况由少而多)。
2. 让特殊儿童注意看他生活周围物体的颜色,并说出这些颜色的名称。
3. 将水彩调成各种不同的颜色,让儿童了解颜色的变化,例如:将黄色与蓝色混合会变成绿色,将红色与蓝色混合变成紫色等。最后将各种不同的颜色混合,看看会变成什么颜色。
4. 利用多只手电筒以及各种颜色的玻璃纸混合光。

(1)将玻璃纸贴在手电筒的玻璃片上,打开手电筒,再将手电筒从不同的角度照射到同一地点上,看看各种不同颜色的光混合后可变成什么颜色的光。例如:红光与绿光混合后变成黄色光,黄光与蓝光混合后变成绿色。

(2)将各种不同颜色的光全部混合在一起,让特殊儿童观察看看会变成什么颜色的光。

活动二:放大镜、显微镜与望远镜

(一)功能

1. 提高特殊儿童的视觉敏锐力与注意力。
2. 培养特殊儿童的好奇心。
3. 丰富特殊儿童的视觉经验。

(二)方法

准备:采购适合儿童使用的放大镜、显微镜与望远镜。

操作层次:

1. 找来一些儿童熟悉的日常用品,如玩具、衣服、书本等。先让儿童观察一下这些日常用品的特征,然后再用放大镜让他们看同样的这些日常用品,请他们比较一下不用放大镜与用放大镜看东西,所看见的东西有什么不同。
2. 指导儿童观看远方他所能见的事物,再使用望远镜,看看所见的相同事物有什么变化。

3. 搜集自然界的一些事物与周围生活环境中的事物,如树叶、树皮、花瓣、羽毛、金属片、布料、纸、灰尘、指甲、毛发等,放在显微镜下,指导儿童观察显微镜下的事物与用肉眼看的有何不同。

◆ 备注:先让儿童使用放大镜,再用望远镜,最后使用显微镜;放大镜、望远镜与显微镜的使用法,需加以指导。

活动三:你看到了什么?

(一)功能

1. 培养特殊儿童仔细观察周围环境的好习惯。
2. 增加特殊儿童的词汇与口语表达能力。
3. 提高特殊儿童的视觉敏锐力与注意力。

(二)方法

准备: 老师可以尽可能搜集图片资料和一些动漫视频,例如:月球、太空、太空飞船、人造卫星、海底奇观、北极风光、历史古迹、名胜等图片,以及巧虎、喜羊羊等视频。

操作层次:

1. 带儿童去各种不同的环境与空间里,例如:家里、学校、街上、郊外、市区、乡下、海边、山上、百货公司、超级市场、各种商店、工厂、游乐场所、动物园、博物馆等,引导儿童观看,并让他们说出所看到的东西。假如他们不认识看到的东西,可鼓励其发问,老师或家长在旁给予适时地指导。
2. 让儿童观看月球、太空、太空飞船、人造卫星、海底奇观、北极风光、历史古迹、名胜等图片,鼓励、引导他们说出所看到的东西。
3. 让儿童观看巧虎、喜羊羊等视频,时间由短而长,鼓励、引导他们说出所看到的东西。

活动四:这是什么表情?

(一)功能

1. 提高特殊儿童的视觉敏锐性与注意力。
2. 培养特殊儿童从面部表情来判断人的情绪的能力。
3. 形成特殊儿童合适的情绪反应能力。

(二)方法

准备: 搜集人类喜、怒、哀、乐、恐惧等表情的图片或自制图片。

操作层次:

1. 引导特殊儿童分辨喜、怒、哀、乐、恐惧等不同的人类表情图片,由少而多。说明人类各种不同情绪的意义,以及人类在何种情况下会产生哪一种情绪反应与表情。
2. 设置模拟情境,训练特殊儿童适时、适地与适度地做出情绪反应。
3. 说出各种人类面部表情,让特殊儿童在许多图片中,找出配合老师所描述的表情图片。
4. 创造实际的机会让儿童练习适时、适地与适度地做出情绪反应。

活动五：大家来找茬

（一）功能

1. 提高特殊儿童的视觉敏锐力与注意力。
2. 培养特殊儿童仔细观察事物的能力。

（二）方法

准备：

1. 在纸上画一张人的脸，然后在另一张纸上画一张同样的人脸，但是五官中少了一个。
2. 搜集一些复杂的异同图片。

操作层次：

1. 让儿童看一看、找一找两张简单图片有什么不同，两两配对出现。
2. 让儿童看看一些复杂的图片，如风景图、房间布置图等，再让儿童辨别一下两张图有什么不同，不同之处由少而多。

◆ 备注：在活动中老师要鼓励儿童大胆地指出或说出两张图的不同之处。

第二节 视觉追踪

视觉追踪是指注视与追视物体及符号的能力。视觉追踪建立在视觉协调的基础上。视觉协调又可分成单眼协调与双眼协调。单眼协调是指一个人要看清楚某距离的某一事物时，两个眼睛各需要做些调整，以便能看清楚这一事物；双眼协调则指要看清楚这一事物，除了需要单眼协调外，还需要两个眼睛彼此间的相互调整（如眼球移动的方向及速度等）。因此，视觉追踪的训练目的在于调整眼球的作用以便形成注视与追视物体及符号的能力。

活动一：手电筒游戏

（一）功能

1. 培养特殊儿童的注意力。
2. 培养特殊儿童的双眼协调性。
3. 培养特殊儿童的追视力。

（二）方法

准备：

1. 布置一个小房间或教室，或者利用多感官训练室等，里面摆满各式各样的物品。房间窗户的窗帘可以遮住阳光。
2. 准备一只普通手电筒和一只红外线小手电筒。

操作层次：

1. 将房间窗帘拉上，带儿童进入黑漆漆的房间，问其能看到什么东西？能不能看清楚？然后,打开手电筒,并照射在房间里的某一物体上,问他(们)能不能看清楚所照射的东西？说出或指出它是什么？随后可开始玩视觉追踪的游戏,要求特殊儿童的眼睛跟随着老师手电筒照射的地方而移动。

2. 要求特殊儿童的眼睛跟随着老师手电筒照射的光源而移动,尽可能说出或指出光源所到之处,老师手电筒光源移动的速度由慢而快。

3. 要求特殊儿童的眼睛跟随着老师红外线小手电筒照射的光点而移动,尽可能说出或指出光源所到之处,老师手电筒光源移动的速度由慢而快。

◆ 备注:刚开始移动手电筒照射位置时,速度可以慢一点,且停留在某一物品上的时间可以久一点,以后逐步加速手电筒移动的速度并减少光线停留在某一物品上的时间。

活动二:万花筒——变变变

(一)功能

1. 训练特殊儿童的视觉追视力。
2. 帮助特殊儿童了解千变万化的意义。
3. 培养特殊儿童将所看到的事物用口头描述出来的表达能力。

(二)方法

准备:购买现成的万花筒或自制。

操作层次:

1. 告诉儿童老师手中拿着的东西叫作万花筒。指导儿童用单眼观看万花筒,并用手缓缓移动万花筒,左右眼交替看。

2. 让儿童告诉老师他看到了什么,看到的图形有什么不同,问问他(们)知不知道为什么万花筒里的图形会变来变去,并说明千变万化的意义。

3. 问问他(们)知不知道万花筒是怎么做出来的,鼓励其回答,并给予仔细的说明与解释。如果有兴趣的话,可以准备些材料,和儿童一起做一个万花筒。

活动三:抛接小沙袋

(一)功能

1. 训练特殊儿童的视觉注意和追视力。
2. 训练特殊儿童的视觉-动作协调的能力。

(二)方法

准备:购买现成的或自制小沙袋10个。

操作层次:

1. 告诉参与训练的儿童,老师手上拿的东西叫作小沙袋,它们可以用来玩游戏。然后,将小沙袋分给他们,引导他们相互丢、接沙袋。老师先示范简单的丢沙袋和接沙袋的动作,要求他们的眼睛跟随沙袋的移动而移动。

◆ 备注:先只用一个沙袋,丢慢一点、高一点,让它掉下来,然后,将沙袋丢低一点,逐渐增加丢沙袋的方式,例如:水平地丢沙袋、弧形地抛沙袋、斜线地丢或掷沙袋,让儿童的眼睛追随着小沙袋。

2. 当他(们)丢与接的能力足够时,让其自己玩小沙袋的游戏,自己丢、自己接。

活动四:上下左右看

(一)功能

1. 训练特殊儿童单眼及双眼的追视力。
2. 训练特殊儿童双眼的协调能力。

(二)方法

准备:一支彩色笔、单眼眼罩或一小块厚纸板。

操作层次:

1. 老师与儿童面对面而坐。双眼协调:要求儿童的双眼跟着彩色笔移动,老师拿一支彩色笔在其面前,向左、向右、向上、向下,斜斜地由左上到右下、由右上到左下,向前、向后移动、绕圈圈移动等。

2. 单眼协调:用单眼眼罩或小圆纸板先遮住左眼,再遮住右眼。训练方法与步骤1(双眼协调)相同。

重复此活动数次,以促进儿童眼球转动的灵活性。

活动五:小汽车在哪里?

(一)功能

1. 提高特殊儿童的视觉注意力。
2. 提高特殊儿童的追视力。
3. 提高特殊儿童的精细动作能力。

(二)方法

准备:购买一辆遥控小汽车,汽车的颜色可以选择特殊儿童喜欢的颜色。

操作层次:

1. 把儿童带到室外,找一片空旷的场地,最好是人少的地方。遥控小汽车,一边问儿童小汽车在哪里,一边不断改变汽车的方向,可以让儿童用手指出汽车的位置。

2. 儿童掌握遥控汽车的方法后,让其(或轮流)自己控制小汽车,在场地上放些大件的障碍物,并提醒他(们)眼睛一定要看着汽车,否则小汽车会撞到障碍物。

3. 儿童熟练掌握遥控汽车的方法后,在场地上放更多小件的障碍物,增加控制汽车的难度,让其(或轮流)自己控制小汽车,并提醒他(们)眼睛一定要看着汽车,否则小汽车会撞到障碍物。

第三节 视觉辨别

视觉判别力是指儿童能够利用视觉来区别环境中的人、事、物的形象、背景或符号等的能力,如大小、远近、高矮、长短、胖瘦等。儿童有能力将视觉刺激区分出哪些刺激属于物体的主体,哪些是背景。视觉刺激的主体及背景相互衬托,互为表里。有些形象和背景较易分辨,有些形象和背景非常不易区分。通常独立的、完整的、有清楚外形轮廓的较易被判别为形象或主体,而连续的、没有清楚的外形轮廓的则较易被判别为背景。

这部分活动的主要目的在于训练特殊儿童能认清各类形状的界线以及认识各类物体的实质,提高其视觉敏锐性、视觉注意力、视觉记忆力和视觉区辨能力。

活动一:哪一个是我?哪一个是我的?

(一)功能

1. 帮助特殊儿童认识自己及所属关系。
2. 提高特殊儿童的视觉辨别力。
3. 帮助特殊儿童区分自己与别人的不同。

(二)方法

准备:

1. 搜集含有儿童本人的家庭或学校活动照片若干。
2. 准备一些特殊儿童的日常用品,例如:毛巾、衣服、玩具、鞋子、袜子等。

操作层次:

1. 在桌上摆出若干照片,向儿童说明这些相片是在什么时间及地点拍摄的,然后请儿童指出哪些照片中有自己。
2. 将儿童的物品与其他人的物品混在一起,要求他找出属于他的物品。

(1)将他的鞋子和其他家人或其他小朋友的鞋子摆在一起,然后让他找出自己的鞋子。

(2)混合许多物品,要求儿童把属于他的东西都挑出来。

◆ 备注:随机教育参训儿童,凡是别人的东西,未经别人许可,不可乱拿;而属于自己的东西,则要好好地保管与爱护。

活动二:藏图游戏

(一)功能

1. 培养特殊儿童的注意力与仔细观察的习惯。
2. 帮助特殊儿童培养对物体形象的辨别力。
3. 提高特殊儿童的视觉记忆力。

(二)方法

准备:

1. 自绘图形或卡片。绘制许多图形或卡片,要儿童分辨的形象只露出其中的一部分。

例如:若希望儿童能辨别出狗的形象,老师可以绘制许多狗的图片,但这些狗有的头被遮住了,有的一只脚被遮住了,有的则是尾巴或上半身或下半身或前半身或后半身看不见了,目的是要儿童在不完整的狗的形象中,仍能辨别出狗在哪里。

2. 设计原则:由简而繁、由具体而抽象、由少而多。

操作层次：

1. 使用儿童较熟悉的、较易分辨的、外形突出的事物，先遮住较少、较不重要的部分，引导儿童辨别事物的形象。

2. 儿童熟悉和分辨力加强之后，再逐渐遮住较多的、较重要的部分，引导儿童辨别事物的形象。

3. 分辨较陌生的、较不易分辨且较不具特色的事物。

活动三：找相同

（一）功能

1. 培养特殊儿童的注意力与仔细观察的习惯。
2. 提高特殊儿童的视觉辨别力。
3. 培养特殊儿童分析图形的能力。
4. 增加特殊儿童的词汇。

（二）方法

准备：自制或搜集相关的材料。

操作层次：

1. 将 2 种以上的图形重叠，然后要儿童分别找出这两种以上的图形，由易而难。例如：

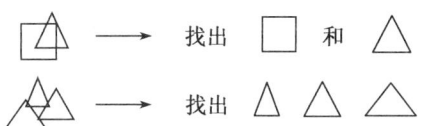

2. 先画好一个外形完整的图形。然后在这个图形的上面及四周加入许多干扰的线条，要儿童找出原来的图形。例如：找出椭圆形。

3. 画一幅很复杂的图画，里面包含着许多东西，然后要儿童说出他所看到的所有东西的名称。

活动四：配数字

（一）功能

1. 提高特殊儿童的视觉注意力和观察力。
2. 提高特殊儿童对数字形状的辨别和记忆能力。
3. 帮助儿童认识不同的颜色。

（二）方法

准备：自备大白纸和水彩笔。

操作层次：

1. 用黑色笔在一张大白纸上到处写上 1~5 的数字，让儿童画线连接成对的数字。

2. 用不同颜色的笔写同一数字，让儿童把相同数字画线连接，使游戏难度加大。例如：一个蓝色的 5、一个黄色的 5、一个绿色的 3、一个粉红色的 3。

3. 让儿童说出 1 和 2 中的数字，在玩具盒里找出 3 件黄色的物件，在衣夹盒里找出 5 个蓝色的衣夹，在花园里找出 2 片绿树叶。

4. 当儿童练习 1~5 后，再练习 6~10。

活动五：看看缺什么？

（一）功能

1. 培养特殊儿童的视觉辨别力。
2. 培养特殊儿童的视觉记忆与推理能力。
3. 训练特殊儿童的观察力。

（二）方法

准备：搜集已出版的相关教材或自制。

1. 搜集各种书籍、报纸、杂志、图画中的各种图片。例如：动物、植物、日常用品、家具等图片。

2. 将图片剪下而且故意将图形中的一部分剪掉，使其成为一个不完整的图形。例如：剪下一只猫的图片，随便将猫的一只耳朵剪掉，然后贴在预先准备好的白色厚纸卡片上。

3. 在准备好的白色厚纸卡片上，直接画上一个不完整的图形，如画一张人脸但独缺嘴巴。

操作层次：

1. 将简单、熟悉的不完整的图片，一张一张呈现在儿童面前，然后要儿童说出图片所缺少的部分。

2. 将较复杂、不太熟悉的不完整的图片，一张一张呈现在儿童面前，然后要儿童说出图片所缺少的部分。

3. 将简单、不熟悉的不完整的图片，一张一张呈现在儿童面前，然后要儿童说出图片所缺少的部分。

活动六：你把它看成了什么？

（一）功能

1. 提高特殊儿童的视觉注意力和观察力。
2. 提高特殊儿童的视觉辨别能力。
3. 培养特殊儿童的想象力。

(二) 方法

准备: 搜集"可逆"的图片或"模棱两可"的图片,也可自制。可逆的图形,可以参考许多四方连续图案来设计。而模棱两可的图片则可预先想好,将他们的特征融合在一起,然后以模糊的形象出现。

操作层次:

1. 将可逆的或模棱两可的几何图片拿给儿童看,问他看到了什么。在可逆的几何图片中,问他看到的形象是什么,背景是什么;若儿童没有看出来,可指导其看,并说明理由。

2. 将可逆的或模棱两可的日用品图片拿给儿童看,问他看到了什么。在可逆的图片中,问他看到的形象是什么,背景是什么。在模棱两可的图片中,如果儿童只看出是某种物体,还可鼓励其看看还能看出像什么东西;如果不能,则进行指导,并鼓励其发挥自己的想象力。

3. 将可逆的或模棱两可的人物或动物图片拿给儿童看,问他看到了什么。在可逆的图片中,问他看到的形象是什么,背景是什么。

第四节 视觉记忆与再现

视觉记忆与再现能力是指看了某种形象之后,能够将此形象保存在记忆里,有必要时可以再认出此形象或再产生此形象的能力。儿童的阅读、概念的学习、生活的适应等,很多都需要依赖较好的视觉记忆力。只有视觉记忆力得到充分的发展,才能使儿童的学习和生活的适应得到事半功倍的效果。在这部分活动中,除了需要训练视觉的记忆力外,还包括动作的模仿表达能力,即视-动记忆力。例如,儿童能在看完图形以后,凭记忆将此图形画出来。这种能力对特殊儿童的学习以及其他如美术、劳技、手工等的操作都有很重要的影响。

因此,智力/发展障碍、重度与多重障碍等特殊儿童更需要进行视觉记忆力与再现能力的强化训练,目标在于提高其视觉注意力、记忆力、想象力以及视觉编序能力。

活动一:有趣的卡通片

(一) 功能

1. 提高特殊儿童的视觉记忆力。
2. 提高特殊儿童模仿适当的社交技巧。
3. 提高特殊儿童的理解能力。

(二) 方法

准备: 选择具有教育意义、内容健康写实、以动作为主、卡通人物生动活泼、背景色彩艳丽,播放时间可控制的卡通视频。

操作层次:

1. 选择适当的时间,播放5分钟的视频给儿童看,播放之前先告诉儿童要仔细地看并且记住看到的内容,等放完之后,问他(们)播放的内容。然后隔1~2小时,再问儿童刚才所看到的卡通片的内容是什么。以后隔一天、一星期、一个月以后,再问相同的问题,看看他(们)记得住多少。

2. 选择适当的时间,播放 10 分钟的视频给儿童看,播放之前先告诉儿童要仔细地看并且记住看到的内容,等放完之后,问他(们)播放的内容。间隔一段时间再询问其看到的内容。

3. 选择适当的时间,播放 15 分钟的视频给儿童看,播放之前先告诉儿童要仔细地看并且记住看到的内容,等放完之后,问他(们)播放的内容。间隔一段时间再询问其看到的内容。

如此循环,逐渐延长播放视频的时间,并询问儿童看到了哪些内容或看到了什么。

活动二:少了什么?多了什么?

(一)功能
1. 提高儿童的视觉注意力。
2. 提高儿童的视觉记忆力。
3. 培养儿童的组织与分类能力。
4. 增加儿童的词汇。

(二)方法

准备:搜集或自制许多实物或实物的图片。

操作层次:

1. 在桌上摆放 2~3 种实物或实物的图片,告诉儿童要仔细看桌上摆着的东西,等会儿老师会把其中的一个实物或一张图片移走(或再加入另一个实物或一张图片),然后要他(们)把被移走或再加入的那个实物或实物图片的名称说出来或比画出来。

2. 在桌上摆放 4~5 种实物或实物的图片,让儿童观看 4~5 秒(每件 1 秒)钟。时间到了之后,让其转过身去,然后移去或加入另一实物或图片,再让其转过身来,说出或比画出被移走或被加入的实物或图片名称。

3. 在桌上摆放 6~7 种实物或实物的图片,让儿童观看 6~7 秒(每件 1 秒)钟。其后方法如 2。

4. 在桌上摆放 8~9 种实物或实物的图片,让儿童观看 8~9 秒(每件 1 秒)钟。其后方法如 2。

5. 让儿童观看 2~9 种实物或图片一段时间后,把所有摆在桌上的东西移开,然后要儿童说出所有他(们)记得的实物或图片的名称。实物或图片的数目由 2 个开始,逐渐增加,直到其记不住为止。

活动三:走一走、看一看

(一)功能
1. 培养特殊儿童的视觉敏锐性、注意力。
2. 提高特殊儿童的视觉记忆力与观察力。
3. 提高特殊儿童的语言表达能力。

(二) 方法

准备：选择一些对儿童有吸引力，儿童感兴趣的商场、超市、商店、动物园、游乐园、植物园、海边、博物馆，等等。

操作层次：

1. 让家长带儿童到商场、超市、各种商店等对儿童有吸引力的地方去购物、游玩，然后问儿童看到了哪些东西，还记得些什么，让他用口语表达出来或用笔画出来。

2. 在1的基础上，让家长带儿童到动物园、儿童游乐园、海边、植物园等儿童感兴趣的地方去参观、游玩。参观后，问儿童看到了哪些东西，还记得些什么，让他用口语表达出来或用笔画出来。

3. 在2的基础上，让家长带儿童到博物馆、名胜古迹、各种展览会场去参观、游玩。参观后，问儿童看到了哪些东西，还记得些什么，让他用口语表达出来或用笔画出来。

活动四：它的位置在哪里？

(一) 功能

1. 培养特殊儿童的视觉注意力和观察力。
2. 提升特殊儿童的视觉记忆与再现能力。

(二) 方法

准备：

1. 搜集许多几何图形或其他物体的图片。
2. 儿童在进行此项活动之前，须会数1～10，并且了解第1到第9的意义。

操作层次：

1. 在桌上由左至右或由上至下排列2～3张卡片，让儿童由左至右或由上至下观看图片，并要其记住每张卡片的位置，平均每张卡片给予1～3秒的时间。时间到了以后，把所有的卡片都收起来，然后随意抽出一张卡片，让儿童回忆这张卡片的位置是在哪里。

2. 在桌上由左至右或由上至下排列4～5张卡片，让儿童由左至右或由上至下观看图片，并要其记住每张卡片的位置，平均每张卡片给予1～3秒的时间。时间到了以后，把所有的卡片都收起来，然后随意抽出一张卡片，让儿童回忆这张卡片的位置是在哪里。

3. 在桌上由左至右或由上至下排列6～7张卡片，让儿童由左至右或由上至下观看图片，并要其记住每张卡片的位置，平均每张卡片给予1～3秒的时间。时间到了以后，把所有的卡片都收起来，然后随意抽出一张卡片，让儿童回忆这张卡片的位置是在哪里。

4. 在桌上由左至右或由上至下排列8～9张卡片，让儿童由左至右或由上至下观看图片，并要其记住每张卡片的位置，平均每张卡片给予1～3秒的时间。时间到了以后，把所有的卡片都收起来，然后随意抽出一张卡片，让儿童回忆这张卡片的位置是在哪里。

◆ 备注：上述每一层次后，可以把所有卡片收起来，然后把次序弄乱，再交给儿童，让儿童依原来的次序将之排列出来。

活动五:先看后画

(一)功能
1. 培养特殊儿童仔细观察的能力。
2. 提高特殊儿童视觉记忆的能力。
3. 改善特殊儿童的手眼协调能力。

(二)方法

准备:一套图形卡片,每张卡片一个图形。

操作层次:

按由易而难、由简而繁的顺序将每张卡片出示给儿童,每张卡片给儿童看1～3秒。移开卡片,让儿童凭记忆重新绘画。
1. 观看、仿画水平线与垂直线。
2. 观看、仿画圆形与三角形。
3. 观看、仿画正方形与长方形。
4. 观看、仿画菱形与平行四边形。
5. 观看、仿画各种较复杂的几何图形等。

活动六:你也做一做

(一)功能
1. 培养特殊儿童的观察力。
2. 提高特殊儿童的视觉记忆力。
3. 提高特殊儿童手眼协调的能力。
4. 培养特殊儿童的想象力与创造力。

(二)方法

准备:一盒彩色积木或一些大小、形状、颜色各异的木珠子以及两条鞋带。

操作层次:

1. 老师先用2～4块积木,排成或堆成简单的造型,如塔形或桥形,让儿童观看几秒钟至1～2分钟(视造型的简单或复杂而定),再将这些积木交给儿童,要他再造一个和你先前造好的形状一样。由易而难,逐渐增加难度。

2. 老师再用5～9块积木,排成或堆成简单的造型,让儿童观看几秒钟至1～2分钟(视造型的简单或复杂而定),再将这些积木交给儿童,要他再造一个和你先前造好的形状一样。由易而难,逐渐增加难度。

3. 老师给儿童5～9块积木,要求他(们)搭出指定的形状,也可以让他(们)自由搭出任意形状,并说出或比画出搭的是什么。

4. 老师拿出2～9个大小形状颜色各异的木珠,用鞋带将它们穿起来,让儿童看2～9秒钟,移开此串珠子,给予相同的木珠子,要儿童按照次序穿一串,穿好了之后,再拿出你原来串的那一串,看看两串是不是一模一样。所用珠子由多而少,由易而难。

活动七:看一看,折一折

(一)功能

1. 提高特殊儿童的注意力与观察力。
2. 提高特殊儿童的视觉记忆力。
3. 强化特殊儿童的手眼协调能力。
4. 培养特殊儿童的欣赏力与创造力。

(二)方法

准备:大小不等的各色彩纸若干。

操作层次:

1. 选出1张彩纸,先折成简单的形状(只要1~2个步骤即可完成者,如将正方形彩纸折成一半而成长方形或对折成三角形),将折好的彩纸放在桌上,不要摊开,让儿童观察整个折纸的过程,然后给儿童一张同样的彩纸,要他将彩纸折成和你的一样的形状。
2. 当儿童熟练上述活动之后,逐渐增加折纸的步骤与难度,由2个步骤增加到3~4个步骤。
3. 根据儿童掌握的情况,由4个步骤增加到5~9个步骤,难度也相应提高。
4. 给儿童一张纸和一个折好的形状(是他们前面模仿折过的),要求他(们)观看折好的形状几秒后自己折出相同的形状。过程由易而难。

活动八:跟我这样做

(一)功能

1. 提高特殊儿童的注意力与观察力。
2. 提高特殊儿童的视觉—动作记忆力。
3. 加强特殊儿童大肌肉动作的能力。

(二)方法

准备:安静的小场所一处,小凳子若干。

操作层次:

老师与儿童面对面站着或坐着。老师告诉儿童将表演几个动作。当老师表演完后,儿童要回忆并做与老师相同的动作。

1. 简单的1~2步动作的模仿,如举起右手、抬起左脚、弯腰等,由易而难。
2. 较复杂的3~4步动作的模仿,由易而难。
3. 复杂的5~6步动作模仿,先从动作步骤较少的开始,然后逐渐增加动作的次数。
4. 将每一个动作画在卡片上。每次呈现要儿童模仿的动作卡片,由易而难。

活动九:走迷津

(一)功能

1. 提高特殊儿童的注意力与观察力。
2. 提高特殊儿童的视—动记忆能力。

3. 加强特殊儿童的粗大动作能力。
4. 培养特殊儿童冒险的精神。

(二) 方法

准备：

1. 购买或自制大型方形或长方形可连接在一起的纸(木)板,将这些板组合成一个迷津,高度要超过儿童的高度。
2. 迷津的设计原则：
(1) 有许多死巷,而只有一条通路。
(2) 由简单的迷津开始,例如：只有一个死巷,然后逐渐增加死巷的数目。
(3) 设置死巷的地点由容易看得见到不容易看得见。

操作层次：

1. 组合只有 1 个出口的迷津,先让儿童自己进去探究。给其充分的时间,引导其从入口进去慢慢寻找出口。儿童从出口出来以后,再让儿童从入口进去,开始计时,并记录其走进死巷的次数以及由入口到出口所花费的时间。
2. 组合有 2 个出口的迷津,增加迷津的难度,先让儿童自己进去探究,再要求儿童听声音寻找相应的出口。其后步骤如 1。
3. 组合有 3~4 个出口的迷津,增加迷津的难度,先让儿童自己进去探究,再要求儿童听声音寻找相应的出口。还可以让儿童反向游戏,从出口进去去寻找入口。其后步骤如 1。

活动十：剪纸游戏

(一) 功能

1. 提高特殊儿童的注意力与观察力。
2. 提高特殊儿童的视觉—动作记忆力。
3. 提高特殊儿童的手眼协调能力。
4. 帮助特殊儿童了解中国的剪纸艺术。

(二) 方法

准备： 多张彩纸、一把剪刀及剪纸的图片。

操作层次：

1. 拿出一张彩纸,用剪刀把它剪成简单的图形,让儿童观看一会儿移开,让儿童剪一个和老师一样的图形。
2. 会剪简单的图形之后,逐渐增加图形的复杂性。
3. 呈现中国剪纸中简单的图片与儿童一同观赏,让儿童观看 1~2 分钟后,要求其照着剪出相同的图案的剪纸,可以根据儿童的情况增减难度及示范引导。
4. 呈现中国剪纸中稍微复杂的图片与儿童一同观赏,让儿童观看 1~2 分钟后,要求其照着剪出相同的图案的剪纸,可以根据儿童的情况增减难度及示范引导。

【课后设计与课堂讨论】

设计：针对中度智障儿童的视觉注意、视觉追踪、视觉辨别、视觉记忆及再现能力的不足，选择其中之一设计一个训练活动。

要求：

1. 根据感知觉训练活动设计的方法，结合选定的主题，针对中度智障儿童设计一个视觉训练活动。
2. 所设计的活动需具备规范性、准确性、针对性、适切性、层次性、循序渐进性及可操作性。
3. 所设计的活动在训练方法上至少包含2个层次。

【本章小结】

视觉是人和动物最重要的感觉。人类至少有80%以上的外界信息来自视觉，可见视觉对每一个人的重要性。特殊儿童的视觉训练主要包括视觉注意、视觉追踪、视觉辨别、视觉记忆及再现能力四个方面。

本章首先介绍了特殊儿童视觉注意训练的内容、对象，随后列举了大量活动设计的例子来示范针对视觉注意进行训练活动的设计方法，接着，逐一介绍了特殊儿童视觉追踪、视觉辨别、视觉记忆及再现训练的内容和对象，并针对特殊儿童视觉追踪、视觉辨别、视觉记忆及再现三个方面的训练列举了大量活动设计的例子，旨在通过示范不同的、具体的、针对性的活动设计，帮助学习者通过迁移、泛化从中学习、掌握、应用训练活动的设计方法，真正惠及特殊儿童。

【思考与练习】

1. 儿童的视觉能力训练可以从哪几个方面进行？
2. 对特殊儿童进行视觉能力训练需要考虑哪些问题？
3. 如何提高特殊儿童视觉训练的有效性？
4. 请运用视觉训练活动设计的方法，针对智力/发展障碍儿童的视觉注意力、视觉追踪能力、视觉辨别力、视觉记忆与再现力的不足，各设计一个训练活动。

要求：

(1) 所设计的活动需具备规范性、准确性、针对性、适切性、层次性、循序渐进性及可操作性；
(2) 所设计的活动在训练方法上至少包含2个层次。

5. 实践应用：

请为自己所带的研究个案设计一个视觉能力训练的活动，并根据这个活动设计对个案进行训练与评估。

第六章 特殊儿童听觉训练活动设计

学习目标：
1. 了解听觉训练中的基本概念。
2. 理解听觉能力训练涵盖的范围与内容。
3. 掌握听觉训练的活动设计方法。
4. 应用听觉训练的活动设计方法，根据儿童的不同需求设计听觉训练活动。

听觉是仅次于视觉的重要感觉通道，是人类最重要的感觉之一。它是声波作用于听觉器官，使其感受细胞兴奋并引起听神经的冲动发放传入信息，经各级听觉中枢分析后引起的感觉。它不仅为人们交流知识、沟通感情提供前提条件，而且为人们感知环境，产生安全感等提供保障。由此可见，听觉在人的生活中起着重大的作用。

对特殊儿童进行听觉的训练，不是要训练提高其听力，而是要提高其听觉能力。听觉能力包括听觉敏锐性、听觉注意力、听觉辨别力、听觉理解力、听觉记忆力、视觉编序能力以及听觉混合能力等。这些能力的提升需要通过对应的训练来落实，具体包括听觉注意、听觉辨别、听觉记忆、听觉理解以及复述五个方面内容。

在设计特殊儿童听觉训练活动时，要从活动设计的要求出发，结合训练的内容和主题，所设计的活动需具备规范性、准确性、针对性、适切性、层次性、循序渐进性及可操作性，并考虑到活动设计的趣味性，以免枯燥，影响训练的效果。另外，训练者要保证活动的安全性，合理安排训练的时间。

第一节 听觉注意

听觉注意力即听觉专注力，是指人在精神集中的状态下，用听觉获取信息的能力。它是听觉辨别、记忆、理解和编序等能力的基础。普通儿童如果听觉注意力不集中，也会造成对学习信息的获得不足从而影响其学习；对于智障、学障、广泛发育障碍等特殊儿童而言，听觉注意力的不足，对其影响更大，不仅影响他们的学习，对他们的社会适应影响更大。对特殊儿童进行听觉注意力的训练，重要的意义在于培养他们集中注意力，用听觉去获取有效的信息。因此，特殊儿童听觉注意的训练，目的在于通过训练提高特殊儿童对周围环境中各种声音的敏感性、专注力。

活动一：什么声音？

（一）功能

1. 提高特殊儿童听觉的敏锐性。
2. 提高特殊儿童听觉的辨别力。
3. 提高特殊儿童对生活和自然界的认知度。

（二）方法

准备：搜集各种各样自然界或人为所发出的声音的录音与图片。举例如下：

（1）动物声与图片：狗、猫、蝉、青蛙、蚊子、鸟、鸭、鸡、牛、羊、猪等。

（2）人声与照片：家里各个成员的说话声，高低不同的音量。

（3）人声与照片：哭声、笑声、惊叫声、呻吟声、耳语声、撒娇声、愤怒责骂声等情绪的辨别。

（4）自然界所发出的声音与照片：溪流声、瀑布声、下雨声、台风声、打雷声。

（5）交通工具声与照片：火车、汽车、飞机、船、摩托车、脚踏车声。

（6）家具声与照片：洗衣机、吸尘器、电风扇、空调、抽水马桶、电冰箱启动等声音。

（7）其他声音与照片：凡日常生活环境中，所听得到的声音皆可选择性地将之录下来。

操作层次：

1. 播放各种不同的声音，与儿童玩"听到了什么"的游戏，要儿童说出听到了什么声音。

2. 播放各种不同的声音，与儿童玩"这是什么声音"的游戏，要儿童说出或指出这些声音是由什么物体发出来的。

3. 播放出各种同类的声音，要儿童说出各种声音是由何种物体所发出来的，若儿童无法用语言表达，可让其拿出相应的图片。

活动二：你听到了什么？

（一）功能

1. 提高特殊儿童听觉的敏锐性与注意力。
2. 提高特殊儿童听觉的辨别能力与记忆力。
3. 培养特殊儿童注意听的习惯。

（二）方法

准备：

1. 各种动物叫声的录音若干。
2. 与各种动物叫声匹配的动物图片若干。

操作层次：

1. 让儿童坐在安静的室内，老师播放各种儿童熟悉的动物的叫声，播放一种声音停一下，问儿童听到了什么声音。

2. 老师播放各种动物的叫声，让儿童听后模仿所听到的动物的叫声。

3. 听声音找卡片。老师播放各种动物的叫声,让儿童在卡片中找出相应的动物卡片。

活动三:听到了没有?

(一)功能

1. 提高特殊儿童听觉的敏锐性与注意力。
2. 提高特殊儿童听觉的辨别能力。
3. 培养特殊儿童注意听的习惯。

(二)方法

准备:

1. 闹钟、手表、笛子等可发出声音的日常用品或玩具。
2. 各种声音的录音,如:交通工具声、动物叫声、教室内的声音(书掉下、撕纸、写字等)、家里的声音(缝衣机、电话铃声、门铃等)。

操作层次:

1. 让儿童坐在椅子上,双手放在前面膝盖上,背对着老师。老师在儿童的背后拿出可发出不同声音的各种日常用品或玩具,在儿童的耳旁(左耳或右耳)发出声音,音量大小可交替,并间隔无声,告诉儿童听到声音时就举手。
2. 在儿童面前大声播放各种熟悉的交通工具的声音和动物的叫声,播放一种声音停一下,问儿童听到了什么声音。
3. 在儿童面前小声播放各种熟悉的交通工具的声音和动物的叫声,播放一种声音停一下,问儿童听到了什么声音。
4. 在儿童面前大小声交替地播放教室内和家里的各种声音,播放一种声音停一下,问儿童听到了什么声音。

活动四:声音在哪里?

(一)功能

1. 提高特殊儿童的听觉注意力。
2. 提高特殊儿童的听觉辨别能力。
3. 培养特殊儿童良好的观察习惯。

(二)方法

准备:

1. 准备一间儿童很熟悉的小教室(房间)。
2. 准备一些可发出声音的物体,例如:小收音机、小音乐钟、小闹钟或其他经由打击可发出声音的东西。

操作层次:

1. 告诉儿童,你将要把他的眼睛蒙起来,并且在房间内的某一个地方,发出声音来,请他找到发出声音的地方,并且说出是什么东西发出的声音。因为儿童的眼睛是蒙起来的,所以要特别注意儿童行动的安全。

2. 不蒙儿童的眼睛,在房间内摆放 2~3 件会发出声音的物体,并让这些物体同时发出声音,然后要儿童一一找出屋内哪些地方发出声音,是由哪些东西发出的声音。

3. 不蒙儿童的眼睛,在房间内摆放 4~5 件会发出声音的物体,并让这些物体同时发出声音,然后要儿童一一找出屋内哪些地方发出声音,是由哪些东西发出的声音。

4. 不蒙儿童的眼睛,在房间内摆放很多件会发出声音的物体,并让这些物体同时发出大小不一的声音,然后要儿童一一找出屋内哪些地方发出声音,是由哪些东西发出的声音。

活动五:听词举手

(一)功能

1. 提高特殊儿童的听觉注意力。
2. 提高特殊儿童的听觉辨别力与理解力。
3. 训练特殊儿童的本体感。

(二)方法

准备:列出若干日用品、水果、家具和食品的名称。

操作层次:

1. 老师读一组词,里边有水果和家具的名称,如:苹果、香蕉、桌子、西瓜、床、凳子、梨、茶几等,让儿童听到水果举左手,听到家具不举手。

2. 老师读一组词,里边有食物和日用品的名称,如:面包、牙刷、蛋糕、梳子、牛奶、米饭、茶杯、碗、饼干等,让儿童听到水果举左手,听到日用品不举手。

3. 老师读一组词,里边有水果和家具的名称,让儿童听到水果举左手,听到家具举右手。

4. 老师读一组词,里边有食物和日用品的名称,让儿童听到水果举左手,听到日用品举右手。

5. 老师读一组词,里边有水果、家具、食物和日用品的名称,让儿童听到水果和食物举左手,听到家具和日用品举右手。

活动六:听听我是谁?

(一)功能

1. 提高特殊儿童的听觉敏锐力与注意力。
2. 提高特殊儿童的听觉辨别力。
3. 提高特殊儿童对交通工具及其声音的认知。

(二)方法

准备:

1. 准备交通工具的玩具若干,如:汽车、火车、船、自行车、摩托车、警车和救护车等。
2. 各种交通工具所发出的声音的录音,有清晰单一的声音和复杂的声音。

操作层次:

1. 播放几种儿童熟悉的交通工具声音的录音,让儿童猜一猜是什么交通工具开来了

（如果猜不出就用语言输入，例如：di di di 小汽车开来了）。在播放之前，先用语言提示儿童注意听。

2. 老师先把准备好的各种交通工具玩具依次摆放在儿童面前，随后播放各交通工具声音的录音，并提醒儿童注意听，让儿童听辨指认。如果儿童不能指认正确可给予提示，如：找一找，哪一个是小汽车 di di di。

3. 老师交替播放各种清晰的和复杂的交通工具声音的录音，并提醒儿童注意听，让儿童辨别是什么交通工具，可以先由易到难，声音由清晰到复杂，逐渐加大难度。如果儿童有言语方面的问题，可以给以玩具让他们指认。

第二节　听觉辨别

听觉辨别力是指对不同声音之间差异辨别的能力以及辨别一组或一对词之间差异的能力。这种能力包括能听到小到一种程度的声音，能够分辨声音的高低、大小、不同的音色、不同方向的声源、各种不同乐器或物体所发出的声音，能分辨噪音与乐音，能在嘈杂的环境中接收某一种特定的声音，等等。因此，对特殊儿童进行听觉辨别力的训练，意义在于培养其倾听习惯与乐于收听音响的动机，目标在于通过训练提高特殊儿童对各种声音的注意和辨别能力。

活动一：摇一摇，猜一猜

（一）功能

1. 提高特殊儿童的听觉敏锐性与注意力。
2. 提高特殊儿童的听觉辨别力。
3. 提高特殊儿童的听觉记忆力。
4. 培养特殊儿童的听觉推理能力与想象力。

（二）方法

准备：

1. 找数个空的圆形的且带有盖子的不透明罐子，例如：饼干筒、薯片筒等；找来各种颗粒大小不同的材料，例如：面粉、小细砂、米粒、红豆、黄豆、小碎石、水，等等。

2. 将各种材料各放入2个小空圆筒内，大约放六七分满，将圆筒和其盖子的接合处用胶带或其他方法密封好，若盖子上有细洞，也得密封好，以防筒内的东西漏出来，同时也密封2个空筒。

操作层次：

1. 将做好的小圆筒排成一列或放成一堆，随后开始和儿童一起游戏，让儿童摇摇这些筒子，听听它的声音，让儿童找出哪两筒所发出的声音是完全相同的，请把它们放在一起，并让儿童找出里面是空的那两个筒，问他为什么会认为它们里面是空的。

2. 让儿童摇一摇，猜猜看，所有筒里装的可能是什么东西，为什么。

3. 让儿童找出所有筒里发出的声音最小、最大的那个筒。

4. 让儿童找出所有筒里哪个筒里面所装的东西颗粒可能最大、可能最小。
5. 让儿童找出所有筒里他最喜欢和最不喜欢听的声音的那个筒。
6. 让儿童按各筒发出的声音大小的次序,排列各圆筒。

活动二:听一听,排一排,比一比

(一)功能

1. 提高特殊儿童的听觉注意力。
2. 培养特殊儿童对声音高低的辨别能力。
3. 培养特殊儿童视听的联合能力。
4. 培养特殊儿童对声音的探究兴趣。

(二)方法

准备:

1. 准备大小相同的玻璃杯5~8个,将它们排成一列,将水注入每个玻璃杯,使每个玻璃杯都盛有不同高度的水。为引起儿童的兴趣,可将各种不同颜色的水彩加入每个玻璃杯内。
2. 准备一只筷子或长把小勺子。

操作层次:

1. 指导儿童用筷子或勺子敲击每个玻璃杯,提醒他(们)仔细倾听敲击后每个杯子所发出的声音,辨别每个玻璃杯所发出声音的不同。
2. 将装水的杯子2~3个为一组,指导儿童用筷子或勺子敲击每个玻璃杯,提醒他(们)仔细倾听敲击后每组各个杯子所发出的声音,并根据声音的高低对每组杯子进行比较和排列。
3. 引导儿童敲击装水的玻璃杯,倾听每个玻璃杯发出的声音,根据声音的高低按次序排列所有装水的玻璃杯。
4. 引导儿童敲击、倾听每个玻璃杯发出的声音,问儿童哪个玻璃杯发出的声音高,哪个玻璃杯发出的声音低,这些声音跟玻璃杯内水面高度有没有关系。

活动三:哪个声音长?哪个声音短?

(一)功能

1. 提高特殊儿童的听觉注意能力。
2. 提高特殊儿童听觉的辨别能力。
3. 培养特殊儿童对声音长短与时间长短关系的认知。

(二)方法

准备:

1. 搜集各种音叉、小鼓、小锣等任何可发出声音的东西,并让儿童认识这些乐器的名称及其音色。
2. 找一个有秒针的闹钟。
3. 做几根长短不一的木棒、厚纸条,竹棍,等等。例如:可做1~9厘米不等的计算棒。

4. 先选出 1 厘米及 2 厘米的木棒,也可根据儿童的能力,增加木棒的数目。

操作层次:

1. 任选一种乐器,告诉儿童你要发出两次声音,一长一短(例如长的声音持续 5 秒,短者声音持续 1 秒)或一短一长,然后教儿童分辨哪个声音长,哪个声音短。当儿童已会分辨声音长短时,便要儿童利用木棒的长短来表示声音的长短,即当老师发出的声音是先长后短时,就要儿童将长木棒排在左边、短木棒排在右边,反之亦然。老师还可询问儿童所发出声音的乐器的名称(此名称须为儿童熟知)。

2. 变换其他种类的乐器,做相同的简单的声音长短辨别。

3. 儿童已能做简单的声音长短辨别后,可让儿童认识声音长短与时间的关系。拿出闹钟,先让儿童认识秒针走得愈多格就表示时间愈长或时间过得愈久,然后,利用乐器发出声音,并要儿童注意看闹钟里的秒针由哪儿走到哪儿,教儿童运用时间来分辨声音的长短。

4. 逐渐增加用于分辨声音长短的发声次数,即增加复杂性,或减少声音长短的差异性以增加分辨的难度。

活动四:哪个声音快? 哪个声音慢?

(一)功能

1. 提高特殊儿童的听觉注意能力。
2. 提高特殊儿童听觉的辨别能力。
3. 培养特殊儿童能分辨乐曲的快慢或节奏的快慢的能力。
4. 培养特殊儿童听觉与动作的协调能力。

(二)方法

准备:

1. 鼓以及快节奏和慢节奏的乐曲(视频或录音)。
2. 彩色笔 2 支(根据参训儿童人数确定)。

操作层次:

1. 示范识别。先用鼓,慢慢地连续在鼓上敲打 3 下,然后将双手慢慢地举起并放下共 3 次或用彩色笔在纸上慢慢地画上 3 条任意的线条,最后,告诉儿童刚刚所听到的声音很慢或者说节奏很慢,以相同的方法示范声音很快。

2. 练习使用身体四肢的任何动作来表示声音的快慢,要儿童配合鼓声的快慢发出身体的动作或用彩色笔在纸上作画。

3. 选用简单慢节奏和快节奏的乐曲,做与 2 相同的活动。

4. 选用较复杂的乐曲,有快节奏也有慢节奏,让儿童随着乐曲自由地用身体的动作来配合音乐的节奏。

活动五：听鼓声，拿珠子

（一）功能

1. 提高特殊儿童的听觉注意能力。
2. 提高特殊儿童听觉的辨别能力。
3. 培养特殊儿童分辨声音大小的能力。
4. 培养特殊儿童听觉与动作的协调性。

（二）方法

准备：鼓及大小不等的珠子若干。

操作层次：

1. 分辨大声、小声、无声三种声音与珠子的大小。先与儿童面对面而坐，让儿童看一个大珠子与一个小珠子，并且告诉他，哪一个是大珠子、哪一个是小珠子。用力在鼓上敲打一下，并且告诉儿童这个声音很大，就拿起一个大珠子；轻轻在鼓上敲打一下，并且告诉儿童这个声音很小，拿起一个小珠子；若不在鼓上敲打，就听不到鼓声，就不拿珠子。老师在儿童的面前打鼓，要他根据鼓声选择适当的珠子。

2. 坐在儿童的背面，告诉儿童当他听到大声音时请拿起大珠子再放下，听到小声音时拿起小珠子再放下，没有听到声音时就不拿珠子。可重复此活动数次，以训练儿童分辨声音大小的能力。

3. 坐在儿童的背面，告诉儿童当他听到大声音时请拿起大珠子放进大盘子，听到小声音时拿起小珠子放进小盘子，没有听到声音时就不拿珠子。可重复此活动数次，以训练儿童分辨声音大小的能力。

活动六：配对游戏

（一）功能

1. 提高特殊儿童听觉的敏锐性与注意力。
2. 培养特殊儿童的听觉辨别与理解力。
3. 培养特殊儿童的听—动协调能力。

（二）方法

准备：从各种报纸、杂志、图书中搜集各种图片，如：动物、交通工具、家具、乐器，等等。

步骤：

1. 在桌上放置各种不同动物的图片，并发出某一种动物的声音，让儿童在许多动物的图片中找出发出此声音的动物的图片。以此类推，可变化各种物体的图片，例如：各种交通工具、各种家电用品、各种自然界发出的声音，并发出相配合的声音而由儿童找出适当的图片作为反应。

2. 在桌上放置各种乐器或乐器的图片，利用录音机播放各种不同乐器的声音，然后由儿童找出配对的乐器或乐器的图片。

3. 在桌上摆一些物品，例如：玻璃杯、铁罐、纸盒、木块等，让儿童看过之后，要他背对着你。然后，敲打其中的一件物品，使其发出声音来，再让儿童猜测是由于敲打哪件物品所发出的声音。如果儿童无法说出或指出正确的答案,则可在儿童面前敲打摆在桌上的每一件物品,使其发出声音来,再让儿童辨别刚才的声音是由哪件物体发出来的。

第三节 听觉记忆

听觉记忆能力是指贮存与回忆所听到信息的能力。记忆力是儿童学习的基础,它直接关系到儿童学习的效果。听觉记忆力差的儿童,往往记不全较长的信息,甚至记不住信息,也不能完整地复述他所听到的信息。听觉编序力是指特殊儿童有能力将过去由听觉所获得的信息以正确而详细的先后顺序回忆出来,以及能将所获得的听觉信息加以组织,使之有意义的能力。这种能力比听觉记忆力的层次更高,不只要记住所听到的信息,而且还要能记住信息的详细内容与先后顺序。

对特殊儿童而言,听觉记忆力的不足对其学习、社会适应等影响更大。因此,对特殊儿童进行听觉记忆力训练的目标在于通过训练提高特殊儿童的听觉记忆、听觉编序以及听觉注意力。

活动设计原则:应从特殊儿童有兴趣且容易记住的材料开始,然后逐渐增加记忆材料的复杂性。记忆的技巧包括反复背诵,把听觉的记忆材料想成视觉上的图像,或者利用听觉记忆将材料与材料间产生联想,把听到的听觉记忆材料联想成与其他相似的音却较好记的字,把一个较长的听觉记忆材料分成几个较短的单位等。

活动一:你能记住吗?

(一) 功能

1. 提高特殊儿童的听觉记忆力。
2. 养成特殊儿童良好的记忆习惯。
3. 养成特殊儿童注意倾听的习惯。

(二) 方法

准备:编写或选择一些简单的句子或故事。

操作层次:

1. 先告诉儿童一句简单的话,例如:下个月阿姨会来我们家。隔了1分钟后,再问儿童:刚才妈妈告诉你什么?等儿童熟悉了这项活动以后,可以逐渐把时间间隔拉开至5分钟、10分钟、0.5小时、1小时、0.5天、1天或更长,再问儿童记不记得某时候,妈妈告诉他的事。

2. 当儿童能将简单的话语记住以后,可以逐渐增加句子的长度与内容的复杂性。例如:下个月20号小梅阿姨会来我们家。其后方法如1。

3. 当儿童能将复杂性的句子与内容记住以后,即可说些简单的故事给儿童听,说完以后请儿童复述刚才听到的故事内容或重要事件。也可以利用唱片故事或录音故事,让儿童仔细静静地听,并告诉他们听完后会要他们讲出故事内容,然后隔一天及一星期后再让他们各回忆一遍。记录儿童回忆的内容,看其遗忘了多少。了解儿童最容易遗忘的是哪些事物,然后可针对特殊儿童的弱点增强训练。

活动二:你听过吗?

(一)功能

1. 提高特殊儿童对听觉记忆材料的再认能力。
2. 提高特殊儿童的听觉辨别能力。
3. 培养特殊儿童注意倾听的习惯。

(二)方法

准备:搜集许多儿童歌谣的碟片与录音带。

操作层次:

1. 先选择1首较简单而且较短的歌曲,播放给儿童听,告诉他要注意听;等一会儿再播放2首歌曲让儿童找出哪一首歌曲是他刚才听过的那首。播完后,再另选1首歌曲连同刚刚播放的那2首共3首,重新以随意次序播放这3首歌,3首都播完后要儿童指出哪一首歌是刚才听过的那一首。

2. 儿童熟悉了上述活动之后,再选择3首在节奏、旋律、长度等与1中3首歌曲相似的歌曲进行播放,让儿童辨别哪3首歌曲是前面听过的,以增加辨认的难度。

3. 当儿童对上述活动都很熟练了之后,还可变化辨认的设计。例如:在儿童听完了一首歌之后,再播放一小段属于某首歌曲的旋律,然后让儿童辨认旋律是先前听过的哪首歌中的。

活动三:你记住了吗?

(一)功能

1. 提高特殊儿童的听觉记忆能力。
2. 培养特殊儿童注意倾听的习惯。
3. 培养特殊儿童的记忆策略。

(二)方法

准备:列出一些事物的名称,如:香蕉、橘子、苹果等水果类,水产类,蔬菜类,动物类,交通工具,衣物,家具等。

操作层次:

1. 告诉儿童,你会念出许多东西的名称,当你念完之后,要儿童说出他所记得的一些事物的名称。先从一两个事物的名称开始,然后逐渐增加事物名称的总数。算算看特殊儿童最多能记得住多少事物的名称。例如:香蕉、橘子,说完之后要儿童说出你刚刚念过而他所记得的水果名称。如果孩子说出香蕉和橘子,可再加入一个水果的名称,如:香蕉、橘子、苹果,依此类推。

2. 开始时先从同一种类事物的名称开始,例如:水产类、蔬菜类、动物类、交通工具、衣物、家具等。等儿童熟悉了上述活动之后,再混合两种种类的事物名称开始,先只用两种事物的名称,然后逐渐增加事物名称的数目。记录儿童所能记住的事物是哪些以及总数有多少。

3. 当儿童熟悉上述活动并能记住大部分内容后,可以教儿童将所要记忆的材料加以分门别类,例如:属于蔬菜类的有哪些?属于水果类的有哪些?以便于记忆且可增加记忆量。

活动四:记住这些数字了吗?

(一)功能

1. 提高特殊儿童的听觉记忆力。
2. 培养特殊儿童的记忆策略。
3. 帮助特殊儿童记住一些重要的号码。

(二)方法

准备:搜集与儿童相关的数字。

操作层次:

1. 告诉儿童与其关系密切的数字。先从简单的2~3位数字开始。例如:从儿童的年龄开始,逐渐扩大至报警电话号码、火警电话号码等。
2. 当儿童掌握上述数字后,再延伸到其他重要的电话号码以及儿童出生的年月日等。
3. 儿童熟悉上述活动、方法后,可列出家庭的地址、父母工作的地址等。

◆ 备注:可同时训练特殊儿童一些记忆的策略。

(1)反复背诵:将所要记住的数字反复朗诵多次,直到记住为止。

(2)与音相似的事物联想在一起,例如:将8879576想成"爸爸吃酒我吃肉",鼓励特殊儿童自己产生联想。

(3)将较长的数字分成几个部分来记,例如将231576分成231和576来记则较容易。

活动五:传递消息

(一)功能

1. 培养特殊儿童的听觉记忆与编序能力。
2. 培养特殊儿童的听觉注意、编序与辨别力。
3. 提高特殊儿童口语表达的能力。
4. 提高特殊儿童组织信息的能力。

(二)方法

准备:编写一些由短而长、由简单而复杂、由具体而抽象的句子。如:

(1)快去叫爸爸来吃饭。
(2)等爸爸回来时,告诉他妈妈去超市了。
(3)明天早上,请你告诉老师,妈妈明天下午五点半会在家,妈妈很欢迎她来家访。
(4)记得在你生日的那天,邀请你的几位好朋友到家里来玩。

操作层次:

1. 设计游戏,请儿童将你所告诉他的简单的话,转告给另一个人(儿童),记录儿童所传递的信息是否正确。

2. 当儿童能正确传递一句简单信息后,再练习传递两句较简单的信息。

3. 设计游戏,激发儿童练习传递 3~4 个简单句子的信息。

4. 设计游戏,鼓励儿童练习抽象句子的传递。

◆ 备注:信息的内容可由短而长,由简单而复杂,由具体而抽象,由特殊儿童熟悉的身边事物开始至特殊儿童较陌生的事物,听完信息后至传递信息之间的时间间隔也由短而长。

活动六:木琴游戏

(一) 功能

1. 培养特殊儿童的听觉注意力。

2. 培养特殊儿童的听觉辨别与记忆力。

3. 养成特殊儿童良好的倾听习惯。

(二) 方法

准备:一架手敲木琴。

操作层次:

1. 在儿童面前,随着音阶由低而高敲打木琴,让儿童注意倾听,以便熟悉并记住每个不同音阶所发出来的音,并让特殊儿童自己敲打木琴,并从中记住每个音阶的音。

2. 当儿童已很熟悉各音阶的音之后,便要儿童背对着老师,然后老师随意敲打一个音,再让儿童转过身来,要他告诉老师,刚才老师所敲打的音阶的位置在哪里,并且要儿童亲自敲打一下,听听看是否属于同一个音阶。

3. 儿童熟悉上述活动以后,可敲打两个以上的音阶,然后要儿童也将所听到的音依次敲打出来。

活动七:背数字游戏

(一) 功能

1. 培养特殊儿童的听觉记忆力。

2. 培养特殊儿童的听觉编序能力。

3. 培养特殊儿童的数字概念。

(二) 方法

准备:编写一些两位及以上的数字或字母。

操作层次:

1. 顺背数字:以每秒一个数的速度说出数字,念完之后,儿童跟着说:2—3,3—9—4,7—1—2—9,8—5—1—9—3,3—2—6—8—1—7……

2. 倒背数字:也是以每秒一个数的速度说出数字,念完之后,特殊儿童以相反的次序将数字倒背出来;例如:你说:2—5,儿童就说:5—2;你说:4—1—9,儿童就说:4—1—9……直到儿童连续错误两次为止。

3. 如果特殊儿童认识注音符号或英文字母,则可以用注音符号或字母代替数字。

◆ 备注:如果儿童没有语言,则以呈现数字卡片替代口语表达。

活动八：语言接龙

（一）功能

1. 提高特殊儿童的听觉注意与辨别力。
2. 提高特殊儿童的听觉记忆、编序与复述能力。
3. 养成特殊儿童注意倾听的习惯。
4. 培养特殊儿童口语表达的能力。

（二）方法

准备：了解儿童的语言基础，准备一些词语、数字、句子或故事接龙。

操作层次：

1. 设计游戏，玩数字、字母接龙，例如：1，1—4，1—4—2，1—4—2—7，1—4—2—7—6，1—4—2—7—6—9，1—4—2—7—6—9—3，1—4—2—7—6—9—3—8；或者字母接龙，例如：A，A—C，A—C—F，A—C—F—J，A—C—F—J—O，A—C—F—J—O—R，A—C—F—J—O—R—D，等等。

2. 设计游戏，玩句子接龙，例如：我，我有，我有一，我有一个，我有一个好，我有一个好大，我有一个好大的，我有一个好大的皮，我有一个好大的皮球，等等。

3. 设计游戏，玩故事接龙，例如：老师先说：爸爸昨天从上海回来。儿童可接着说：爸爸昨天从上海回来，给我买了一只大玩具熊。老师再接着说：爸爸昨天从上海回来，给我买了一只大玩具熊，我好高兴。儿童可接着说：爸爸昨天从上海回来，给我买了一只大玩具熊，我好高兴，就向爸爸说谢谢。于是老师又再接下去：爸爸昨天从上海回来，给我买了一只大玩具熊，我好高兴，就向爸爸说谢谢，爸爸摸摸我的头，笑着对我说：你真懂礼貌等。以此类推。

第四节 听觉理解

听觉理解力是指特殊儿童能辨识声音以及了解说话内容的能力。例如：儿童能了解简单的口头说明，并且能用手势或语言做出正确的反应，表明他听懂了所听到声音的意义和目的。如果听觉理解能力不足，则会造成儿童对他人口头的指令、要求或说话内容的不理解，从而导致无法正确回应，影响了其学习或生活适应。因此，听觉理解力训练的目的是指导特殊儿童对各种不同的刺激声音和口头说明，能够养成良好的倾听习惯，以及充分了解所听到声音的意义并做出适当的反应。

由于训练的重点在于听觉的理解，因而所设计的活动或游戏，不必要求特殊儿童做冗长的口头回答，只需用简单的"是"与"否"回答即可。这种活动训练的目标在于提高特殊儿童的听觉理解能力以及听觉注意、辨别、记忆能力。

活动一：我说你做

（一）功能

1. 提高特殊儿童听觉的敏锐性与注意力。
2. 培养特殊儿童的听觉辨别与理解力。
3. 培养特殊儿童的听-动协调能力。

（二）方法

准备：玩偶娃娃以及适合该娃娃穿的衣服、鞋子、梳子、皮筋、帽子、杯子、盆子、毛巾，等等。

操作层次：

1. 老师发出指令，让儿童听完老师的指令后，完成所要求做的，然后放下娃娃举手，表示完成。老师可先发出如下简单的指令：① 给娃娃穿上衣服；② 给娃娃梳头发；③ 给娃娃扎辫子；④ 给娃娃洗澡，等等。

2. 儿童能比较好地完成简单的指令后，老师可以一次发出2～3步指令，要求儿童完成相应的动作（不要求按顺序完成），如：① 早上，娃娃起床穿衣服、洗脸、穿鞋子去上学；② 娃娃约了朋友出去玩，所以她要梳头发、扎辫子，穿上衣服和鞋子，出去找朋友。

3. 老师可以根据学生完成的情况调整语速，要求儿童根据报出指令的顺序完成动作，也可以请儿童模仿老师报指令的方法来发指令，让其他儿童来完成。

◆ 备注：老师报指令时要清楚、简洁，让学生容易听懂；老师事先要强调等指令报完后，学生才能开始动手。

活动二：图形词汇

（一）功能

1. 提高特殊儿童的听觉注意力与辨别力。
2. 提高特殊儿童的听觉理解力。
3. 丰富特殊儿童听觉性的词汇。

（二）方法

准备：从各种报纸、杂志、图书中搜集各种图片，如动物、交通工具、家具、乐器等，将之剪贴制成卡片，并且分门别类整理好。

操作层次：

1. 与特殊儿童相对而坐，拿出2～4张整理好的卡片，说出其中一张图片的名称或词汇，然后让特殊儿童找出你所描述的是哪一张图片。例如：两张图片各为球、积木，问：积木在哪里或哪一个是球或把积木指给我看等。假如特殊儿童反应错误或没有反应，则可告诉他正确的答案。

2. 能理解、指认2～4张卡片后，再增加几张图片，其过程与2相似。若发现儿童有太多的词汇不会（例如连续5个词汇），或特殊儿童已有倦容，则停止此游戏。

3. 也可用生活环境中的事物当作教材，例如：说出儿童房间里各种事物的名称，然后要儿童找出或指出这些东西在哪里。其余的公共场所，如商场、超市、公园、博物馆等都是很好的教育资源,可增加儿童的词汇,增加见闻。

活动三:了解问题

(一)功能

1. 培养特殊儿童的听觉注意力与辨别力。
2. 提高特殊儿童的理解力。
3. 培养特殊儿童对问题的思考与判断能力。
4. 提高特殊儿童的语言表达能力。

(二)方法

准备:设计一些难易不等的问题,并写在卡片上,如:

(1)狗会吃东西吗?狗会飞吗?狗会叫吗?狗会画图吗?

(2)衣服会唱歌吗?衣服能吃吗?衣服有眼睛吗?

(3)老鹰有四只脚吗?老鹰有翅膀吗?老鹰会打电话吗?

(4)蚂蚁会爬吗?蚂蚁会扛东西吗?蚂蚁会睡觉吗?

(5)砖能浮在水面吗?盖房子的时候要用砖块吗?砖有绿色的吗?

(6)云会动吗?云有脚吗?有白色的云也有灰色的云吗?

(7)晚上可以看到太阳吗?太阳是从西边升起来的吗?

(8)显微镜和放大镜一样吗?照相机和眼睛像不像?

(9)舌头里面有没有骨头?

操作层次:

1. 挑选一些简单问题念出来,让儿童用简单的词语,如"是"或"不是","有"或"没有","能"或"不能",或手势回答。
2. 根据特殊儿童的能力,加深问题的难度,让儿童用简单的语句进行回答。
3. 根据特殊儿童的能力,进一步加深问题的难度,让儿童用完整的语句进行回答。

活动四:老师说的是什么?

(一)功能

1. 培养特殊儿童的听觉注意力与辨别力。
2. 提高特殊儿童的理解力。
3. 培养特殊儿童的分类能力。
4. 提高特殊儿童的语言表达能力。

(二)方法

准备:设计许多已分类的图片,若以四张一组为例,可设计如下:

第一张:一只猫,打着红色蝴蝶结,穿蓝色的鞋子,正在钓鱼。

第二张:一只猫,穿蓝色的鞋子,正在洗澡。

第三张:一只猫,穿着蓝色的裤子,黄色的拖鞋,正在洗澡。

第四张:一只小白兔,穿着红色的衣服,没有穿鞋子,正在跳绳。

操作层次：

1. 问儿童：哪一张图片告诉我们有一只猫，穿着蓝色的鞋子，正在钓鱼，并且要儿童把那张图片找出来。先问描述简单的后问描述复杂的图片，然后打乱顺序随机问。

2. 利用搜集到的图片，不说出物件或东西的名称和词汇，代之以句子式的描述，然后请儿童将老师所描述的事物指出来。例如：其中有一张球的图片，不问"球在哪里"，而问"哪一个东西是又大又圆、可以拍又会跳的？指给我看看！"

3. 逐渐增加句子及词汇的复杂性与难度。

活动五：听从指示

(一) 功能

1. 培养特殊儿童的听觉注意力与辨别力。
2. 提高特殊儿童的理解力。
3. 培养特殊儿童的听—动协调能力。
4. 提高特殊儿童的听觉记忆能力。

(二) 方法

准备： 编写一些由易而难、由简而繁的指令，如：

(1) 请把大门打开。
(2) 把地上的纸屑捡起来，丢到垃圾筒里。
(3) 到书房把放在书桌上最右边的那本蓝色封面的书拿给我。
(4) 到厨房，把冰箱里放在最下层的橘子拿出 5 个来，送到隔壁的林阿姨那里，并且向她借几根葱回来给我。
(5) 打电话给爸爸，问他今天中午回不回来吃饭，如果要回家，请他顺便买一瓶醋回来，如果不回来则请他打个电话给我。

操作层次：

1. 说出简单、单项指示的内容，让儿童依照指示行动。
2. 说出连续两个较复杂的指示，让儿童依据指示行动。
3. 说出多项连续指示与愈来愈复杂的指示，让儿童依据指示行动。

第五节　复　述

复述是儿童听与说联合能力与听觉混合能力的外在表现形式。听与说的联合能力是指特殊儿童有能力听得懂别人所说的话及其他听觉刺激，并且做出较复杂且有意义的语言反应。例如：能在听到了某一个单字或词汇后说出它的反义字或词。听觉混合能力是一种把单个语音或音素混合成一个完整的词的能力。听觉编序与声音混合的能力训练必须通过复述训练活动来完成，同时，复述训练也可以提高儿童的听觉注意、辨别和记忆能力。因此，对特殊儿童来说，复述训练至关重要，它更是一个综合性的听觉能力训练活动。训练的目标在于训练特殊儿童多运用联想、推理以及判断的能力，以便对听觉刺激作有意义的语言反应。

事实上,可用来训练听说联合能力的联想材料很多,任何自然界或人为的方法所产生的声音——噪音、乐音与说话声,都可作为联想的材料。另外,引发联想的方法也很多,例如:相似的联想、相反的联想、包含的联想、因果关系的联想、自由联想、综合的联想,等等。

活动一:听故事,讲故事

(一)功能

1. 提高特殊儿童的听觉注意力与辨别力。
2. 提高特殊儿童的听觉记忆力与理解力。
3. 培养特殊儿童的复述能力。

(二)方法

准备: 难易不等的录音故事若干。

操作层次:

1. 设计情境,先播放一个简单的录音故事,声音清晰而富有吸引力,提醒儿童注意听。播完后让儿童在头脑中回忆一下,然后复述故事情节。
2. 设计情境,播放一个较复杂或较长一点的录音故事,声音清晰而富有吸引力,提醒儿童注意听。播完后让儿童在头脑中回忆一下,然后复述故事情节,或把故事重新讲一遍。
3. 设计情境,播放一个复杂的录音故事,声音清晰而富有吸引力,提醒儿童注意听。播完后让儿童在头脑中回忆一下,然后复述故事情节,并把故事重新讲一遍。

活动二:相似词与反义词

(一)功能

1. 提高特殊儿童的听觉注意力与辨别力。
2. 提高特殊儿童的听觉记忆力。
3. 培养特殊儿童的复述能力。
4. 增加特殊儿童的词汇量。

(二)方法

准备: 搜集许多字、词,由易而难,并依其性质分门别类。例如:

1. 相似词,可由具体的名词逐渐到抽象的形容词。
   (1) 老师说"母亲",儿童就说"妈妈"。
   (2) 老师说"脚踏车",儿童就说"自行车"。
   (3) 老师说"很愉快",儿童就说"很快乐"。
2. 反义字、词:
   (1) 老师说"大",儿童就说"小"。
   (2) 老师说"高",儿童就说"矮"。
   (3) 老师说"长",儿童就说"短"。
   (4) 老师说"白",儿童就说"黑"。

(5) 老师说"东",儿童就说"西"。
(6) 老师说"软",儿童就说"硬"。
(7) 老师说"好",儿童就说"坏"。
(8) 老师说"爸爸",儿童就说"妈妈"。

操作层次：

1. 向儿童说明什么叫作相似词、什么叫作相反词,并举实例说明。老师先示范说一组简单的相似词,让儿童仔细听,然后老师说出其中的一个词,要求儿童说出其相似词。同样的方法,老师说出一个字,让儿童说出其反义字。

2. 老师先示范说一组较复杂的相似词,让儿童仔细听,然后老师说出其中的一个词,要求儿童说出其相似词。同样方法,老师说出一个简单的词组,让儿童说出其反义词组。

3. 老师先示范说一组复杂的相似词,让儿童仔细听,然后老师说出其中的一个词,要求儿童说出其相似词。同样方法,老师说出一个复杂的词组,让儿童说出其反义词组。

活动三：句子完成

（一）功能

1. 提高特殊儿童的听觉注意力与辨别力。
2. 提高特殊儿童的听觉记忆力。
3. 培养特殊儿童的复述能力。
4. 培养特殊儿童的听觉理解力。

（二）方法

准备： 设计一些简单的填空句子,可先从特殊儿童较熟悉、较感兴趣、较简单、所需补充的字数较少者开始,然后逐渐使句子变成较复杂所需补充的字数也较多为止。例如：

(1) 我最喜欢的颜色是_____
(2) 我最讨厌的东西是_____
(3) 我的妈妈每天都_____
(4) 当爸爸下班的时候_____
(5) 我家_____
(6) 我常常_____
(7) 我_____

操作层次：

1. 先提供一个未完成的所需补充字数较少的儿童熟悉的句子,例如：你的名字叫_____。然后由儿童将此句完成,如：小明。

2. 在1的基础上,提供一些未完成的所需补充字数较多、较复杂的句子。

3. 在2的基础上,提供一些未完成的所需补充字数较多、较复杂的句子,并要求复述完整的句子。

活动四:故事的结局怎样?

(一) 功能

1. 提高特殊儿童的听觉注意力与辨别力。
2. 提高特殊儿童的听觉记忆力。
3. 培养特殊儿童的复述能力。
4. 培养特殊儿童的听觉理解力。
5. 提高特殊儿童的逻辑思考、推理与判断能力以及想象力。

(二) 方法

准备:准备一个简单有趣的故事。例如:小华的叔叔送给小华一只好可爱的小白兔作为小华6岁的生日礼物。小华好高兴,因为小华最喜欢小白兔了。小华给小白兔取了一个名字叫绒绒。可是小白兔要住在哪里呢?于是小华的爸爸给小华买了一个笼子,好让小华能把小白兔放在笼子里。小华每天一大早起来,就会拿红萝卜去喂小绒绒。可是已经过了一星期了,小绒绒都不太愿意吃东西,也不太喜欢玩,常常缩在笼子的角落里,一点儿精神都没有,而且愈来愈瘦。小华看得好心痛,他在想小绒绒一定是……(以下让特殊儿童接下去讲)。

操作层次:

1. 先说一个内容与情节都很简单的故事让儿童听,但没有结尾,然后要儿童把故事复述出来,并完成结尾。
2. 当儿童能给简单的未完成的故事一个合理的结尾后,可逐渐将故事内容与情节变得较复杂一点,让儿童复述并补充结尾。
3. 儿童熟悉这种活动以后,可以鼓励儿童对同一个故事给予多于一种以上的结尾,以发展儿童的创造力与想象力。

活动五:还有其他用途吗?

(一) 功能

1. 提高特殊儿童的听觉注意力与辨别力。
2. 提高特殊儿童的听觉记忆力。
3. 培养特殊儿童的复述能力。
4. 培养特殊儿童的听觉理解力。
5. 培养特殊儿童的想象力与创造力。

(二) 方法

准备:准备许多日常用品的名称,由易而难,让儿童说出这些东西的用途。

操作层次:

1. 老师先讲述许多简单的日常用品的名称和用途,让儿童注意倾听,然后让其说出这些东西的名称和用途。儿童说完之后,再加问"除了这些用途之外,还有其他用途吗?"鼓励儿童想些较新奇、较有趣的用途。

例如:问特殊儿童"钥匙是什么?它有什么用途?"儿童回答后,再加问"还有其他用途吗？"鼓励儿童尽量想，如果想不出来，可先暗示或示范，例如说"钥匙还可以用来撬开奶粉罐的盖子，用来做装饰品"，等等。

2. 当儿童掌握上述的活动方法后，可将日常用品改成平常被废弃的物品，然后问儿童这些将被丢弃的物品是否有其他的用途。例如：大多数人用完了空罐子后就把它丢弃，其实它还有许多有趣而且很好的用途，尽量鼓励儿童说出各种不同的新用途。

【本章小结】

听觉是仅次于视觉的重要感觉通道，它是人类最重要的感觉之一，它在人们的生活、学习中起着重要的作用。特殊儿童的听觉训练主要包括听觉注意、听觉辨别、听觉记忆、听觉理解及复述能力五个方面。

本章首先介绍了特殊儿童听觉注意训练的内容、对象，随后列举了大量的活动设计的例子来示范针对听觉注意进行训练的活动的设计方法。接着，逐一介绍了特殊儿童听觉辨别、听觉记忆、听觉理解及复述训练的内容和对象，并针对特殊儿童听觉辨别、听觉记忆、听觉理解及复述四个方面的训练列举了大量的活动设计的例子，旨在通过示范不同的、具体的、针对性的活动设计，帮助学习者通过迁移、泛化从中学习、掌握、应用训练活动的设计方法，真正惠及特殊儿童。

【思考与练习】

1. 特殊儿童的听觉能力训练可以从哪几个方面进行？
2. 对特殊儿童进行听觉能力训练需要考虑哪些问题？
3. 如何提高特殊儿童听觉训练的有效性？
4. 请运用听觉训练活动设计的方法，针对智力/发展障碍儿童的听觉注意、听觉辨别、听觉记忆、听觉理解及复述能力的不足，各设计一个训练活动。

要求：

(1) 所设计的活动需具备规范性、准确性、针对性、适切性、层次性、循序渐进性及可操作性；
(2) 所设计的活动在训练方法上至少包含3个层次。

5. 实践应用：

请为自己所带的研究个案设计一个听觉能力训练的活动，并根据这个活动设计对个案进行训练与评估。

第七章　特殊儿童触觉训练活动设计

学习目标：
1. 了解触觉训练中的基本概念。
2. 理解触觉训练涵盖的范围与内容。
3. 掌握触觉训练活动的设计方法。
4. 应用触觉训练的活动设计方法，根据儿童的不同需求设计触觉训练活动。

触觉是人类生存所需要的最基本最重要的感觉之一，是人通过全身皮肤上的神经细胞来接受外界的温度、湿度、压力、痛痒以及物体质感等刺激之后所产生的一种感觉，是当我们的皮肤承受某种物体的压力时，或接触到某种物体时所获得的感觉经验。引起这种感觉经验的压力，因身体部位的不同，而有极大的差异。平时，人们依赖指尖的触觉来辨认各种物件的质地最多，故对双手触觉的训练更加重视。而对特殊儿童来说，其触觉的训练不仅仅在于手指，还包括身体其他部位，应根据特殊儿童的实际需求，提供针对性的触觉训练。

对特殊儿童进行触觉训练，重点在于训练其触觉的敏锐性、辨别力和记忆力等，通过训练提升其触觉能力，这些能力的提升也需要通过对应的训练来落实。因此，触觉训练的内容包括：触觉敏锐性、触觉辨别力和触觉记忆力。

在设计特殊儿童触觉训练活动时，要从活动设计的要求出发，结合训练的内容和主题，所设计的活动需具备规范性、准确性、针对性、适切性、层次性、循序渐进性及可操作性，并考虑到活动设计的趣味性，以免枯燥，影响训练的效果。另外，训练者要保证活动的安全性，合理安排训练的时间。

第一节　触觉的敏锐性

触觉的敏锐性是个体对触觉刺激快速做出反应的能力。一般人对触觉刺激的反应通常有两种：一种是为保护自己免受伤害的单纯自然反应，另一种是大脑对刺激进行的识别性的反应。如果触觉敏锐性异常或迟钝都可能影响到儿童对触觉刺激的正常反应，造成自然反应的不足或过度、识别性反应的不足或迟钝等。特殊儿童因其自身的特殊性，在这方面的问题更突出，因此，对特殊儿童进行针对性的触觉敏锐性训练是其触觉训练的任务之一。对特殊儿童进行触觉敏锐性的训练，目标在于通过训练提高儿童对质地、形状、大小、温度、强度等都不相同的各种刺激的快速反应能力(敏锐性)以及区辨能力。

特殊儿童触觉敏锐力的训练,除了设计专门的活动进行训练以外,也可以结合触觉辨别力的训练活动进行训练,因此,在设计训练的活动时,可以把触觉敏锐力与辨别力这两者的训练融入到同一个活动设计中。

活动一：痒不痒？

（一）功能

1. 提升特殊儿童的触觉敏锐力。
2. 培养特殊儿童的注意力和好奇心。
3. 激发特殊儿童的游戏能力和快乐情绪。

（二）方法

准备：一张柔软的垫子,或者沙发,或者室外草坪等。

操作层次：

1. 老师或成人洗干净双手,与儿童坐在软垫(沙发或草坪)上,跟儿童做挠痒痒的游戏,先用双手作呵气状吸引儿童的注意力和好奇心,然后双手突然在儿童的双侧腋下或其背后或其脖子周围挠痒痒。老师或成人双手的力度因人而异,对于触觉迟钝的儿童,双手力度由大而小；对于触觉敏感的儿童,双手的力度由小而大。

2. 当儿童能够适应或喜爱这个游戏后,老师或成人在与儿童玩此游戏时,双手的力度可以大小交替,频率可以快慢交替,挠痒痒的部位也可以灵活变换,尽可能发现儿童身体最敏感或迟钝的部位,进行快速触压,让儿童在快乐的游戏中使其触觉敏锐性得到训练。

活动二：有东西吗？

（一）功能

1. 提升特殊儿童的触觉敏锐力。
2. 培养特殊儿童的注意力和好奇心。
3. 激发特殊儿童的游戏能力和快乐情绪。

（二）方法

准备：大小不一的毛绒玩具熊3只。

操作层次：

1. 当儿童集中注意力在玩其他玩具时,老师站在儿童身后,拿出一只小号的小熊轻轻扔向儿童背部,看其有何反应。若有反应,老师就假装双手没有东西；若没有反应就加大力度再次扔向其后背,观其反应,如此反复进行。此法适用于触觉过度敏感的儿童。如果儿童是触觉迟钝,则先用大号的玩具熊用力扔向他的后背,随后力度慢慢减小。可以几个儿童互相扔砸,增加活动的趣味性。

2. 当儿童能适应小号(或大号)玩具熊的扔砸触压后,再改用中号玩具熊。其他步骤如1。

3. 当儿童能适应中号玩具熊的扔砸触压后,再改用大号(或小号)玩具熊。其他步骤如1。

活动三:热不热?

（一）功能

1. 提升特殊儿童的触觉敏锐力。
2. 培养特殊儿童的注意力和好奇心。
3. 激发特殊儿童的游戏能力和快乐情绪。

（二）方法

准备:准备温度不一的热水若干杯,两两温度相同。

操作层次:

1. 让儿童坐在桌前,给他一杯带点温度的水,看他有何反应。若无反应则鼓励他摸一摸,问他热吗;若还没反应,老师先示范一下,做出表情,引导儿童再次触摸感受,观其反应。随后,再拿一杯和此杯温度相同的水,让儿童触摸杯子,观其反应。如此反复进行。若是触觉迟钝的儿童,则杯中的水温要稍高,但以不会烫伤儿童为宜。

2. 当儿童对触摸水温不高的杯子有反应后,再逐渐增加水温,以不会烫伤儿童为宜,让儿童触摸,方法如1。

活动四:冷不冷?

（一）功能

1. 提升特殊儿童的触觉敏锐力。
2. 培养特殊儿童的注意力和好奇心。
3. 激发特殊儿童的游戏能力和快乐情绪。

（二）方法

准备:准备温度不一的冷水若干杯,两两温度相同。

操作层次:

1. 让儿童坐在桌前,给他一杯温度较低的水,看他有何反应。若无反应则鼓励他摸一摸,问他冷吗;若还没反应,老师先示范一下,做出表情,引导儿童再次触摸感受,观其反应。随后,再拿一杯和此杯温度相同的水,让儿童触摸杯子,观其反应。如此反复进行。若是触觉迟钝的儿童,则杯中的水温要稍低。

2. 当儿童对触摸水温较低的杯子有反应后,再逐渐降低水温,让儿童触摸,方法如1。

活动五:走一走

（一）功能

1. 提高特殊儿童的触觉敏锐力。
2. 发展特殊儿童的辨别力与记忆力。
3. 培养特殊儿童的注意力和好奇心。

（二）方法

准备:感觉统合训练器材中的触觉脚垫、触觉平衡板、平衡步道。

操作层次：

1. 让儿童脱掉鞋子，走在摆放好的触觉脚垫上，观察其反应，并问他：有什么不一样吗？跟走在地板上一样吗？脚舒服吗？

2. 让儿童走在摆放好的触觉平衡板上，观察其反应，并问他：怎么样？舒服吗？跟走在触觉脚垫上一样吗？

3. 让儿童走在摆放好的平衡步道上，观察其反应，并问他：怎么样？舒服吗？跟走在触觉脚垫上一样吗？跟走在触觉平衡板上一样吗？走在哪一个上面最舒服？哪一个最不舒服？

第二节 触觉的辨别

触觉的辨别力是指靠触觉接受和分辨各种外界刺激的能力。若儿童未能发展出正常的触觉辨别能力，则将影响其准确感知事物、防御和保护功能，也影响其肌肉与心理的放松以及与他人的友爱、互动。特殊儿童在此方面的问题相对较多，因此，训练特殊儿童的触觉辨别力，可以从粗糙与平滑的辨别、湿黏与干燥的辨别、大小与长短的辨别、软硬与形状、冷热辨别等方面设计活动进行训练。目的在于通过训练提高儿童特殊儿童的触觉辨别能力，以及其触觉敏锐性和记忆力。

活动一：辨认光滑和粗糙的表面

（一）功能

1. 发展特殊儿童的触觉敏锐性。
2. 提高特殊儿童的触觉辨别力。
3. 发展特殊儿童轻触物品的动作能力。

（二）方法

准备：

准备3块纸板和6片长方形砂纸（10×20厘米）。

第一块纸板：左半贴细的砂纸，右半贴粗的砂纸；

第二块纸板：将粗细砂纸分别剪成（2×5厘米）条状，并将粗细砂纸交替贴在木板上；

第三块纸板：将四种粗细不同的砂纸，由最细到最粗依序贴在纸板上。

操作层次：

1. 指导儿童触摸第一块纸板上的砂纸，轻轻地由上而下，双手同时进行，先摸半面，再换另一半面，辨别其不同感觉，并向儿童解说：这一面是粗的，这一面是光滑的。

2. 能辨别第一片砂纸的粗细后，逐渐加入第二片及第三片砂纸。

3. 训练儿童闭上眼睛去触摸，或者用一块布把砂纸盖起来，双手在布下触摸。

活动二：辨认粗细大小

（一）功能

1. 提高特殊儿童的触觉敏锐性。
2. 提高特殊儿童的触觉辨别力。
3. 培养特殊儿童游戏互动的能力。

（二）方法

准备：
（1）表面粗细不等程度的木板 3 块（10 厘米见方）放在第一张桌上。
（2）长短不等的木棒 3 根（10~15 厘米）放在第二张桌上。
（3）粗细不等的带子 3 条（不同的鞋带）放在第三张桌上。
（4）大小不等的石头 3 个（以单手能握住为限）放在第四张桌上。
（5）大中小的皮球 3 只（篮球、排球、手球），放在大篮子内。
（6）与桌面同等大小的黑布 4 块。

操作层次：
1. 用黑布盖上 4 张桌子，让儿童用手依序摸出下列东西：
（1）在第一张桌上摸出表面最细（最光滑）的木板。
（2）在第二张桌上摸出不长也不短的木棒一条。
（3）在第三张桌上摸出最粗的鞋带。
（4）在第四张桌上摸出最小的石头。
（5）在篮内摸出最小的皮球。
2. 比赛看谁选择或辨认得最正确，选对一种得一颗星星，训练后可用星星去老师那里兑换喜欢的东西。

活动三：哪个干燥？哪个湿黏？

（一）功能

1. 发展特殊儿童的触觉敏锐性。
2. 提高特殊儿童对湿黏与干燥的辨别能力。
3. 促进儿童对物件品质的知觉性。

（二）方法

准备： 两条干毛巾、半盆水和一张沾满蜂蜜的纸板。

操作层次：
1. 取出两条干毛巾，将其中一条用水浸湿。把两条毛巾放在一起，先让儿童用手去触摸干燥的毛巾，告诉儿童这是干的；再让儿童去触摸湿毛巾，告诉他（们）这是湿的；然后让儿童触摸带蜂蜜的纸板，告诉他（们）这是黏的。反复让儿童感受三种感觉。
2. 把干毛巾、湿毛巾和蜂蜜三种物体放在一起让儿童闭上眼睛去分别触摸，并说出（指认）自己摸到的是什么。例如：我摸的是干燥的毛巾。

活动四:辨别湿黏干燥

(一)功能

1. 培养特殊儿童对湿、黏、干燥的敏锐性。
2. 促进特殊儿童的触觉辨别力与记忆力。

(二)方法

准备:毛巾、水、脸盆、胶水、小木板、小勺。

操作层次:

1. 将3张准备好的小木板上分别放上水、胶水和一块什么都不放,并且给儿童一条干燥的毛巾(以便儿童擦手)让儿童睁着眼睛用手轻轻触摸,感受干、湿和黏,形成对应概念。

2. 闭上眼睛辨别。

(1)将一条毛巾打湿一条毛巾不打湿,让儿童用手触摸辨别哪条是干的,哪条是湿的。

(2)将一块小木板上放上胶水另一块不放,让儿童用手触摸辨别哪块是干的,哪块是黏的。

(3)将一块小木板上放上水,一块放上胶水,一块什么也不放,让儿童用手触摸辨别哪块是干的,哪块是湿的,哪块是黏的。

活动五:玩石头

(一)功能

1. 发展特殊儿童对大小粗细的敏锐性。
2. 发展特殊儿童对轻重的辨别能力。
3. 发展特殊儿童搬、握的动作能力。

(二)方法

准备:若干个大小粗细不同的石头,放在地上或桌上。

操作层次:

1. 指导儿童用手触摸石头的粗细,并选出最粗的和最细的石头,选出最大的和最小的石头,掂量最重的和最轻的石头。

2. 用手触摸出最粗糙的3块石头和最细的3块石头,最大的3块石头和最小的3块石头,最重的3块石头和最轻的3块石头。

3. 用手触摸排列所有石头,由细到粗排列,由小到大排列,由轻到重排列。

第三节 触觉的记忆

触觉记忆力是指通过触觉识记、保持、再认识和重现客观事物所反映的内容和经验的能力。若儿童未能发展出正常的触觉记忆能力,也将影响其保持、再认、防御和保护功能。特殊儿童在此方面的问题较多,因此,训练特殊儿童的触觉记忆力,可以通过触觉记忆、分辨识记过的对象着手。目的在于通过训练提高特殊儿童的触觉记忆力,同时兼练其触觉辨别力与触觉敏锐性。

活动一:八宝囊探宝

(一)功能

1. 发展特殊儿童对不同物品的触觉敏锐性。
2. 发展特殊儿童的触觉辨别力。
3. 发展特殊儿童的触觉记忆力。

(二)方法

准备:

1. 10种左右日常用物品,如梳子、哨子、鞋带、铅笔、玻璃珠等,并放入一个袋子里。准备的东西可根据年龄的大小而不同。以"由少而多,由粗而精,由简明而复杂,由易而难"为原则。
2. 小布袋一个。

操作层次:

1. 让儿童闭上眼睛,把手伸到布袋里,任意取出一件物品,凭借触觉辨认该物,也可根据儿童情况要求其说出物品的名称和用途。
2. 让儿童闭上眼睛,根据要求从布袋中取出指定的物品,由易而难。

活动二:开布庄

(一)功能

1. 发展儿童对不同质地布匹的触觉敏锐性。
2. 提高特殊儿童的触觉辨别能力。
3. 提高特殊儿童的触觉记忆能力。

(二)方法

准备: 一个小篮子或带盖的盒子或小袋子;不同质地的布料,每块都剪成10厘米见方,质地有丝、绵、麻、绒、毛、腈纶、尼龙等,并放入小篮子或盒子。同质地的布料两块为一组。

操作层次:

1. 任取3组质地相同的布料并将3组布料混合在一起,放在儿童前面,叫儿童去触摸,把质地相同的布料配成一对。

2. 当儿童了解做法后,逐渐增加更多组布料。
3. 把布料放进盒子里或袋子里,引导儿童伸手进去触摸并加以配对。

活动三:哪个长?哪个短?

(一)功能
1. 发展特殊儿童对长短的敏锐性。
2. 发展特殊儿童的触觉记忆力。
3. 发展特殊儿童手部握取棒棍的动作能力。

(二)方法
准备:计数的长短棒 10 支,最短的为 1 厘米,两倍长的为 2 厘米,其余类推至 10。
操作层次:
1. 先以视觉引导儿童用触觉辨认长短棒。
(1) 以最短的为 1,两倍长为 2,其余类推。
(2) 以最短的基数丈量各棒的长短为 2、3、4、5、6、7、8、9、10。
(3) 比较 1、2、3、4、5、6、7、8、9、10 的大小,并排列出来。
2. 让儿童把眼睛闭起来,用手丈量各棒的长短并排列大小。
3. 让儿童把眼睛闭起来,用最短的棒丈量其他棒,说出倍数,并排列大小。

活动四:长短粗细的辨认

(一)功能
1. 发展特殊儿童对粗细线条的触觉敏锐性。
2. 促进特殊儿童对绳索、线、带等物品的辨别力。
3. 发展特殊儿童的触觉记忆力。

(二)方法
准备:准备长短粗细不同的绳、带和线若干,长约 30 厘米,且粗细不同、宽窄不同。
操作层次:
1. 引导儿童指认长短绳子、宽窄带子、粗细线。
2. 让儿童用双手触摸并说(指)出长绳子、短绳子、宽带子、窄带子、粗线、细线。
3. 让儿童把眼睛闭上,用手触摸并说(拿)出长短绳子、宽窄带子及粗细线。
4. 让儿童把眼睛闭上,老师把宽窄不同的皮带系在儿童的腰上,让其说(指)出皮带的宽窄。
5. 让儿童把眼睛闭上,老师把粗细不同的绳索捆绑左右两小腿,要求其能分辨出哪一边是粗(或细)绳索。

活动五:冷暖排序

(一)功能
1. 发展特殊儿童对温度的敏锐性。
2. 培养特殊儿童的触觉辨别能力。

3. 提高特殊儿童的触觉记忆力。

(二) 方法

准备：4~6个玻璃杯，或易拉罐空罐子，并将不同温度的热水、温水、自来水、冰水等放入杯中。

操作层次：

1. 指导儿童小心地触摸热杯子（罐子）的方法和反应动作，让儿童去触摸指认哪杯冷、哪杯热、哪杯温、哪杯冰。

2. 让儿童触摸各种不同温度的杯子和瓶子，把温度不同的杯子或罐子依热冷顺序排列。

3. 指导儿童观察：

（1）有冰水的杯子，旁边有小水滴。

（2）放热开水的杯子，杯口上冒着热气。

【本章小结】

触觉是人类重要的感觉之一，它在人们的生活、学习中起着重要的作用。特殊儿童的触觉训练主要包括触觉敏锐力、触觉辨别力和触觉记忆力三个方面。

本章首先介绍了特殊儿童触觉敏锐力训练的内容、对象，随后列举了浅显的活动设计的例子来示范针对触觉敏锐力进行训练的活动的设计方法。接着，本章逐一介绍了特殊儿童触觉辨别、触觉记忆力训练的内容和对象，并针对特殊儿童触觉辨别力、触觉记忆力的训练列举了大量的活动设计的例子，旨在通过示范不同的、具体的、针对性的活动设计，帮助学习者通过迁移、泛化从中学习、掌握、应用训练活动的设计方法，真正惠及特殊儿童。

【思考与练习】

1. 儿童的触觉能力训练可以从哪几个方面进行？
2. 对特殊儿童进行触觉能力训练需要考虑哪些问题？
3. 如何提高特殊儿童触觉训练的有效性？
4. 请运用触觉训练活动设计的方法，针对智力/发展障碍儿童的触觉敏锐性、触觉辨别及触觉记忆能力的不足，各设计一个训练活动。

要求：

（1）所设计的活动需具备规范性、准确性、针对性、适切性、层次性、循序渐进及可操作性；

（2）所设计的活动在训练方法上至少包含3个层次。

5. 实践应用：

请为自己所带的研究个案设计一个触觉能力训练的活动，并根据这个活动设计对个案进行训练与评估。

第八章 特殊儿童味觉训练活动设计

学习目标：
1. 了解味觉训练中的基本概念。
2. 理解味觉能力训练涵盖的范围与内容。
3. 掌握味觉训练活动的设计方法。
4. 应用味觉训练的活动设计方法，根据儿童的不同需求设计味觉训练活动。

味觉是指食物在人的口腔内对味觉器官化学感受系统的刺激并产生的一种感觉，是食物直接刺激味蕾产生的。从味觉的生理角度来划分，有酸、甜、咸、苦四种基本味觉。舌头前部，即舌尖有大量感觉到甜的味蕾；舌头两侧前半部负责咸味，后半部负责酸味；近舌根部分负责苦味。实际上人舌头上的味蕾可以感觉到各种味道，只是有不同的敏感度。在四种基本味觉中，人对咸味的感觉最快，对苦味的感觉最慢，但人对苦味最敏感。

味觉是人类在进化过程中选择食物的重要手段，也是儿童最为发达的感知觉之一。味觉器官是人的身体内部与外界环境沟通的一个重要出入口，担负着一定的警戒任务。同时，味觉也可以影响人的情绪。特殊儿童常常会出现味觉问题，即分不清酸、甜、咸、苦这四种基本的味觉，因而，容易造成身体缺乏必要的对外界有害食物的防御能力。因此，对于特殊儿童而言，味觉训练的目的是提高其味觉能力，增强其防御功能。训练的内容集中于味觉敏锐性、味觉辨别力和味觉记忆力。

在设计特殊儿童味觉训练活动时，要从活动设计的要求出发，结合训练的内容和主题，所设计的活动需具备规范性、准确性、针对性、适切性、层次性、循序渐进性及可操作性，并考虑到活动设计的趣味性，以免枯燥，影响训练的效果。另外，训练者要保证活动的安全性，合理安排训练的时间。

第一节 味觉的敏锐性

味觉敏锐性是指个体对味觉刺激快速做出反应的能力。由于味觉担负着人身体的警戒任务，若儿童的味觉敏锐性出现了问题，则会直接影响到儿童的身体安全。对于特殊儿童而言，这一点显得更加突出。因此，对伴有味觉问题的特殊儿童或味觉敏锐性迟钝的儿童进行味觉敏锐性的训练显得异常重要。

对特殊儿童进行味觉敏锐性训练的目的在于通过训练提高他们对酸、甜、咸、苦四种基本的味觉刺激的快速反应能力(敏锐性)以及分辨能力。由于味觉的敏锐性与味觉的辨别力紧密相关,与味觉记忆力之间也存在重要关联,因此,在训练味觉敏锐性时,常常与味觉辨别力或者味觉记忆力结合起来,尽可能提高每次训练的效能。

活动一:甜不甜? 酸不酸?

(一)功能

1. 提高特殊儿童对甜与酸的味觉敏锐力。
2. 提高特殊儿童对甜与酸的味觉辨别能力。
3. 加强特殊儿童对甜与酸食品的认知。

(二)方法

准备:甜、酸食品及其图片若干种,各一份,如奶糖、蜂蜜水、甜牛奶、甜果冻、话梅糖、山楂、酸梅、杏子、李子、酸奶等及其对应的图片,并准备小杯子、盘子及牙签若干。

操作层次:

1. 先取蜂蜜水、甜牛奶各一小杯,放在桌子上。取一勺甜牛奶送到儿童嘴里,问儿童:有味道吗? 什么味? 再取一勺蜂蜜水送到儿童嘴里,问他:有味道吗? 什么味? 然后再用同样的方法进行奶糖、甜果冻等甜食的交替品尝,并让儿童体验是否有味道,有什么味道。若儿童能够正确回答,还可以询问其品尝的是什么食品,引导其记住品尝的食品的名称或图片。
2. 用同样方法让儿童品尝话梅糖、山楂、酸梅、杏子、李子、酸奶等酸性食品,体验它们的酸味,并记住它们的名称或图片。
3. 将上述的甜食与酸食进行交替品尝,让儿童根据品尝到的味道进行比较、辨认。
4. 让儿童对上述的甜食与酸食进行品尝比赛,看谁反应最快、辨认最正确。

◆ 备注:对于智力/发展障碍儿童应根据情况降低难度,用相应图片的记忆代替对名称的记忆。

活动二:咸不咸? 苦不苦?

(一)功能

1. 发展特殊儿童对咸与苦的味觉敏锐力。
2. 发展特殊儿童对咸与苦的味觉辨别能力。
3. 增强特殊儿童对咸味食品和苦味食品的认知。

(二)方法

准备:咸味和苦味的食品及相对应的图片若干种,如咸饼干、咸菜、咸水、咸梅子、苦咖啡、黑巧克力、苦瓜、苦菜、黄连等,并准备小杯子、盘子、牙签若干。

操作层次:

1. 先取咸饼干、咸菜各一份,放在盘子里,置于桌上。取一小块咸饼干放入儿童口中,问他:有味道吗? 什么味? 再取一点咸菜送到儿童嘴里,问他:有味道吗? 什么味? 然后再用同样的方法进行咸水、咸梅子等咸食的交替品尝,并让儿童体验是否有味道,有什么味道。若儿童能够正确回答,还可以询问其品尝的是什么食品,引导其记住品尝的食品的名称或图片。

2. 用同样方法让儿童品尝苦咖啡、黑巧克力、苦瓜、苦菜、黄连等苦味食品,体验它们的苦味,并记住它们的名称或图片。

3. 将上述的咸味食品与酸味食品进行交替品尝,让儿童根据品尝到的味道进行比较、辨认。

4. 让儿童对上述的咸味食品与酸味食品进行品尝比赛,看谁反应最快、辨认最正确。

◆ 备注:对于智力/发展障碍儿童应根据情况降低难度,用相应图片的记忆代替对名称的记忆。

活动三:辣不辣?

(一) 功能

1. 提高特殊儿童对辣味食品的敏锐力。
2. 提高特殊儿童对辣味食品的辨别能力。
3. 加强特殊儿童对辣味食品的认知。

(二) 方法

准备:

1. 各种辣味食品及对应的图片若干,如辣味泡菜、辣萝卜条、辣味榨菜、辣味肉松、辣味薯片等,盘子、牙签若干。
2. 各种甜味食品及对应图片少许。

操作层次:

1. 先取辣味泡菜、辣味肉松各一份,放在盘子里,置于桌上,并取一小片辣味泡菜放入儿童口中,问他:有味道吗?什么味?再取一点辣味肉松送到儿童嘴里,问他:有味道吗?什么味?然后再用同样的方法进行辣萝卜条、辣味榨菜、辣味薯片等辣味食品的交替品尝,并让儿童体验是否有味道,有什么味道。若儿童能够正确回答,还可以询问其品尝的是什么食品,引导其记住品尝的食品的名称或图片。

2. 将上述的辣味食品进行两两比较、辨认,问儿童:有味道吗?什么味?味道一样吗?哪一种更辣?

3. 将上述的辣味食品与甜味食品进行比较、辨认,问儿童:有味道吗?什么味?味道一样吗?哪个甜?哪个辣?哪个更甜?哪个更辣?

◆ 备注:对于智力/发展障碍儿童应根据情况降低难度,用相应图片的记忆代替对名称的记忆。

活动四:尝一尝,猜一猜

(一) 功能

1. 提高特殊儿童对不同菜汁、果汁的味觉敏锐力。
2. 提高特殊儿童对不同菜汁、果汁的味觉辨别能力。
3. 加强特殊儿童对蔬菜汁、果汁的认知。

（二）方法

准备：

1. 胡萝卜汁、黄瓜汁、西红柿汁以及各种水果汁若干，对应的蔬菜、水果图片各一张。
2. 小杯子及吸管若干。

操作层次：

1. 取胡萝卜汁、黄瓜汁、西红柿汁各一杯，放在桌子上，先让儿童用吸管品尝胡萝卜汁，并问儿童：有味道吗？什么味？是什么？若儿童说（指）不出来，则对照图片告诉他品尝的胡萝卜汁的名称，然后以同样的方法认识另外两种菜汁，并将菜汁与相应的蔬菜配对。

2. 各取一杯胡萝卜汁、黄瓜汁、西红柿汁和几种果汁，让儿童逐一品尝，并问儿童：有味道吗？什么味？一样吗？有什么不一样？

3. 以此类推，可以增加更多种日常菜汁、果汁的辨认与比较。

活动五：水果拼盘

（一）功能

1. 提高特殊儿童的味觉敏锐力。
2. 提高特殊儿童的味觉辨别能力。
3. 发展特殊儿童的动作能力和合作能力。

（二）方法

准备：

1. 各种削（剥）皮、切成块（片）的水果肉（有酸有甜）若干，果盘一只，一次性手套若干，牙签若干。
2. 用各种水果做成的果盘图片一张。

操作层次：

1. 先将果盘图片展示给儿童看，引导、鼓励儿童根据图片自己动手制作果盘，随后将准备好的各种水果肉提供给儿童，让儿童根据自己的喜好，自己动手制作，教师可以指导儿童做，并且启发儿童相互合作。

2. 当儿童做好果盘后，教师可组织所有儿童进行欣赏和品尝，并问儿童：有味道吗？什么味？是什么水果？

3. 让儿童慢慢品尝，并说出哪个甜？哪个酸？哪个最甜？哪个最酸？

4. 让儿童捏起鼻子、闭起眼睛品尝老师递给他的水果肉，问他：有味道吗？什么味？是什么水果？以此增加趣味性。

第二节　味觉的辨别

味觉辨别力是指靠味觉接受和分辨各种刺激的能力。许多特殊儿童的味觉辨别能力不足，尤其是认知有缺陷的智力/发展障碍儿童，因而其身体的一道重要屏障就失去了作用，这就给其生活适应带来了困难,给其身体安全带来了隐患。因此,对特殊儿童或味觉辨别能力异常的儿童进行味觉辨别能力的训练就显得非常重要。

活动一:哪个更甜?

(一)功能

1. 提高特殊儿童的味觉辨别能力。
2. 提高特殊儿童的味觉敏锐力。
3. 发展特殊儿童的味觉记忆力。

(二)方法

准备:浓淡不一的糖水6杯,吸管6根。

操作层次:

1. 任意取糖水一杯,让儿童用吸管吸一口,然后问他:有没有味道?是什么味?甜吗?再取一杯糖水,让其吸一口,再问:有没有味道?是什么味?甜吗?和前一杯一样甜吗?哪一杯更甜?

2. 在层次1的基础上,再取一杯糖水,让儿童用吸管吸一口,然后问他:有没有味道?是什么味?和前两杯一样吗?这3杯水哪一杯最甜?哪一杯最不甜?并请他进行排序。

3. 根据儿童的反应,依序取第4杯、第5杯、第6杯糖水,让儿童品尝后辨别,并进行排序。

◆ 备注:若是一组儿童同时训练,可用穿插比赛的方法,增加活动的趣味性,调动儿童的积极性。

活动二:哪个更酸?

(一)功能

1. 提高特殊儿童的味觉辨别能力。
2. 提高特殊儿童的味觉敏锐力。
3. 发展特殊儿童的味觉记忆力。

(二)方法

准备:浓淡不一的果醋水8杯,吸管8根。

操作层次:

1. 任意取果醋水一杯,让儿童用吸管吸一口,然后问他:有没有味道?是什么味?酸吗?再取一杯果醋水,让其吸一口,再问:有没有味道?是什么味?酸吗?和前一杯一样酸吗?哪一杯更酸?

2. 在层次1的基础上,再取一杯果醋水,让儿童用吸管吸一口,然后问他:有没有味道?是什么味?和前两杯一样吗?这3杯水哪一杯最酸?哪一杯最不酸?并请他进行排序。

3. 根据儿童的反应,依序取第4、5、6、7、8杯果醋水,让儿童品尝后辨别,并进行排序。

◆ 备注:若是一组儿童同时训练,可用穿插比赛的方法,增加活动的趣味性,调动儿童的积极性。

活动三:哪个甜,哪个咸?

(一)功能

1. 提高特殊儿童的味觉辨别能力。
2. 提高特殊儿童的味觉敏锐力与记忆力。
3. 发展特殊儿童对甜咸食物的认知。

(二)方法

准备:

1. 糖水、盐水、纯净水以及原味牛奶、甜牛奶若干,甜、咸字卡各一张。
2. 糖、甜饼干、咸饼干等若干,小杯子、盘子若干。

操作层次:

1. 取糖水、盐水、纯净水各一小杯,置于桌上,让儿童逐一品尝,并让他说出:有没有味道,是什么味,是甜还是苦。若儿童无法用语言表达,则引导其指认甜、咸字卡。随后打乱糖水、盐水、纯净水的摆放次序,用同样方法让儿童再次品尝、辨别有无味道或甜咸。
2. 取原味牛奶、甜牛奶各一小杯,置于桌上,让儿童逐一品尝、辨别,方法如层次1。
3. 取一些糖、甜饼干、咸饼干放在盘中,置于桌上,让儿童逐一品尝、辨别,方法如层次1。
4. 引导儿童对甜和咸的水、牛奶、饼干等进行品尝、指认和归类。

◆ 备注:若是一组儿童同时训练,可用穿插比赛的方法,增加活动的趣味性,调动儿童的积极性。

活动四:哪个酸,哪个苦?

(一)功能

1. 提高特殊儿童的味觉辨别能力。
2. 提高特殊儿童的味觉敏锐力与记忆力。
3. 发展特殊儿童对酸、苦食物的认知。

(二)方法

准备:

1. 酸味和苦味的食品及相对应的图片若干种,如酸梅汁、酸梅、酸枣、酸杏、酸菜、苦咖啡、黑巧克力、苦瓜、苦菜、黄连等,并将准备的酸、苦味食品切(掰)成若干小块。
2. 小杯子、杯盖、盘子、牙签、吸管若干,酸、苦字卡各一张。

操作层次:

1. 取酸梅汁和苦咖啡各一小杯,盖上盖子置于桌上,让儿童用吸管各吸一口,观察儿童的面部表情,并问他:有味吗?什么味?是酸还是苦?哪个酸?哪个苦?若儿童无法用语言表达,可以观察他吸入后的反应,或者让其指认图片与酸、苦字卡。
2. 取一些小块的酸味、苦味食品放在盘中,置于桌上,让儿童用牙签取之品尝,观察儿童的面部表情,并询问。方法如层次1。
3. 让儿童根据味道的浓淡对酸味和苦味食品分别进行排序。

◆ 备注：若是一组儿童同时训练，可用穿插比赛的方法，增加活动的趣味性，调动儿童的积极性。

活动五：酸酸甜甜

（一）功能

1. 提高特殊儿童的味觉辨别能力。
2. 提高特殊儿童的味觉敏锐力与记忆力。
3. 发展特殊儿童对酸甜食物的认知。

（二）方法

准备：

1. 甜、酸果汁及对应的图片若干种，如：甜牛奶和苹果醋，蜜瓜汁和酸梅汤，蜜桃汁和柠檬水等。
2. 小杯子、杯盖子、吸管若干，酸、甜字卡各一张。
3. 糖醋小菜一碟，如糖醋黄瓜。

操作层次：

1. 先取甜牛奶，苹果醋各一小杯，盖上盖子，插上吸管，放在桌子上，让儿童各吸一口，观察其面部表情，并问他：有味吗？什么味？是酸还是甜？哪个酸？哪个甜？若儿童无法用语言表达，可以观察他吸入后的反应，或者让其指认酸、甜字卡。随后用同样方法让儿童辨别、指认蜜瓜汁和酸梅汤，蜜桃汁和柠檬水。
2. 取一小片糖醋黄瓜放进儿童的口中，问他：有味吗？什么味？是酸还是甜？又酸又甜？同法将苹果醋和蜜瓜汁混合，让儿童品尝并询问。
3. 在前面的基础上问儿童哪个最甜、最酸、又酸又甜。
4. 让儿童根据酸甜味道的浓淡进行分类排序。

◆ 备注：若是一组儿童同时训练，可用穿插比赛的方法，增加活动的趣味性，调动儿童的积极性。

第三节 味觉的记忆

味觉的记忆力是指通过味觉识记、保持、再认识和重现客观刺激物所反映的内容和经验的能力。正常的味觉记忆可以让人对过去的美味佳肴、趣味生活充满回忆和向往，也可以使人在关键时刻筑起屏障，避免对身体的伤害。然而，如果味觉的记忆力出现异常，则容易造成对生活不适、厌烦等消极情绪，严重的会危及生命的安全。因此，对特殊儿童或味觉记忆异常的儿童进行味觉记忆能力的训练则意义重大。

对特殊儿童或味觉记忆异常的儿童进行味觉记忆力的训练，目的在于提高他们凭口腔的感觉去识别、记忆食物特质的能力，以提高其味觉的防御能力。味觉记忆力的训练必须以味觉敏锐性和辨别力为基础，如果具备了一定的分辨力，可以设计一些活动进行综合训练，最好能将训练设计与日常生活中的饮食结合起来。

活动一：尝一尝，认一认

（一）功能

1. 提高特殊儿童的味觉记忆力。
2. 提高特殊儿童的味觉敏锐力与辨别能力。
3. 发展特殊儿童对各种味道食品的认知。

（二）方法

准备： 咸、甜、酸、辣、苦等各种味道的食品，如干果拼盘（开心果、榛子、杏仁），水果拼盘（草莓、葡萄、橘子），果脯拼盘，糖果拼盘，菜类拼盘等；牙签若干。

操作层次：

1. 把干果、水果、果脯、糖果、菜类拼盘放在桌子上，引导儿童分类品尝，并说出味道和名称。
2. 闭上眼睛，背对各类拼盘，老师任取一种干果或水果，放入儿童口中，让儿童品尝后，说出干果或水果的名称及类别，如：我吃的是橘子，橘子是水果。
3. 让儿童品尝后，进行比较，如：什么更甜？什么最甜？什么更酸？什么最酸？等等，同时，可有目的地鼓励儿童去品尝不同的味道，并在训练的过程中用一定的语言进行强化，比如问儿童酸不酸，等等。

◆ 备注：若是一组儿童同时训练，可用穿插比赛的方法，增加活动的趣味性，调动儿童的积极性。

活动二：品一品，尝一尝

（一）功能

1. 提高特殊儿童的味觉记忆力。
2. 提高特殊儿童的味觉敏锐力与辨别能力。
3. 发展特殊儿童对各种水果的认知。

（二）方法

准备：

1. 甜甜的红苹果、青青的酸苹果、甜甜的芦柑、酸酸的橘子各一个，对应的图片各一张。
2. 盘子、牙签若干。

操作层次：

1. 先把红苹果呈现给儿童观看，然后老师把红苹果削皮，切成若干小块，让儿童品尝，问他：是甜的还是酸的？同样方法，让儿童品尝青苹果，并询问，稍后再问儿童：哪个苹果甜？哪个苹果酸？同样方法，让儿童品尝芦柑和橘子，并询问。
2. 把红、青苹果块和芦柑、橘子瓣混合在一起，让儿童用牙签去随机品尝，辨别是甜还是酸，并说出或指出是哪一个苹果或芦柑或橘子的肉。
3. 让儿童根据品尝的经验说出或指出哪一个最甜，哪一个最酸。

◆ 备注：若是一组儿童同时训练，可用穿插比赛的方法，增加活动的趣味性，调动儿童的积极性。

活动三：是苹果还是梨子？

（一）功能

1. 提高特殊儿童的味觉记忆力。
2. 提高特殊儿童的味觉敏锐力与辨别能力。
3. 发展特殊儿童对水果味道的认知。

（二）方法

准备：

1. 各品种的梨子和苹果各一个，并切成若干小块，摆放在各自的盘子中。
2. 梨子和苹果的图片若干，牙签若干。

操作层次：

1. 让儿童用牙签随机在盛有苹果和梨子肉的各个盘子中取食一小块果肉，然后问他：是什么肉？是甜还是酸？
2. 让儿童再次品尝，并问他：哪几盘的肉是苹果？哪几盘的肉是梨子？哪盘的肉甜？哪盘的肉酸？
3. 儿童再一次品尝后，让他把装有苹果肉的盘子从甜到酸进行排序，装有梨子肉的盘子也同样排序。
4. 把所有盘子都按照从甜到酸或从酸到甜进行排序。

◆ 备注：若是一组儿童同时训练，可用穿插比赛的方法，增加活动的趣味性，调动儿童的积极性。

活动四：是妈妈烧的菜吗？

（一）功能

1. 提高特殊儿童的味觉记忆力。
2. 提高特殊儿童的味觉敏锐力与辨别能力。
3. 发展特殊儿童对各种味道食品的认知。

（二）方法

准备：妈妈常烧的菜和其他人烧的菜各2份，筷子4双。

操作层次：

1. 让儿童先品尝其他人烧的菜，然后问他：好吃吗？吃过吗？再让他品尝妈妈烧的菜，并问他：好吃吗？吃过吗？
2. 让儿童再次逐一品尝，并问他：哪个菜是吃过的？哪个菜跟妈妈烧的味道一样？
3. 让儿童反复品尝后，再问他：妈妈烧的菜是什么味道？另外两个菜是什么味道？
4. 让儿童按照从淡到咸的顺序或从不好吃到好吃的顺序进行排序。

活动五：聪敏的小舌头

（一）功能

1. 提高特殊儿童的味觉记忆力。
2. 提高特殊儿童的味觉敏锐力与辨别能力。
3. 发展特殊儿童对各种味道食品的认知。

（二）方法

准备：香蕉、苹果、橙子各2个，各取其中一个削（剥）皮后切成若干小块，装进带有盖子的小碗中；牙签若干。

操作层次：

1. 先用牙签任取一小块让儿童品尝，并问他：什么味？甜不甜？酸不酸？香不香？依法品尝其他两种，并询问。
2. 让儿童再次品尝，然后问他：哪个最甜？哪个最香？哪个最不甜？
3. 让儿童从最甜到最不甜或从最香到最不香进行排序。
4. 让儿童再次一一品尝，并逐一说出或指出是苹果、香蕉还是橙子。

◆ 备注：若是一组儿童同时训练，可用穿插比赛的方法，增加活动的趣味性，调动儿童的积极性。

【本章小结】

味觉是人类在进化过程中选择食物的重要手段，也是儿童最为发达、最重要的感知觉之一。味觉是人与外界环境沟通的一个重要屏障。特殊儿童的味觉训练主要包括味觉敏锐力、味觉辨别与味觉记忆能力三个方面。

本章首先介绍了特殊儿童味觉敏锐力的含义、训练的内容与对象，随后用活动设计的案例来示范针对味觉敏锐性进行训练活动的设计方法。接着，本章又逐一介绍了特殊儿童味觉辨别与味觉记忆的涵义、训练的内容和对象，并针对特殊儿童味觉辨别、味觉记忆两个方面的训练列举了大量活动设计的例子，旨在通过示范不同的、具体的、针对性的活动设计，帮助学习者通过迁移、泛化从中学习、掌握、应用训练活动的设计方法，真正惠及特殊儿童。

【思考与练习】

1. 儿童的味觉能力训练可以从哪几个方面进行？
2. 对特殊儿童进行味觉能力训练需要考虑哪些问题？
3. 如何提高特殊儿童味觉训练的有效性？
4. 请运用味觉训练活动设计的方法，针对智力/发展障碍儿童的味觉敏锐性、味觉辨别力及味觉记忆能力的不足，各设计一个训练活动。

要求：

（1）所设计的活动需具备规范性、准确性、针对性、适切性、层次性、循序渐进性及可操作性；

（2）所设计的活动在训练方法上至少包含3个层次。

5. 实践应用：

请为自己所带的研究个案设计一个味觉能力训练的活动，并根据这个活动设计对个案进行训练与评估。

第九章　特殊儿童嗅觉训练活动设计

学习目标：
1. 了解嗅觉训练中的基本概念。
2. 理解嗅觉能力训练涵盖的范围与内容。
3. 掌握嗅觉训练活动的设计方法。
4. 应用嗅觉训练活动的设计方法，根据儿童的不同需求设计嗅觉训练活动。

第三章和第四章提到，嗅觉与味觉一样，也是人身体内部与外界环境沟通的一个出入口，担负着一定的警戒任务。嗅觉是由物体发散于空气中的物质微粒作用于鼻腔上的感受细胞而引起，其刺激物必须是气体物质。因而，嗅觉不像其他感觉那么容易分类，通常使用产生气味的物质来命名，例如：玫瑰花香、肉香、腐臭、酸味、刺鼻味，等等。嗅觉关系到人们的日常生活及身体安全，因此，对伴有嗅觉功能异常的特殊儿童进行针对性的嗅觉训练至关重要，尤其是伴有认知缺陷的智力/发展障碍儿童。

由于嗅觉产生机制的特殊性，对特殊儿童进行嗅觉训练，目的在于通过对各种香味、酸味、腐臭味、刺鼻味的反应、辨别与记忆的训练，提升特殊儿童的嗅觉能力，提高其防御能力。嗅觉能力训练的内容主要包括嗅觉敏锐性、嗅觉辨别能力、嗅觉记忆力及与味觉的关系。

在设计特殊儿童嗅觉训练活动时，要从活动设计的要求出发，结合训练的内容和主题，所设计的活动需具备规范性、准确性、针对性、适切性、层次性、循序渐进性及可操作性，并考虑到活动设计的趣味性，以免枯燥，影响训练的效果。另外，训练者要保证活动的安全性，合理安排训练的时间。

第一节　嗅觉的敏锐性

嗅觉敏锐性是指个体对嗅觉刺激快速做出反应的能力。由于嗅觉担负着人体的警戒任务，若儿童的嗅觉敏锐性出现了问题，就会直接影响到儿童的人身安全。对于特殊儿童而言，这一点显得更加突出。因此，对伴有嗅觉问题的特殊儿童或嗅觉敏锐性迟钝的儿童进行嗅觉敏锐性的训练非常重要。

对特殊儿童进行嗅觉敏锐性训练，目的在于通过训练使他们能运用嗅觉正确感知有无气味与何种气味的快速反应能力(敏锐性)以及分辨能力。嗅觉的敏锐性与嗅觉的辨别力紧密相关,与嗅觉记忆力之间也存在重要关联,因此,在训练嗅觉敏锐性时,常常与嗅觉辨别力或者嗅觉记忆力训练相结合。

活动一:香不香?

(一)功能

1. 提高特殊儿童对各种香味的敏锐性。
2. 培养特殊儿童对香味的辨别力。
3. 增强特殊儿童对各种带有香味物品的认知。

(二)方法

准备:搜集香皂、肥皂、鲜花、香水、精油、水果等若干。

操作层次:

1. 引导儿童闻各种鲜花的香味,也可带儿童到花园和花店活动,有意识地让儿童闻闻花香,并问儿童:这是什么?香不香?
2. 让儿童闻日用品的香味,比如:化妆品、护肤品、牙膏、香皂,等等;每次使用的时候都让儿童闻闻,并问:香不香?
3. 以此类推,让儿童闻食品、饮品的香味,如蛋糕、茶水香味等,并询问:香不香?

活动二:闻水果

(一)功能

1. 提高特殊儿童对各种水果香味的敏锐性。
2. 发展特殊儿童对各种水果香味的辨别能力。
3. 提高特殊儿童的嗅觉记忆力。

(二)方法

准备:水果若干种,如:菠萝、苹果、桃、橙子等;一把水果刀和多个果盘。

操作层次:

1. 选择两种水果各一个,放在果盘里,如苹果、橘子。老师取苹果闻一闻说:这是苹果。然后放在儿童鼻下,让他闻一闻,问他:这个苹果香不香?以同样的方法闻橘子。
2. 拿出层次1中的两种水果,引导儿童用嗅觉辨认哪个是苹果,哪个是橘子。
3. 当儿童能辨认两种水果时,再增加一种,方法同层次1、2。
4. 根据儿童的认识能力,增加水果种类。训练方法同层次1、2、3。

活动三:酸不酸?

(一)功能

1. 发展特殊儿童对各种不同酸味的敏锐性。
2. 发展特殊儿童对各种不同酸味的辨别能力。
3. 增强特殊儿童对能食用的酸味食品的认知。

（二）方法

准备：各种酸味食品及对应图片各一份，如酸奶、泡菜、酸菜、醋等；一定数目的盘子及若干牙签。

操作层次：

1. 取出一些酸奶、醋放入盘中，引导儿童逐一闻味，记住名称或图片，并问：闻到了什么味？酸不酸？
2. 引导儿童通过闻和品尝，比较酸奶、醋的不同，并说出或指出哪个更酸。
3. 当儿童能闻辨酸奶和醋味后，逐渐加入泡菜、酸菜等，方法同层次1、2。
4. 让儿童品尝上述食品，并进行比较，说出或指出哪一个更酸。

活动四：空气好香哦

（一）功能

1. 发展特殊儿童的嗅觉敏锐性。
2. 发展特殊儿童的嗅觉辨别能力。
3. 发展特殊儿童的嗅觉记忆力。

（二）方法

准备：搜集香水、空气清新剂等若干种及对应的图片。

操作层次：

1. 喷洒一种香水或空气清新剂，引导儿童仔细去闻，并问他：什么味？刺鼻吗？同时让他记住名称或图片。
2. 先后喷洒两种香水或空气清新剂，引导儿童去闻并分辨两种香水的气味，记住其名称或图片。
3. 以此类推，增加更多种类的香水或空气清新剂，引导儿童去闻，并记住其名称或图片。
4. 先后喷洒上述香水或空气清新剂，让儿童仔细闻，并说出或指出是哪一种香水或空气清新剂，哪种更刺鼻。

活动五：臭不臭？

（一）功能

1. 发展特殊儿童对臭味的敏锐性。
2. 发展特殊儿童对臭味的辨别能力。
3. 发展特殊儿童对臭味的记忆力。
4. 增强特殊儿童对可食的臭味食品的认知。

（二）方法

准备：带臭味的可食食物及相应的图片若干，如臭豆腐、榴莲、臭干、臭肉、臭鱼、臭虾等。

操作层次：

1. 呈现一种可食的臭味食品，先引导儿童去闻，并问他：臭不臭？然后再去品尝，并记住名称或图片。

2. 添加一种可食的臭味食品,先引导儿童去闻,并问他:臭不臭? 然后再去品尝记忆,并与前一种做比较。

3. 以此类推,可以添加多种可食的臭味食品,方法同上。

4. 呈现上述臭味食品,引导儿童专心地去闻,然后问他:臭不臭? 哪一个最臭? 并让他根据其臭味的浓淡用图片进行排序。

第二节 嗅觉的辨别

嗅觉辨别力是指依靠嗅觉接受和分辨各种刺激的能力。有些特殊儿童的嗅觉辨别能力不足,尤其是认知有缺陷的智力/发展障碍儿童,这就给其生活适应带来了困难,给其身体安全带来了隐患。因此,对特殊儿童或嗅觉辨别能力异常的儿童进行嗅觉辨别能力的训练非常重要。

嗅觉辨别能力的训练,目的在于通过训练提高嗅觉过于迟钝和认知能力有缺陷的儿童能正确分辨香味、酸味、腐臭味以及刺鼻味四类嗅觉刺激的能力。这一能力的训练可以结合嗅觉敏锐性和记忆力同时进行,也可以将训练设计与日常生活相结合。

活动一:闻一闻,辨一辨

(一) 功能

1. 提高特殊儿童的嗅觉敏锐力。
2. 提高特殊儿童的嗅觉辨别能力。
3. 提高特殊儿童的嗅觉记忆能力。

(二) 方法

准备:搜集各种气味的物品,如:风油精、各种香味的精油和香水;对应图片若干种。

操作层次:

1. 遮住瓶身,打开一种精油或香水的瓶盖,引导儿童仔细去闻并指着图片告诉他名称,让他记住闻到的香味。同样方法,打开另一种香味的精油或香水,引导儿童闻和记。

2. 让儿童交替闻层次1中的两种精油或香水,并让他说出或指出各是什么香味的精油或香水。

3. 再打开一种香味的精油或香水,引导儿童仔细闻和记。随后让儿童交替闻三种精油或香水,并进行辨别,方法同层次2。

4. 以此类推,增加更多种类的精油或香水,引导儿童去闻、去辨别。

活动二:辨认水果

(一) 功能

1. 提高特殊儿童的嗅觉辨别力。
2. 提高特殊儿童的嗅觉敏锐性。

3. 培养特殊儿童认识水果名称及相应图片。

(二) 方法

准备:菠萝、苹果、桃、橙子等果肉若干,带盖(盖上有小孔)的杯子4个,图片一套。

操作层次:

1. 分别把菠萝、苹果、桃、橙子等果肉放在带盖的杯中,引导儿童逐一去闻,问他:什么味?香不香?并告知名称,出示图片。

2. 让儿童根据闻到的果肉的味道,从图片中找出相应的水果。

3. 以此类推,增加或更换水果种类。

4. 引导儿童根据果肉香味的浓淡用图片进行排序。

活动三:找牙膏

(一) 功能

1. 提高特殊儿童的嗅觉敏锐性。

2. 培养特殊儿童的嗅觉辨别能力。

3. 培养特殊儿童的嗅觉记忆力。

4. 增强特殊儿童对常见物品的认知。

(二) 方法

准备:搜集一些牙膏、护肤霜、洗发水的瓶盖和带有许多小洞的大白纸,瓶盖最好是同一颜色。

操作层次:

1. 拿出牙膏的瓶盖,让儿童闻一闻,问他:有味吗?什么味?并记住名称。

2. 把牙膏、护肤霜、洗发膏的瓶盖都放在桌上,并用带有小洞的大白纸盖上,让儿童逐一去闻这三种瓶盖,并找出牙膏盖。

3. 变换物品的种类,让儿童通过嗅觉去逐一辨认。

4. 增加辨别物品的种类,让儿童通过嗅觉去逐一辨认。

活动四:辨认调料

(一) 功能

1. 提高特殊儿童对各种调料的嗅觉敏锐性。

2. 发展特殊儿童对各种调料的嗅觉辨别能力。

3. 提高特殊儿童对各种调料的嗅觉记忆力。

4. 加强特殊儿童对各种常见调料的认知。

(二) 方法

准备:料酒、醋、酱油、大料、花椒、姜(切片)、葱蒜(去皮),小碗3个,小盘4个,及扎孔的白纸盖7个。

操作层次:

1. 把料酒、醋、酱油分别放在碗中,引导儿童逐一闻味儿,问他们:有味吗?什么味?并记住其名称。

2. 把装有以上3种调料的碗分别盖上纸盖,逐一让儿童闻,通过嗅觉辨认并说出名称。

3. 在儿童能辨认料酒、醋、酱油后,逐渐增加大料、花椒、姜、葱蒜并放在盘中,引导儿童逐一闻味儿,并记住其名称。

4. 把装有以上7种调料的碗、盘分别盖上纸盖,逐一让儿童闻,通过嗅觉辨认并说出名称。

5. 根据上述方法,逐渐增加调料的种类,让儿童闻味辨认。

活动五:哪一个更酸?

(一)功能

1. 发展特殊儿童对各种不同酸味的嗅觉敏锐性。
2. 发展特殊儿童对各种不同酸味的嗅觉辨别力。
3. 发展特殊儿童对各种不同酸味的嗅觉记忆力。
4. 加强特殊儿童对能食用的酸味食品的认知。

(二)方法

准备:
1. 各种酸味食品及对应的图片各一份,如:酸奶、泡菜、酸菜、醋等。
2. 准备相应数目的盘子及扎孔的白纸盖,以及牙签若干。

操作层次:
1. 取出一些酸奶放入盘中,引导儿童去闻味,问他:有味吗?什么味?并让他记住名称。
2. 再取出一些醋放入盘中,与盛酸奶的盘子一起置于桌子上,并用带有小孔的纸盖盖好,引导儿童通过品尝辨别酸,闻味辨别哪一个是酸奶,哪一个是醋。
3. 当儿童能辨别酸奶和醋味后,逐渐加入泡菜、酸菜等,方法同层次1、2。
4. 引导儿童品尝上述食品,比较哪一个更酸。

第三节 嗅觉记忆及与味觉的关系

嗅觉的记忆力是指通过嗅觉识记、保持、再认识和重现客观刺激物所反映的内容和经验的能力。正常的嗅觉记忆可以让人对感知过的气味充满回忆和向往,也可以使人在关键时刻筑起屏障,避免对身体的伤害。然而,如果嗅觉的记忆力出现异常,则可能会危及生命的安全。因此,对特殊儿童或嗅觉记忆异常的儿童进行嗅觉记忆能力的训练意义重大。

对特殊儿童或嗅觉记忆异常的儿童进行嗅觉记忆力的训练,目的在于提高其嗅觉的记忆与分辨力,了解嗅觉和味觉的关系,提高其身体的安全防御功能;训练其凭嗅觉去记忆、分辨日常生活中散发不同气味的物品,并知道具有何种气味的物品可以吃、喝、闻,具有何种气味的物品不能吃、喝、闻;即使是同类型气味,也能判断哪些可以吃哪些不可以吃,哪些能喝哪些不能喝,哪些能闻哪些不能闻。嗅觉记忆力的训练必须以嗅觉敏锐性和辨别力为基础,如果具备了一定的分辨力,可以设计一些活动进行综合训练,最好能将训练设计与日常生活结合起来。

活动一:香味一样吗?

(一)功能

1. 发展特殊儿童的嗅觉敏锐性。
2. 发展特殊儿童的嗅觉辨别力。
3. 发展特殊儿童的嗅觉记忆力。
4. 加强特殊儿童对鲜花的认知。

(二)方法

准备:

1. 搜集一些鲜花或干花的花瓣以及对应的图片若干,如:康乃馨、玫瑰、百合、天堂鸟、红掌、郁金香、满天星、薰衣草,等等。
2. 不透明的杯子或纸杯以及带小孔的杯盖(可用纸做)若干。

操作层次:

1. 把一种花瓣(如玫瑰)放进杯子里,盖上盖子,引导儿童用心闻,问他:香不香? 并指着图片告诉儿童是什么花。同样方法,再把另一种花瓣(如康乃馨)放进杯子里,引导儿童闻,并问他:香不香? 跟前面玫瑰的香味一样吗?
2. 把前面装有玫瑰和康乃馨花瓣的两个杯子置于桌上,让儿童交替去闻,并问他:哪个是玫瑰? 哪个是康乃馨? 让他说出或指认图片。
3. 当儿童能辨别两种花香后,可以逐渐加入更多种,方法同层次1、2。
4. 引导儿童仔细闻,并分辨哪一种花香最香、最刺鼻。
5. 引导儿童闻辨,根据香味的浓淡进行排序。

活动二:酸不可闻

(一)功能

1. 发展特殊儿童的嗅觉敏锐力。
2. 发展特殊儿童的嗅觉辨别与记忆能力。
3. 发展特殊儿童区别可食的酸味食品和不可食酸味物品的能力。
4. 增强特殊儿童对可食的酸味食品的认知。

(二)方法

准备:带酸味的可食食物与不可食的酸味物品及相应的图片若干,如酸菜、酸豆角、醋、山楂、酸奶、酸梅、酸杏、馊饭、泔水等。

操作层次:

1. 呈现一种可食的酸味食品,先引导儿童去闻,并问他:酸不酸? 然后再去品尝,并记住名称或图片。
2. 添加一种可食的酸味食品,先引导儿童去闻,并问他:酸不酸? 然后再去品尝记忆，并与前一种做比较。

3. 以此类推，可以添加多种可食的酸味食品，方法同上。

4. 逐渐添加不可食的酸味物品，引导儿童去闻，并问他：酸不酸？恶不恶心？引导儿童体验言语上的厌恶感，并记住它们的名称或图片。

活动三：谁的鼻子最灵？

（一）功能

1. 发展特殊儿童对刺鼻气味的敏锐力。
2. 发展特殊儿童对刺鼻气味的辨别力。
3. 发展特殊儿童对刺鼻气味的记忆能力。
4. 增强特殊儿童对刺鼻气味物品的认知。

（二）方法

准备：

1. 具有刺鼻气味的调味品（如辣椒、大蒜、姜等），具有清香气味的生活用品（如肥皂、淡香水等），水以及对应的图片，等等。
2. 带盖（盖上有小孔）的不透明瓶子若干。

操作层次：

1. 将辣椒、水分别放在两个瓶子里，引导儿童去闻，问他：闻到了什么？并以语言或图片告知儿童是什么。在此基础上，引导儿童辨别哪种味是刺鼻的。
2. 再将淡香水放进瓶子里，与分别装有辣椒和水的瓶子一起置于桌上，让儿童分别去闻，并指出：闻到了什么？哪个是刺鼻的？每个瓶子里装的是什么？
3. 再增加肥皂水，其后方法如层次1、2。
4. 根据上述方法，逐渐增加物品的种类，让儿童闻味进行辨别和指认。

活动四：快快躲开

（一）功能

1. 发展特殊儿童的嗅觉敏锐力。
2. 发展特殊儿童的嗅觉辨别力。
3. 发展特殊儿童的嗅觉记忆力。
4. 增强特殊儿童对有害物品的认知。

（二）方法

准备：

1. 搜集适量的汽油、油漆、松香水、乳胶等刺激性气味的物品，以及液体皂、水、风油精等日用品，对应的图片。
2. 带盖（盖上有小孔）的不透明瓶子若干。将上述水、油、漆等装进瓶子里，盖好盖子。

操作层次：

1. 将装有汽油、水的两个瓶子置于桌上，引导儿童去闻，问他：闻到了什么？哪个是刺鼻的？每个瓶子里装的是什么？并以语言或图片告知儿童是什么。在此基础上，引导儿童辨别哪种味是刺鼻的、有害的。

2. 再将装有油漆、汽油和水的瓶子一起置于桌上，让儿童分别去闻，方法如层次1。

3. 再增加松香水，其后方法如层次1。

4. 逐渐增加对液体皂、水、风油精等日用品的闻、辨别和指认，方法如层次1。

活动五：臭不可闻

（一）功能

1. 发展特殊儿童对臭味的嗅觉敏锐力。
2. 发展特殊儿童对臭味的嗅觉辨别与记忆能力。
3. 发展特殊儿童区别可食的臭味食品和不可食臭味物品的能力。
4. 增强特殊儿童对可食的臭味食品的认知。

（二）方法

准备：带臭味的可食食物与不可食的臭味物品及相应的图片若干，如：臭豆腐、榴莲、臭干、臭肉、臭鱼、臭虾等。

操作层次：

1. 呈现一种可食的臭味食品，先引导儿童去闻，并问他：臭不臭？然后再去品尝，并记住名称或图片。

2. 添加一种可食的臭味食品，先引导儿童去闻，并问他：臭不臭？然后再去品尝记忆，并与前一种做比较。

3. 以此类推，可以添加多种可食的臭味食品，方法同上。

4. 逐渐添加不可食的臭味物品，引导儿童去闻，并问他：臭不臭？同时，引导儿童体验言语上的厌恶感，并记住它们的名称或图片。

【本章小结】

嗅觉是人类最重要的感觉之一，它与味觉一样，也是我们身体内部与外界环境沟通的一个重要出入口。一方面，嗅觉对特殊儿童的身体起着警戒、防御的作用；另一方面，在听觉、视觉损伤的情况下，嗅觉作为一种距离分析器具有重大意义。特殊儿童的嗅觉训练主要包括嗅觉敏锐性、嗅觉辨别与嗅觉记忆能力及与味觉关系三个方面。

本章首先介绍了特殊儿童嗅觉敏锐性的含义、嗅觉训练的内容与对象，随后列举了大量活动设计的实例来示范针对嗅觉注意进行训练的活动设计方法。接着，本章又逐一介绍了特殊儿童嗅觉辨别与嗅觉记忆的含义、训练的内容和对象，并针对特殊儿童嗅觉辨别、嗅觉记忆与味觉的关系两方面的训练列举了大量的活动设计的例子，旨在通过示范不同的、具体的、针对性的活动设计，帮助学习者通过迁移、泛化从中学习、掌握、应用训练活动的设计方法，真正惠及特殊儿童。

【思考与练习】

1. 儿童的嗅觉能力训练可以从哪几个方面进行？
2. 对特殊儿童进行嗅觉能力训练需要考虑哪些问题？
3. 如何提高特殊儿童嗅觉训练的有效性？

4. 请运用嗅觉训练活动设计的方法,针对智力/发展障碍儿童的嗅觉敏锐性、嗅觉辨别、嗅觉记忆及与味觉关系能力的不足,各设计一个训练活动。

要求:

(1) 所设计的活动需具备规范性、准确性、针对性、适切性、层次性、循序渐进性及可操作性;

(2) 所设计的活动在训练方法上至少包含3个层次。

5. 实践应用:

请为自己所带的研究个案设计一个嗅觉能力训练的活动,并根据这个活动设计对个案进行训练与评估。

第十章　特殊儿童本体觉训练活动设计

学习目标：
  1. 了解本体觉训练中的基本概念。
  2. 理解本体觉能力训练涵盖的范围与内容。
  3. 掌握本体觉训练活动的设计方法。
  4. 应用本体觉训练活动的设计方法，根据儿童的不同需求设计本体觉训练活动。

  第三章和第四章提到，本体感觉是人体的深度感觉，它包括位置感觉和运动感觉，是提供关于肌肉、关节、韧带、肌腱和结缔组织信息的感觉系统，是人对于自己的位置、力量、方向和身体各部位动作的感觉，如我们能感觉到头部是弯曲的还是直立的，胳膊是外伸的还是内展的。当本体感系统很好地工作时，我们可以通过空间知道身体的位置和运动，能够意识到完成活动需要多少力量以及能够自动重新调整我们身体的位置。因而，本体觉可以帮助人随时与地心引力保持协调的关系，例如，我们在做任何活动时不用特别注意身体、四肢的位置，也能很顺畅地完成相互关联的活动，如翻身、站立、跳跃、扣扣子、写字和梳头等。
  对特殊儿童进行本体觉训练的目的在于通过关节运动觉和位置觉等方面的训练来改善、提升特殊儿童，尤其是智力/发展障碍儿童的本体觉功能，提高其本体觉能力，进而提升特殊儿童的感知能力，为认知能力的发展提供前提条件。本体觉训练的主要内容包括特殊儿童身体各部分位置的辨别和身体平衡与协调性训练等内容。
  在设计特殊儿童本体觉训练活动时，可将本体觉训练的两个方面——身体各部分位置的辨别和身体平衡与协调性的训练结合起来同时进行，尽可能发挥每个训练活动最大的功效。需要注意的是，在设计特殊儿童本体觉训练活动时，要从活动设计的要求出发，结合训练的内容和主题，所设计的活动需具备规范性、准确性、针对性、适切性、层次性、循序渐进性及可操作性，并考虑到活动设计的趣味性，以免枯燥，影响训练的效果。另外，训练者要保证活动的安全性，合理安排训练的时间。以下是本体觉的训练内容——身体各部分位置的辨别和身体平衡与协调性训练两个方面的活动设计举例。

第一节　身体各部分位置的辨别

人身体各部分主要包括头颈部、躯干和四肢,能够准确地认识和辨别身体的各部分是儿童本体觉发展过程中的基本能力。存在此方面问题的特殊儿童难以准确地感知其关节位置,不能很好地感觉和分辨身体不同部位的位置,影响儿童的方向感和空间感,对儿童的生活适应造成很大的不便。

训练特殊儿童对身体各部分位置辨别的目的是提高本体感异常的儿童及认知能力有缺陷的特殊儿童能够感知、认识自己身体的各部位,能够准确地辨别身体的各部位,如眼睛、鼻子、耳朵、手、脚、胳膊等位置的能力。在设计训练活动时要紧紧围绕身体部位的指认与辨别这个主题,设计的内容由以儿童自身为中心进行指认、辨别到以他人或他物为中心,并尽量与儿童的日常生活和游戏结合起来。

活动一:摸摸你的鼻子

(一)功能

1. 帮助特殊儿童认识身体各部位的名称。
2. 培养特殊儿童对身体各部位的辨别能力。
3. 培养特殊儿童对身体各部位的指认能力。

(二)方法

准备:根据身体各部位编写合适的、顺口的指令,如"摸摸你的鼻子""摸摸你的脚""摸摸你的腿""摸摸你的头""摸摸你的耳朵"等,要求儿童按照指令摸摸他身体相对应的部位。

操作层次:

1. 教师向儿童说明要求,先说出指示语并进行示范,然后由易而难、由简而繁说出指示语,让儿童根据指令自行完成指认任务。
2. 教师要儿童把眼睛闭起来,然后教师摸摸儿童身体的某一部位,要儿童说出被摸部位的名称。
3. 两个儿童一组,一个儿童给出指令,如"摸摸我的鼻子、摸摸我的胳膊"等,让另外一个儿童按照指令摸对方儿童相应的身体部位。

活动二:谁的手大?

(一)功能

1. 培养特殊儿童对身体各部位的大小和形状的辨别能力。
2. 帮助特殊儿童了解不同的人的身体各部位的大小和形状的差异。

(二)方法

准备:根据身体部位编写合适的、顺口的指令。如:"这是我的手(同时把手伸出来),你的手在哪里?""这是我的脚(同时把脚举起来或伸出来),你的脚在哪里?"等。要求儿童根据指示语的指令要求展示其身体的相应部位。

操作层次：

1. 让儿童对身体各部位进行辨别。教师说明活动要求，先说出指示语并进行示范，然后由易到难、由简到繁说出指示语，让儿童根据指令完成身体部位的辨别任务。

2. 儿童对身体部位的大小、形状进行比较。当儿童显示其身体的某一部位时，教师同时也显示其身体相同的部位。接着，教师要儿童比较一下，看看谁的比较大，或是形状有没有不同的地方。如：儿童伸出手，教师同时也把自己的手放在儿童的手边，然后对儿童说：我的手和你的手有没有不同？哪里不同呢？请你说说看。

活动三：动动你的头

（一）功能

1. 培养特殊儿童听觉与动作协调的能力。
2. 加强特殊儿童对身体各部位的认识。
3. 增强特殊儿童听觉和动作反应的灵敏性。

（二）方法

准备： 一间教室，以及背景音乐。

操作层次：

1. 教师要儿童坐在地板上，然后对儿童说明：每次当我说出身体某一部位的名称时，你就要动动那个部位给我看。如：教师说到"头"时，儿童就要把自己的头动一动。为了增加本活动的趣味性，教师可从头部开始，接着往下移，直至脚趾为止；或是由脚趾开始，顺着往上移，直至头部为止。教师也可以用类似"当我说'熊先生的头时'你才可以动动你的头，当我没有说'熊先生说'时，你就什么都不要做"等这样的指示语。

2. 教师在说出身体某一部位的名称时，同时冠上"左、右"之别（如：左脚右手等），让儿童按照指令显示相应的身体部位，从易到难。

◆ 备注：当儿童做完后，可由儿童说出指示语，教师照着指示语也动动自己身体的各个部位，增加活动的乐趣。

活动四：娃娃的眼睛在哪里？

（一）功能

1. 增进特殊儿童对身体各部位的认识。
2. 培养特殊儿童对身体各部位的辨别和指认能力。
3. 培养特殊儿童反应和表达的能力。
4. 培养特殊儿童的参与感。

（二）方法

准备： 一间教室、数个娃娃玩偶（或请儿童从家里带来）。

操作层次：

1. 教师将儿童分成人数相等的数组（每组以 6~8 人为宜），每组都有 2~3 个娃娃玩偶（或人手一个）。教师说明活动进行的方式：老师知道每位小朋友都清楚自己的头发、眼睛、鼻子、手和脚等在哪里(教师也可借此机会让小朋友再指认自己身体各部位),现在,我们一起来看看娃娃的眼睛、嘴巴、耳朵在哪里好吗？教师说出娃娃身体的各部位,各组儿童分别指出手中娃娃玩偶的相应部位。儿童若有不明白的地方,教师再加以说明、补充。

2. 教师让儿童相互比较、仔细观察手中娃娃玩偶的不同之处,教师也可借此说明人与人之间的不同之处,如性别、长相、身高、体重等。教师可请数位儿童起来,让儿童实际比较、了解,如:虽然每个儿童都有眼睛,可是每个儿童眼睛的形状和大小并不相同;又如虽然每个儿童都有嘴巴,但每个儿童嘴巴的形状和大小也不完全相同。活动结束前,教师可就讨论的主题做一个总结。

活动五：手套在我手，鞋子在我脚

（一）功能

1. 帮助特殊儿童理解衣服与身体各部位的关系。
2. 增强特殊儿童对身体各部位的认识能力。

（二）方法

准备：儿童日常穿的衣服,如：上衣、裤子、袜子等。

操作层次：

1. 当儿童脱衣服时,教师可在旁边一面询问诸如此类的话：这是衣服的哪一部位？你怎么称呼它？它要穿在你身体的哪一部位？请你说说看。儿童听到教师的问话,就应该能够配合穿衣的动作说出类似"我把鞋子从我的脚上脱下来了""我把手套从我的手上脱下来了"等这样的话语。

2. 当儿童穿衣服时,教师可应用类似上述的步骤方式,让儿童配合穿衣服的动作,说出类似"我的袜子将要穿在我的脚上""我的裤子将要穿过我的腿,然后我的腿就穿上我的裤子了""我的毛衣将要穿过我的头,毛衣的袖子将要穿过我的手臂,然后毛衣就在我的身上了"等这样的话语。

3. 教师利用洋娃娃来做这个活动,让儿童从为洋娃娃穿脱衣服的过程中,了解衣服与身体各部位的关系,增强儿童对身体各部位的认识。

◆ 备注：本活动适合能够自行穿脱衣服的儿童。

活动六：认识五官

（一）功能

1. 让特殊儿童能够说出五官的名称。
2. 让特殊儿童能够指认五官。
3. 增强特殊儿童对五官功能的认知能力。

（二）方法

准备：五官清晰的人的头像、五官分裂的图片（眉毛、眼睛、鼻子、耳朵、嘴巴）、镜子。

操作层次：

1. 教师首先呈现清晰的人头像,指着图中的五官说出各部分的名称,并让儿童对照镜子中自己的五官,反复教认,并讲解五官的功能,让儿童认识五官,并能够说出五官的名称。

2. 教师呈现五官的分裂图,让儿童对照自己的五官独立自行指认。

3. 让儿童根据不同的指令做出对应的反应,如摸摸眼睛、摸摸耳朵、指指鼻子等。

活动七:画画自己

(一) 功能

1. 培养特殊儿童认识自己的能力。
2. 培养特殊儿童认识自己身体各部分的能力。
3. 培养特殊儿童的表达能力。
4. 培养特殊儿童尊重别人的态度。
5. 增进特殊儿童对色彩的认识。

(二) 方法

准备:

1. 几支蜡笔,八开大小的白纸若干张(可根据儿童的情况弹性改变绘画的材料,如可用水彩、铅笔等)。
2. 两面大镜子(以可让儿童看得到自己的上半身或全身的大小为宜)。

操作层次:

1. 教师在教室的前后各放置两面大镜子,将儿童排成两排而坐,发给每个儿童一张白纸,并说明活动进行的方式。如:老师请每个小朋友画画他自己。请前(后)排的小朋友看前(后)面的镜子,照照镜子,看看自己的脸。照完镜子,看过自己的小朋友就回到自己的座位上开始画自己的脸。在画画的过程中,小朋友如果需要也可再通过镜子看看自己。待每位小朋友都画好后,教师即引导儿童把自己的作品和别的小朋友分享,并谈论自己身体的各部位。

2. 依层次 1 的方法,画脸和上身。
3. 依层次 1 的方法,画全身。

◆ 备注:本活动较宜在室内进行;镜子的置放应注意其安全性;照镜子时,请儿童遵守秩序,避免争先恐后。

活动八:穿越障碍物

(一) 功能

1. 发展特殊儿童有效控制自己整个身体活动的能力。
2. 训练特殊儿童理解身体各部位具有不同功能的能力。

(二) 方法

准备:

1. 一团质料较为柔软的细绳。
2. 一间游戏间或活动室。教师把游戏间或活动教室内可自由搬动的家具,如椅子、桌子等安排成一条可以行进的路线,而后教师用细绳将这一路线上的桌子、椅子等都围绕起来,形成一条有标识的路。

操作层次：

1. 教师要儿童依循已有标识的路线前进，如碰到桌子，则需要从桌子底下穿越过去；如碰到椅子，则需从椅子上穿越过去；如果碰到长条状的椅子，则需绕着走过，从而使儿童理解头部、四肢和躯干等的不同功能。

2. 教师依上述设计逐渐增加不同难度的障碍路线。

◆ 备注：注意活动的安全性；教师也可以和儿童一起穿越障碍路线。

活动九：放松、缩紧你身体的某一部位

（一）功能

1. 发展特殊儿童身体各部位配合音乐节奏做出适当反应的能力。
2. 增强特殊儿童对身体各部位功能的认识。

（二）方法

准备： 轻快、富有节奏感的音乐，地毯。

操作层次：

1. 教师要儿童躺在铺有地毯的地板上，并且要儿童把眼睛闭起来。教师告诉儿童当音乐响起时，儿童可依照自己对音乐的感觉放松或缩紧身体的某一部位，每次仅限于一个部位的放松或缩紧。如：缩紧肩膀时，不能连头部也一起缩紧。如果教师发觉儿童犹豫着不知该从身体的哪一部位做起时，可建议儿童从头部开始，顺着往下移，一直做到脚趾为止。

2. 教师根据儿童的反应情形，适当增加音乐的长度或放松、缩紧的频率。

◆ 备注：进行时间的长短可根据音乐的长度而定，但尽可能要儿童应用到身体的各个部位。

活动十：试试看，摸摸看

（一）功能

1. 训练特殊儿童听觉和动作协调的能力。
2. 增强特殊儿童对身体各部位名称的认知能力。
3. 发展特殊儿童身体各部位适当配合的能力。

（二）方法

准备： 无。

操作层次：

1. 教师告诉儿童要依照教师所给予的指示语做出相应的动作，如"用你的手摸摸地板""用你的脚摸摸地板""用你的手指头摸摸地板""用你的脚趾头摸摸地板""用你的肘摸摸地板""用你的鼻子摸摸地板"等较简单的指示语或从儿童比较容易做的动作开始，让儿童完成动作。

2. 教师增加指示语的复杂程度让儿童完成动作，如"用你的一只手，一个膝盖摸摸地板""用你的背部，一只脚趾头和一只手指头摸摸地板"等，逐渐增加指令和动作的难度。

◆ 备注：指示语可以弹性、灵活地变化使用，也可以配合音乐进行。

活动十一：给身体各部位着色

（一）功能

1. 增强特殊儿童对身体各部位认知的能力。
2. 增强特殊儿童认识身体轮廓的能力。
3. 发展特殊儿童对不同色彩的认知能力。

（二）方法

准备：报纸、指示棒、色纸数包、胶水数瓶。

操作层次：

1. 教师取出一张全开的报纸或把两张全开的报纸连接在一起，把报纸放在平坦又干净的地板上，让一个儿童仰卧在这张纸上。老师先用一支指示棒，示范画出儿童身体的轮廓来，然后请另一个儿童绕着仰卧中的儿童的身体，画出轮廓来。可相互交换，让每个儿童都有绕着别人画轮廓的经验。画完后，让儿童观察自己的轮廓，并指出自己的重要部位，说出其名称。

2. 利用色纸，在身体轮廓的各部位上，贴上特定的色纸。可师生共同讨论，哪个部位贴哪一种颜色，并把特定颜色的色纸贴到特定的部位上。色纸宜用手撕成大大小小的数片，如果需要，老师指导胶水的使用方法。

活动十二：认识身体各部位

（一）功能

1. 培养特殊儿童认识身体各部位名称的能力。
2. 培养特殊儿童身体的平衡性和协调性。
3. 发展特殊儿童爱护身体、保持整洁的概念。

（二）方法

准备：手帕。

操作层次：

1. 教师摸着自己身体的某一部位，并说："这是我的头，摸摸你的头"，让儿童按照指令做出摸头的动作。继续或随机重复做下面各项类似的活动：嘴、耳朵、下颌、脖子、胳臂、肘、腿、踝、脚趾、腕、手、手指、胸部、肚子、背、臀部、膝盖、脚跟、脚、眉毛、眼睛、后颈、背部、腰部，让儿童认识身体各部位的名称。

2. 教师以口令而不示范的方式，指导儿童触摸自己身体的各部位，如：把双手放在头上（各部位名称如上一操作层次动作的名称）。

3. 儿童先以手帕蒙上眼睛，教师以口令方式，指导他们以手触摸身体各部位（各部位名称如前所述）。

4. 要儿童用自己身体的一部分，去接触另一部分：鼻子碰膝盖、耳朵碰肩膀、肘碰膝盖、手腕碰耳朵、下颌碰手腕、手指触肩膀、肘碰肚子、脚碰腿、脚趾碰脚趾、下颌碰胸部、手碰臀部、脚趾碰鼻子、肘碰腿、手腕碰脚踝、手腕碰背、手腕碰脖子、手碰背、脚趾碰脚跟。如果有需要，教师先进行示范。

活动十三：做特定身体部位的活动

（一）功能

1. 发展特殊儿童认识身体各部位名称的能力。
2. 发展特殊儿童认识身体各部位动作的能力。

（二）方法

准备： 无。

操作层次：

1. 要儿童模仿教师，做特定身体部位的活动。例如：点头、闭上眼睛、扭转脖子、弯腰、拍手、摆动脚趾、皱鼻、张开口、耸肩、捻响手指、弯膝、踢脚。

2. 教师不必示范而以口令方式，指导儿童做如上特定身体部位的活动。

3. 教师说出身体各个部位的功用让儿童摸到并说出该部位的名称来。如：我看东西时，要用到我的哪个部位？我闻（嗅）气味时，要用到我的哪个部位？我说话时，要用到我的哪个部位？我拍打时，要用到我的哪个部位？我走路时，要用到我的哪个部位？我摆手时，要用到我的哪个部位？我跳绳时，要用到我的哪个部位？我写字时，要用到我的哪个部位？

活动十四：分辨男女

（一）功能

1. 发展特殊儿童对性别的认知和了解。
2. 发展特殊儿童对身体各部分的认知。
3. 培养特殊儿童的参与感。

（二）方法

准备： 从报纸杂志上搜集有关人的图片（彩色图片更佳）。

操作层次：

1. 教师将儿童分为人数相等的若干组（以6～8人的小团体为宜），发给各组数张有关人的图片，各组儿童轮流传阅图片。教师可问各组儿童如下的一些问题：

问题1：图片中有哪些人是属于男的呢？共有几位呢？

问题2：图片中有哪些人是属于女的呢？共有几位呢？

问题3：图片中有没有男的小孩子呢？请你把他（或他们）指出来。

问题4：图片中有没有男的大人呢？请你把他（或他们）指出来。

问题5：图片中有没有女的小孩子呢？请你把她（或她们）指出来。

问题6：图片中有没有女的大人呢？请你把她（或她们）指出来。

2. 请各组儿童讨论小孩和大人身体各部分看起来有什么不同？教师就讨论主题做总结，以澄清或加深儿童对性别的认识和了解。

◆ 备注：问题的深浅或多寡可根据儿童的年龄和程度做弹性更改。

第二节　身体平衡与协调性训练

　　身体的平衡与协调性是指个体在静止或运动状态下，身体的各个部位能够相互配合、相互协调，自动调整并维持身体姿势完成动作的能力。有些特殊儿童不能很好地协调身体的动作、维持平衡，动作笨拙，难以自如地控制关节的运动，造成了他们的生活能力较差。因此，对特殊儿童或身体平衡与协调性异常的儿童进行相关的训练非常重要。

　　身体平衡与协调性的训练主要在于训练因本体觉异常造成的平衡功能和协调功能失调的特殊儿童，目的是提高相关儿童的诸如身体四肢的协调、身体单双侧协调、肢体动作力量大小的控制、肢体动静态位置的感觉等方面的身体的平衡性和协调性，维持身体的平衡。在设计实施活动尤其是运动姿势或难度较大的动作时，应注意儿童的安全，必要时做一些保护措施，确保儿童的安全。

活动一：四肢运动

（一）功能
1. 发展特殊儿童控制四肢维持身体平衡的能力。
2. 发展特殊儿童身体四肢的协调性。
3. 发展特殊儿童以躯干为中心辨认左右、前后、上下等方向的能力。

（二）方法

准备： 空旷的场地。

操作层次：

1. 指导儿童做手脚反向动作：单脚立，双手与提起的脚方向相反。
2. 指导儿童做手碰脚动作：首先让儿童站立，然后弯腰，接下来左脚内屈，用右手碰左脚；或右脚内屈，用左手碰右脚。
3. 指导儿童双手、双膝着地，然后做下列动作：
（1）伸直左手并向前平举。
（2）伸直右手并向前平举。
（3）伸直左脚并向后平举。
（4）伸直右脚并向后平举。
（5）平举左手和左脚（同侧）或平举右手和右脚（同侧）。
（6）平举不同侧的手和脚，如：平举右手和左脚。
（7）慢慢举起右手和左脚，平举并维持较长时间。
（8）慢慢举起左手和右脚，平举并维持较长时间。
4. 指导儿童做站蹲撑立动作。步骤如下：
（1）先站立，然后蹲下。
（2）双手撑地，双脚向后蹬直。
（3）双脚收回原地。

(4) 站起。
5. 指导儿童模仿螃蟹行走的模样。动作如下：
(1) 坐在地板上，并把双手放在身体和后面的地板上。
(2) 抬起身躯，以四肢着地。
(3) 用一只手和一只脚，向后面的方向慢慢移动。

活动二：下肢平衡协调运动

（一）功能

1. 发展特殊儿童利用下肢维持运动的平衡协调能力。
2. 发展特殊儿童集中注意力的能力。

（二）方法

准备：活动教室、草垫或地毯。

操作层次：

1. 摇木马的动作。动作如下：
(1) 双脚分开站立，双手叉腰。
(2) 挺直膝盖，身体向前（后）倾斜脚跟（尖）离地。
2. 踮起脚尖维持平衡的动作。动作如下：
(1) 踮起双脚脚尖维持平衡，并数到10（蒙住眼睛来做更好）。
(2) 踮起单脚（左、右交换）站立，并数到5或10。
3. 侧向交叉走。侧向左交叉或右交叉行走。
4. 大象行走的动作。动作如下：
(1) 令儿童向前弯腰，两手自然下垂。
(2) 握起拳头当作大象的前脚。
(3) 移动笨重的身体向前走。
5. 仰卧起坐动作。步骤如下：
(1) 两个儿童一组。甲儿童平躺在地板（草垫、地毯）上，乙用手轻轻压在甲的两膝盖上。
(2) 甲的双手放在胸前或用双手抱头。
(3) 坐起来，并数一数能做几次。
(4) 两人交换做。

活动三：跳跃运动

（一）功能

1. 发展特殊儿童腿部大肌肉的运动机能。
2. 发展特殊儿童跳跃状态维持身体平衡协调的能力。

（二）方法

准备：皮尺、平坦的地方。

操作层次：

1. 立定跳远。步骤如下：
（1）利用皮尺，或在地板上画出等距的间隔（以 10 厘米为度）数个。
（2）在定点上画一横线，作为起点。
（3）两脚站在起点线前，上身略向前倾，两膝略弯曲。
（4）用力向 45°角跃向前方。
（5）丈量跳多远。可跳数次，记下今天跳得最远的距离。

2. 急行跳远。步骤如下：
（1）在运动场或草地上，找到可供跳远的平坦地方。
（2）定出起跳点，正式的起跳板或划上一条横线。
（3）在 15 米之内，起跑并向前冲，在起跳点前用冲力向前面跳远。
（4）丈量跳多远，鼓励打破自己的纪录。

3. 青蛙跳。步骤如下：
（1）要儿童采用蹲姿势。
（2）两手放在膝盖上。
（3）用力向前跳 5～10 次。

4. 兔子跳。步骤如下：
（1）采用蹲姿势。
（2）把双手放在头的两侧，做成兔子耳朵状。
（3）两脚合并向前轻跳。

活动四：蒙眼跳跃

（一）功能
1. 发展特殊儿童腿部大肌肉的运动机能。
2. 发展特殊儿童跳跃状态维持身体平衡协调性的能力。
3. 培养特殊儿童集中注意力的习惯。
4. 培养特殊儿童辨认方向的能力。

（二）方法

准备： 手帕或眼罩。

操作层次：
用手帕或眼罩蒙上儿童的眼睛，让他们做下列动作：

1. 单脚站立，两臂平举（前举或侧举），听口令数到 5 或 10，脚放下。
2. 脚尖（单脚或双脚）站立，听口令数到 5 或 10，脚放下。
3. 单脚站立，两手抱臂，听口令数到 5 或 10，脚放下。
4. 双脚并拢，手弯起来，然后双脚向上跳。
5. 单脚跳，向前后左右跳。
6. 两脚站立，跳 1/4 转或 1/2 转，向左（或右）旋转跳。
7. 单脚站立，跳 1/4 转或 1/2 转，向左（或右）旋转跳。

活动五：平衡台

（一）功能

1. 发展特殊儿童平衡状态下保持身体平衡协调性的能力。
2. 发展特殊儿童在较高处运动的安全感。

（二）方法

准备：平衡台。

操作层次：

1. 儿童站在平衡台上，保持平衡。
2. 儿童站在平衡台上，向右倾斜，再恢复平衡。
3. 儿童站在平衡台上，向左倾斜，再恢复平衡。
4. 儿童站在平衡台上，听口令触摸身体上的不同部位，如：触摸膝盖、脚踝、脚趾、脚跟、颈部、肘、手腕、肩膀、臂部等部位。

活动六：平衡木

（一）功能

1. 发展特殊儿童的平衡协调能力。
2. 发展特殊儿童对身体的控制能力。
3. 训练特殊儿童优美的姿态。
4. 消除特殊儿童的胆怯心理，培养勇敢进取的精神。

（二）方法

准备：平衡木。

操作层次：

1. 在平衡木上向前走，后脚尖接着前脚踵，慢慢地走，两臂自然下垂于两侧，眼睛注视平衡木的另一端。
2. 儿童向前走到平衡木的中间，向后转（转半圈），继续后退，走完平衡木。
3. 儿童交换两脚向前走，走到中间，再向后转，继续交换两脚后退，走完平衡木。
4. 儿童向上伸直双臂走平衡木，两脚交换前进或后退：（1）向前走；（2）向后走；（3）向前走到中间，再向后转倒退走。
5. 儿童向两侧平举双臂，头顶书本向前走或向后退。
6. 儿童向两侧平举双臂，并各拿一个盛满水的杯子，在平衡木上向前走。
7. 平衡木上做游戏：

（1）用各种姿势走平衡木，如：前进、后退、蹲行。

（2）平衡木上做体操，如：上体前俯，两臂在胸前交叉；右脚再前一步时，上体后仰，两臂侧举。如此反复进行。

（3）先并脚立于平衡木右侧，上体前弯双手撑于平衡木上，然后两足用力跳起，越过平衡木而前进。

活动七：节奏运动

（一）功能

1. 提高特殊儿童的听-动协调能力。
2. 发展特殊儿童的基本节奏感。
3. 形成特殊儿童优美的基本姿势。

（二）方法

准备：节奏感强的音乐或鼓。

操作层次：

1. 以拍手、打鼓或音乐进行如下动作：
   （1）让儿童慢步向前走。
   （2）让儿童快步向前走。
   （3）让儿童小快步向前走。
   （4）让儿童大步走。
2. 以拍手或打鼓训练下列基本动作：
   （1）让儿童慢跑。
   （2）让儿童急跑。
   （3）让儿童折返跑。
   ◆ 备注：以上基本动作如以小团体进行，应注意队伍的整齐，可养成团体的纪律。
3. 以拍手或打鼓练习下列基本动作：
   （1）让儿童以正步向前走。
   （2）让儿童在原地跳跃。
   （3）让儿童用单脚跳过一定距离。
   （4）让儿童双脚交换跳过一定距离。
   （5）让儿童在原地以双脚交换跳。

活动八：身体的节奏

（一）功能

1. 提高特殊儿童的听-动协调能力。
2. 发展特殊儿童的身体节奏感。
3. 培养特殊儿童的优美姿势。

（二）方法

准备：鼓、节奏轻快的四分之四拍子的歌曲。

操作层次：

1. 手插在腰部前后弯动（两脚可并拢或分立）。
2. 在身体的两侧将肘内外弯动（两脚可合并或分立）。
3. 站立耸肩（以鼓声配合）。耸左肩两次，耸右肩两次，耸双肩四次。
4. 仰卧举腿（臂），动作如下：

(1) 平躺在垫子上,仰卧。
(2) 举左腿(臂),要伸直,落下时要击拍垫子。
(3) 举右腿(臂),要伸直,落下时要击拍垫子。
(4) 同时举起双腿(双臂),伸直,落下时要慢且不击拍垫子。
5. 综合节奏活动。步骤如下：

选一首节奏轻快的四分之四拍子的歌曲,如捕鱼歌。配合下列节奏的指导,并跟着这些节奏活动。

(1) 拍手两下、拍膝两下。可反复做。
(2) 拍手两下,摸头两下。可反复做。
(3) 拍手两下,摸肘两下。可反复做。
(4) 拍手两下,摸肚子两下。可反复做。
(5) 拍手两下,轻捶胸部两下。可反复做。
(6) 拍手两下,耸肩两下(左、右、双肩)。可反复做。

◆ 备注：教师可自己酌加其他活动。

活动九：抛接球

(一) 功能

1. 发展特殊儿童身体的平衡和协调能力。
2. 发展特殊儿童对身体的控制能力和运动能力。
3. 培养儿童的合作意识。

(二) 方法

准备：宽敞的教室或操场、球(排球或篮球)、垫子。

操作层次：

1. 站立抛接球。教师先教会儿童抛接球的正确姿势并告知其中的安全注意事项,然后把儿童分成两人一组,站立,一个儿童持球,抛给另外一个儿童,另外一个儿童接球。然后两儿童交换训练。

2. 坐抛接球。儿童坐在地板上,进行如层次 1 中的步骤。

3. 蹲立抛接球。两人一组,儿童成蹲立姿势(站立,然后双膝弯曲成蹲立姿势),相互抛接球。

4. 抛球向前后跑向前接球。两人一组,一儿童持球向前或向后跑,另一儿童接球,接球后再抛向另一儿童。如此反复,跑步动作不停。

5. 翻滚接球。两人一组,在垫子上,一儿童持球,待另一儿童做完垫上翻滚动作后,把球抛向他,让其接球。然后两儿童交换训练。各种翻滚动作步骤可参考第十三章第一节的滚翻运动内容。

6. 站蹲撑立接球。两人一组,一儿童持球,待另一儿童做完站蹲撑立动作(具体动作步骤见本节活动一四肢运动)后,把球抛向他,让其接球。然后两儿童交换训练。

◆ 备注：一开始速度要慢,待儿童动作熟练后再增加速度；抛接球距离应由近到远。在具体训练过程中,要根据儿童的不同情况,由易到难,由简单到复杂,尽可能与儿童的日常活动、游戏结合起来,循序渐进地开展活动。此外,本体觉的训练也可以借助于感觉统合训练器材设计一系列的训练活动,借助于感觉统合器材训练的活动设计内容具体见第十四章特殊儿童感觉统合训练活动设计中的相关内容。

【本章小结】

本体感觉是人体的深度感觉,是人对于自己的位置、力量、方向和身体各部位动作的感觉。特殊儿童本体觉的训练活动主要包括身体各部分位置的辨别和身体平衡与协调性训练两个方面。

本章主要介绍了特殊儿童身体各部分位置辨别和身体平衡与协调性两方面的含义和内容,并就每一部分训练的内容列举了大量实际操作的例子。通过具体的、针对性的活动设计的示范,帮助学习者从中学习、应用训练活动设计的方法,并能迁移到实际的应用中去。

【思考与练习】

1. 儿童的本体觉能力训练可以从哪几个方面进行?
2. 对特殊儿童进行本体觉能力训练需要考虑哪些问题?
3. 如何提高特殊儿童本体觉训练的有效性?
4. 请运用本体觉训练活动设计的方法,针对智力/发展障碍儿童的身体各部分位置的辨别和身体平衡与协调能力的不足,各设计一个训练活动。

要求:
(1) 所设计的活动需具备规范性、准确性、针对性、适切性、层次性、循序渐进性及可操作性;
(2) 所设计的活动在训练方法上至少包含3个层次。

5. 实践应用:

请为自己所带的研究个案设计一个本体觉能力训练的活动,并根据这个活动设计对个案进行实际训练与评估。

第十一章　特殊儿童时间知觉训练活动设计

学习目标：
1. 了解时间知觉训练中的基本概念。
2. 理解时间知觉能力训练涵盖的范围与内容。
3. 掌握时间知觉训练的活动设计方法。
4. 应用时间知觉训练的活动设计方法，根据儿童的不同需求设计时间知觉训练活动。

时间知觉是人对客观现象延续性和顺序性的感知，即事物运动过程的先后和长短的知觉。时间知觉具有相对性和主观性的特点，机体并没有相应的感觉器官。在实际生活中，时间知觉的信息既来自外部也来自内部。人们常常把自然界匀速而有规律的周期性变化现象（如太阳的升落、月亮的盈亏）和生理方面有节律的活动（如呼吸、心跳）作为判断时间的重要标准。

儿童的时间知觉往往借助于生活中的具体事物或周围现象作为判断的依据。对多数儿童来说，要了解时间的观念比较困难，尤其对时间的消逝最不容易了解。一般来说，从钟表上学习时间较为容易。把钟响的次数、时针的位置和要做的事情配对起来，有利于儿童把时间和事情联结起来。一般而言，儿童从7岁左右开始运用、发展时间知觉；8岁儿童已能主动利用时间标尺，时间知觉的准确性和稳定性开始接近成人。而特殊儿童的时间知觉发展往往存在落后现象，如智力障碍儿童至七八岁时仍分不清一天的早、中、晚，反复教后仍分辨不出昨天、今天等；部分学习障碍儿童时间知觉较差甚至无法说出时间。因而，对特殊儿童来说，时间知觉的训练尤其重要。

特殊儿童时间知觉训练的目的是形成一般时间观念和时钟概念。时间的长短快慢是构成知觉作用的重要基础。通过设计一系列的训练活动，对存在时间知觉问题的特殊儿童进行训练，目的是提高其对时间的感知，形成初步的时间知觉。

在设计时间知觉训练活动时，要结合某类特殊儿童的时间知觉特点以及特殊儿童感知觉训练的原则、目的和方法，从活动设计的具体要求出发，有针对性地为某类特殊儿童设计适合的训练活动，应着重考虑以下几个问题：① 活动设计的方法在形式上是否符合规范？② 活动设计与一般时间观念或时钟概念的主题是否吻合？③ 活动设计的功能定位是否准确、科学？④ 针对训练的对象，时间知觉的训练活动设计是否具有针对性、适切性、层次性、循序渐进性及可操作性？另外，还需要考虑在训练实施上是否具有趣味性、安全性和可行性，时间的安排是否合理。只有考虑到并解决了这些问题，才能为特殊儿童的时间知觉训练设计出适切的活动设计，才能使训练的效果达到最佳，达到训练特殊儿童时间知觉能力的目的。以下是时间知觉的训练内容——一般时间观念和时钟概念的活动设计举例。

第一节 一般时间观念

对一般时间观念的感知涉及儿童能够辨识一天中主要的时间，如上午、中午、下午和早、中、晚；能够认识昨天、今天和明天；知道一个星期有几天、一个月有几天、一年有四个季节；对"马上""一会儿"有适当的反应等。某些特殊儿童的时间知觉发展比较落后，这对其日常的生活和学习造成了诸多不便。因此，对存在一般时间观念问题的特殊儿童进行时间知觉训练是必须也是非常有必要的。

特殊儿童一般时间观念的训练，目的在于使认知缺陷或发育迟缓等特殊儿童形成一般时间观念。对一般时间的知觉是儿童日常生活和学习中经常用到的，因此，训练活动的设计应尽量与儿童日常活动结合起来，由易到难，循序渐进，逐渐迁移类化到实际的生活和学习中去。

活动一：辨认四季风景

（一）功能

1. 发展特殊儿童对时间的知觉能力。
2. 发展特殊儿童认识一年四季景色的能力。
3. 让特殊儿童了解一年四季的变化，即时间的消逝。

（二）方法

准备：四季风景画，如：春花、夏泳、秋收、冬雪，并剪贴好。

操作层次：

1. 教师出示四季风景画，告知儿童四季的变化及四季的主要民俗，让学生认识一年四季的景色、了解四季的变化。
2. 指导儿童辨认四季风景画。随机抽取四季的风景画图片，让儿童判断是什么季节。
3. 指导儿童按四季出现的顺序排序。把四季的风景画打乱，让儿童按照四季出现的顺序——春、夏、秋、冬进行排序。

活动二：燃烧的蜡烛

（一）功能

1. 发展特殊儿童对时间的知觉能力。
2. 发展特殊儿童对时间逐渐消逝的体会能力。
3. 让特殊儿童体会认识燃烧自己、照亮别人，也就是奉献时间、服务别人的经验。

（二）方法

准备：刻明尺度的长的大蜡烛（教师可自己用刻度尺刻明尺度，如写上1、2、3……10、

11、12)、钟表。

操作层次：

1. 在蜡烛旁放置一座钟表,点燃蜡烛,让儿童观察燃烧中的蜡烛和长短针的推移,观察蜡烛的刻度愈来愈少,蜡烛愈来愈短,体会消逝的时间愈来愈多。

2. 就蜡烛的燃烧进行主题讨论,教师对主题进行总结。

活动三：今天是哪一天?

（一）功能

1. 发展特殊儿童对时间的知觉能力。
2. 发展特殊儿童对一个月有几天,今天是哪一天的认知能力。
3. 帮助特殊儿童感觉一天有多长。

（二）方法

准备：当年的日历、少量的小豆豆或葡萄干、塑胶纸或蜡光纸、荧光笔。

操作层次：

1. 教师把日历摊开放在平板上或桌上,翻到本月份的月历,告诉儿童一个月有几天,今天是哪一天,并用荧光笔圈出,帮助儿童认识今天是哪一天。

2. 在每个日期上放一颗小豆豆。和儿童一起讨论：今天是几月几日？告诉他每天早上起来吃一个小豆豆,从1日开始到今天,一共吃了几个？还有几个没吃？这个月过了几天？还有几天？每吃一个豆豆,就用笔划掉一天,然后用塑胶纸盖上。

3. 把自己的生日、节假日或特别的日期,用荧光笔圈起来。

活动四：经过了多少天?

（一）功能

1. 发展特殊儿童对时间的知觉能力。
2. 让特殊儿童了解每天都有重要的事情发生。
3. 让特殊儿童了解一天天地过去,但只有一个今天。
4. 帮助特殊儿童体会时间的流逝。

（二）方法

准备：

1. 十张白纸、一只胶棒、一支签字笔、一把直尺。
2. 把白纸一张张连接糊好,成一张长长的纸。

操作层次：

1. 在纸的中央画一条长长的线(利用笔和尺),作为时间线。和儿童一起讨论,在今天以前,儿童所做过的重要事情,如生日、野餐、过年、过节、跌倒受伤等事件。依次序把这些事件叙写并配上画在时间线下方。沿着这条线,把将要发生的事,一件一件画下配上文字说明,写在时间线的上方。例如：旅行、坐火车、剪指甲等,只要儿童能说出的事件都可以写下。每个事件之间的画和文字,都以等距离加以隔开。时间线的上方,写出几月几日。

2. 和儿童讨论,经过这些天,发生了那么多的事,从而体会日子一天天过去,但只有一个今天,要抓住今天。

活动五:太阳仪

(一) 功能

1. 发展特殊儿童对时间的知觉能力。
2. 让特殊儿童学会练习记录太阳移动的情况。
3. 加强特殊儿童练习小时、日等时间观念。

(二) 方法

准备: 制作太阳仪,步骤如下:

1. 正方形夹板一块,边长约 50 厘米的白纸。
2. 厚纸板一张,长 15 厘米,宽 12 厘米。
3. 胶带、铅笔各一。
4. 制作太阳仪:

(1) 将厚纸板沿对角线剪下成两个三角形,以 12 厘米为底边,15 厘米为高。

(2) 将三角形纸板固定在正方形夹板的对角线上,三角形的直角对在夹板两对角线的交叉点上。

操作层次:

1. 教师把太阳仪放在室外有阳光的平地(或平木)上,固定太阳仪,让儿童注视三角形顶角的影子落在何处。每一小时观察一次顶角的影子落在平面上的哪一点,并用铅笔点出顶角影子的落点,并写下当时的时间,体会小时的变化。

2. 观察影子的变化,体会一天时间中上午、中午、下午的变化。

◆ 备注:对年龄小的或智力障碍儿童,不必说明太阳是恒星,地球绕太阳转的科学事实。

活动六:认识早、中、晚

(一) 功能

1. 训练特殊儿童认识早上、中午和晚上。
2. 帮助特殊儿童了解早上、中午和晚上对应做的事情。
3. 发展特殊儿童对时间的知觉能力。

(二) 方法

准备: 两组图片:一组为初升的太阳、中午的太阳和晚上的月亮和星星,另一组为上学、午睡和做作业的图片(教师也可自由选择儿童三个时间段典型的事件图片)。

操作层次:

1. 教师教儿童认识早、中、晚的图片,告诉儿童看到初升的太阳就是早上,看到太阳在天空正中央就是中午,天黑了出现月亮和星星就是晚上。

2. 教师将早、中、晚的图片打乱,让儿童按照时间顺序进行排序。

3. 教师出示上学、午睡、做作业的图片,告诉儿童早上可以去上学,中午可以和小朋友一起睡午觉,晚上回到家,我们会写家庭作业。然后将两组图片放在一起打乱,让儿童把早、中、晚的图片与相应的事件图片进行配对并按照早、中、晚的顺序排序。

◆ 备注:教师可带儿童到教室外,让儿童现场认识不同阶段的太阳。

活动七:认识一个星期

(一)功能

1. 发展特殊儿童对时间的知觉能力。
2. 帮助特殊儿童了解一星期有几天。
3. 训练特殊儿童正确认识周日、周一、周二……
4. 帮助特殊儿童认识一周七天的顺序。

(二)方法

准备: 日历、星期一到星期日的卡片(卡片上写有儿童每天做的不同的事情)。

操作层次:

1. 教师引导儿童看日历,并数一数一个星期有几天。教师出示日历,引导儿童认识一个月有四个星期,并找出其中的一个星期,数数有几天。

2. 教师教儿童认识一个星期。一个星期包括七天:周一、周二、周三、周四、周五、周六、周日。取出一个星期的卡片,可结合儿童每天做的事情来进行认识。

3. 教师教儿童认识一个星期的顺序并排序。教师先帮助儿童认识一个星期的顺序,体会时间的变化,然后让儿童自己按照周一到周日的顺序来进行排列。可结合周一到周日儿童的学习、生活活动卡片来进行排序。

活动八:认识昨天、今天、明天

(一)功能

1. 发展特殊儿童认识昨天、今天和明天的能力。
2. 发展特殊儿童哪一天与星期几的对应能力。
3. 发展特殊儿童对时间的知觉能力。

(二)方法

准备: 日历。

操作层次:

1. 认识昨天、今天、明天。教师出示日历,告诉儿童:今天就是我们说话时的这一天,让儿童在日历上圈出并说出今天是哪一天,几月几日,星期几。然后告诉儿童今天的前一天是昨天,在日历上用不同颜色的笔圈出,并说出昨天是哪一天,几月几日,星期几,昨天你已经做过哪些事情等。再告诉儿童明天就是今天的第二天,让儿童用区别于今天和昨天的不同颜色的笔圈出明天,明天是几月几日,星期几,明天我们打算或将要做些什么。

2. 教师说出某一天或重要节日,如中秋节、端午节,让儿童说出或指出该天的昨天和明天是哪一天,星期几。反复练习,直到儿童掌握为止。

第二节 时钟概念

时钟概念涉及儿童能够认识时钟上的秒针、分针和时针,学会读出几点几分,知道时针与分针的意义,辨认手表上的数字、时间,辨认一天中几个重要的时间点对应的活动等内容。准确地把握时钟概念不仅对正常儿童也对特殊儿童的学习和生活具有重要的作用。

时钟概念的训练,目的在于使认知缺陷或发育迟缓等存在时钟概念困难的特殊儿童形成初步的时钟概念。在设计时钟概念的训练活动时,应首先考虑儿童能否认识、辨别1~12个数字,若不能,则需先训练儿童对基本数字的认识,然后再进行时钟概念的训练,并与儿童的生活和学习结合起来,增强活动的趣味性。

活动一:认识时钟

(一) 功能

1. 发展特殊儿童对时间的知觉能力。
2. 发展特殊儿童认识时钟的能力。

(二) 方法

准备:座钟(钟面上写阿拉伯数字,并附有秒针的钟,且会报时者为佳)。

操作层次:

1. 教师介绍钟面上的秒针、分针、时针,让儿童注视秒针跑一圈,长针走一格是一分钟,并持续观察五分钟。教师讲解秒针在"跑",分针在"走"。
2. 教师讲解钟面像一个大饼,切成四等分,每15分钟是一刻钟,让儿童认识一刻钟。
3. 教师讲解长针从1移到6,从6移到12,所需时间是半小时。和儿童一起做游戏体会半小时,听听钟声,并加以说明。
4. 拨动长针走一圈,注视短针从四点到五点,聆听钟响五下,这是五点钟,以此类推。

活动二:几点钟做什么事?

(一) 功能

1. 发展特殊儿童对时间的知觉能力。
2. 增强特殊儿童对数字的认知。
3. 培养特殊儿童按时作息,养成规律生活的习惯。

(二) 方法

准备:厚纸板、图钉、彩色笔或蜡笔、剪刀。

操作层次:

1. 帮助儿童(或教师自己)利用厚纸板,剪长针6支、短针6支。画几个圆圈,大小如家用壁钟的钟面,写上1、2……12,再把短针在下长针在上各一支钉在钟面的中央。同法做出好几个钟。问儿童:几点钟起床?几点钟睡觉?几点钟找小朋友玩耍和游戏?什么时候吃早(中、晚)饭?

2. 按照儿童起床、睡觉、游戏、早饭、中饭、晚饭的时间,做出六个钟面,使孩子认识什么时间做什么事,并认识数字。

◆ 备注:可以把六个钟面挂在教室或家里,一面指导儿童认识时间,一面培养儿童遵守作息时间。

活动三:雷声的计时

(一)功能

1. 发展特殊儿童对时间的知觉能力。
2. 帮助特殊儿童了解如何计数短时间。
3. 培养特殊儿童了解自然界的景象。

(二)方法

准备:暴风雨打雷的天气、计时器。

操作层次:

1. 利用暴风雨打雷的时候,向儿童说明电是怎样产生的,为什么先看到闪光,为什么后听到雷声,告诉他们是因为光跑得比声音快,让儿童感受雷电的产生及消失。
2. 计算看到闪光到雷声停止共历时几秒钟。

活动四:煎一个鸡蛋要几分钟?

(一)功能

1. 发展特殊儿童对时间的知觉能力。
2. 发展特殊儿童对分钟和秒的认识。
3. 培养特殊儿童学习做家务事的能力。

(二)方法

准备:时钟、鸡蛋、锅、油、盐、厨房灶台等基本设施。

操作层次:

和儿童一起讨论,他最喜欢的厨房工作是什么,如煎蛋、炒饭、煮快餐面等。以煎蛋为例:

1. 老师(或妈妈)取出一个或数个蛋,洗净锅,观察时钟,此时是几点几分。
2. 把锅烧热一点,放些油。让儿童看到,要敲破一个蛋,将蛋液流到锅内,指导儿童注视时钟的长针,一分钟一分钟地过去。
3. 老师煎着蛋,放些盐,翻另一面继续煎,待煎好一个蛋,问问儿童,长针走了几分钟(两分钟)。

【本章小结】

时间知觉是人对客观现象延续性和顺序性的感知。特殊儿童时间知觉的发展往往存在落后现象。特殊儿童时间知觉训练的内容主要包括一般时间观念和时钟概念。

本章首先介绍了特殊儿童一般时间观念和时钟概念的含义、内容和训练的对象,然后列举了相关的活动设计例子。通过具体的、针对性的活动设计的示范，帮助学习者从中学习、应用训练活动设计的方法，并能迁移到实际的应用中去，针对相关的特殊儿童开展针对性的训练活动。

【思考与练习】

1. 儿童的时间知觉能力训练可以从哪几个方面进行？
2. 对特殊儿童进行时间知觉能力训练需要考虑哪些问题？
3. 如何提高特殊儿童时间知觉训练的有效性？
4. 请运用时间知觉训练活动设计的方法，针对智力/发展障碍儿童的一般时间观念和时钟概念能力的不足，各设计一个训练活动。

要求：

(1) 所设计的活动需具备规范性、准确性、针对性、适切性、层次性、循序渐进性及可操作性；
(2) 所设计的活动在训练方法上至少包含3个层次。

5. 实践应用：

请为自己所带的研究个案设计一个时间知觉能力训练的活动，并根据这个活动设计对个案进行实际训练与评估。

第十二章　特殊儿童空间知觉训练活动设计

学习目标：
1. 了解空间知觉训练中的基本概念。
2. 理解空间知觉能力训练涵盖的范围与内容。
3. 掌握空间知觉训练的活动设计方法。
4. 应用空间知觉训练的活动设计方法，根据儿童的不同需求设计空间知觉训练活动。

空间知觉是人脑对客观事物空间属性的反应，是由视、听、触和动觉系统联合活动形成的复杂知觉过程，主要是判断物体的大小、形状、距离和方位等的信息。与正常儿童相比，许多特殊儿童在空间知觉发展方面存在落后状况。智力障碍儿童在空间知觉方面发展较缓慢，辨别物体的形状、大小的微小差异比较困难，辨别不准确，知觉过程缺乏主动性，其方位知觉、左右概念远远落后于正常儿童[1]，反复教后仍然分辨不出左右，不能理解相对的长短、高矮、宽窄等的意思。有的学习障碍儿童空间知觉不良、方位确认差、空间定向能力差，不能正确地区分上下、左右、高低、里外、进出等，判断远近、长短、大小、方向等能力差，区分视觉形状困难，空间判断困难，造成阅读或书写时出现字母颠倒、混淆有方向特征的字母、数学运算时出现各种错误，还可能表现出对地图的认识能力较差，空间位置认知不强等问题，进而造成了一系列的学业问题。由此可见，对特殊儿童进行空间知觉训练是非常有必要的。

特殊儿童空间知觉的训练内容主要包括训练儿童的形状知觉、大小知觉、距离知觉、方位知觉、视觉—空间知觉协调性和听觉—空间知觉协调性的能力。特殊儿童空间知觉训练的目的在于改善和提高儿童的深度知觉、形状知觉、大小知觉、方位知觉、视觉—空间知觉协调和听觉—空间知觉协调的能力等。

在针对特殊儿童空间知觉能力特点设计相应的训练活动时，要注重结合特殊儿童感知觉训练的原则、目的和方法，针对训练的目标，设计对应的训练活动。设计的空间知觉训练活动应满足以下要求：在活动的形式上具有规范性、趣味性，活动设计应包括功能和方法两部分，方法里包括准备和操作层次两部分，可结合游戏、比赛的形式使训练活动更有趣；在训练的功能上具有准确性、综合性，训练的功能定位应与训练的内容相吻合；在训练目标上具有针对性、科学性，训练的目的要切实针对某类特殊儿童的特点和需要；在训练方法上具有适切性、可操作性，适合特殊儿童的当前水平，能够达到训练的目的，并且是

---

[1] 广州市越秀区培智学校，广州市教育科学研究所联合课题组.弱智儿童左右概念的测试研究[J].教育导刊，2002:62-64.

可以实际加以操作的活动;在训练过程上具有层次性、循序渐进性,每个训练操作层次能够体现出训练过程的相对独立性、完整性,层次与层次间在内容、难度上应是逐渐加深的;在训练实施上具有可行性和安全性。按照这样的活动设计要求,为特殊儿童设计出适合他们的,切实能达到训练空间知觉能力目标的训练活动。

第一节 深度知觉

深度知觉又称立体知觉、距离知觉,是人对物体远近距离即深度的知觉,它是以视觉和动觉为主的多种分析器协同活动的结果。当个体观察周围的客观事物时,深度知觉可以使我们能够分辨客观事物的远近、高矮和快慢等信息;当我们欣赏一幅图画时,深度知觉能使我们看到景物的前后、左右和遮掩。可见,深度知觉对人们来说非常重要,对特殊儿童来说也是如此。

对特殊儿童进行深度知觉训练的目标在于形成深度知觉,提高特殊儿童的生活和学习适应能力。训练的主要内容包括分辨快慢、高矮和远近等,活动设计尽可能地与儿童的实际生活相联系,便于儿童逐渐迁移、类化到生活中深度知觉的辨别中。

活动一:认识身体各部位和所在的环境

(一)功能
1. 发展特殊儿童的深度知觉能力。
2. 发展特殊儿童对身体各部位名称的认知能力。
3. 发展特殊儿童对所处环境中的东西名称及其位置的认知能力。

(二)方法
准备:儿童所处的学校环境,如黑板、地板、桌子、椅子、书本等。
操作层次:
1. 让儿童以身体的某一部分,触摸周围的某一物体,可做如下动作:手摸墙壁、肘触黑板、膝盖触地板、前颌触桌子、身体靠墙、脚踝触墙、头触地板(垫子)、鼻子触窗户、耳朵触椅子、手腕触黑板、胸膛触桌子等相对较简单的动作。
2. 待儿童熟练上述动作后,加大动作的难度,可做如下动作:肩膀触地板、手指书本某一页、腹部触地板等。

◆ 备注:教师可根据儿童实际情况设计其他动作;进行上述各动作时,应由易到难,循序渐进。

活动二:创造性地运动

(一)功能
1. 发展特殊儿童的深度知觉能力。
2. 发展特殊儿童的想象力。

（二）方法

准备：一间空教室。

操作层次：

教师利用整个教室的空间，让儿童凭自己的想象去表演。

1. 指出最远（近）的墙，走过去摸摸墙，再回到原来的位置。
2. 站在原地，以最慢的速度跑步，想象要以一天的时间才能跑出教室（原地跑步）。
3. 站在原地，以最快的速度跑步，想象要以最短的时间跑完操场一圈（原地跑步）。
4. 扮演一棵大树，长在一堵墙边，有两个小朋友在树下玩大球，还有一只狗在旁边（数位儿童一起表演）。动作如下：
   (1) 四五位儿童手拉手成一堵墙。
   (2) 八位儿童扮演一棵大树（不用桌椅，可采用骑马的架势）。
   (3) 一位儿童蜷缩成圆球。
   (4) 一位儿童要争着玩球。
   (5) 两位儿童在玩球。

活动三：认识身体各部位的空间位置

（一）功能

1. 发展特殊儿童的深度知觉能力。
2. 加强特殊儿童对身体各部位名称的认知。
3. 加强特殊儿童对身体各部位空间关系的了解。

（二）方法

准备：一间空教室，地板上铺有垫子。

操作层次：

1. 指导儿童，按照老师的口令，将指定的身体部位，移向指定的方向。例如：用手指指上面；把你的头低下去；把你的胳臂放在两腿的中间；把手指放在你的脚底下；把你的肘放下，低于你的臀部；把你的脚举过你的头；把你的手放在背后；把你的双手放在左边；把你的双手指向右边；把你的胳臂放在腿的后方；右（左）掌附左（右）膝盖；把你蜷曲成圆形，好像圆球一般，可在地板上滚动；两脚用力，向空中腾跃，愈高愈好，体验身在空中的感觉；站在适当高度，向地板（上铺垫子）跳下来等。
2. 教师根据儿童的实际情况酌情增加指令的复杂性和动作的难度。

活动四：滑梯

（一）功能

1. 发展特殊儿童的深度知觉能力。
2. 发展特殊儿童的大运动能力。
3. 提升特殊儿童的前庭功能。

（二）方法

准备：滑梯。

操作层次：

1. 儿童自行逐级爬上滑梯侧或滑梯之后的阶梯。

2. 儿童从滑梯上滑下：坐在梯顶，双手扶住两侧的护手，身体重心微微向后，慢慢滑动下来。初次练习时，应有另一成人在滑梯一侧提供必要的协助，如扶儿童的肩膀或躯干，帮助儿童顺势慢慢滑下来。滑下来的动作，宜加指导，并注意安全。经过几次后，儿童有足够信心时，便可鼓励其自己滑。

◆ 备注：初次练习宜选择较矮短的滑梯，即不超过大人高度。

活动五：荡秋千

（一）功能

1. 发展特殊儿童的深度知觉能力。
2. 发展特殊儿童的前庭觉。

（二）方法

准备： 秋千（以儿童双脚能碰到地面高度的秋千为宜，以增加安全感）。

操作层次：

1. 让儿童双手抓紧秋千两边的绳索（铁链），保持身体平稳。

2. 教师轻轻地推动秋千，帮助儿童体验荡秋千的乐趣且有安全感，然后再逐渐增加摆荡的高度。

3. 教师指导儿童自己荡秋千：

（1）坐在座位上，双脚着地并逐渐后退，使身体重心住后移，双脚离地并伸直两腿，开始摆荡。

（2）熟练上述动作后，指导他顺着身体前后摆荡，利用躯干把身体重心往前推进，往后推送，使秋千荡得更高。

（3）指导他站在座位上荡秋千。

◆ 备注：教师在活动之前检查秋千的各部位，以确保安全。

活动六：开汽车

（一）功能

1. 发展特殊儿童的深度知觉能力。
2. 加强特殊儿童对自身存在的体验。
3. 发展特殊儿童控制自己在环境中活动的能力。

（二）方法

准备： 纸板盒一个或数个。盒的大小如中型水果箱，剪掉盒子的底部和盖子，两侧各挖一个洞，以便提起盒子。

操作层次：

1. 让儿童站到纸盒中央，拿起盒子，当作车厢，自任司机。让儿童一边走，一边发出汽车的声音，并想象可能遭遇的情景，如转弯、红绿灯、行人等，一面做适当的动作反应，一面练习口语表达。

2. 三五个儿童一起扮演开火车或其他大小不同的车子。

活动七：通过隧道

（一）功能

1. 发展特殊儿童的深度知觉能力。
2. 让特殊儿童体验自身躯体和障碍物的组合。
3. 发展特殊儿童控制自己身体协调的能力。

（二）方法

准备：大型纸箱一个或数个。将纸箱的底部和盖子去掉，再把箱子横放在地上。

操作层次：

1. 把底部和盖子去掉的纸箱横竖在地上，告诉儿童：这像一个隧道，有哪些车子可以通过隧道？通过隧道的有火车、汽车、卡车、摩托车以及某种动物，如小狗等。鼓励儿童爬过隧道，并模仿某种交通工具的声音，或模仿某种动物的声音。
2. 教师逐渐增加隧道的长度或适当增加障碍物。

活动八：母鸭带小鸭

（一）功能

1. 发展特殊儿童的深度知觉能力。
2. 提高特殊儿童的模仿能力。
3. 发展特殊儿童的身体协调性。

（二）方法

准备：无。

操作层次：

1. 教师鼓励儿童模仿鸭子走路的姿态，共同选出最相似的动作。
2. 教师组织多名儿童，按照母鸭在前、小鸭在后的顺序，一起去玩水，边走边唱儿童共同学会的歌曲。
3. 除模仿鸭子走路外，可模仿其他不同种类和难度的动物姿态。

活动九：穿越立体迷宫

（一）功能

1. 发展特殊儿童的深度知觉能力。
2. 提高特殊儿童的双侧协调性。

（二）方法

准备：立体迷宫，最好是在校园里。

操作层次：

1. 教师指导儿童穿越迷宫，指导儿童双手握紧，注意安全。
2. 让儿童以比赛的形式，看谁先到达迷宫的另一端，即为获胜者。

第二节　形状知觉

客观世界中的事物，一般都具有一定的形状。形状是由轮廓及其所包围的空间组成。人们对物体形状特性的认识就是形状知觉，是人借助于视觉、触摸觉和动觉协同活动的结果，在儿童对物体的感知中常发挥着主导作用。

有的特殊儿童在形状知觉发展上存在落后或不足现象，因此有必要对他们进行认知训练。训练特殊儿童的形状知觉，目的在于使其形成形状知觉，提高其生活、学习的适应能力。形状知觉的训练主要使用认识、分辨、分类、配对和选择等方法，尽量与儿童的实际生活结合起来，便于儿童逐渐迁移、类化到生活中去。

活动一：找出相同的东西

（一）功能

1. 发展特殊儿童的形状知觉能力。
2. 提高特殊儿童对日常用品的形状辨别能力。
3. 提高特殊儿童的想象力。

（二）方法

准备：搜集自然界与日常用品中各种不同形状的物品和图片。

操作层次：

1. 先选择形状差异较大的四种物品，例如：纽扣 1 颗、铅笔 2 支、锁 1 把、树叶 1 片，依铅笔、纽扣、锁、铅笔、树叶的次序排列在桌上，然后要儿童指出桌上的东西有哪两样东西是相同的，进行多次练习。

2. 儿童对形状差异较大的物体能够区分之后，选择形状差异较小的物体供儿童练习辨别异同。例如：可以搜集各种不同形状的树叶、贝壳、钥匙、积木、各种动物的眼睛图片、各种不同体型的人像、各种不同形状的桌子或椅子的图片。

3. 当儿童已经熟悉该活动，并且能区分物体形状的细微差异之后，鼓励儿童将已定型的各种日常用品或物体加以改变或创造新的形状，然后比较一下原来物体的形状与儿童创造的新造型有何不同，哪一种较具美感与实用。例如：大多数的书本都是长方形或正方形，是否可以鼓励儿童想想看，自己设计一下书的外形。

活动二：说出常见物体的形状

（一）功能

1. 发展特殊儿童对图形的辨别能力。
2. 培养特殊儿童的形状概念。
3. 提高特殊儿童图形与物体的配对能力。

(二)方法

准备：

1. 购买现成的基本几何图形的模板或自己动手用木板或厚纸板做几何图形的模板（如长方形、正方形、圆形、三角形等）。

2. 与基本几何图形相匹配的实物（如硬币、手帕、三角尺等）。

操作层次：

1. 教师教授儿童认识基本的几何图形。教师依次出示圆形、三角形、正方形等几何模板，教儿童认识基本的几何形状。

2. 教师教儿童认识常见物体的形状。教师依次出示常见的物体，并告诉或鼓励儿童说出它们的形状是什么。

3. 儿童自己将物体和几何形状进行配对。教师出示物体（或形状），让儿童找出合适的形状（或物体）进行配对。

◆ 备注：在物体认识和配对时应由易到难，由少到多，由简单到复杂。

活动三：几何嵌图板

(一)功能

1. 发展特殊儿童对几何图形的辨别能力。
2. 发展特殊儿童的手—眼协调能力。

(二)方法

准备： 购买现成的几何嵌图板或自己动手用木板或厚纸板做几何图形的嵌图板。

操作层次：

1. 从简单的基本几何图形开始，如圆形和正方形。教师告诉儿童哪一个是圆形，哪一个是正方形，然后将圆形与正方形从嵌图板中取出放在嵌图板旁边，再让儿童将圆形与正方形放回嵌图板中合适的位置。

2. 当儿童已确定能分辨正方形与圆形时，再加入三角形与长方形；然后可再加入菱形、椭圆形，以及五角形、六角形、八角形、半圆形、扇形、梯形、不规则的四边形，逐步增加嵌图的种类和数量。

3. 让儿童在正确嵌图的同时，不仅能配对相同的几何图形，而且还能说出各种几何图形的名称。

活动四：立体模型

(一)功能

1. 发展特殊儿童对几何图形及名称的分辨能力。
2. 培养特殊儿童的三度空间概念。
3. 发展特殊儿童的触觉能力。
4. 发展特殊儿童的配对能力。

（二）方法

准备：

1. 购买现成的各种立体几何图形，或自己用厚纸板、木块、黏土、泡沫等材料制作立体模型，包括球体、立方体、长方体、圆柱体、圆锥体、四面体（金字塔形）等。

2. 与各种立体几何图形相类似的实物，如用足球代表球体，杯子代表圆柱体，铅笔盒代表长方体等。

操作层次：

1. 教师辅导儿童认识各种立体几何图形的名称，并鼓励儿童用手去触摸，以帮助儿童了解三度空间的概念。若是立体几何模型是用厚纸板折成的，还可将整片厚纸板摊开变成平面，然后再由平面折成立体，让儿童观察这整个过程，使其能了解简单的平面与立体的关系。

2. 教师指导儿童将立体几何图形与实物配对。教师依次出示与立体几何图形相关的实物，如教师拿出足球说：足球的形状是球体。待儿童熟悉后，教师让儿童自己将立体几何图形和实物配对。

活动五：拼图板

（一）功能

1. 发展特殊儿童的形状知觉能力。
2. 发展特殊儿童的视觉辨别与推理能力。
3. 培养特殊儿童的手—眼协调能力。

（二）方法

准备：

1. 购买现成的拼图板或自制。

2. 如果是自制，制作的原理为：

（1）将一个有完整外形的物体分割成块。

（2）分割的原则是先简后繁。简单法：只分割一次，分割成较易辨认的部分；复杂法：分割多次，分割成较不易辨认的部分。

（3）选择被分割的物体图片是先具体后抽象，先用儿童较熟悉者后用儿童较陌生者。例如先用人像、动物、食物等外形易分辨者，再用一些抽象的几何图形来分割。例如：将圆、正方形等分割成许多块。

操作层次：

1. 让儿童将这些被分割成一小块一小块的图片拼凑成一个物体的外形，如将拼图板内被分割成不完整的图形移出，然后将这一块一块的圆形拼成完整的一个大图形。

2. 多让儿童练习各种不同图形与内容的拼图板，并问儿童所拼图的名称，且记录儿童完成一次拼图所需花费的时间。

活动六：钉板游戏

（一）功能

1. 发展特殊儿童的形状知觉能力。

2. 提高特殊儿童的模仿能力。
3. 培养特殊儿童的手—眼协调能力。
4. 培养特殊儿童的创造力。

（二）方法

准备：

1. 购买现成的钉板或自制的钉板两块。自制的方法：找来一块正方形的木块或木板（大约1厘米厚，每边长度可依自己的喜好或大或小）。在木板上每隔1厘米钉一根细铁钉，将铁钉钉满整块木板。
2. 或大或小的橡皮筋、或长或短的各色毛线。

操作层次：

1. 利用橡皮筋或毛线在钉板上做一个正方形，然后让儿童模仿也在每一块钉板上做一个正方形。儿童做好之后，可以把橡皮筋或毛线卸下，然后在钉板上的不同位置做一个正方形，让儿童有较多练习的机会。
2. 等儿童熟练了之后，使其变化为基本的几何图形，例如：长方形、三角形、菱形、平行四边形、梯形，以及不规则的多边形和各式各样的自创图形，甚至可以用多条橡皮筋或毛线做出许多有部分地方重叠的图形。

活动七：图形的组合

（一）功能

1. 发展特殊儿童的形状知觉能力。
2. 加强特殊儿童对几何图形之间关系的了解。
3. 培养特殊儿童对各种几何图形的应用能力。

（二）方法

准备： 购买多套现成的各式各样的基本几何图形，或大或小，含有各种不同的颜色；也可以自制，材料可用木块、塑胶、厚纸板、泡沫等。

操作层次：

1. 找出两个相等的等腰直角三角形，摆在儿童面前，问他们这两个图形是什么形状，等他们回答是三角形后，还可以补充说：对的，它们是三角形，而且这两个三角形的三个边之中有一个角是直角，而直角的两个边是相等的（用手指给儿童看，若儿童不懂，则可略去不讲），因此，它们又叫等腰直角三角形。现在我要把这两个三角形拼在一起，注意看看它会变成什么形。于是将此两个三角形拼成一个正方形，让儿童仔细观看，然后将两个三角形再分开，而由儿童再将之拼成正方形。
2. 用上述同样的方法将不含有直角的两个相等的等腰三角形拼成菱形。还有其他的如两个长方形拼成正方形，两个半圆形拼成一个圆形，等等。形状变化多端，可自行设计，也可让儿童自由尝试，从尝试中去变化图形的组合。

活动八：图形接龙

（一）功能

1. 培养特殊儿童对几何图形的辨别能力。
2. 加强特殊儿童对几何图形之间关系的了解。
3. 培养特殊儿童分析与组合图形的能力。

（二）方法

准备： 购买现成或自制含有基本几何图形的卡片。自制方法：(1)准备同样大小的正方形或长方形卡片数十张。(2)在每张正方形或长方形的四个角落或四个边的中间部位画上 1/4 或 1/2 的各种基本几何图形（圆形、正方形、长方形、三角形、菱形等），并涂上各种不同的颜色。

操作层次：

1. 将卡片呈现在儿童面前，向儿童说明每张卡片都画有一些图形。卡片与卡片之间可以互相联结。示范给儿童看，将卡片与卡片互相联结，可拼凑成各种不同的图样，让儿童模仿。
2. 让儿童自行联结卡片及拼凑图形。

活动九：形状辨别

（一）功能

1. 提高特殊儿童的视觉辨别能力。
2. 发展特殊儿童的形状知觉能力。

（二）方法

准备： 搜集现成的儿童游戏或训练作业中含有形状辨别的作业（主要为选择辨别作业：给出一个目标图形如三角形，让儿童从其他三个或四个图形中选出与目标图形相同的图形）或自制。原则是由简单到复杂、由具体到抽象。

操作层次：

1. 教师呈现简单的、具体的图形作业，按照指示语让儿童从许多图形中找出相同的图形来，分辨不同的形状或有细微差别的物体图形。
2. 教师呈现复杂的、抽象的图形作业，按照指示语让儿童从许多图形中找出相同的图形，以此分辨不同的形状或有细微差别的物体图形。

◆ 备注：过程应由易到难、由简单到复杂、由具体到抽象，慢慢过渡到儿童的学习作业中。

第三节　大小知觉

大小知觉是人脑对物体的长度、面积和体积在量的方面变化的反应，也是人依靠视觉、触摸觉和动觉的协同活动实现的，其中视觉占有重要地位。大小知觉使得人们可以判断对象的大小，使我们更好地适应周围的世界。

部分特殊儿童在大小知觉发展上存在问题，难以区分对象的大小，因此有必要对他们进行形状知觉能力的训练。训练特殊儿童的大小知觉，目的在于形成其大小知觉，提高其生活、学习的适应能力。大小知觉训练的主要内容是分辨对象的有无、大小、多少等，形成大小知觉。训练活动设计时要注意与儿童的实际生活结合起来，便于儿童逐渐迁移、类化到实际生活中物品的大小、多少的辨别上。

活动一：比比看

（一）功能

1. 帮助特殊儿童形成大小概念。
2. 发展特殊儿童对大小东西的辨别能力。
3. 培养特殊儿童的专注力和快速反应力。

（二）方法

准备：大小不等的水果若干，如苹果、橘子、芦柑、杏子、李子、西瓜等。

操作层次：

1. 先选用大小差距较大的两个水果放在桌子上，如大苹果和小橘子，让儿童观看并告诉儿童这是什么，然后，引导儿童比较哪个大、哪个小。
2. 根据人数，把儿童分成两组，抢答问题。当老师说大时，看哪一组指认正确，答对的那一组可以分食该水果，然后，再添加一个大或小的水果，接着，再抢答。问题可以随时变换。
3. 用上述方法比较逐渐增加数量和种类的其他水果。

◆ 备注：此法可类推用于比较其他物件，如杯子、瓶子、娃娃、气球、皮球及花生米、黄豆、绿豆、红豆、巧克力豆、彩虹糖等。

活动二：玩具套叠

（一）功能

1. 帮助特殊儿童形成大小概念。
2. 发展特殊儿童按大小次序排列事物的能力。
3. 发展特殊儿童精细动作与手—眼协调能力。

（二）方法

准备：购买现成的、用来区分大小的套叠玩具，如套碗、套塔、套桶等。

操作层次：

1. 教师打开一件套叠玩具，如套杯，把最大的和最小的挑出来，告诉儿童哪个大、哪个小，然后让儿童自己比较，逐步过渡到大小很接近的两个的比较。
2. 指导儿童从大到小或从小到大对套叠玩具进行排列，逐步增加比较的数量。
3. 当儿童建立大小概念后，可以示范、指导儿童按由小到大或由大到小的次序装拆套叠玩具。培养儿童的专注能力，让儿童学会大小的顺序。儿童通过用手操作，眼看实物一个比一个大，渐渐体会了大小的顺序和空间感知能力。

◆ 备注：用同样的方法让孩子练习更多的套叠玩具。

活动三：区别大小不同的嵌图板

（一）功能

1. 帮助特殊儿童形成大小概念。
2. 发展特殊儿童按大小次序排列事物的能力。

（二）方法

准备：购买现成的、用来区分大小的嵌图板。

操作层次：

1. 教师选择简单的、相同形状的几何图形或物体嵌图让儿童比较大小，即相同形状的几何图形或物体一大、一小差异显著，然后告诉儿童哪一个叫"大"，哪一个叫"小"，如一个大圆和一个小圆。教师将大圆与小圆从嵌图板中移开，再由儿童放回去，并要儿童说出哪一个是大圆、哪一个是小圆。依此类推，选择的比较物还可以是一个大正方形和一个小正方形，一个大长方形与一个小长方形，一只大猫与一只小猫，一棵大树与一棵小树……

2. 让儿童辨别差异程度逐渐减小的嵌图板的大小，并增加辨别的数目。例如：本来只辨别两个物体一大一小，现在则变成三个、四个、五个等，然后要儿童依大小次序排列，将物体放进嵌图板内。

第四节　方位知觉

方位知觉即方向定位，是人们对自身或客体在空间的方向和位置关系的知觉。人们主要借助于视觉、听觉、触摸觉、动觉和平衡觉等来对物体进行方向的定位。方位知觉异常和认知有缺陷的特殊儿童的方位知觉能力有缺陷，这对他们的生活和学习造成了很大的影响。因此，有必要对他们进行方位知觉的训练。

特殊儿童方位知觉的训练目的在于形成其方位知觉，提高儿童生活和学习的适应能力。方位知觉主要训练儿童以自己为中心和以客观对象为中心进行前后、左右、上下、里外、中间、东西南北等方位的辨别。训练活动的设计应尽量与日常生活相结合，所设计的活动尽可能与基本方位概念的形成相结合，反复训练、迁移，以形成特殊儿童的方位知觉。

活动一：辨认前后

（一）功能

1. 发展特殊儿童对前后方向的辨别能力。
2. 培养特殊儿童对前后方向的应用能力。

（二）方法

准备：普通教室。

操作层次：

1. 指导儿童认识以身体为中心的前方，可用如下任务：

（1）老师站在儿童后面，或数个儿童向前看排成一行，一起向"前"走。

(2) 看看前面是什么？什么东西在你的前面？
(3) 坐在教室里，你的前面有哪些东西？
(4) 谁坐在你的前面？
2. 指导儿童认识以身体为中心的后方，可用如下任务：
(1) 眼睛看前面，身体向后退着走。
(2) 眼睛看前面，身体向后轻跳。
(3) 谁坐在你的后面？
(4) 坐在教室里，后面有哪些东西。
3. 指导儿童认识以物体为中心的前后关系，可用如下任务：
(1) 你坐在黑板的前面，你也坐在哪个同学的前面。
(2) 请你走到××的前面。
例如：门、窗、钢琴、教室……
(3) 请你站在××的后面。
例如：门、钢琴、教室、××同学……
(4) 其他的动作，可用爬、跑、蹲跳等方式，令儿童到达某物件的前（后）方。

活动二：指出上下

（一）功能
1. 发展特殊儿童对上下、前后、左右方位的辨别能力。
2. 加强特殊儿童对自身所处空间位置的认识。

（二）方法
准备：普通教室。
操作层次：
1. 教师让儿童指认教室内各种东西，并说出名称。接着，指导儿童在教室内指出：……在……上面，……在……下面，……在……和……的中间。例如：画在墙的上面，椅子在桌子下面，讲桌在黑板下面，老师站在黑板和讲桌的中间。
2. 指导儿童在教室内以儿童为中心，辨认前、后、上、下的方位。
例如：书桌在你的哪一边？其他如：门、窗、黑板、时钟、废纸篓……
3. 指导儿童以某种东西为中心，辨认前、后、左、右的方位。
例如：你在书桌的哪一边？其他如：门、窗、黑板……
4. 指导儿童移动身体，靠近或站在有关指定物体的适当位置。例如：站在桌子的前面，靠近你背后的窗户，躲在桌子的下面，站在椅子的上面，走向两把椅子的中间，走向房门的后面，站在钢琴的左边等。

活动三：熟悉的东西在哪里？

（一）功能
1. 发展特殊儿童对环境的知觉能力。
2. 发展特殊儿童的方位知觉能力。

（二）方法

准备：手帕、钢琴、普通的教室。

操作层次：

1. 儿童坐在地板上，用手帕蒙起眼睛。老师问：钢琴在你的哪一边？儿童答：在我的前面。其他的例子：桌子、椅子、窗户、门、讲桌、地板、天花板等。

2. 指导儿童跳跃，跳在空中并转向房间里某一指定的东西。例如：跳转向后墙。其他的例子：门、窗、黑板、钟、成绩栏、老师的桌子等。

3. 令儿童蒙着双眼，跳起来并转向房间里的熟悉东西。例如：跳（起来）转向前门。老师可自行指定儿童转向所熟悉的东西。

4. 儿童坐在地板上，仍然蒙着眼睛。老师问：你坐在天花板的哪一边？学生答：我在它的下面（方）。老师可自行设计其他的任务。

活动四：认识左手和左脚

（一）功能

1. 发展特殊儿童的左、右方位辨别能力。
2. 加强特殊儿童对自己身体左侧的感知。

（二）方法

准备：上衣左边有一个口袋，且纽扣应在身体正面（胸前）正中央的衣服；纽扣卡通贴纸。

操作层次：

1. 让儿童穿上上衣左边有一个口袋、纽扣在身体正面（胸前）正中央的衣服；让儿童穿上裤子或裙子，在左边下角贴上他所喜欢的卡通贴纸，让儿童认识左侧。

2. 令儿童立正，左手侧举与肩平高，告诉他：这是身体的中央（指着一排纽扣的胸前），这是左手（拍拍他的左手），然后放下。令儿童立正，把贴有卡通纸的那边的脚，向左侧移动半步，拍拍他的脚，告诉他：这是左脚。这种动作可随机指导，并常重复，以让儿童确认左侧的感觉。

3. 令儿童站立在室内中央，举起左手、左脚向左侧移动，直到左边的墙。利用吃饭、睡觉等日常生活行为的时机，教儿童认识左手和左侧。如吃饭的时候，告诉他：用左手拿起碗来吃饭；睡觉时，让他的左侧在下方，侧着睡。

活动五：认识右手和右脚

（一）功能

1. 发展特殊儿童的左、右方位辨别能力。
2. 发展特殊儿童对自己身体右侧的感知。

（二）方法

准备：上衣右边没有口袋（左边有），纽扣在身体胸前正中央的衣服；卡通贴纸。

操作层次：

1. 让儿童穿上上衣右边没有口袋（左边有），衣服的纽扣在身体胸前正中央的衣服；

让儿童穿上裤子或裙子,并在右边下角贴不同的卡通贴纸(与左边不同),让儿童认识右侧。

2. 令儿童立正,右手侧举与眉同高,告诉他:这是身体的中央(指着胸前一排扣子),这是你的右手(拍拍他的右手),然后放下。令儿童立正,把贴有卡通纸的那一边的脚,向右侧移动半步,拍拍他的脚,告诉他:这是右脚。这种动作可随机指导,并常重复。

3. 令儿童站立在室内中央,举起右手与肩同高,右脚向右侧移动,直到右边的墙。利用吃饭、睡觉等日常生活行为的时机,教儿童认识右手和右侧。吃饭的时候,告诉他:用右手拿筷子或用右手拿汤匙;睡觉时,让他的右侧在下方,侧着睡。

活动六:辨认身体的左右侧

(一)功能

1. 发展特殊儿童对身体左右侧的感知能力。
2. 发展特殊儿童对身体左右侧方位的辨别力。

(二)方法

准备:玩具手表或红色橡皮圈数个、玩具手镯或蓝色橡皮圈数个、红色卡通图、蓝色卡通图。

操作层次:

1. 指导儿童认识身体的左侧。
(1) 在儿童的左手腕,带上玩具手表或红色橡皮圈数个。
(2) 牵着儿童的左手,向左绕圈圈,并告诉他:今天,你的左手最漂亮,左手上有一只漂亮的表,好神气。
(3) 向左边看看或跳一跳。
(4) 看一看(摸一摸)左边的鞋子(左鞋贴上红色卡通图)。
(5) 牵着儿童的左手,教他用力踏出左脚,并教他听听踏步的大声音,并说:左脚!右脚!重音在"左"。

2. 指导儿童认识身体的右侧。
(1) 在儿童的右手腕,带上玩具手镯或蓝色橡皮圈数个。
(2) 牵着儿童的右手,向右边绕圈圈,并告诉他:今天,你的右手最可爱,右手上有一只小圆环,戴上它,最可爱。
(3) 向右边看看或跳一跳。
(4) 看一看(摸一摸)右边的鞋子(右鞋贴蓝色卡通图)。
(5) 牵着儿童的右手散步,告诉他用力踏右脚,并教他听踏步声,老师说:左脚!右脚!重音在"右"。

3. 让儿童自行辨认身体的左右两侧。

活动七:我是一只小小鸟

(一)功能

1. 发展特殊儿童对身体左右侧的感知。

2. 发展特殊儿童对身体左右侧方位的辨别力。

（二）方法

准备：《小小鸟》歌词：我是一只小小鸟，飞就飞，叫就叫，自由逍遥，我不知有忧愁，我不知有烦恼，只是爱欢笑。

操作层次：

1. 教师教唱《小小鸟》，示范向左、向右飞，儿童模仿唱歌和动作。"大家来学小鸟飞""飞呀飞呀，这样飞（向左或向右）"。示范或由儿童独唱或师生对唱，教师唱前句，学生唱后句；教师示范动作，学生模仿。"小小鸟，怎么飞""展开翅膀，这样飞（向左或向右）"。

2. 教师发出向左（左转）、向右（右转）飞的指令，让儿童做向某侧飞的舞蹈动作，如"小小鸟，怎么飞，展开翅膀，向左飞"。或儿童自己发出指令向左、向右飞，边说边做舞蹈动作，如"大家来学小鸟飞，飞呀飞呀，向左飞"。强调左侧、右侧的感觉，左侧飞重心在左，右侧飞重心在右。

◆ 备注：歌词的动作设计，可自由创造。

活动八：左右侧腰运动

（一）功能

1. 发展特殊儿童对左右两侧的辨别能力。
2. 加强特殊儿童对身体左右侧的感知。
3. 提高特殊儿童的平衡能力。

（二）方法

准备：空旷的场地。

操作层次：

1. 立正。左脚向左侧移半步与肩同宽，同时双手握拳向前平举，抬高到头的两侧，再向左右两侧放下，轻拍左右两腿。左手叉腰，右手侧举并抬高伸直靠近右耳，同时上身向左侧用力弯腰一次。上半身恢复原状，左手放下伸直，右手从右侧放下轻拍右腿，上半身保持正直姿势，两脚分开站立。两手平伸左右两侧，并移到正前方，握拳与肩同高。两手放下，并收回左脚，保持立正姿势。同样的方法向右弯腰。

2. 同样的方法向左或向右弯腰两次。或结合体操动作，让儿童向左右两侧做侧腰动作。

活动九：我是一只大滚筒

（一）功能

1. 发展特殊儿童对左右两侧的辨别能力。
2. 加强特殊儿童对身体左右侧的感知。
3. 提高特殊儿童的滚动运动能力。

（二）方法

准备：干净的草地、室内地板或垫子。

操作层次：

1. 令儿童仰卧在草地（地板、垫子）上。教师示范向左侧滚翻五次，再向右侧滚翻五次,并指导学生练习。

2. 教师把儿童分为两组,让两组儿童举行滚翻比赛。教师或儿童发出向左侧滚或向右侧滚的口令,让两组儿童中的每位儿童分别从垫子这一端侧滚到另一端,再反方向侧滚回到大本营,并排到队伍后面。哪一队先完成为优胜。

活动十:男左女右

(一) 功能

1. 发展特殊儿童对左右两侧的辨别能力。
2. 培养特殊儿童辨认自己所在空间位置和方向的能力。

(二) 方法

准备: 空旷的场地、教室。

操作层次:

1. 两人并排牵着双手向前走,并说如下口令:我在左边,你在右边,我俩牵着手,大步向前走;我的左手摆一摆,你的右手甩一甩,我们是好朋友。
2. 两人相向原地走,两手交叉握握手。这是你的左手(用力握),这是你的右手(用力握)。认清对方的左右侧。
3. 坐在教室或房间里。教师或儿童给出以下指令让儿童完成:指出你坐在哪些东西的左边,说出你坐在哪些人的左边,指出你坐在哪些东西的右边,说出你坐在哪些人的右边。

活动十一:东西南北

(一) 功能

1. 发展特殊儿童对东西南北地理方向的认知。
2. 发展特殊儿童对东西南北地理方向的辨别力。

(二) 方法

准备: 野外、地球仪。

操作层次:

1. 带儿童到野外认识并分辨东西南北。

(1) 看看早晨的太阳:太阳从东边升上来,太阳从我家的东边升上来。

(2) 看看傍晚的太阳:太阳从西边落下去,太阳从我家的西边落下去。

(3) 令儿童站在空旷的地方,两臂在两侧水平伸直,左手指向西方,那是太阳下山的地方;右手指向东方,那是太阳上升的地方。这时候,小朋友所面对的是北方,背后是南方。站着的地方是中央,你站在中央,东西南北四周的人都看到你。

2. 通过地球仪认识及辨别东西南北。

(1) 看看世界上的陆地和海洋。

(2) 看看地球的北极和南极。

(3) 看看地球的东方和西方(要以中国为中心,认出中国的东西南北)。

活动十二:阅读中国地图

（一）功能

1. 培养特殊儿童的方位知觉能力。
2. 加强特殊儿童以中国地理为中心方向的辨认。

（二）方法

准备: 地球仪。

操作层次:

1. 观察地球仪或世界地图,指导儿童从地球仪或世界地图上找到中国的位置,认识南极和北极。
2. 让儿童站在世界地图的中国中央(甘肃省),面向北方(内蒙古自治区);指导儿童认识左侧是西方,有新疆维吾尔自治区;右侧是东方,有长江出口,是江苏省,省会南京在这里(指出来);南方有云南省。
3. 让儿童以某一省份或大都市为中心,辨认该省或该市的地理位置。
4. 教会儿童理解我国领土和领海范围"上"的天空是领空;我国国土地"下"埋着不少宝藏,等待我们去开采和利用。

活动十三:观察自然景物

（一）功能

1. 培养特殊儿童的方位知觉能力。
2. 增强特殊儿童对植物生长方向的了解。
3. 增强特殊儿童对动物行动方向的了解。

（二）方法

准备: 野外或植物园或公园或动物园,有常见动植物的地方。

操作层次:

1. 带儿童到野外,指导儿童观察周围的景物。
2. 让儿童指认常见的动植物,并说出它的名称。
3. 让儿童指认植物(树和草)的根、茎、叶,并给儿童讲解:茎和叶都是往"上"生长,向有阳光的方向生长;根是往"下"生长,向地伸展,才不会被风吹得拔起来。
4. 让儿童指认植物的果实。多数植物的果实,在幼果期是向"上"生长的,如橘子、柚子。
5. 让儿童看着一只狗(牛、羊、马皆可)回答:狗的头向着西方时,狗的四脚向着什么方向? 狗的背部向着什么方向? 狗的臀部向着什么方向? 狗的尾巴向着什么方向?
6. 让儿童观察水中的鱼和虾,回答下列问题。
（1）辨认鱼的前后左右上下,问:它游的方向是什么?
（2）辨认虾的前后左右上下,问:它能倒退行走吗?

活动十四:观察画册和图片

(一)功能

1. 发展特殊儿童抽象的方向感。
2. 让特殊儿童认识各种东西或景象的运动方向。

(二)方法

准备:有各种各样东西的内容丰富的画、某些动作或景象的方向是错误的画。

操作层次:

1. 呈现一幅内容丰富的画,令小朋友说出下列东西的运动方向,如风筝向上升。其他如:火箭、潜水艇、飞机、鱼、雨水、早上的太阳(朝阳)、炊烟、风、直升机、喷泉等的运动方向。

2. 呈现一幅某些动作或景象的方向是错误的画,令儿童指出或说出来,如:吹着北风,炊烟向北方上升;螃蟹朝向头的前方前进;飞弹向喷火焰的方向前进。

第五节 视觉—空间知觉协调性

空间知觉是多种感觉分析器协同活动的结果,在人们对距离、大小、形状、方位进行知觉的过程中,视觉起到了主导作用。在深度知觉过程中,两眼视网膜上成像的差异是观察物体空间关系的重要线索,能够使人们形成三维空间映像,形成深度知觉。深度知觉的产生除了双眼的视差线索外,还利用单眼视觉等其他线索。对物体方向的知觉主要是由视觉、动觉和前庭分析器来实现的,人靠视觉信息来确定客体和我们自身之间的关系,判断上下、前后和左右。可见,视觉在空间知觉中起到了非常重要的作用。

视觉和空间知觉间的协调,保证了我们活动的顺利进行。这使得我们能够随时随地对远近、高低、方向等做出适当的定位判断,协调地上下楼梯、穿越马路、打球等。因此,对存在问题的特殊儿童,尤其是学习障碍及其他有认知缺陷的特殊儿童进行视觉—空间知觉的协调性训练是非常有必要的。

特殊儿童视觉—空间知觉协调性训练的目标是形成视觉与空间知觉的协调能力,提高其生活和学习适应能力。所设计的训练活动应尽量与日常生活相结合,由简单到复杂,循序渐进,反复训练、迁移,以形成特殊儿童的视空协调性。

活动一:姿势模仿

(一)功能

1. 提高特殊儿童的视觉—空间知觉协调性能力。
2. 增进特殊儿童对身体各部位名称的认知。
3. 增进特殊儿童的模仿能力。
4. 发展特殊儿童身体的协调性。

（二）方法

准备：无。

操作层次：

1. 简单姿势的模仿。教师与儿童面对面,要求儿童正确地模仿教师的动作,如教师伸出左手或右手、抬起左脚或右脚、向前或向后伸腿、向上举起胳膊、向下弯腰、坐下、起立等,并让儿童说出动作的名称,如:伸出右手、抬起左脚。

2. 模仿日常生活中的动作,如:拿起面前的书,抬起凳子,把书放到书架上,回头跟后面的儿童讲话,拿起笔写字,握手等,并让儿童说出动作的名称。

3. 教师做一连串的动作,让儿童模仿,如:广播体操中的动作,舞蹈中的动作等。

活动二：拍皮球

（一）功能

1. 发展特殊儿童左右两侧的感觉。
2. 发展特殊儿童的协调与平衡能力。

（二）方法

准备：中号皮球、小号排球、空旷的场地。

操作层次：

1. 在原地拍球（中号皮球）,可做如下动作：
（1）利用右手拍皮球,左手自由摆动,眼睛注视皮球,维持平衡。
（2）利用左手拍皮球,右手自由摆动,眼睛注视皮球,维持平衡。
（3）抬高并摆动右脚,使反弹的皮球在右脚的两侧弹起,右手并能继续拍打皮球。
（4）抬高并摆动左脚,使反弹的皮球在左脚的两侧弹起,右手(试着用左手)并能继续拍打皮球。

2. 侧行运球（中号皮球、小号排球）,可做如下动作：
（1）左手侧举,右手运球。
（2）向左侧方向运球前进。
（3）交换右手侧举,左手运球。
（4）向右侧方向运球回来。
（5）熟练运球侧行前进、后退以后两队进行比赛。方法如下：
① 设定折返目标,距离起点约 20 米。
② 右手运球侧行向目标,左手运球侧行折返大本营。
③ 看看哪一队快。
④ 不可带球走。
⑤ 滚地的球,应拾回到原地继续运球。

活动三：动动你的手——握笔练习

（一）功能

1. 提高特殊儿童的手—眼协调能力。

2. 发展特殊儿童手腕的力量控制能力。

3. 发展特殊儿童的模仿能力。

（二）方法

准备：铅笔、彩笔、白纸若干张、常见图形卡片（如正方形、三角形、圆形等）、简单的简笔画（如花、树等）。

操作层次：

1. 画线。教师手拿铅笔，在空白纸上画出直线、斜线等，从左到右、从上到下，让儿童模仿。儿童学会后，让其自行在纸上画线。

2. 画图形。教师画或出示图形卡片，要儿童模仿画，由简单到复杂。

3. 给图形涂色。让儿童用彩笔给画出的图形着色，或用现成的简笔画卡片，涂上自己喜欢的颜色，要求尽量不要超出图形的边界。

4. 写字练习。由简单的字母或数字开始，慢慢增加字的难度，依儿童的具体情况来确定该层次的难度。

活动四：看指示找目的地

（一）功能

1. 提高特殊儿童的视觉—空间知觉协调性。

2. 提高特殊儿童对各方位的辨别能力。

3. 加强特殊儿童对自己所处空间方位的认知。

（二）方法

准备：指示牌（用←表示向左走，用→表示向右走，用↑表示向上走，用↓表示向下走，↖表示左上方，↗表示右上方，↙表示左下方，↘表示右下方）。

操作层次：

1. 教师教儿童认识不同指示牌代表的含义。教师依次出示指示牌，让儿童知道每个指示牌是什么意思。

2. 根据指示牌找班级。教师把儿童带到起点，让儿童根据指示牌的指引找到相应的班级。如一年级二班是先上楼梯，再向右走。训练由简单到复杂，也可两个儿童以比赛的形式，看谁找得又快又准。

3. 自己贴指示牌。教师告诉儿童要找的班级并把指示牌交给儿童，让儿童把指示牌贴到关键的地方，并引导其他儿童找到目的地。

另外，视觉—空间知觉协调能力训练还包括手—眼协调活动、视觉与精细动作的配合，用动作配合视觉以及避开或跨越障碍物等训练活动。这些内容的具体训练活动设计参考第十三章特殊儿童运动知觉训练活动设计中的相关内容。

第六节 听觉—空间知觉协调性

我们在三维空间中生活,除了根据视觉确定物体的方向、位置和距离外,听觉在空间知觉中也起着重要的作用。我们的耳朵能够提供声音的方向和声源远近的线索。听觉线索也包括单耳和双耳两种。听觉—空间知觉在知觉距离时主要以声音强度为线索,在判定声源的方位则需要依据双耳听觉线索,也就是听觉空间定位。听觉和空间知觉的协调活动为我们的行动定向,保证了我们活动的顺利进行。

有认知缺陷的大部分特殊儿童都存在听觉—空间知觉协调性的问题,因此,需要对此类儿童进行相关的训练。听觉—空间知觉协调性能力的训练目的在于通过一系列相关活动的设计,使特殊儿童形成听觉—空间知觉协调性,提高其生活和学习的适应能力。训练的主要内容涉及儿童能够根据声音来源确定方向,根据声音的强弱判断声源的远近,根据回声的远近判断高低、深浅,根据声音确定动作等,以此来训练、发展特殊儿童的空间知觉能力。所设计的训练活动应尽量与日常生活相结合,由简单到复杂,循序渐进,反复训练、迁移,以形成特殊儿童的听空协调性。

活动一:听指令转动身体

(一)功能

1. 提高特殊儿童的方位知觉能力。
2. 发展特殊儿童听觉和动作协调的能力。
3. 养成特殊儿童良好的服从习惯。

(二)方法

准备: 无。

操作层次:

1. 儿童排成一排,教师发出向左转、向右转的指令,让儿童完成。开始儿童若不熟练,可转得慢一点,给予一定的反应时间。待儿童熟练之后,教师要求儿童又快又好地完成听指令转动身体的任务,转错的同学给予适当的惩罚。

2. 在层次 1 的基础之上加入向后转和原地不动的指令。

活动二:完成指令

(一)功能

1. 提高特殊儿童的听觉—空间知觉协调性。
2. 发展特殊儿童听觉记忆和理解能力。
3. 养成特殊儿童良好的服从习惯。

(二)方法

准备: 编写一些由易而难、由简而繁的指令,如:

(1)把桌子上的铅笔拿起来。

(2) 把地上的凳子搬起来,放到桌子上。

(3) 把桌子上铅笔盒里面的橡皮拿出来放到同桌的左手上。

(4) 把语文书最下面的作业本拿出来放到数学书的上面,再一起把数学书和作业本放到最下面的抽屉里。

操作层次:

1. 说出简单的、单项的指令,让儿童依据指令行动。待儿童熟悉程序后,让儿童用最短的时间或比赛的形式让儿童完成指令。

2. 说出多项连续的、复杂的指令,让儿童听指令完成相应的动作。

活动三:听音乐,做动作

(一) 功能

1. 提高特殊儿童听觉—空间知觉的协调能力。
2. 培养特殊儿童听觉和动作的协调能力。
3. 加强特殊儿童对音乐节奏的认知。

(二) 方法

准备:《找朋友》儿歌、手鼓、播放器。

操作层次:

1. 教师向儿童讲解节拍,然后教儿童打拍子。

2. 教师敲手鼓,儿童按照鼓点行进。进行的方向可向左、向右、向前、向后等。教师一开始敲鼓时要慢点,让儿童能够跟得上节奏,必要时进行辅导。

3. 儿童听音乐,踩着节奏前进。教师播放《找朋友》儿歌,让儿童按照音乐节拍行进。同上。

4. 儿童听音乐,踩节奏,做动作。教师让儿童听着音乐的节奏行进,同时做出动作,如拍手动作、跟对面的小朋友握手、弯腰用右手够左脚等。

【本章小结】

空间知觉是人脑对客观事物空间属性的反应,主要是判断物体的大小、形状、距离和方位等的信息。大小知觉是人脑对物体的长度、面积和体积在量的方面变化的反应;形状知觉是人对物体形状特性的认识;深度知觉是人对物体远近距离即深度的知觉;方位知觉是人们对自身或客体在空间的方向和位置关系的知觉。

特殊儿童空间知觉的训练主要包括训练儿童的形状知觉、大小知觉、深度知觉、方位知觉、视觉—空间知觉协调性和听觉—空间知觉协调性能力。本章根据特殊儿童感知觉训练活动设计的原则、要求和方法,设计了特殊儿童形状、大小、深度、方位知觉、视觉—空间知觉协调性和听觉—空间知觉协调性等方面的训练活动。通过具体的、针对性的活动设计的示范,帮助学习者从中学习、应用训练活动设计的方法,并能迁移到实际的应用中去,针对相关的特殊儿童开展针对性的训练活动。

【思考与练习】

1. 儿童的空间知觉能力训练可以从哪几个方面进行?
2. 对特殊儿童进行空间知觉能力训练需要考虑哪些问题?

3. 如何提高特殊儿童空间知觉训练的有效性？

4. 请运用空间知觉训练活动设计的方法，针对智力/发展障碍儿童的深度知觉、大小知觉、形状知觉、方位知觉、视觉—空间知觉协调性和听觉—空间知觉协调性能力的不足，各设计一个训练活动。

要求：

(1) 所设计的活动需具备规范性、准确性、针对性、适切性、层次性、循序渐进性及可操作性；

(2) 所设计的活动在训练方法上至少包含3个层次。

5. 实践应用：

请为自己所带的研究个案设计一个空间知觉能力训练的活动，并根据这个活动设计对个案进行实际训练与评估。

第十三章　特殊儿童运动知觉训练活动设计

学习目标：
1. 了解运动知觉训练中的基本概念。
2. 理解运动知觉能力训练涵盖的范围与内容。
3. 掌握运动知觉训练的活动设计方法。
4. 应用运动知觉训练的活动设计方法，根据儿童的不同需求设计运动知觉训练活动。

运动知觉是人对物体空间位移和移动速度的知觉。人没有专门感知物体运动的器官，人对物体运动的知觉是通过多种感官的协同活动实现的。人的运动知觉依赖于物体运动的绝对速度和与观察者的距离。人的运动是个体通过神经系统的控制，使自己的外部肌肉来完成某种动作的过程，这表现为各种动作。大运动通常称为"粗大动作"或"大肌肉活动"，精细运动叫作"精细动作"或"小肌肉活动"。其中，粗大动作技能包括走、跑、跳、单腿平衡和听动协调等；精细动作技能包括手和眼睛的复杂动作以及视知觉—视动作的协调等。

对特殊儿童进行运动知觉的训练，目的是提高其粗大动作和精细动作能力，形成运动知觉，提高其生活和学习的适应能力。训练的内容主要集中于训练儿童的粗大动作和精细动作技能，具体表现为训练儿童的滚翻、爬行、行走、跑步、投掷、跳跃、韵律和手—眼协调运动技能等方面。

运动知觉训练活动的设计应满足特殊儿童感知觉训练活动设计的一般性要求，根据特殊儿童感知觉训练活动设计的原则、目的和方法，结合运动知觉训练的相应主题，针对某类特殊儿童运动知觉能力的优势和不足，设计针对性的训练活动。具体来说，特殊儿童空间知觉训练活动设计应满足以下要求：

（1）在训练活动的形式上具有规范性、趣味性。在规范性上，活动设计应包括功能和方法两部分，方法里包括准备和操作层次两部分；另要注重活动设计的趣味性，可结合游戏、比赛的形式使训练活动更有趣，激发儿童的兴趣。

（2）在训练的功能上具有准确性、综合性。训练的功能定位应与训练的内容相吻合，应全面地反映要训练的内容。

（3）在训练的目标上具有针对性、科学性。训练的目的要切实针对某类特殊儿童运动知觉的发展特点和特殊需要。

（4）在训练方法上具有适切性、可操作性。适合特殊儿童当前的运动知觉水平、能够达到训练的目的，并且是可以实际加以操作的训练活动。

（5）在训练过程上具有层次性、循序渐进性。每个训练的操作层次能够体现出训练过程的相对独立性、完整性，层次与层次间在内容、难度上应是逐渐加深的。

（6）在训练实施上具有可行性和安全性。在材料、场地的选择上以及具体的实施中考虑到儿童的人身安全。

按照以上的活动设计要求，为特殊儿童设计出适合他们的、切实能达到训练运动知觉能力目标的训练活动，提高儿童的粗大动作和精细动作技能。

第一节　粗大动作

粗大动作主要集中于爬、坐、站立、行走、跑、跳、推、抛、接、踢等的动作技能。许多特殊儿童存在粗大动作技能的落后或不足。如智力障碍儿童表现为动作协调性差；自闭症儿童存在运动性障碍，包括体态的异常，眼睛、脸、头、身体、四肢的运动异常，重复性的手势和动作及笨拙的走路姿态等；阿斯伯格综合征儿童表现为动作笨拙不协调、步态不稳、不会蹦跳、不会踢球等；运动功能障碍也是脑瘫儿童的主要表现之一；学习障碍儿童的运动协调性差，笨手笨脚，不能很好地用脚尖站立和用单脚站立，走路时手脚动作不自然、行动不利索，全身的协调运动差（如球类运动、跳绳、垫上运动等）。可见，对特殊儿童进行相关的粗大动作技能训练是非常有必要的。

对特殊儿童进行粗大动作训练，目的在于纠正儿童异常的动作姿势，发展其正常的动作姿势，提高其身体的移动能力，形成粗大动作技能。通过设计相关的粗大动作训练活动，使特殊儿童能够控制头部活动，发展躺卧、滚翻、坐、跪、站立、行走、跑步、跳跃、爬行等动作及上肢伸直保护的能力、平衡的技巧等能力。在设计粗大动作训练活动时，要按照儿童粗大动作发展的顺序进行设计，注意前后活动之间的联系性，遵照儿童粗大动作的发展规律。

一、滚翻运动

活动一：前滚翻

（一）功能

1. 发展特殊儿童的前滚翻动作。
2. 提高特殊儿童的身体协调性。

（二）方法

准备：垫子。

操作层次：

1. 让儿童尝试前滚翻时前屈的正确姿势。让儿童站在垫子一端的前面，弯腰屈膝，手按垫子，由教师或同伴帮助用手压住其踝关节，然后在两手间低头钻入，使颈部或头部后侧触垫，做前屈训练。帮助者不宜松手。
2. 在1的基础上，让儿童身体弯曲成球状，背部着垫，弯曲时，手放在头部两侧，使前后摇摆如摇篮(身体摇摆时,应轻快,力量要大)。

3. 用蹲屈姿势,双手按垫练习前滚翻,滚翻后,保持立正姿势(重点放在滚翻前的正确动作)。

4. 加速度练习前滚翻(注意头部和背部尽量弯曲,动作才会圆滑)。

5. 连续向前滚翻。

活动二:侧滚翻

(一)功能

1. 发展特殊儿童的侧滚翻动作。
2. 提高特殊儿童的身体协调性。

(二)方法

准备: 地毯或地板或垫子(最好是垫子)、毛绒玩具或球、斜坡。

操作层次:

1. 让儿童尝试侧滚翻的动作。具体步骤如下:在垫子上的一端仰卧,两臂置于身旁,向左(或右)侧转身二分之一滚翻成俯卧,再转身二分之一滚翻到仰卧。

2. 让儿童连续向左(右)侧滚翻。

3. 变化双手的姿势,如两臂上举向左(右)侧滚翻或滚动时让儿童双手抓住东西,如毛绒玩具或球。

4. 让儿童从斜坡上向上或向下侧滚翻。

5. 两人仰卧,反方向头顶着头,两臂上举相携,向左(右)侧滚翻。

◆ 备注:训练之前应有充分的柔软性准备活动,使儿童筋骨伸展,关节放松,韧带拉长,以便运动自如,如跑步、体操、跳跃等。

活动三:鸡蛋侧滚翻

(一)功能

1. 发展特殊儿童侧滚翻的运动能力。
2. 提高特殊儿童的身体协调性。

(二)方法

准备: 地毯或地板或垫子,最好是垫子。

操作层次:

1. 让儿童尝试鸡蛋侧滚翻的动作。具体步骤如下:让儿童在垫子上的一端仰卧,伸直双腿,双手平放在身体的两侧,弯曲小臂和小腿,向左(右)侧滚翻二分之一,脸朝下,再向左(右)侧滚翻二分之一,脸朝上。教师可提供帮助。

2. 让儿童独立地连续向左(右)侧滚翻到垫子的另一端。

◆ 备注:在进行鸡蛋侧滚翻之前,应先做柔软性的准备活动,如跑步、体操、跳跃等。

活动四：后滚翻

（一）功能

1. 发展特殊儿童后滚翻运动的能力。
2. 提高特殊儿童的身体协调性。
3. 培养特殊儿童互助合作的习惯。

（二）方法

准备：垫子。

操作层次：

1. 让儿童尝试后滚翻正确的后屈姿势。让儿童全蹲，尽量弯曲手肘手腕，掌心向上并张开，两臂在头两侧靠近肩膀，然后向后滚翻（准备正确的后滚翻姿势，并使手臂在支撑身体时，能够有效运用）。
2. 在前一基础上，儿童仰卧于垫上，身体弯曲成球状，手臂弯曲靠近肩膀且手掌向上，然后做前后摆动，摆动的力量要大。
3. 儿童身体弯曲，仰卧于垫上，借教师或同伴二人的力量，推其腰部向后滚翻（使其认识后滚翻，并增进其安全感）。
4. 让儿童由直立姿势，曲膝下蹲，两臂弯曲上举，手指向上，掌心向上，低头、弓臂，重心后移，然后仰卧，使臀、腰、背、颈、头、手、足，依序着垫，以球形状后滚翻。翻过后，足着垫，再向上方伸展腰部，两臂上举，以维持平衡。
5. 儿童练习连续的后滚翻动作。

◆ 备注：在做后滚翻运动前，儿童先柔软身体，伸展筋骨，拉长韧带，以期动作运用自如。

活动五：分腿前滚翻

（一）功能

1. 发展特殊儿童分腿前滚翻的动作。
2. 提高特殊儿童的身体协调性与运动能力。
3. 培养特殊儿童垫上运动的乐趣。

（二）方法

准备：垫子。

操作层次：

1. 教师把儿童分为两人一组，并让两人相向、双手相携，进行分腿练习。甲（乙）进行分腿练习，乙（甲）从旁协助。分腿的方法是：直立而分腿，分腿坐下，分腿起立，还原。
2. 仰卧分腿，身体成球状，利用圆弧背部做前后摆动。轻快摆动，腰部不可伸直。
3. 分腿坐在垫上，摇摆身体以增加动力。用双手在腿间撑起，成分腿开立姿势。由助手在旁边协助用手撑起身体。以分腿前滚翻动作，向前滚翻后起立，两臂向前平举以维持平衡。注意两腿尽量分开、膝盖伸直，动作应柔软轻快。
4. 让儿童连续、快速地做分腿前滚翻动作，可用比赛或分小组接力等形式。

活动六:分腿后滚翻

(一) 功能

1. 发展特殊儿童分腿后滚翻运动的能力。
2. 提高特殊儿童的身体协调性。
3. 增进特殊儿童垫上运动的乐趣。

(二) 方法

准备:垫子。

操作层次:

1. 教师把儿童分为两人一组,让甲(乙)由站立而变成分腿姿势,乙(甲)在甲的前方相向并携手。甲(乙)做分腿坐下和起立的动作训练。
2. 仰卧分腿,身体并成球状,以背部着垫,做前后摇摆动作(保持球形状的姿势)。
3. 分腿坐在垫上,弓背,借助他人推腰的力量,向后滚翻(指导儿童熟悉双手撑垫的要领)。
4. 由直立姿势起,做分腿后滚翻。靠自己的力量圆滑地完成动作。

二、爬行运动

活动一:跨越障碍物

(一) 功能

1. 提高特殊儿童四肢的协调性。
2. 加强特殊儿童对身体和空间关系的体验。

(二) 方法

准备:轮胎数个,部分轮胎埋在土里固定。

操作层次:

1. 儿童由一端开始,向另一端攀爬跨越轮胎。
2. 进行计时比赛,看哪位儿童攀爬跨越的速度最快。

活动二:爬行比赛

(一) 功能

1. 提高特殊儿童四肢的协调能力。
2. 提供特殊儿童爬行练习的机会。

(二) 方法

准备:有地毯的室内或干净的地板或柔软平坦的草地、队旗。

操作层次:

1. 教师组织儿童进行爬行比赛,具体步骤为:

(1) 教师将儿童分为两队或数队,每队人数相等。

(2) 让各队儿童排队站在起跑线前。距离起跑线前方十米,各设立队旗或安置队友1

人,作为折返本队的定点。

(3) 开始时,第一号就爬行位置和姿势,听到口令后向前爬行,绕过队旗(折返点),返回原队,立于队后。当返回原队时,第二号已位于爬行位置,伸出一只手,等第一号返回时就拍打第二号的手,随即向前爬行。

(4) 继续进行,先完成的队伍为胜者。

2. 教师在爬行路线中设置任务(如手拿毛绒玩具)或障碍物,让儿童进行爬行比赛,增加难度。

活动三:匍匐爬行

(一) 功能

1. 发展特殊儿童匍匐爬行的动作。
2. 培养特殊儿童的动作技巧。

(二) 方法

准备: 平坦的草地或铺有地毯的室内、与组数相同的长竹竿(或绳子)数支(条)。

操作层次:

1. 教师示范匍匐爬行的动作,儿童模仿并练习匍匐爬行的动作。
2. 教师组织儿童进行机枪扫射游戏,来训练儿童匍匐爬行的动作。具体步骤如下:

(1) 由一人或一组同学手持竹竿或绳子当作机枪在扫射;

(2) 儿童分队站立在起点线前,竹竿在起点前方十米,目标在竹竿前方十米或数十米,依儿童年龄而定;

(3) 儿童要在竹竿下匍匐爬行,通过机枪的火网,再跑到目标前;

(4) 看看哪一队爬得最快,通过的人数最多为胜者。

◆ 备注:竹竿的高度应在膝盖左右为宜。儿童的姿势愈低愈好,如碰到竹竿或绳子,则判定为失误。

活动四:盲人追赶老鼠

(一) 功能

1. 发展特殊儿童四肢的协调能力。
2. 养成特殊儿童在团体活动中遵守规则的习惯。

(二) 方法

准备: 室外草地或有地毯的室内、眼罩。

操作层次:

1. 教师组织儿童进行盲人追赶老鼠的游戏,训练儿童的四肢爬行能力,具体做法如下:

(1) 让儿童围成一个圆圈坐下,让一名儿童蒙上眼睛扮演盲人,另一名儿童利用四肢爬行扮演老鼠,两人都在圆圈内追逐。

(2) 游戏开始时,儿童轻声拍手,如老鼠爬到哪位儿童前的时候,就以较大的拍手声音表示,盲人就要追寻大声音的方向去捉老鼠。

(3) 当老鼠被捉到时,要唱一首歌,以示要求饶命。
(4) 儿童轮流做该游戏。

活动五:爬跷跷板

(一) 功能

1. 发展特殊儿童的爬行运动能力。
2. 发展特殊儿童在木板上爬行时维持躯体平衡的能力。
3. 提高特殊儿童四肢的协调性。

(二) 方法

准备: 跷跷板。

操作层次:

1. 让儿童在跷跷板的一端之前站立,把靠近身体这一端的跷跷板拉下着地,让儿童两膝跪在板上,双掌撑于板上,成爬行的姿势,向前爬行,并爬过跷跷板扶手。
2. 当儿童爬到跷跷板中线后,应告诉他慢慢爬行,使木板的平衡状态渐渐变化,即使前端的跷跷板垂下,让儿童体会着力点移动木板发生的变化,然后继续向前爬行,并从跷跷板上爬下来。
3. 可举行爬行比赛,训练儿童爬行的速度。

◆ **备注:** 注意儿童在此项训练中的安全。

三、行走动作

活动一:带小布袋行走

(一) 功能

1. 发展特殊儿童的行走能力。
2. 提高特殊儿童上下、双侧的协调性。
3. 培养特殊儿童与他人合作的能力。

(二) 方法

准备: 活动教室、两个小袋子(袋子可自行用布缝制,里面装入各种干豆;袋子的重量必须配合儿童的年龄、体重等,以儿童能负荷的程度为限)。

操作层次:

1. 教师示范正确的行走姿势,让儿童模仿练习行走动作。
2. 教师把儿童分成数组,每组人数相同。每组儿童依相等间隔各自排成一纵队,分别站在活动教室的一端。教师发给每组儿童两个小袋子,对儿童说明活动进行的方式:每组都有两个小布袋,首先由各组第一个小朋友开始,把小布袋分别放在你两边肩膀上,由教室的这一头走到教室的那一头,再走回来。注意,在行走的过程中,小布袋不能掉下来,如果掉下来,必须捡起来,重新放到肩膀上,才能再继续行走。第一个小朋友回来后,把小布袋交给第二个小朋友,依次轮流下去。哪一组的小朋友最先依次轮流走完,即为胜利组。教师并给该组的小朋友鼓励。教师也可让儿童把小布袋顶在头上。

◆ 备注：教师应对儿童说明，为使肩膀上的小布袋不容易掉落，行走时要力求姿势的平衡稳定。

活动二：请你跟我走

（一）功能

1. 发展特殊儿童行走的能力。
2. 提高特殊儿童上下、双侧的协调性。
3. 培养特殊儿童与人密切合作的能力。

（二）方法

准备：活动教室或运动场。

操作层次：

1. 教师当领导者，要儿童排成一纵队。教师对儿童说：我们要来玩一个游戏。我在前面走，每个人都要跟我一起走。我走到哪里，你们也要跟我走到哪里。走的时候，每个小朋友都要像小明一样，抬头、挺胸，把背挺直，双臂要配合双腿，很有精神地前后摆动。

2. 教师带领儿童绕过不同的空间（如穿越没有人上课的教室）或各种不同的设备（如桌子、单杠等），使活动更富有变化性。

◆ 备注：如果活动教室的空间够大的话，可在教室内进行。运动场是一个可以做此活动的场所，但要注意场内是否有其他活动进行，以免互相影响。

活动三：走圈圈

（一）功能

1. 发展特殊儿童行走的能力。
2. 发展特殊儿童听觉—动作的协调能力。
3. 培养特殊儿童与他人密切配合的能力。

（二）方法

准备：节奏感强的音乐。

操作层次：

1. 教师要儿童们围成一个圆圈，然后，要每个儿童都向右转，成为一个每个儿童都面对右边的圆形。教师对儿童说：我现在要放一些音乐，当音乐响起时，每个小朋友就开始行走，走的时候要绕着你们已经形成的这个圆圈。当音乐停止时，每个小朋友也要停止行走。等音乐响起时，你们再继续走，依旧保持成一个圆形。行走的时候，要保持抬头、挺胸，背伸直的姿势，注意，不要碰到其他的小朋友（两人之间的距离在活动开始之前即应调整适中）。

2. 教师对活动的要求做适度的变化：当音乐再度响起时，儿童必须改变面对的方向（如原来是面对右边，可改成面向左边；或原来是往前行走，改成以后退的方式行走）。

活动四:推纸箱

(一)功能

1. 发展特殊儿童的行走能力。
2. 提高特殊儿童上下、双侧的协调性。
3. 培养特殊儿童与别人合作的能力。

(二)方法

准备: 纸箱(里面可装少许东西,也可不装东西,视纸箱本身的重量而定,因为纸箱的重量必须以儿童能够推得动为宜。纸箱的大小,也以儿童能够推为宜)、活动教室。

操作层次:

1. 教师把儿童分成两组,每组人数相等。教师要两组的儿童分别到活动教室的两端(一组在这端,一组在另一端),每组的儿童都分别排成一纵队。教师对儿童说明活动进行的方式:这里有一个纸箱,现在我先把它放在小明这组的前面。从小明开始,他要把纸箱推动到小刚那组去(在教室另一端)。当纸箱被推动到小刚面前后,小明即完成任务了,他就排到小刚他们那一排的后面去。而换由小刚把纸箱推动到教室的这一端来,小刚完成任务后,也排到小明原来那一组的后面去。然后,另一个小朋友继续把纸箱推过去。如此依序进行。当每个小朋友都轮流推过纸箱后,这个活动就算完成了。到时候,各组小朋友的成员都一样,但是所在的位置却不相同了。每个小朋友在推纸箱时,注意要保持正确的行走姿势,背部要伸直,眼睛注视纸箱前进的方向。活动进行过程中,教师应留意儿童行走的姿势。

2. 教师改变推纸箱的路线,如由直线变为圆圈或曲线,增加行走推纸箱的难度,方法同上。

◆ 备注:

(1) 配合活动的进行,教师可播放一些轻柔或轻快的音乐。
(2) 教师也可用足够大的气球(但气球本身不是轻飘飘的)代替纸箱,让儿童推动。

四、跑步运动

活动一:让我们一起来跑步

(一)功能

1. 发展特殊儿童的跑步能力。
2. 培养特殊儿童专注的精神和态度。

(二)方法

准备: 运动场或室外适合跑步的场地。

操作层次:

1. 教师示范讲解跑步动作,儿童进行原地跑步练习。教师带儿童到运动场或室外适合跑步的场地。教师对儿童说明跑步时应注意的事项:跑步时,脚的前半部要提起,后脚跟不能碰到地上。双臂在肘部的地方要弯曲,并且配合左右脚前后摆动。身体腰部以上的部位稍微往前倾,头部抬起,如此才能保持眼界的开阔,不会去碰到任何东西或任何人。教师讲解完毕后,可示范动作;或一面讲解,一面示范。待儿童了解后,教师请儿童稍微散开,让每个儿童有足够的空间原地轻轻地跑步。

2. 教师带领儿童循着运动场的跑道(根据场地的情形而定)慢慢地往前跑。

3. 儿童对自己的身体力量和场地较能控制后,逐渐加快跑步的速度。

◆ 备注:

(1) 跑步过程中,教师应留意儿童的安全问题,尤其是跑得比较快时。

(2) 本活动也可以在足够大的室内运动场所进行。

活动二:带着球跑

(一) 功能

1. 发展特殊儿童跑步的能力。
2. 发展特殊儿童的身体控制能力。

(二) 方法

准备:活动教室、面积适中的桌子(桌子的张数和儿童的组数相等)、排球或篮球。

操作层次:

1. 教师示范带球跑的动作,让儿童自主练习。

2. 让儿童自主带球绕障碍跑。可在活动教室的一端放置桌子,让儿童排队依次带球跑,绕过桌子再绕回来,把球交给下一个同学。

3. 让儿童以比赛的形式绕障碍跑。具体做法如下:教师依儿童的人数将儿童分成人数相等的数组。各组儿童分别排成纵队,依相等间隔距离站在活动教室的这一端,教室的另一端各放置几张面积适中的桌子,每张桌子的位置正好和各组儿童所站的位置相当。教师对儿童说明活动进行的方式:老师要给每组一个球(球的大小、重量以儿童容易拍打为宜,如排球或篮球等均可),当老师喊开始后(或以哨声取代),各组第一个同学就拍打着球前进,到教室另一端绕过桌子,再拍打着球回来,把球传给第二个同学,继续相同的活动。如此依次地做下去,看看哪一组最先完成,并给他鼓励。注意,在活动进行过程中,如果手中拍打的球滚落到一旁去了,必须再把球拍打回来。教师注意儿童跑步的姿势和其他应注意的事项。

◆ 备注:

(1) 教师可用其他的障碍物(如椅子等)取代桌子,或把障碍物置放在活动教室的中央地方,而在教室的另一端改画一道终点线,到终点线后再折返回来。

(2) 本活动可在室外运动场进行。

活动三:把纸盒子放到桌子上

(一) 功能

1. 发展特殊儿童跑步的能力。
2. 培养特殊儿童与别人合作的能力。
3. 培养特殊儿童遵循既定规则的态度。

（二）方法

准备：活动教室、四个纸盒子（纸盒子的大小、重量以儿童单手或双手可以掌握为宜）、四张面积适中的桌子。

操作层次：

1. 教师强调跑步的姿势，让儿童以游戏的形式来训练跑步能力，具体做法如下：

（1）教师将儿童分成四组（或更多组，根据儿童的实际人数而定），每组人数相等。

（2）各组依相等间隔排好，每组都各排成一纵队，分别站在活动教室的这一端。

（3）教师把四个纸盒子分别放在各组前面有一定距离的地方，教室的另一端置放四张面积适中的桌子。

（4）教师对儿童说明活动进行的方式：各组的同学都要分别跑到各组前面的纸盒子那儿，把纸盒子从地板上（或地上）捡起来，然后再跑到教室另一端，把纸盒子放到桌子上，再跑回来，排到自己组的后面去。先从第一个同学开始，第一个同学完成后，第二个同学接着继续下去。直到每一个同学都轮流做过这个活动为止。跑步的时候要注意不要跑到别组那儿去拿别组的纸盒子，也要把纸盒子放在属于自己这组的桌子上。所以跑步的时候要保持直线式的前进。最先完成的那一组，应给他们鼓励。

（5）教师可请四位助手（视组别数而定，助手可由其他教师担任，或请比较有能力的儿童担任）分别站在教室另一端各组的桌子旁，负责把已经送达的纸盒子再放回各组前面有一定距离的地板上，让下一个同学继续捡起来，再送到桌子上。如此，一送一放，直到活动结束。

2. 改变拿纸盒子跑的直线路线，如沿曲线或半圆圈跑。但注意小组要间隔一定的距离，不要互相干扰。

活动四：看看谁捉到最多人

（一）功能

1. 发展特殊儿童跑步的能力。
2. 培养特殊儿童敏捷反应的能力。

（二）方法

准备：足够大的室内活动场所或室外运动场、一副手套、秒表。

操作层次：

1. 让儿童以游戏的形式来训练跑步能力。具体做法如下：教师先在活动场所内划定一个范围，然后对儿童说明活动进行的方式：老师要请一个同学当"鬼"，让当鬼的同学戴上一副手套（或其他可用来辨别的饰物），使其他同学可以比较容易地认出他来。然后，给这个当鬼的同学三十秒钟时间，看看在三十秒内他可以捉到几个人。被捉到的同学就请退出场外去，在一旁观看。之后，这个当鬼的同学就可以请场内的一个同学取代他来扮演鬼的角色。没有当鬼的同学在跑来跑去（以防被捉到）的时候，要特别留意不要和其他的同学碰撞。等活动告一段落后，算算看哪一个当鬼的同学捉到的人数最多，他就得到最高分。

◆ **备注：**为了防止儿童互相碰撞，教师也可以规定凡是碰到其他同学或相互碰到的同学都要自动退出场外去。

五、投掷运动

活动一：看谁击中的次数最多

（一）功能

1. 发展特殊儿童投掷的能力。
2. 发展特殊儿童手眼协调的能力。

（二）方法

准备：

1. 数个已经废弃不用的轮胎。将轮胎串连成一排，悬挂于离地板（或地上）几厘米的空中或是轮胎的底部和地板（或地上）直接碰触而不需离地几厘米（视儿童的年龄、身高而定）。

2. 在间隔轮胎一定距离的地方画一条直线。

3. 一些可以用来投掷的小布袋（用布缝制，里面装入干豆，其大小正好可让儿童掌握在手中）。小布袋的数量可视儿童人数的多寡而定。

操作层次：

1. 教师对儿童说明活动进行的方式：老师会给每个同学几个小布袋，拿到小布袋的同学站在这条线（指着场地上已画好的线）的后面。老师说"开始"后，同学就对准前面的轮胎开始投掷，看看自己能够击中几次。第一批同学投掷完后，跑到前面捡回掉在地板上（或地上）的小布袋（或是可在数批同学投掷完后，再请几个同学前去捡回来，视所准备的小布袋数量的多寡而定），接着，请第二批的同学上场投掷。同学可自己计数自己共击中轮胎几次。

2. 增加轮胎与投掷之间的距离（在儿童投掷能力范围内），看谁投得最多。

◆ 备注：

（1）本活动可在室内或室外的运动（或活动）场所进行。

（2）教师也可用其他可供儿童投掷的东西取代小布袋。

（3）教师应注意儿童投掷时姿势的正确。

（4）本活动也可以改为让儿童投掷轮胎中空部分。

活动二：投布袋

（一）功能

1. 发展特殊儿童投掷的能力。
2. 发展特殊儿童手眼协调的能力。

（二）方法

准备：

1. 几个纸箱（纸箱的大小视儿童的年龄、身高而定，纸箱的数量也视一次要供几个同学投掷而定），教师把纸箱安排成一个正方形或圆形（其中心点至各周边都等距，其形状的大小视同学的年龄、身高而定)。

2. 一些小布袋(用布缝制,内装干豆,其大小正好可让儿童握在手中)。

操作层次:

1. 教师说明活动进行的方式:老师要先请几个同学到场地中央来(以纸箱排成的正方形或圆形为准),分别面对自己前面的纸箱背对背站好(同学彼此间的空间要适中,以免投掷时妨碍到别人)。老师给每个同学几个小布袋,老师喊"开始"后,同学就对准自己面前的纸箱开始投掷,看看自己能够投入多少个。接着,再换下一批同学投掷。

2. 教师把儿童分为几组,以比赛的形式往纸箱里投掷小布袋,看哪一组投的总数最多即为获胜者。然后,再增加学生距纸箱的距离,让儿童练习投掷。

◆ 备注:

(1) 本活动可在室内或室外的运动(或活动)场所进行。

(2) 教师也可用其他可供儿童投掷的东西取代小布袋。

(3) 教师应注意儿童投掷时姿势是否正确。

活动三:看你能不能闪躲我的球

(一) 功能

1. 发展特殊儿童投掷的能力。

2. 发展特殊儿童手—眼协调、正确判断和反应敏捷的能力。

(二) 方法

准备: 可供儿童投掷用的球(其大小可供儿童单手或双手掌握为宜,其重量以投掷起来不使人身承受过多的重力为主)。

操作层次:

1. 教师组织儿童以游戏的形式来训练其投掷能力,具体步骤如下:

(1) 教师把儿童分配成两人一组,每组儿童各有几个球。各组分别散开在场地中(室内或室外都可以)。

(2) 各组儿童以一定的距离两人面对面站好。其中一个儿童先当投手,将手中的球投掷击向对方;对方(即另一个儿童)见到球来了,要机敏地闪躲,以免被击中。

(3) 接着,换另一个儿童当投手,也同样地将手中的球投掷击向对方,对方也同样机敏地闪躲。

(4) 各组两个儿童中,谁击中对方的次数最多谁就是胜者。

2. 增加儿童间相互投掷的距离(在儿童投掷能力范围内),看谁击中对方的次数最多。

◆ 备注:

(1) 教师宜提醒儿童投掷时不能击中对方身体哪些重要的部位,如头部、胸部等,否则不予计分。闪躲时,双脚不能离开原地,否则就算犯规。

(2) 本活动需视儿童的年龄是否可行为宜。

(3) 如为安全起见,投掷物可改用其他不易击痛儿童身体的物品。

(4) 本活动也可采用数人一组进行。

活动四：看谁得分多

（一）功能

1. 发展特殊儿童投掷的能力。
2. 发展特殊儿童手眼协调的能力。

（二）方法

准备：

1. 数个可供投掷的板和球。板为一绒布板面，其上印有不同的阿拉伯数字；球类似桌球般大小，外面包裹着可以吸在板上的特殊布面。
2. 教师将数个板分别悬挂在活动教室的墙壁上。

操作层次：

1. 教师组织儿童以活动的形式训练儿童的投掷和手眼协调能力。具体做法如下：教师先请数个儿童（视板的数量而定）分别站在离板相等距离的地方，教师给每个儿童相等数量的球。当教师喊开始后，每个儿童即分别将手中的球往自己面前的板上投掷，投中哪个阿拉伯数字即表示甲队得几分。第一批儿童投掷完后，换第二批儿童上前投掷。当每个儿童都投掷完毕后，看看哪几个儿童所得分数占前几名，教师可给予鼓励。
2. 增加板和儿童投掷时所在位置间的距离，再进行如上比赛训练。

活动五：看谁投得快

（一）功能

1. 发展特殊儿童投掷的能力。
2. 发展特殊儿童手眼协调的能力。
3. 培养特殊儿童参与和团队的精神。

（二）方法

准备： 数个可以投掷的球。

操作层次：

1. 教师以活动的形式组织儿童，训练其投掷能力，具体做法如下：

（1）教师将儿童分成人数相等的数组。每组各自排成一纵队站好。各组之间的距离相等，且各组都有足够的活动空间。

（2）教师请每组推选出一个儿童当领导者。当领导者的儿童站到各组的前面，每个领导者和各组第一个儿童的距离都相等。教师把球分别交给每个领导者。

（3）教师说明活动进行的方式：当领导者的儿童先把球投掷给各组第一个同学，接到球的同学再把球投回给领导者，然后第一个同学就原地坐下来。领导者接着把球投掷给第二个同学，这第二个同学再把接到的球投回给领导者，然后他也原地坐下来。如此继续下去，直到每个同学都做了这个活动，也都坐在地板上（或地上）为止。哪一组的同学最先完成，即该组的每个同学都分别坐下来了，哪一组就是胜组。

2. 增加领导者和各组第一个儿童之间的距离或儿童轮流做领导者，步骤如上。

◆ 备注：
（1）球的大小可视儿童的能力做弹性的变化。
（2）本活动可在室内或室外的运动（或活动）场所进行。

活动六：看谁投得准

（一）功能
1. 发展特殊儿童的投掷能力。
2. 发展特殊儿童的手眼协调能力。
（二）方法
准备：若干小球（以儿童手能抓握为宜）、呼啦圈、塑料桶。
操作层次：
1. 教师示范投掷小球的动作，让儿童模仿，距离长短不限，练习投掷动作。
2. 教师在地上画一条线，让儿童把球扔到线里去。
3. 教师把呼啦圈放在地上，让儿童站在离呼啦圈一定距离的地方，把小球扔进去。
4. 教师把塑料桶放在地上，让儿童站在离塑料桶一定距离的地方，把小球扔进去。
◆ 备注：可采用比赛的形式，在规定时间内，看哪个儿童准确投的小球最多即为获胜者。物体跟儿童的距离视儿童年龄、身高而定。

六、跳跃运动

活动一：跳跳看

（一）功能
1. 发展特殊儿童双脚跳跃的能力。
2. 发展特殊儿童维持身体平衡和协调的能力。
3. 培养特殊儿童的参与感。
（二）方法
准备：空旷的场地、呼啦圈。
操作层次：
1. 教师说明并示范正确的双脚跳跃姿势，让儿童模仿。
（1）教师对儿童说明并且示范正确的双脚跳跃姿势：双脚同时离地，双脚同时着地。当我们跳跃时，为了使身体产生更大的跃起力量，膝盖应该呈弯曲状，后脚跟提起，双臂往前摆动以协助身体的提升。当着地的一刹那，为了能够稳固身体的重心，使身体不致摇晃，所以膝盖仍呈弯曲状，双臂则往后摆动，脚掌平稳地接触地面，头部保持向上的姿势，如此可以了解自己所在的位置。
（2）教师在说明和示范完毕后，请儿童们试着跳跳看。"想想看，当你的身体完全离开地面的一刹那，你就像在天空飞一般。尽量把你的身体往上提升，看看你能跳得多高，跳得多远。双脚着地时，尽量不要发出太大的响声。眼睛不要注视自己的脚。"
2. 儿童能够正确地双脚往前跳跃后，让儿童往右边或往左边或往后面跳，进行跳跃练习。

3. 教师在地上放一呼啦圈，让儿童往前、往右边或往左边或往后面跳进呼啦圈中。教师可以让儿童随拍掌或音乐节拍来跳；也可以用其他东西代替呼啦圈，如盒子或轮胎等。

4. 教师在地上放一排呼啦圈，让儿童以各种不同的方向，如向前、向后、向左或向右双脚从一个圈跳入另一个圈中。待熟练之后，可增加圈与圈之间的距离。

◆ 备注：

（1）进行本活动时，场地应该足够宽敞，使儿童在跳跃的过程中，不会互相妨碍。

（2）本活动可在室内或室外的运动（或活动）场所进行。

活动二：看谁跳得高

（一）功能

1. 发展特殊儿童双脚跳跃的能力。
2. 提高特殊儿童身体的平衡性和协调性。
3. 培养特殊儿童的参与感。
4. 培养特殊儿童尊重别人的态度。

（二）方法

准备：

1. 几条与儿童组数相等的绳子，绳子的长度可视需要而定。
2. 教师将每条绳子各系于支柱（类似一般跳高用的铁柱或木柱）的两端，绳子离地面的高度可视儿童跳跃的能力而定。

操作层次：

1. 教师将儿童分为人数相等的若干组，将绳子的高度调节到儿童容易跳过的高度。让各组儿童分别到属于各组的绳子前轮流以双脚跳跃过绳。

2. 每一个轮回过后，教师加高绳子离地面的距离，让每组儿童按顺序跳跃。无法跃过的儿童，即算被淘汰。如此，轮到后来，看哪一个同学可以跳跃过最高的距离，大家给他鼓励。

◆ 备注：

（1）本活动也可采不分组的方式进行，但儿童人数不宜太多，以免儿童等待的时间过久。

（2）本活动可在室内或室外的运动（或活动）场所进行。

活动三：摘苹果

（一）功能

1. 发展特殊儿童双脚跳跃的能力。
2. 提高特殊儿童身体的平衡性和协调性。
3. 养成特殊儿童参与和尊重他人的习惯。

（二）方法

准备：

1. 教师将红、黄、绿三种颜色的纸分别裁剪成三种水果，如：红苹果、黄梨子、绿猕猴桃等,每种水果的数量视儿童的人数而定。

2. 教师将三种水果分别系在绳子上。

3. 教师将系上水果的绳子分别自活动教室的天花板上悬吊下来,其距离地面的高度可视儿童的年龄和能力而定。而每种水果离地面的高度也不相等,绿猕猴桃离地面最近,红苹果次之,黄梨子离地面最远。

操作层次:

1. 教师让儿童分别站在每一根系有水果的绳子底下。当教师说开始时,儿童即分别以双脚跳跃,用手去摘水果。接连数次之后,看哪些儿童能——摘取到三种不同的水果。

2. 教师把儿童分组,让每组儿童用比赛的形式摘水果,发挥每个儿童最好的跳跃能力。越到距离较高的水果时,可请各组推派实力好的儿童出任重责,为各组争取荣誉。

◆ **备注:**

(1) 本活动也可在室外运动(或活动)场所进行,但需有可以悬挂绳子的支持物。

(2) 教师提醒儿童双脚跳跃时姿势的正确。

活动四:单脚跳动绕着房间走

(一) 功能

1. 发展特殊儿童单脚跳动的能力。
2. 提高特殊儿童身体的平衡性和协调性。
3. 培养特殊儿童遵守既定规则的态度。

(二) 方法

准备: 空旷的房间、轻快的音乐。

操作层次:

1. 教师讲解并示范单脚跳的动作,让儿童模仿并练习。
2. 让儿童以活动的形式练习单脚跳。具体活动如下:

(1) 老师要同学走四步之后,再以单脚跳动四步。

(2) 老师要同学走三步之后,再以单脚跳动三步。

(3) 老师要同学走两步之后,再以单脚跳动两步。

(4) 老师要请每位同学走一步,再以单脚跳动一步。如此,反复练习几次后,每位同学就都能够单脚跳动绕着这个房间走了。

教师说明时可配合着动作示范,使儿童更加了解。

◆ **备注:**

(1) 当儿童自行绕着房间进行活动时,教师可播放一些轻快的音乐,以增加本活动的情趣。

(2) 教师注意儿童的姿势是否正确。

(3) 本活动可在室内或室外的活动(或运动)场所进行。

活动五：跳方格子

（一）功能

1. 发展特殊儿童单脚跳动的能力。
2. 提高特殊儿童身体的平衡性和协调性。
3. 培养特殊儿童合作的态度和参与感。

（二）方法

准备：教师在地板上（或地上）事先画好几个方格图形。

操作层次：

1. 教师将儿童分成几组（组数可和方格图形的数目相等）。每组儿童分别站立在方格图形旁。教师说明活动进行的方式：每次每组都有一位同学以单脚跳过每一方格。开始时，每位同学先以右脚跳完全部的方格子，回程时，则改用左脚跳。活动进行时，如果左右脚弄错了，或是身体无法保持平衡即算失败，必须退下来，排到自己组别的最后面去，等着另一次的开始。

2. 采用比赛的方式进行该活动（此时，方格图形的格子数和其大小应该相同），最快完成方格单脚跳动的组别即优胜组。

◆ 备注：

（1）教师注意儿童跳动时姿势是否正确。
（2）本活动可以在室内或室外的活动（或运动）场所进行。

七、韵律运动

活动一：让我们一起轻轻地滑动

（一）功能

1. 培养特殊儿童律动的能力。
2. 提高特殊儿童听觉和动作的协调性。
3. 培养特殊儿童的参与感。

（二）方法

准备：鼓、节奏感强的音乐、空旷的教室。

操作层次：

1. 教师可事先示范几种滑动的姿势，让儿童模仿。如滑动时手臂的姿势如何摆动，头部方向的配合等。也可让儿童自由发挥，教师再选择几位表现不错的儿童表演给大家看。

2. 教师敲鼓，儿童按照鼓的敲击节奏滑动。教师请儿童注意聆听活动的进行方式：当老师打一下鼓时，同学即做一个轻轻滑动的姿势。每打一下，同学即轻轻滑动一下。老师会越打越快，同学听到鼓声较急促时，也跟着滑动快些。同学在滑动时，尽量不要碰到其他的同学，尽量移动到教室的各个空间去。

3. 教师用音乐代替鼓声，让儿童各自掌握音乐的节奏滑动。

◆ 备注:本活动较适宜在室内活动教室进行,空间的大小应配合儿童人数的多少而定。空间越大,儿童滑动起来越不受限制。

活动二:如果你高兴,你就摆摆头

(一)功能

1. 培养特殊儿童的律动能力。
2. 提高特殊儿童听觉和动作的协调性。
3. 发展特殊儿童反应和表达的能力。

(二)方法

准备:《如果你很高兴,你就摆摆头》的歌词、空旷的教室。

操作层次:

1. 教师让儿童散开(不要太分散)坐在地板上,说明活动进行的方式:老师要教各位同学唱一首歌,请大家注意听,歌词如下(曲子可由教师配合儿童熟悉的曲调):如果你很高兴,你就摆摆头;如果你很高兴,你就摆摆头;我们大家一起跳呀,大家一起唱呀,围个圆圈一起来摆摆头。待儿童学会这首歌之后,教师要儿童配合歌词做动作。如上面的歌词所示,当唱到"摆摆头"时,每位同学就要摆摆头;当唱到"我们大家一起跳呀,大家一起唱呀!围个圆圈一起来摆摆头"时,每位同学即站起来做类似的动作。

2. 把歌词中的"摆摆头"任意改为其他的动作,如:拍拍手、扭扭腰、踏踏脚等,逐渐增加难度。

◆ 备注:

(1) 教师可请一位儿童来带领活动,或轮流请数位同学带领。

(2) 教师可选择适合律动的歌来配合。

(3) 本活动可在室内或室外的活动场所举行。

活动三:听音乐,做动作

(一)功能

1. 培养特殊儿童律动的能力。
2. 提高特殊儿童听觉和动作的协调性。
3. 发展特殊儿童的反应和表达能力。

(二)方法

准备:《清洁歌》的歌词。

操作层次:

1. 教师请儿童散开,做有秩序的排列状(形状不拘,或是自由站好,彼此间保持适中的距离即可)。教师说明活动进行的方式:老师要教各位同学唱一首《清洁歌》,一边唱,一边引导儿童用手打拍子。歌词如下(曲子可配合儿童熟悉、易学的曲调):

这是一个美好的早晨,

我要刷刷我的牙齿,刷刷我的牙齿。

这是一个美好的早晨,

我要擦擦我的地板,擦擦我的地板。
这是一个美好的早晨,
我要抹抹我的桌子,抹抹我的桌子。

2. 教师要儿童配合歌词做动作。如上面的歌词所示,当唱到"刷刷我的牙齿,擦擦我的地板,抹抹我的桌子"时,即请儿童配合做类似或较夸张的动作和表情,让儿童舞动出来。

◆ 备注:
(1) 歌词可任意做适当的修改。
(2) 本活动可在室内或室外的活动场所进行。

第二节 精细动作

精细动作是指较小的动作,主要涉及手指、手掌和手腕等的活动能力。许多特殊儿童存在精细动作技能发展落后或迟缓现象。如自闭症儿童的手眼协调能力、精细动作能力较低;阿斯伯格综合征儿童表现为精细动作差;学习障碍儿童的精细动作障碍主要表现为小肌肉群动作能力差,手眼、手耳配合不好,不能自如地做各种灵巧的动作,手指显著不灵巧,如使用剪刀、解纽扣、绑鞋带、使用筷子、写字与绘画等显得动作笨拙。因此,对特殊儿童进行精细动作技能训练是必要的。

特殊儿童精细动作训练的目标在于提高其手腕及手指的小肌肉群的活动能力,发展精细动作技能。通过设计相关的训练活动,使特殊儿童发展伸手触物的能力,能够运用手指抓握、释放物体以及用手指操作和手眼协调等能力;能够正确地模仿看见的姿势、动作,视觉与精细动作相互配合等;能够跟随音乐的节奏拍手、打拍子、做韵律活动,随着音乐跳舞,蒙上双眼能跟随声音方向转动身体等能力。在设计精细动作训练活动时,要按照儿童精细动作发展的顺序进行设计,并注意前后活动之间和活动的操作层次内之间的联系性,遵照儿童粗大动作的发展规律设计训练活动。

活动一:扣扣看与拉拉看

(一) 功能
1. 发展特殊儿童的精细动作能力。
2. 提高特殊儿童的手眼协调性。

(二) 方法
准备: 几件有或大或小扣子的衣服以及一件有拉链的衣服或者也可以买现成的衣饰框(有大小不同的扣子及拉链)。

操作层次:
1. 教师向儿童示范扣扣子和拉拉链的手部动作,让儿童模仿扣扣子和拉拉链的动作。
2. 儿童独立完成扣扣子和拉拉链的动作后,儿童间可相互比赛,看谁做得又快又好。

◆ 备注：
(1) 如果儿童扣得不好或拉得不好，则给予口头上的指示以协助儿童。
(2) 如果儿童经由口头指示，仍然做得不好，则可用你的手握住儿童的手做，然后再让儿童自己独自做。练习几次后，若儿童仍然不会，则此活动宜暂时停止，容日后儿童精细动作发展较好后再进行。

活动二：穿穿看（穿洞板）

（一）功能
1. 发展特殊儿童的精细动作能力。
2. 提高特殊儿童的手—眼协调能力。

（二）方法

准备：
1. 购买市场现成的教材或自制。
2. 教材自制设计步骤：
(1) 准备数块 20 厘米×20 厘米的厚纸板。
(2) 把厚纸板裁成各种造型，例如：正方形、圆形、椭圆形、星形、各种动物或物体的外形。尽可能自由创造，且可在上面涂上颜色或绘图。
(3) 做好外形以后，在外形的周围用打孔机每隔 1 厘米打一个洞，做好以后即为穿洞板。
3. 数条各种颜色的鞋带。

操作层次：
1. 教师将穿洞板与鞋带放在桌上，与儿童各取一套。教师示范用鞋带在穿洞板周围做穿洞的动作，穿洞的步骤与设计可自行创造，儿童最先用模仿的方法，主要以掌握穿洞的技巧为主。
2. 儿童按照制定的图案穿洞或自行创造。

活动三：穿珠子

（一）功能
1. 发展特殊儿童的精细动作能力。
2. 提高特殊儿童的手—眼协调能力。

（二）方法

准备： 购买现成的不同颜色的方形或圆形珠子（珠子孔大小不等）、穿珠子用的线。

操作层次：
1. 让儿童穿孔大的容易穿的珠子。
2. 待儿童熟练后，改为孔小的珠子。
3. 让儿童按照规定的排列方式穿珠子。如只穿红色的珠子或教师事先设计好的。教师也可以让儿童自由发挥，自己来设计和创造不同的顺序和造型。

活动四：插插看（插棒板）

（一）功能

1. 发展特殊儿童抓握的能力。
2. 发展特殊儿童瞄准并精确插入的能力。
3. 培养特殊儿童数数的能力。
4. 提高特殊儿童对颜色的认知能力。
5. 培养特殊儿童设计图样的能力。
6. 加强特殊儿童视觉序列记忆的能力。
7. 培养特殊儿童了解粗细长短的概念。

（二）方法

准备：

1. 购买现成的木棒和插棒板或自制。
2. 木棒设计的原理：
   （1）材料：可用塑胶或木制。
   （2）颜色：可使用各种颜色。
   （3）粗细：各种不同的规格，粗如面棍，细如铁钉。
   （4）长短：各种不同的规格，如 0.5 厘米、1 厘米、2 厘米等。
   （5）形状：各种不同的设计，如圆柱状、小圆锥状、铁钉状、长柱体状等。
3. 插棒板设计原理：
   （1）材料：大约 30 厘米×30 厘米，厚 0.5～1.5 厘米的塑胶板、木板、橡胶板等。
   （2）设计：在板的一面打洞，但不穿过另一面，洞的大小要配合木棒的粗细。洞与洞之间的距离也要视木棒的粗细而定。

操作层次：

1. 让儿童将木棒一根一根插入插棒板的洞里，来训练儿童的手—眼协调能力。
2. 图形设计。教师先在另一个插棒板上插上木棒做成各种不同的设计，然后由儿童在另一块插棒板上模仿你的设计。如果儿童已经模仿得很好，则鼓励儿童自己设计创造。
3. 颜色认识或数目概念或长短概念。图形设计的基础上加入颜色或数目或长短的成分。如让儿童在插棒板上排一排红色、一排黄色、一排蓝色、一排绿色；或让儿童排 5 根红色的木棒或 3 根黄色的木棒或 6 根绿色的木棒；或利用有长有短的木棒，插在插棒板上，让儿童使用视觉和触觉来了解长短的概念。
4. 视觉序列记忆。教师先在插棒板上插上一排由 2～9 根所组成的排列设计（变化颜色、数目或长短，如颜色变化：红、红、黄、绿、红）。让儿童看数秒后，要他按照你所排列的次序回忆且排列出来。

◆ 备注：老师可以自行加以创造性的应用。

活动五：画画看，连连看

（一）功能

1. 发展特殊儿童的精细动作能力。
2. 提高特殊儿童的手—眼协调能力。

（二）方法

准备：白纸及粗、细彩色笔或彩色铅笔、尺。

操作层次：

1. 让儿童在白纸上画上宽度上是宽的、线条上是两条互为平行的直线。逐渐缩短两条平行直线的距离。如从 3 厘米开始逐渐变窄为 2 厘米、1 厘米、0.5 厘米等。
2. 让儿童在纸上画逐渐变窄，直线、折线与曲线的两条互为平行的线。
3. 让儿童在线的两端画上图画。如左边画上行动的人、动物或交通工具，右边画上行动的人、动物或交通工具的目的地，如建筑物、食物等。

◆ **备注：**若儿童画精细的线条皆无困难时，便可以鼓励他画较复杂的图形，如圆形、正方形、长方形、三角形、菱形等以及写简单的汉字。

活动六：剪剪看

（一）功能

1. 发展特殊儿童的精细动作能力。
2. 提高特殊儿童的手—眼协调能力。

（二）方法

准备：儿童用剪刀，各种不同颜色、图案的纸。

操作层次：

1. 教师组织儿童用剪刀剪较简单的图案，如沿着直线或曲线剪、剪画好的几何图形（如正方形、圆、三角形等较简单的图形）。
2. 增加图形的复杂程度，如剪画好的动物、中国剪纸或儿童自己设计的图形等。剪好后可让儿童在上面涂上颜色，使活动更具趣味性。

活动七：画线动作

（一）功能

1. 发展特殊儿童的精细动作能力。
2. 提高特殊儿童的手—眼协调能力。

（二）方法

准备：16 开的白纸、铅笔。

操作层次：

1. 教师将纸贴在桌上，告诉儿童现在要进行一种游戏叫画线，告诉儿童一旦你宣布开始时，他便用惯用手在白纸上用铅笔画线，画得愈多愈快愈好，直到你喊停止时为止。
2. 用另一只手画，重复上述步骤。

3. 儿童间进行比赛，看谁在规定时间内画的最多。

◆ 备注：要求画的线尽量直、排列整齐。

【本章小结】

运动知觉是人对物体空间位移和移动速度的知觉，包括粗大动作和精细动作技能。

特殊儿童运动知觉训练的目标集中于训练儿童的粗大动作技能和精细动作技能。本章根据特殊儿童感知觉训练活动设计的原则、要求和方法，设计了特殊儿童运动知觉内容的滚翻、爬行、行走、跑步、投掷、跳跃、韵律和手—眼协调运动技能等方面的训练活动。通过具体的、针对性的活动设计示范，帮助学习者从中学习、应用训练活动设计的方法，并能迁移到实际的应用中去，针对相关的特殊儿童开展针对性的训练活动。

【思考与练习】

1. 儿童的运动知觉能力训练可以从哪几个方面进行？
2. 对特殊儿童进行运动知觉能力训练需要考虑哪些问题？
3. 如何提高特殊儿童运动知觉训练的有效性？
4. 请运用运动知觉训练活动设计的方法，针对智力/发展障碍儿童的粗大动作和精细动作能力的不足，各设计一个训练活动。

要求：

(1) 所设计的活动需具备规范性、准确性、针对性、适切性、层次性、循序渐进性及可操作性；

(2) 所设计的活动在训练方法上至少包含3个层次。

5. 实践应用：

请为自己所带的研究个案设计一个运动知觉能力训练的活动，并根据这个活动设计对个案进行实际训练与评估。

第十四章 特殊儿童感觉统合训练活动设计

学习目标：
1. 了解感觉统合和感觉统合失调的基本概念。
2. 理解感觉统合失调的表现以及需要解决的问题。
3. 掌握感觉统合训练中常用的器材名称、基本操作方法。
4. 运用感觉统合训练器材，根据儿童的不同需求设计感觉统合训练活动。

感觉统合（sensory integration）这一观点是由美国南加利佛尼亚大学的Jean Ayres 于1969年提出的，在矫治儿童学习障碍和自控能力欠缺等方面起到了重要作用。感觉统合是指个体对进入大脑的各种感觉刺激信息（视、听、触觉等），在中枢神经中形成有效的组合过程。即个体在特定的环境内有效地利用自己的感官，从环境中获得不同感觉通路的信息（视觉、听觉、味觉、嗅觉、触觉、前庭觉和本体觉等），输入大脑，大脑再对输入信息进行加工处理（包括解释、比较、增强、抑制、联系、统一），并做出适应性反应的能力。

Jean Ayres 提出："人类的遗传基因中都有感觉统合的基本能力，孩子生下来就有这种本能。但这种本能必须在儿童时期，通过与环境的不断互动，在大脑和身体持续的顺应反应下，才能够健全地发展。"也就是说，在儿童成长的过程中，需要不断地进行感觉统合活动，才能使个体更好地发展，为以后的学习和生活打下基础。

一、感觉统合失调的含义

感觉统合失调（sensory integrative dysfunction）是指进入大脑的各种感觉刺激信息不能在中枢神经系统内形成有效的组合而产生的一种缺陷。感觉统合失调又称为"神经运动机能不全症"，是一种中枢神经系统的障碍问题，多发生在六岁至十一二岁的儿童身上。感觉统合依年龄以自然的次序发展。七岁以前是"感觉—动作"组织能力发展的重要时期，如果孩子在此阶段中与正常的感觉统合发展次序偏离甚远，他日后生活的其他方面也会有麻烦。

二、感觉统合失调的症状及表现

感统失调会严重影响儿童心理素质的提高，对儿童智力开发和综合能力的培养都不利。南加州大学的爱尔丝（Ayres）博士从脑神经生理学观点探讨感觉讯息的处理与认知的发展，发现感觉统合是否正常，会导致个体在知觉上、学习上以及行为上产生许多问题。

感觉统合失调的症状主要表现为：视觉不平顺、听觉识别不足、前庭平衡失常、本体感不足和触觉敏感过度。

作为教师或家长,常会发现身边有一两个像下述案例中洪某这样的孩子,他们看起来不笨,智力测验结果也正常,但在学习上却出现了很大的困难,容易分神,无法按照指示行动,即使给予特别的辅导也不见改善。他们与家人或同学相处困难,只要有人碰到他们,就很容易发脾气并动手打人;但又不完全是社交互动上的困难,在许多行为表现上也与自闭症儿童的诊断标准不同。爱尔丝博士经过大量的研究发现,大多数婴幼儿都存在不同程度的感觉统合失调,只不过感觉统合失调的轻重程度有差异。这些感觉统合失调的孩子在幼年也许症状不明显,可是到了学龄期,就会在学习能力和性格上表现出这样那样的障碍。与其他正常孩子相比,此类儿童在学习能力方面可能显得十分笨拙,人际关系敏感或社交退缩,心理素质差,让家长和老师非常操心。因此这类儿童可能就要从爱尔丝博士提到的感觉统合失调上找寻原因了。具体来说,感觉统合失调在日常生活中比较常见的表现有以下几种:

1. 容易分心。
2. 活动水平过高或过低。
3. 冲动,不易使自己平静。
4. 自我概念差,易出现行为问题。
5. 对感觉的刺激反应低下或过度。
6. 社会交往能力不佳,情绪不稳定。
7. 动作笨拙,粗心。
8. 肌张力不足,姿势不佳。
9. 注意力转移困难。
10. 言语、语言发展迟缓。
11. 学习成绩不良。

案例[①]:

洪某,年龄:11岁3个月;性别:男;年级:六年级。韦氏智力测验分数为128分,其中语文分数147分,非语文部分分数102分。个案主要问题表现在缺乏注意力、推理能力、视觉组织与记忆、区分重要因素与细节及严重缺乏视觉动作的协调能力。

1. 3岁前,走路常跌倒,经常鼻青脸肿,头上的肿包此起彼落,没有消失过。
2. 3岁入幼儿园小班,不会拿笔。中班开始认字。很快,书报、电视上的字都认得,记忆、背诵能力极佳。
3. 使用工具能力很差,大班时不能用铅笔画一个圆,不会使用剪刀,不会系鞋带。
4. 小学一年级,执笔书写能力极差,字不能写在格子内,常有左右颠倒的字出现,错字极多。
5. 上课时注意力不能集中,坐立难安,常玩弄东西。
6. 数学学习常有障碍。究其原因,不是头脑不好,而是无法整齐排列数字,计算题演练,老是错误连篇。

---

① 廖华娟、钟宛蓁、廖素珍. 台中市北屯区松竹国民小学感觉统合失调儿童个案行动研究,2001.

7. 直到五年级，仍不会灵活使用剪刀、小刀等工具，不会系鞋带，吃饭掉满桌饭粒，骑脚踏车摇摆不定，做事没有条理，自己的居室、抽屉、书包杂乱不堪，办事没有效率。

上述案例中，洪某智力测验显示正常，却一再出现学习欠佳的情况。家长根据洪某平常生活和学习状况填写《儿童发展核对表》以及医生、治疗师与家长的沟通、查询后诊断该生感觉统合评估为严重失调。由于前庭和大脑分化（两侧协调）失常而严重影响了洪某的日常生活，可通过感觉统合训练（如俯卧滑板的方式）改善其好动分心、容易摔跤等问题。

三、实施感觉统合训练的基本流程

儿童感觉统合训练首先由心理专家测查和诊断孩子的感觉统合失调程度及智力发展水平，然后制订训练课程。儿童感觉统合训练一个疗程是 20 次，一次 1 个小时，一星期应不少于 2 次，重度失调的儿童训练次数应更多一些。通过一些特殊研制的器具，以游戏的形式让孩子参与，一般经过 1～3 个月的训练，就可以取得明显的效果。孩子的学习成绩、逻辑推理能力、记忆能力、运动协调能力、人际关系、饮食和睡眠、情绪等方面都会有令人满意的提高和改善。

第一节 滑板活动

滑板的训练活动变化极多，能够用于多种场合，感觉刺激的形式多样而丰富，是感觉统合运动中不可缺少的器材。如图 14-1 所示。滑板是目前被公认的感统训练中最具效果的教具，在感觉统合训练中具有特殊的地位。滑板活动主要是通过视觉、触觉、前庭固有感觉等将外界信息大量送往大脑中枢神经系统，增强小脑的活动能力，指挥肌肉紧张感的变化使大小脑间的活动能够正确整合，从而更好地支配和控制儿童的全部行为。

训练时间：每周 2～3 次，每次 20～30 分钟。

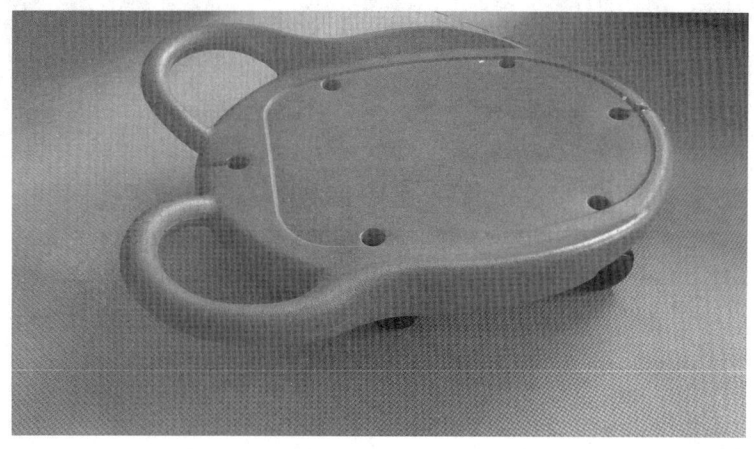

图 14-1

滑板使用原则：

1. 滑板运动量的确定原则

滑板运动的量应根据儿童的具体情况来决定，由少到多，逐渐增加，以每天活动 0.5 小时～1 小时比较适宜。滑不好的儿童刚开始不要强迫他滑得太多，可根据具体情况滑 5～10 次不等，等他动作熟练以后再增加到 60～100 次。

2. 滑板游戏方法的选择原则

滑板游戏的方法很多，应根据孩子的年龄和感觉运动能力等进行选择，先从简单的静态飞机式和乌龟爬行开始，然后练习青蛙蹬和俯卧推。在做好了这几项的基础之上，再练习难度较大的活动，循序渐进，逐步提高。滑板活动很多都可以通过分组比赛的形式来进行。分组比赛的时间可以是 10 分钟、20 分钟，也可长达 30 分钟以上。

活动一：静态飞机

（一）功能

1. 提高特殊儿童颈部的张力，刺激其前庭觉和本体觉。
2. 促进特殊儿童身体双侧的协调。
3. 改善特殊儿童注意力涣散、前庭失调和多动的状况。

（二）方法

准备：小滑板一个。

操作层次：

1. 让儿童俯卧在滑板上，以腹部为中心，身躯紧贴滑板，头颈部抬高，挺胸，双手双脚伸展提高，如同飞机起飞状，保持这种姿势 1～5 秒。注意头颈部尽量抬起，双手双脚尽量伸展提高。如图 14-2 所示。

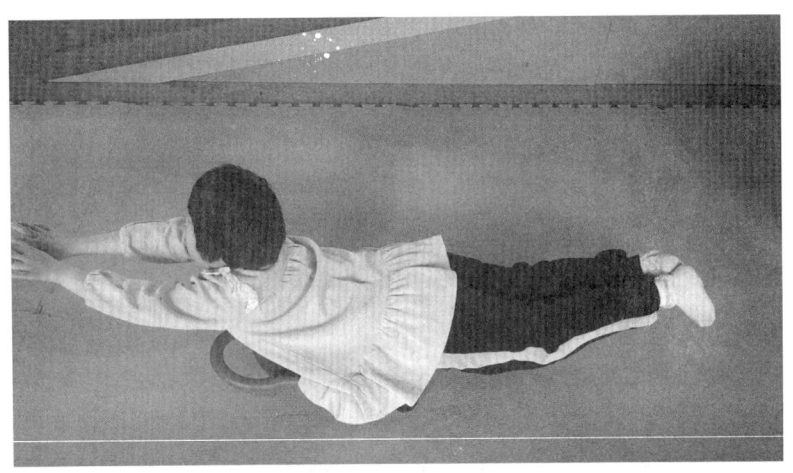

图 14-2

2. 让儿童呈飞机起飞状，保持这种姿势 6～10 秒。其余要求同层次 1。
3. 让儿童呈飞机起飞状，保持这种姿势 11～15 秒。其余要求同层次 1。

4. 让儿童呈飞机起飞状,保持这种姿势 16~20 秒。其余要求同层次 1。
5. 让儿童呈飞机起飞状,保持这种姿势 21~30 秒。其余要求同层次 1。

◆ 备注:随着儿童平衡能力的增长,他们慢慢可以控制自己的身体,保持某种姿势,以抗衡地心引力。所以平衡能力强、颈部张力足够的孩子做这个姿势是没有什么问题的。一般 6 岁左右的孩子可保持这种姿势 20~30 秒钟。但对于颈部张力不足、前庭平衡发展不良的孩子来说,由于头部、颈部很难抬高,做这种动作时会产生明显的困难。这种活动对颈部肌肉张力不足引起的注意力涣散、前庭失调和多动的儿童非常有效,也是检查内耳前庭系统效率好坏的常用方法。

活动二:乌龟仰躺

(一)功能

1. 促进特殊儿童肌肉张力的产生,抗衡地心引力。
2. 改善特殊儿童的前庭失调以及多动、注意力不集中。

(二)方法

准备:小滑板一个。

操作层次:

1. 让儿童仰卧,抬起头,四肢屈曲抬起,身体呈弓形,仅以腰部着地,并努力保持这种姿势 1~5 秒。如图 14-3 所示。

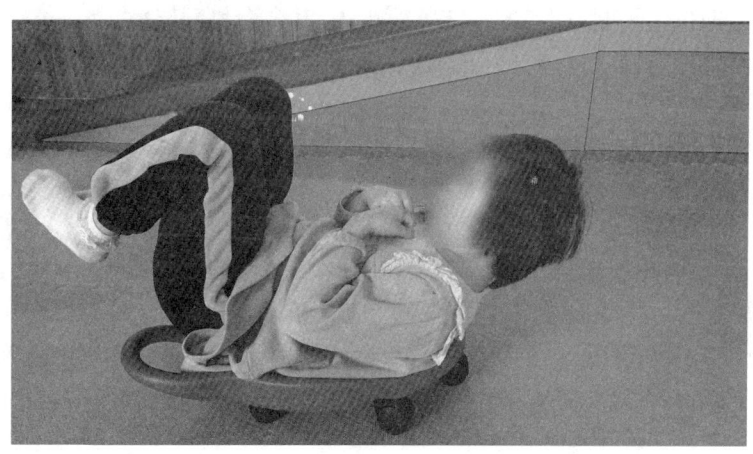

图 14-3

2. 让儿童呈仰躺姿势,保持这种姿势 6~10 秒。其余要求同层次 1。
3. 让儿童呈仰躺姿势,保持这种姿势 11~15 秒。其余要求同层次 1。
4. 让儿童呈仰躺姿势,保持这种姿势 16~20 秒。其余要求同层次 1。
5. 让儿童呈仰躺姿势,保持这种姿势 21~30 秒。其余要求同层次 1。

◆ 备注:该活动和前面的静态飞机一样,对前庭失调、多动、注意力不集中的儿童特别有效。6 岁左右的孩子一般可以维持这种姿势 20~30 秒。如果没有滑板的话,也可以用其他的材料替代,如泡沫垫子或直接在地板上做。对于身体稍胖的孩子来说,腹肌相对较弱,也不能要求其做到十分标准,因此,只要近似于标准姿势,也能收到同等的效果。

活动三:乌龟爬行

(一)功能

1. 刺激特殊儿童的前庭觉和本体觉,促进身体双侧协调。
2. 促进特殊儿童对自身力量的运用、速度的掌握。
3. 促进特殊儿童手臂力量发展,锻炼动作计划能力。
4. 改善特殊儿童眼球跳跃运动的过度敏感或迟钝,提高眼睛的注视能力和手眼协调能力。

(二)方法

准备: 小滑板一个。

操作层次:

1. 让儿童俯卧在滑板上,以腹部为中心,身躯紧贴滑板,抬头、挺胸,头颈部抬高,双脚并拢抬起,以双手伸展慢慢往前爬行移动。爬行时双手要同时着地,手指张开,手掌和手指都紧贴地板,收缩手臂,对抗手掌和手指与地面的摩擦力,带动滑板和滑板上整个身体的重量移动。
2. 让儿童保持此姿势向前滑动,其余姿势同层次1。
3. 让儿童保持此姿势往后退,其余姿势同层次1。
4. 让儿童通过手控制方向,按指定路线行进,其余姿势同层次1。
5. 让儿童在原地做180°或360°的旋转,其余姿势同层次1。

◆ 备注:儿童在爬行时带给前庭平衡器官(三个半规管和椭圆囊、球囊)的刺激与人体直立时的刺激截然不同,这对于婴儿时期缺少俯卧和爬行训练的儿童来说显得尤为重要。感觉统合良好的孩子只要练习几次,就可以顺利操作这种滑板,只需要较少的力量就可以在滑板上滑得很顺畅。但颈部张力不足、前庭平衡发展不良的孩子,在滑板上头、胸抬不起来,头部容易低垂,双腿也抬不起来,双脚在地板上拖,腹部无法正确用力;滑动时身体不能很好地控制滑板运动,不能用腹部带动滑板随身体而移动;滑板往往在身体表面乱动,甚至使腹部离开滑板,以至于整个身子会从滑板上翻落或滑落。这类孩子滑行时非常不安,需要用很大的力气来滑动滑板,又比较容易疲倦;在学业方面也存在同样的问题,即需要很多精力,但仍然非常容易疲倦。还有的孩子双手协调能力差,触觉发展不良,害怕与地面的接触和摩擦,只是用几个手指接触地面,给人以爬得很吃力又爬不动的印象。这类孩子的平衡能力和运动企划能力也大多有问题,要耐心地教会他如何保持身体平衡和正确用手的能力。在滑板上滑动时,要以腹部为重心,颈部用力往上提,胸部挺起来,以这样的姿势滑动时才能够轻松容易。滑板爬行的活动量可从每天爬30个8～10米的距离开始,逐渐增加至80～100次。

活动四：青蛙蹬

（一）功能

1. 刺激特殊儿童的前庭平衡器官，建立身体肌肉紧张、本体感和身体形象。
2. 促进特殊儿童肌肉和关节间协调配合的能力以及两侧感觉的统合。
3. 促进特殊儿童本体感和运动企划能力的发展。

（二）方法

准备：小滑板一个。

操作层次：

1. 让儿童俯卧在滑板上，以腹部为中心，身躯紧贴滑板，抬头、挺胸，头颈部抬高，双脚如青蛙游泳般屈曲，顶在墙壁上，用力一蹬，使身体贴着滑板往前滑行，同时，双手伸展，像游泳一样从两侧往后划，保持滑板继续向前滑行。
2. 滑到接近对面墙壁时，用手控制方向做180°回转，同时双脚屈曲，再蹬、再滑，如此反复多次。

◆ 备注：青蛙蹬需要通过双手双脚同时舒缩来完成，因此对促进两侧统合的感觉有很大的作用。完成这种运动时，肌肉及关节间协调配合能力非常重要。没有足够的运动企划能力的孩子，很难有效地协调完成这一连串的动作。由于眼睛看不到，本体感不佳的孩子很难将足底摆在正确的位置，很可能将足背朝向墙壁。错误的动作根本无法产生足够的反弹力，以致做不好这种简单的动作。[①] 在完成这个动作的时候切记：头颈部要抬起，双臂要尽量向前伸直，为了使蹬出去的力量足够大，身体的下半部、大小腿的双足姿势，最好能够像青蛙游泳时的样子，特别重要的是足的姿势，要用足底而不是足背去蹬墙壁。每次蹬墙后双腿应并拢抬起，脚尖绷直，利用惯性使滑板运动自如。

根据孩子的具体情况，青蛙蹬的活动可从30次（距离8～10米）逐渐增加到100次左右。

活动五：俯卧旋转

（一）功能

促进特殊儿童前庭觉的发展。

（二）方法

准备：小滑板一个。

操作层次：

1. 让儿童俯卧在滑板上，双手交叉控制方向带动滑板和身体进行顺时针旋转。
2. 让儿童俯卧在滑板上，双手交叉控制方向带动滑板和身体进行逆时针旋转。

◆ 备注：旋转的次数可从两三次逐渐增加到二三十次，甚至一百次以上，主要根据儿童的能力和兴致来确定旋转的次数。儿童在旋转中是否引起头晕，及旋转后一小时内的持续效应来做适宜次数的判断。如孩子很快就感到头晕，不要勉强，否则会出现脸色苍

---

① 浙江学前教育网 http://www.06abc.com/topic/20100118/48706.html

白、心慌、呕吐等症状。对于严重前庭反应不足的孩子,常可看到旋转时手不过中线的情形,而且很少引起头晕,这些孩子最需要原地旋转的训练。轻轻旋转就容易头晕的孩子,无法接受别人外来的推动和旋转时,应鼓励孩子自我慢速旋转三五圈到几十圈,对脑神经的顺应性训练很有帮助。

活动六:牵引滑行

(一)功能
促进特殊儿童的前庭觉发展,让其体会移动、旋转的不同感觉。
(二)方法
准备:小滑板一个,绳子一条或呼啦圈一个。
操作层次:
1. 单人牵引滑行:让儿童俯卧或仰躺在滑板上,用手拉着绳子或呼啦圈,指导者牵动绳子或呼啦圈,带动趴在滑板上的儿童做前进、转弯及旋转等任何动作。对于手臂力量不够、不会用手爬动的孩子,可用这种方法带动他滑行,协助他体会滑板上运动时的前庭感受。牵引的速度不要太快,尽量让孩子自己用力拉动身体。旋转的时候特别要注意观察孩子的反应,如果孩子无法接受,就不要勉强,先多做孩子能够胜任并且乐于去做的活动。
2. 双人牵引滑行:让儿童俯卧或仰躺在滑板上,由两位指导者拉动一条绳子,让儿童手握绳子的中间,以绳索的力量带动儿童滑行,可做前进、转弯及旋转等任何动作。
◆ 备注:双人牵引滑行比单人牵引滑行的难度要大,由于绳索两端分别握在两个人手中,力量的大小和方向都在不断改变,需要孩子自己掌握好手的平衡,双手协调地带动身体滑行。同样,应尽量让孩子自己用力拉动身体移动,如果孩子无法接受快速地旋转,就不要勉强他。

活动七:滑板过河

(一)功能
1. 发展特殊儿童的肌张力和手部抓握力量。
2. 促进特殊儿童前庭觉和本体感的发展。
(二)方法
准备:小滑板一个,绳子一条。
操作层次:
1. 让儿童仰躺在滑板上,以背部为支撑点,颈、手、脚弯起向上,在手和脚可以够得着的位置上架一条绳索,让儿童可以用手抓住绳索并同时用脚钩住绳索,通过手和脚的协同运动带动滑板滑动。
2. 仰滑时,手部必须抓紧绳索,用手腕及手臂的伸缩力量带动滑板滑动,同时肩部必须保持好平衡,腰、背部肌肉紧张用力保持身体紧贴滑板,双脚钩住绳索协助保持身体的平衡并使背部正好与滑板紧贴,否则,手腕伸缩时,身体便会歪斜或离开滑板。
3. 让儿童保持仰躺的姿势,在滑行的过程中进行顺滑。
4. 让儿童保持仰躺的姿势,在滑行的过程中进行逆滑。

5. 单人滑板过河,让儿童保持仰躺姿势向前、向后滑行。
6. 多人滑板过河,让多个儿童保持仰躺姿势,向前、向后进行滑行比赛。

◆ 备注:顺滑比逆滑简单,逆滑时儿童容易出现不知如何用力或从滑板摔下来的情况,此时要多鼓励他,多尝试以适应。

活动八:滑板过隧道

(一)功能
1. 促进特殊儿童手脚并用及左右双侧的协调。
2. 改善特殊儿童感觉神经过度敏感或过分迟钝的现象。
3. 促进特殊儿童视觉和固有感觉的统合,并以方向感觉的形成强化身体形象概念。

(二)方法

准备:小滑板一个,积木,彩色气球或绒布小动物一个。

操作层次:

1. 单人形式——单人运物

(1)当儿童在滑板上的爬行动作熟练以后,用积木围成一条曲折变化的通道,让儿童俯卧在滑板上,顺着通道的方向,逐步爬行前进。

(2)在通道的一端设置目标物(彩色气球、绒布小动物等),规定儿童拿取到一定数目后即给予一定的奖励,激发儿童的兴趣。

2. 多人形式——火车厢接龙

(1)用积木围成一条曲折变化的通道,让儿童俯卧在滑板上,排成长龙,后面的儿童双手握着前面儿童的双腿,由第一个儿童带领,顺着通道的方向前进。

(2)可以由前面的儿童用双脚勾着后面儿童的颈部一起滑动,有时做前面的引导者,有时做后面的接续人。

示例:运粮食[①]

活动目标:通过滑板游戏激发儿童参加感觉统合活动的兴趣和热情,感受儿童间合作的快乐,强化前庭刺激,提高运动策划能力。

活动准备:沙包若干、篓子3~4个、人手一块滑板。

开始部分:儿童俯卧滑板,进场后成圆形。

导语:天气真好,小蚂蚁一起出去玩玩吧!儿童做准备活动操(头部—上肢—下肢—体侧—体转—跳跃)。

基本部分:儿童两两组合,一个在前俯卧滑板,一个在后拉住前面小朋友双脚。前面的小朋友用双手扒地面带动后面小朋友前进,到达目的地后将附在身边的沙包投入篓子里。先让一组小朋友来演示!(教师边指导,边讲解动作要领)儿童自由组合。讨论:怎样才能滑得又快又稳?小结:两个人要配合,前面的人手要用力划,坐在后面的人用脚蹬地。儿童再次练习。教师讲解游戏规则,规定小蚂蚁到粮仓运粮食,每次只能运一袋。儿童进行游戏。活动评价,表扬游戏中能相互配合,团结协作得较好的儿童。

---

① 新浪亲子论坛. http://club.baby.sina.com.cn/thread-2735298-1-1.html,2010-12-16.

结束部分:放松整理仰卧滑行板。

活动九:滑板上投球

(一)功能

1. 加强特殊儿童颈部肌肉的肌力,改进前庭平衡能力。
2. 提高特殊儿童手部整合能力。

(二)方法

准备:小滑板一个,一篮小球(如小皮球或乒乓球),空篮子一个。

操作层次:

1. 让儿童趴在滑板上,滑板旁放一篮子小球(小皮球或乒乓球),前方2~3米处放置一只空篮子,要求儿童将球投到前方的篮子中。
2. 当儿童熟悉后,逐渐增加投篮的距离,使儿童能够顺利地投球。
3. 当儿童熟悉定点投球后,可以调节篮子的大小,来训练儿童滑板上投球。可每天安排儿童投球200~400次。

活动十:滑板上水平推球

(一)功能

1. 促进特殊儿童颈、背部肌肉的强烈收缩,增强手臂力量。
2. 增进特殊儿童手部的本体感觉,促进眼手协调和双手的协调运动。

(二)方法

准备:小滑板一个,皮球一个。

操作层次:

1. 让儿童趴在滑板上,面对墙壁,距离墙壁约30厘米,用双手对墙壁做水平推球,待球从墙壁弹回后双手接住再推,如此循环反复。
2. 撞球游戏:教师喊口令指挥学生推球;也可让两个孩子一组,玩轮流推球。密集训练时可以每天推400~600次。

活动十一:双人推球比赛

(一)功能

1. 促进特殊儿童颈、背部肌肉的收缩,对前庭产生特别的刺激。
2. 增强特殊儿童眼球控制能力,改善视觉和听觉能力。

(二)方法

准备:小滑板两个,皮球一个。

操作层次:

1. 当儿童对滑板爬行比较熟练以后,让儿童俯卧在滑板上,两人一组,进行水平推球活动。
2. 让儿童俯卧在滑板上,两人一组,进行接球活动。

活动十二：滑板上抛接球

（一）功能

1. 促进特殊儿童前庭功能和整体感觉系统发展。
2. 增进特殊儿童视觉的立体判断，有益于运用手—眼协调时的脑神经内部反馈。
3. 提高特殊儿童左右两侧的协调能力，使手脚更灵巧，动作更灵活。

（二）方法

准备：小滑板一个，皮球或排球一个。

操作层次：

1. 让儿童趴在滑板上，面对墙壁，距离墙壁2～3米，双手把一个小皮球或排球往墙壁30厘米高的地方用力抛去，等球弹回时尽力接住弹回的球。
2. 让儿童趴在滑板上，面对墙壁，距离墙壁2～3米，双手把一个小皮球或排球往墙壁40厘米高的地方用力抛去，等球弹回时尽力接住弹回的球。
3. 让儿童趴在滑板上，面对墙壁，距离墙壁2～3米，双手把一个小皮球或排球往墙壁50厘米高的地方用力抛去，等球弹回时尽力接住弹回的球。

活动十三：双人拍球比赛

（一）功能

1. 促进特殊儿童颈、背部肌肉的收缩，对前庭产生特别的刺激。
2. 促进特殊儿童视觉和运动感觉的协调统合能力，提高眼球控制、身体形象、视觉—空间知觉能力。

（二）方法

准备：小滑板两个，球拍一副，乒乓球、小皮球或粘贴球一个。

操作层次：让儿童俯卧在滑板上，两人一组，各人手握球拍，可用乒乓球、小皮球、粘贴球等进行拍球的对打游戏。

活动十四：闭眼的滑板活动

（一）功能

1. 提高特殊儿童视觉空间的辨别能力，增强对身体形象的认识。
2. 促进特殊儿童前庭系统和运动企划能力的发展。

（二）方法

准备：小滑板一个，积木、绒布小动物或气球数个。

操作层次：

1. 摸索触物

（1）让儿童俯卧在滑板上，先睁眼看清楚目标后，闭上眼睛，滑过距离1～3米远的"山洞"，摸索着去取1～3米远处的绒布小动物，或碰打悬挂在空中的气球或小绒布动物。

（2）用仰卧的姿势进行同样的尝试，其余要求同（1）。

2. 闭眼滑行

（1）在相距 3 米左右的墙壁间，让儿童俯卧在滑板上，双手向前伸直，挺胸抬头，双眼直视前方，看好自己的行进路线后闭上双眼，双脚屈曲蹬墙，推动滑板和身体往前滑行。当双手碰到对面墙壁时，手腕和手肘顺势屈曲，弹性吸收全身的冲力，然后双手伸直推墙，利用反弹力把滑板和全身推向脚的方向，如此往返多次。此活动做 50～100 次。

（2）让儿童仰卧在滑板上，双手双脚稍向上弯曲，先睁眼看清自己的行进方向，然后闭上双眼，双脚屈曲蹬墙壁推动滑板和身体往头、手的方向滑行。双手碰到对面的墙壁时，顺势弯曲，弹性推动墙壁，使滑板和身体往脚的方向滑动，双脚碰到墙壁时，再屈曲蹬墙，推动滑板往头、手方向滑动，如此往返多次。

第二节　滑梯活动

滑梯一般分为直滑式和螺旋式两大类，有的比较平缓，有的比较陡急。专用于感觉统合训练的滑梯的角度以 30°为宜，高度为 50 厘米左右。为了配合滑板进行游戏，滑梯的顶端有一个约 60 厘米长的平木，滑板末端前面应留有足够的长度设置地毯。为使游戏作用更加全面，常将滑梯与滑板结合起来而设计感觉统合游戏。

滑梯训练主要是统合身体的紧张性迷路反射，协助大脑统合固有感觉的输入，维持身体姿势的稳定。此外，手部、肩部及全身肌肉同时收缩的动作，对本体感和身体形象的塑造帮助很大，有助于维持儿童的高度平衡感觉。而在滑梯上由上至下的速度冲击，对前庭系统的刺激颇为强烈，可以促进抗重力反应的练习，促进位觉器官感受重力的变化、直线加速运动的变化，从而改变全身肌肉紧张作用的分布，引起一系列的反射，对身体保护伸展反应行为的成熟帮助很大，还能促进脑干体系的活跃化，有利于孩子全身感觉统合的发展。

训练时间：每周 2～3 次，每次 20～30 分钟。

活动一：俯卧滑滑梯

（一）功能

1. 提高特殊儿童前庭感觉、本体感觉和触觉的输入和整合。
2. 促进特殊儿童动作计划的顺应性反应。

（二）方法

准备：大滑梯一个，滑板一个，皮球数个，装有小球或积木的篮子一个，木棒或纸棒一个，布帘一个，塑料积木若干。

操作层次：

1. 让儿童按秩序排队，自己将滑板抱起，放在滑梯顶端的平木上，身体俯卧在滑板上，头、手在前，脚在后，由指导者协助轻轻推动滑板，使滑板从滑梯上自然地滑下来。

2. 可让儿童自己用双手抓住滑梯的两侧，同时用力往后拉，借用反弹力使滑板往前滑行，较快速地从滑板的斜面滑下来。

3. 也可采用倒滑式,即头上脚下的方式,从滑梯上倒着滑下来。

注意:儿童在刚开始使用滑梯的时候,容易感到害怕,这时要做好保护措施。如:在滑下的位置安放软垫,指导者在滑梯前接应保护等。

俯卧的姿势会加大前庭的感受力,儿童在滑梯上下滑时产生的重力加速度所带来强烈的前庭刺激会引发很多新的反射作用,再与前庭刺激交互作用,这对身体保护伸展反应行为的成熟帮助很大。通过训练,孩子跌倒时便会表现出较好的保护反应,头部较不易受伤。滑动中这些感觉流程反射的组合,对眼肌也很有帮助,使视觉更加容易。

4. 在儿童从滑梯上滑下的时候,可以增加一些延伸活动来提高活动的趣味性和难度,使儿童得到多方面的锻炼和发展。

(1) 滑下推球

当儿童滑下时,指导者从前面将皮球滚向他,要求他滑下时,先用双手推开迎面滚过来的球,然后再用双手摩擦地面减速。这个活动可以培养儿童的注意力,锻炼眼球的注视能力,眼物距离的判断能力及手眼协调能力。

(2) 滑下取物

在滑梯的旁边放置一个装有小球或其他小塑料积木的篮子或纸箱,让儿童在滑下的同时,伸手去拿小球或小积木,开始时可随手抓或扔,动作熟练后可要求他按照指令拿出指定的球或积木。该活动可以提高儿童的有意注意力、记忆力和运动企划能力。

(3) 滑行扔物

在滑梯的末端侧面或前方一定距离处放置一个篮子或纸箱,让儿童滑下滑梯前手拿小球,要求儿童在下滑的过程中将手中的球扔进指定的篮子或纸箱中。根据球的大小不同,儿童可以选择单手或双手扔球。

还可将上述的取物、扔物活动连贯起来设计成游戏。当儿童从滑梯上滑下时,先让儿童从指定的篮子或纸箱中抓取指定的小球或其他物品,再按要求扔到指定的篮子或纸箱中去。

(4) 滑行击打

从天花板垂悬一个球,使儿童在滑梯上滑行时可以碰得到,或在滑梯旁悬挂一个或几个标识物,如小布娃娃、绒布小动物等,要求儿童在下滑的过程中用手中的木棒或纸棒或塑料吹气棒击打悬挂在一旁的标识物。

(5) 滑行穿帘

在滑梯下面挂一个布帘或毛巾帘,让儿童滑下时掀开帘子穿过去。

(6) 滑下推墙

用塑料积木在滑梯前面堆成墙等障碍物,让儿童在滑下时推开。也可由两名指导者拿着旧报纸在滑梯的末端形成一面墙,让儿童滑下时穿破"墙壁"。

(7) 滑行穿隧道

在滑梯上设置一个小隧道,让儿童滑下时穿过预先设置好的小隧道。

(8) 滑下捡球

从滑梯的前面丢球给他,要求他滑下滑梯后拾起前面滚过来的球。球的大小形状可经常变化,可以是一般的小篮球、小皮球,也可是橄榄球、网球,还可是表面有突起按摩球等。较小的球,儿童一只手就可以抓住的,一次可扔2个,让儿童两手各抓一个。

(9)捡球—抛球序列活动

当儿童对上述接球活动比较熟练后,可以在此基础上要求儿童将捡到的球按要求扔到指定的篮子或纸箱中去。

滑板和滑梯上所体验到的前庭和本体感觉的输入,会协助触觉防御的孩子把异常的触觉系统纠正过来。这些感觉的输入,有助于减少活动过量或不安的情形,同时让神经系统集中精力于特定目标的活动。滑板和滑梯的游戏之后,孩子常常会更安静,也更专心注意学习,并持续相当的时间。在游戏活动的安排方面,其难度应根据孩子的具体情况而定,以孩子能够成功完成70%～80%为宜,帮助孩子从成功的体验中找到自信,并激发孩子适应环境、战胜困难的强烈愿望。

活动二:坐姿滑滑梯

(一)功能

1. 促进特殊儿童的前庭觉发展。
2. 发展特殊儿童身体保护伸展的反应行为。

(二)方法

准备:大滑梯一个,滑板一个,皮球一个,装有小球或积木的篮子一个,空篮子或纸箱1～2个,木棒或纸棒一个,布帘一个,塑料积木若干。

操作层次:

1. 让儿童坐在滑板上从滑梯滑下,这是基本姿势。

2. 可以面向滑梯末端顺着滑,也可以背朝滑梯末端倒着滑。对于不敢随便尝试新活动的儿童,可由指导者和儿童共同坐在大滑板上,由滑梯自上而下滑下来。等比较适应后再由儿童独立坐着滑下。

3. 当儿童适应坐姿滑滑梯后,可指导他蹲在滑板上从滑梯上滑下。

4. 坐姿滑滑梯,也可以延伸出一些活动来增加儿童的兴趣和参与性,以便更好地达到训练目的。该延伸活动和前面的俯卧滑滑梯活动基本相同,但由于姿势的差异,在操作上略有不同。

(1)取物

在滑梯的旁边放置一个装有小球或其他小塑料积木的篮子或纸箱,让儿童在滑下的同时,伸手去拿小球或小积木,开始时可随手抓,拿取到后可随手往前丢。动作熟练后可要求他拿出指定的球或积木,如要求他拿出红色的小球,或者白色的小球,或者黄色的小球,或者红色的积木等。

(2)扔物

在滑梯的末端侧面或前方一定距离处放置一个篮子或纸箱,让儿童滑下滑梯前手拿小球,要求儿童在下滑的过程中将手中的球扔进指定的篮子或纸箱中。可以是排球大的球,让儿童用双手抛;也可是小皮球,儿童可以用一只手拿着扔;可以一次扔一只,也可以双手同时扔两只到同一个篮子或纸箱,还可以双手分别扔两只球到不同的两只篮子或纸箱。

(3) 取物—扔物序列活动

将上述的取物、扔物活动连贯起来而设计的游戏。当儿童从滑梯上滑下时,先让儿童从指定的篮子或纸箱中抓取指定的小球或其他物品,再按要求扔到指定的篮子或纸箱中去。

(4) 击打

从天花板垂悬一个球,使儿童在滑梯上滑行时可以碰得到,或在滑梯旁悬挂一个或几个标识物,如小布娃娃、绒布小动物等,要求儿童在下滑的过程中用手中的木棒或纸棒或塑料吹气棒击打悬挂在一旁的标识物。

(5) 穿帘

在滑梯下面挂一个布帘或毛巾帘,让儿童滑下时掀开帘子穿过去。

(6) 推墙

用塑料积木在滑梯前面堆成墙等障碍物,让儿童在滑下时推开。也可由两名指导者拿着用旧报纸在滑梯的末端形成一面墙,让儿童滑下时穿破"墙壁"。

(7) 穿隧道

在滑梯上设置一个小隧道,让儿童滑下时低头穿过预先设置好的小隧道。注意此时隧道的高度要比儿童坐在滑板上的高度稍高,以免儿童不会及时低头而撞到隧道上。

(8) 接物

当儿童从滑梯上滑下时,从滑梯的前面抛球或其他小物品(小绒布玩具等)给他,要求他在滑动的过程中接住抛过来的物品。所抛物品的大小形状和质地可经常变换,可以是一般的小篮球、排球、小皮球,也可是橄榄球、网球,还可是表面有突起的按摩球等。对于较小的球,儿童一只手就可以抓住的,让儿童两手各抓一个,这样一次就可扔两个。

活动三:立位滑滑梯

(一) 功能

1. 增强特殊儿童的空间认知能力及肌肉同时收缩的能力。
2. 强化特殊儿童的前庭感觉体系,使平衡能力加速成熟,训练自我保护能力。

(二) 方法

准备: 大滑梯一个,滑板一个,皮球或其他绒布小玩具数个。

操作层次:

1. 让儿童踩在滑板上,侧着身体自由滑下。
2. 当儿童熟练以后,可以让儿童尝试其他的站立姿势滑下;但由于站立的姿势重心比较高,因此侧身滑下相对比较简单。其他的站立姿势应根据儿童的情况来定,平衡能力较好的儿童可以相应地变换姿势。
3. 可根据儿童的情况,在儿童滑行或滑下的时候进行一些取物、扔物、取物—扔物、击打、接物等活动。

活动四：逆上滑梯

（一）功能

1. 维持特殊儿童身体姿势的稳定。
2. 促进特殊儿童平衡感觉的发展。

（二）方法

准备：大滑梯一个，滑板一个，呼啦圈或木棒一个或绳子一条。

操作层次：

逆上滑梯的活动可以采取不同的姿势来进行，这主要根据儿童的兴趣和能力来定。

1. 俯卧逆行：让儿童俯卧在滑板上，抓住呼啦圈或木棒。指导者拉着呼啦圈或木棒，由下往上将儿童和滑板拉上滑梯。或在滑梯的上端固定一条绳子，让儿童俯卧在滑板上，双手抓住绳子，交替往前移动，完全靠自己的力量由下而上爬上滑梯的顶端。

2. 仰卧逆行：让儿童仰躺在滑板上，双手抓住呼啦圈或木棒。指导者拉着呼啦圈或木棒，由下往上将儿童和滑板拉上滑梯。或在滑梯的上端固定一条绳子，指导儿童双手抓住绳子，交替往前移动，完全靠自己的力量由下而上爬上滑梯的顶端。

3. 坐姿或站立逆行：让儿童坐或站立在滑板上，指导者用呼啦圈或绳子牵引着他，自下而上将他拉向滑梯顶端。

实践证明，滑板和滑梯游戏有助于孩子的语言表达、阅读和行为控制。通过感觉统合训练，改善儿童的大脑机能，为其语言和阅读能力的发展打好基础，再辅以技巧上的个别辅导，可以从本质上提高孩子的语言、阅读能力和改善行为问题。

第三节 吊缆活动

吊缆活动主要通过摇晃的形式让儿童体会重力和移动的感觉，强化前庭觉，抑制紧张性迷路反射。儿童在吊缆旋转的过程中，通过半规管内的位觉感受器感受旋转运动的角加速度刺激，以维持身体平衡。另外，通过儿童身体与吊缆的广泛接触和晃动对儿童各个接触部位产生压力变化，促使脑干苏醒，消除大脑中不必要的触、压感，纠正儿童的触觉敏感问题。吊缆活动适用于前庭平衡不佳、触觉敏感或迟钝及身体协调不良的儿童。

一、网兜吊缆

网兜吊缆的形状和放置类似于吊床，可固定于天花板上或铁支架上，可用细绳编织的网状材料制作，也可用浴巾、床单、帆布等材料制作。注意吊缆的放置不要太高，以距地面约 20 米为宜；可在吊缆下放置软垫或吊床，以保证安全。

训练时间：每周 2～3 次，每次 20～30 分钟。

活动一：摇篮游戏

（一）功能

1. 增强特殊儿童触觉和前庭觉的输入。
2. 改善特殊儿童触觉敏感情况。
3. 促进特殊儿童视觉稳定性的发展。

（二）方法

准备： 网兜吊缆一个，悬挂的皮球或绒布玩具1~2个。

操作层次：

1. 将吊缆稍展开，让儿童闭眼轻松随意地仰躺在吊缆中，教师轻轻地左右摇晃吊缆，让儿童感觉就像婴儿躺在摇篮中一样。
2. 指定一个目标（如悬挂的皮球或绒布玩具），让儿童仰躺在摇动的吊缆中注视目标，强化对眼睛控制的调整。

活动二：吊缆秋千活动

（一）功能

1. 强化特殊儿童的前庭感觉刺激，有助于前庭体系的健康成长。
2. 强化特殊儿童运动企划能力、手眼协调能力和有意注意力的发展。
3. 纠正特殊儿童触觉敏感现象。

（二）方法

准备： 网兜吊缆一个，小球一个，纸棒或木棒一个。

操作层次：

1. 让儿童以俯卧或卷曲仰躺的方式，置身于吊缆之中，由指导者推动吊缆协助儿童进行前后、左右的摆动，并可以一边摆动一边跟儿童交谈，以改善儿童眼球的注视及耳朵的倾听等视觉、听觉的低层次处理。
2. 等儿童适应吊缆的前后左右摆动后，可尝试将吊缆进行180°或360°旋转。
3. 在吊缆的下方放置积木，要求儿童在摆动时伸手去拿。
4. 在吊缆的下方放置小球，让儿童手拿纸棒或木棒，要求他在吊缆摆动的同时，用手中的纸棒或木棒去击打指定的目标。此游戏每次可摇晃约60~100下。

活动三：吊缆插棍活动

（一）功能

1. 促进特殊儿童的前庭觉、视觉及触觉的发展。
2. 提高特殊儿童的有意注意力和手眼协调能力。

（二）方法

准备： 网兜吊缆一个，插棍一套。

操作层次：

1. 让儿童俯卧在吊缆中，前后晃动吊缆，在吊缆下方放置一套小木棍和有着相应小孔的木板,要求儿童单手拿起小木棍按顺序插入孔中。如图 14-4 所示。

2. 让儿童在吊缆摇晃的过程中,同时运用双手把小木棍插入相应的孔中,其余要求同层次 1。

3. 让儿童按照指令用单手或双手把小木棍插入相应的孔中,其余要求同层次 1。

活动四:竖立吊缆活动

(一) 功能

1. 促进特殊儿童前庭觉和平衡感的发展。
2. 培养特殊儿童正确的立体视觉和良好的运动企划能力。

(二) 方法

准备:网兜吊缆一个,悬挂的皮球或绒布玩具 1~2 个。

图 14-4

操作层次:

1. 让儿童坐在吊缆中,两手抓住吊缆的边缘以保持身体平衡。指导者晃动吊缆做前后左右的摇动,与儿童玩投接球游戏,或在吊缆周围适当的地方设置目标物,让儿童用手去触摸或用脚去踢目标。

2. 指导者对吊缆进行 360°的大旋转,在旋转过程中进行上述投接球或踢球的活动。

活动五:直立吊缆活动

(一) 功能

1. 促进特殊儿童前庭觉的发展。
2. 提高特殊儿童对身体形象的认知。

(二) 方法

准备:网兜吊缆一个,悬挂的皮球或绒布玩具 1~2 个。

操作层次:

1. 让儿童直立在吊缆上,双脚撑住吊缆底端,双手扶住吊缆上面的绳索,以保持身体平衡。由指导者推动吊缆做前后、左右的摇摆。

2. 指导者推动做 360°大旋转,其余要求同层次 1。

3. 让儿童在摇晃的过程中踢指定的目标,其余要求同层次 1。

二、圆筒帽

专为感觉统合训练而设计的圆筒帽,是一个有不对称形状底座的圆柱,上端有一个用来系绳子的挂钩,可悬挂在铁支架或天花板上。圆筒上的摇摆和旋转使前庭器官获得大量刺激信息,促进前庭—固有体系的活化,强化触觉体系。悬挂高度以底座距地面 25~30 厘米为宜。

训练时间:每周 2～3 次,每次 20～30 分钟。

活动一:坐姿摇摆和旋转

(一)功能

1. 促进特殊儿童前庭觉的活化。
2. 强化特殊儿童的触觉体系。

(二)方法

准备:圆筒帽吊缆一个。

操作层次:

1. 让儿童坐在底板上,双手环抱圆柱,身体紧贴圆柱,双脚以筒底边为支撑环绕圆柱紧紧夹住,以保持身体的平衡。由指导者帮助前后摇动圆筒帽。
2. 儿童保持相同坐姿,指导者左右摇动圆筒帽,其余要求同层次 1。
3. 再以圆筒帽为圆心做连续地旋转,先顺时针方向旋转 5 圈,再反时针方向旋转 5 圈,重复 5 次,其余要求同层次 1。吃饭后 40 分钟到 1 小时以内应避免做这项游戏,以免呕吐。

注意:指导者在操作时,应控制好方向的变化和时间的间隔,时而左右,时而前后,时而作 360°以上的大旋转,此期间还应有数秒钟的间歇,这样可以促使前庭体系保持清醒,强化它对感觉信息的过滤及选择能力。此项训练是处理前庭信息最好的活动,对孩子前庭体系机能的复苏和强化帮助很大,适用于身体协调差、操作不良的孩子。

活动二:站立摇摆和旋转

(一)功能

1. 促进特殊儿童前庭觉和触觉的发展。
2. 促进特殊儿童手—眼协调及姿势运动协调,发展平衡能力及难度较高的运动企划能力。

(二)方法

准备:圆筒帽吊缆一个,悬挂的皮球或绒布玩具 1～2 个。

操作层次:

1. 让儿童站在底板上,双脚夹住圆筒,双手握住上端的绳索,由指导者推动圆筒作前后、左右摇晃及 360°以上的大旋转。
2. 训练儿童只用一只手抓紧绳索,伸出一只手来接或抓取物体,或是只用一只脚站立,伸出一只脚来踢目标物体。

活动三:坐在圆筒帽上

(一)功能

1. 丰富特殊儿童前庭觉的刺激。
2. 提高特殊儿童手—眼协调能力、姿势运动的协调、平衡能力及高度运动企划能力。

（二）方法

准备：圆筒帽吊缆一个，套圈数个，玩具长颈鹿或小木棒一个。

操作层次：

1. 让儿童双手握住上端的绳索，坐在圆筒的上面。

2. 等儿童能够调整好重心，在圆筒帽上保持平衡时，可让儿童坐在上面做套圈圈游戏，如给他 10 个小圈圈，要求他套在地上的玩具长颈鹿的颈子上或小木棒上。

三、四足位平衡吊缆

该吊缆由两块木板和一根绳索构成。上下两块木板的四个角分别用绳索相连，由上面木板的中间用一根绳索作定点悬挂。由于四足位平衡吊缆没有着力点，使儿童在上面活动时能够感受到强烈且变化多样的前庭固有体系感觉的输入对平衡感及自我形象的建立帮助颇大，对视觉统合、眼球移动的控制、运动感觉都有很大的功用。

训练时间：每周 2～3 次，每次 20～30 分钟。

活动一：站立平衡吊缆

（一）功能

1. 促进特殊儿童前庭固有体系感觉的输入。
2. 促进特殊儿童眼球移动的控制。

（二）方法

准备：四足位平衡吊缆一个，小木棒一个，悬挂的皮球或绒布玩具数个。

操作层次：

1. 让儿童站立在上面，双手抓住绳索以保持身体平衡，可让儿童自由晃动或帮助他进行前后左右晃动或 360°旋转。做 360°旋转时，约每两秒钟一圈，每次持续转动以不超过 10 圈为宜。转转停停对儿童前庭体系的苏醒帮助更大。如果孩子有眩晕情况应停止旋转，先做较小幅的抖动。

2. 将四足位平衡吊缆上面的吊绳固定在可前后移动的滑道里，让儿童手拿小棒子站立，前方 3 米处放置一个打击目标；指导者迅速推动吊缆向前，让儿童判断距离，用手中的小棒去击打目标物。

活动二：坐姿平衡吊缆

（一）功能

1. 帮助特殊儿童建立平衡感及自我形象。
2. 促进特殊儿童的视觉统合。

（二）方法

准备：四足位平衡吊缆一个，小木棒一个，悬挂的皮球或绒布玩具数个，积木、小球或洋娃娃等玩具数个。

操作层次：

1. 让儿童以抱膝屈曲的姿势蹲在上面或跪坐在上面，由指导者帮助做前后、左右的晃动或旋转。

2. 在一旁放置积木或小球、洋娃娃等玩具,让儿童在摇动时伸手去拿取,其余要求同层次1。

3. 将四足位平衡吊缆上面的吊绳固定在可前后移动的滑道里,让儿童手拿小棒子坐在吊缆上,前方3米处放置一个打击目标,指导者迅速推动吊缆向前,让儿童判断距离,用手中的小棒去击打目标物,其余要求同层次1。

活动三:俯卧平衡吊缆

(一)功能

1. 提高特殊儿童眼球移动的控制能力和前庭平衡感。
2. 促进特殊儿童运动感觉的发展。

(二)方法

准备: 四足位平衡吊缆一个,积木、小球或洋娃娃等玩具数个,纸箱一个。

操作层次:

1. 让儿童俯卧在吊缆上,由指导者帮助做前后、左右的晃动或旋转。
2. 将四足位平衡吊缆上面的吊绳固定在可前后移动的滑道里,指导者迅速推动吊缆前进,要求儿童在前进时拾起地上的积木、小球或绒布小玩具等,并将积木和小球投入指定的木箱或纸箱中。

活动四:仰躺平衡吊缆

(一)功能

1. 增强特殊儿童前庭固有感觉及身体协调能力。
2. 提高特殊儿童的手—眼协调能力。

(二)方法

准备: 四足位平衡吊缆一个,皮球数个,悬挂的皮球或玩具数个。

操作层次:

1. 让儿童仰躺在平衡吊缆上,由指导者帮助做前后、左右的晃动或旋转。
2. 一个指导者推动吊缆前进,让儿童在前进途中与另一指导者做抛、接球动作,或做投球入篮的动作,也可以设置多个目标,让儿童在前进中用手中的球击中指定的目标。
3. 在四足位平衡吊缆的旁边,与吊缆顶部的滑道平行的方向设置一条粗的绳索,让儿童仰躺在吊缆上,用左右手交替抓住绳索前进,在前进中设法保持自己的平衡及双侧协调的工作。

四、圆木柱吊缆

圆木柱吊缆是一个悬挂着的圆柱,内有实心圆木,外面用泡绵垫和布料覆盖,长度200厘米,直径50~60厘米,两端用绳子系紧,悬挂于低空中。圆木柱吊缆游戏对前庭—固有感觉的协调和运动企划能力的培养都有很大帮助,对语言发育迟缓儿童的感觉统合失调很有帮助。

训练时间:每周 2~3 次,每次 20~30 分钟。

活动一:俯卧环抱圆木柱

(一)功能

1. 增加特殊儿童触觉刺激和本体感觉的刺激。
2. 促进特殊儿童前庭—固有感觉输入统合,帮助建立平衡反应、运动企划能力。

(二)方法

准备: 圆木柱吊缆一个,小绒布娃娃、积木、橡皮等数个,纸盒两个,纸棒或木棒一个。

操作层次:

1. 让儿童俯卧在木柱上,用双手双脚环抱着木柱以维持身体的平衡。先让儿童趴在木柱上体会木柱自然摆动的感觉,再由指导者推动木柱进行前后、左右的摇晃。摇晃 3 分钟,停下来休息 3 分钟,再接着摇晃 3 分钟,如此循环 5~8 次,刺激儿童的前庭感受器,让儿童体会由静到动、由动到静的肌肉反应和前庭感觉输入。

2. 把小绒布娃娃、积木、橡皮等散放在圆木柱下面的地垫上,让儿童俯卧在圆木柱上,其余要求同层次 1。摇晃圆木柱,要求儿童以他所能的任何方式紧抱着圆木柱,同时俯身把地上的物件捡起来。

3. 把小绒布娃娃、积木、橡皮等混装在一个纸盒中,将纸盒放在圆木柱下面的地垫上,旁边放置一个空纸盒,让儿童俯卧在圆木柱上,摇晃圆木柱,要求儿童以他所能的任何方式紧抱着圆木柱,同时俯身把一个纸盒中的小绒布娃娃全部取出来放入另一个空纸盒中。

4. 让儿童手中拿一个纸棒或木棒,在晃动的过程中对准目标物击打。

活动二:骑木马

(一)功能

1. 建立特殊儿童的姿势和平衡感。
2. 改善特殊儿童运动企划和视觉运动协调能力。

(二)方法

准备: 圆木柱吊缆一个,木板两块,装有小绒布娃娃、积木、橡皮等的纸盒两个,长木棒一个,绳子一条。

操作层次:

1. 让儿童像骑木马一样的姿势,大腿夹紧圆木柱以保持身体平衡。对于本体感觉不足,身体平衡能力差的儿童,可先给予较多的协助力量。等其平衡感逐渐适应后,指导者就应逐渐放松对孩子的扶持,让孩子一步一步地学习独立。训练的原则是,只在必要的时候,才给予适当的支持。根据孩子的反应,循序渐进地增加摇晃的强度。

2. 让儿童骑坐在木柱的一端,用手抓住绳索协助保持身体平衡,由指导者协助推动木柱进行前后、左右晃动。可在木柱的一侧设置一块木板,要求儿童每摆动一次,就自己用脚蹬木板一下,借助木板对蹬力的反作用力来保持木柱的摆动。

3. 让两个儿童背对着骑坐在圆木柱上,圆木柱两侧各放置一块木板,要求儿童自己用脚蹬木板,依靠木板对脚的反作用力推动木柱的摆动,且两个儿童蹬木板的力度要接近,才能保持木柱较好摆动。若力量相差悬殊,则木柱总是歪向一侧。

4. 在圆木柱的一侧放置一个纸盒,里面装有积木或小球,要求儿童在晃动的过程中抓取指定的物品,并投掷到指定的位置。

5. 让两个儿童背对着骑坐在木柱的两端,进行上面的游戏。还可由一个儿童抓取目标物后交给另一个儿童,由另一个儿童完成投掷任务,而后交换角色。

6. 让儿童骑坐在木柱上,一手扶着绳索,一手拿一长棒,摇晃时,设法用手中的长棒将前方的目标物一一击倒。

7. 在不远处固定一条绳索,让儿童骑坐在木柱上,用手抓住固定在一侧绳索的一端,带动木柱和身体运动,并在圆木柱上做出各种姿势变化。这项活动由儿童自己去保持身体平衡,并且尝试身体姿势的各种变换,对身体形象塑造帮助很大,也使孩子学会了对情景的控制。

活动三:圆木柱秋千

(一) 功能
1. 改善特殊儿童的触觉敏感。
2. 促进特殊儿童的身体协调。

(二) 方法
准备:圆木柱吊缆一个,悬挂的小绒布娃娃、积木、橡皮等数个。
操作层次:

1. 让儿童抓住两侧的绳索,横坐在圆柱上自由晃动,也可像荡秋千那样前后荡起来。

2. 由指导者和儿童手牵手并排横坐在圆木柱上,让儿童另一只手抓紧绳索,可让圆木柱自由晃动,也可两人协同摇摆来,或借助手的力量和身体的左右摇摆使圆木柱左右晃动。

3. 在圆木柱秋千的前方放置目标物,如悬挂气球或绒布玩具等,要求儿童在荡动的过程中用脚趾部踢指定的目标物。

活动四:立位秋千

(一) 功能
1. 强化特殊儿童前庭觉和身体平衡感的发展。
2. 促进特殊儿童脚眼协调的发展。

(二) 方法
准备:圆木柱吊缆一个。
操作层次:

1. 让儿童站立在圆柱上,双手抓住绳索,保持身体平衡,让圆木柱自由晃动或由指导者协助进行前后左右摆动或旋转。该活动相对而言难度较大,需要儿童能够较好地掌握和控制重心,否则容易摔下来。

2. 平衡掌握得比较好的儿童,可尝试只用一只脚站立,并用另一只脚去踢指定的目标物。

3. 若有较大的圆柱木柱,可两人手牵手站立在圆柱上,各抓住一侧的绳索,一起前后荡或进行左右摆动。活动量可由 30~200 次不等,摇动的方向可由固定到不固定。

五、旋转轮盘吊缆

旋转轮盘吊缆是用绳索固定在一个圆形轮盘的中心点,将其悬挂在天花板上或铁支架上而组成的吊缆。轮盘距地面的高度以 30~50 厘米,与儿童的膝部高度相近为宜。旋转轮盘吊缆在摇晃和旋转时,通过肌肉伸展和屈曲以及前庭反射信息,对运动企划能力的养成和提高很有帮助。

训练时间:每周 2~3 次,每次 20~30 分钟。

活动一:坐姿吊缆

(一)功能

1. 统合和强化特殊儿童的前庭体系和平衡反应。
2. 发展特殊儿童关节、肌肉等的本体感觉。

(二)方法

准备: 旋转轮盘吊缆一个,小绒布娃娃、积木、橡皮、套圈等数个。

操作层次:

1. 让儿童屈曲坐在轮盘上,双腿夹住绳索底端,用手抓住绳索,抬起双腿,任由轮盘自然晃动和旋转,或由指导者推动做旋转和摆动。注意观察儿童的表情和反应,如果儿童出现不适反应如脸色苍白、出冷汗,则应立即停止摇晃。注意在饭后 1 小时以内应避免做这项活动。

2. 当儿童能够安静平稳地坐在吊缆上后,可以在摇晃和旋转中,增加一些手部或腿部的活动,来提高趣味性和活动性。如:

(1)可递各种小物品(如小球、小圈圈或玩具)给儿童,让他伸手来接,其余要求同层次 1;

(2)让儿童手中拿着好几件不同的东西,以尝试各种不同的肌肉感觉,其余要求同层次 1;

(3)让儿童接过物品并将手中的物品抛向指定的目标,其余要求同层次 1;

(4)要求儿童将小环套在指定的目标上,如红色的小环套在红木棒上,绿色的小环套在绿木棒上,其余要求同层次 1;

(5)让儿童用脚或腿夹住东西摇晃和旋转,其余要求同层次 1;

(6)设置一个明显的目标物如色彩鲜艳或形状突出,并要求儿童在晃动或旋转的过程中用脚去踢目标物,其余要求同层次 1。

活动二:主动摇晃吊缆

(一)功能

1. 统合和强化特殊儿童的前庭体系和平衡反应。

2. 促进特殊儿童运动企划能力的形成。

(二) 方法

准备:旋转轮盘吊缆一个,小绒布娃娃、积木、橡皮、皮球、套圈等数个。

操作层次:

1. 让儿童坐在轮盘上,双手握住绳索,身体向前屈曲,向后退几步后迅速抬起双腿,使身体随着轮盘晃动;还可用脚蹬墙,借墙壁的反作用力持续摇晃,通过蹬墙时的力量大小和方向来控制摆动的幅度和方向。

2. 下面的活动和前面坐姿吊缆的手部、腿部活动相似;不同的是这主要通过个体主动晃动吊缆,自主控制运动的方向和力度。此活动相比前个活动难度更大,更具有挑战性。在主动摇晃的过程中增加的这些活动,可以使儿童更好地发展前庭体系和平衡能力。

(1) 指导者手拿小球或小环等,让儿童自己借助墙壁的反作用力控制方向,荡到指导者身边并伸手拿取指导者手中的东西,其余要求同层次1。对控制得不好的儿童,应站在他经常荡过去的方位;对控制得较好的儿童,指导者可经常变换位置。让儿童有60%~70%的成功率,容易激发儿童的兴趣并愿意做更大的努力;

(2) 设置几个目标物,要求儿童自己控制方向,在晃动中一个个地踢倒它们,其余要求同层次1;

(3) 可在晃动和旋转的过程中,要求儿童伸手去拿放在一旁的小环,并将环套在指定的目标上,其余要求同层次1;

(4) 轮盘晃动和旋转时,要求儿童伸手去拿放置在一旁的小球,并将小球抛入指定的篮子或纸箱中,其余要求同层次1。

活动三:站立吊缆

(一) 功能

1. 提高特殊儿童的平衡能力和前庭感觉。
2. 促进特殊儿童运动企划能力和手—眼协调的发展。

(二) 方法

准备:旋转轮盘吊缆一个,小绒布娃娃、积木、橡皮、套圈等数个。

操作层次:

1. 让儿童站立于轮盘上,双脚夹紧绳索,双手抓住绳索上部,身体用力伸张以保持轮盘和自身的平衡,任轮盘自然晃动和旋转,或由指导者推动前后、左右摆动或360°以上的大旋转。

2. 当儿童能够协调双手和双脚平稳地站在吊缆上后,可以增加一些手—眼协调的活动,如:

(1) 在摆动和旋转的过程中,让儿童试着伸手接住指导者递出的东西,或完成抓积木、投球等指定的动作;

(2) 在晃动和旋转中,要求儿童伸手去拿放在一旁的小环,并将小环套在指定的目标上。

六、游泳圈吊缆

将 3~4 个游泳圈绑在一起,悬挂在天花板上或铁支架上做成吊缆,该器材可在家庭内设置和使用,尤其适用于年龄较小的儿童。吊缆的高度以摇晃时最低点距地面 30~40 厘米为佳。游泳圈吊缆除了和前面介绍的几种吊缆作用相似外,通过抓握对于提高孩子的手部肌肉也有很大帮助。

训练时间:每周 2~3 次,每次 20~30 分钟。

活动一:感受游泳圈

(一)功能

1. 强化特殊儿童的前庭觉,促进其平衡能力的发展。
2. 促进特殊儿童触觉的发展。

(二)方法

准备: 游泳圈吊缆一个,毛巾、沙发垫或地垫一个。

操作层次:

1. 让儿童俯卧或仰躺在游泳圈吊缆内,由指导者推动吊缆进行前后左右晃动及顺时针、逆时针方向的旋转。晃动时,指导者根据儿童的反应调节晃动的难度和强度。指导者还可通过与儿童的交谈,与儿童进行目光对视的训练;也可以让儿童闭上眼睛,体会晃动时的感觉。
2. 在吊缆内放置不同质地的毛巾、沙发垫、地垫等,对儿童的触觉产生不同的刺激。

活动二:仰躺或俯卧游泳圈

(一)功能

1. 促进特殊儿童前庭觉的发展。
2. 发展特殊儿童手部肌肉、手—眼协调和运动企划的能力。

(二)方法

准备: 游泳圈吊缆一个,呼啦圈一个,小球、绒布玩具、积木、皮球等数个,纸箱一个,插棍一套,绳子一条。

操作层次:

1. 儿童俯卧或仰躺在游泳圈吊缆内,用手抓住呼啦圈,指导者拉动呼啦圈进行牵引。
2. 在牵引时,和前面的吊缆活动一样,等儿童适应游泳圈的晃动后,增加一些手部活动,如:

(1) 晃动时递东西给儿童,让他注视并伸手来接。

(2) 把诸如小球、绒布玩具、积木等物品散放在吊缆下面的地垫上,让儿童俯卧在吊缆内,摇晃吊缆,要求儿童在晃动中把地上的物件捡起来。

(3) 让儿童在晃动时将手中的球投入到指定的篮子或纸箱中去,或将小圆圈套在指定的木棒上,或将小木棍插入指定的小孔中去。

(4) 让儿童躺在吊缆内,手持一根长棒,摇晃时,设法用手中的长棒将前方的目标物

——击倒。也可在儿童身体或手可及的位置放置大龙球或其他障碍物,让他在摇动的同时,努力碰到大龙球或推倒障碍物。

(5) 在不远处固定一条绳索,让儿童躺在吊缆内,用手抓住固定在一侧绳索的一端,带动吊缆和身体运动。

第四节 平衡木、台(板)活动

一、平衡台(板)

平衡台(板)是底部为弧形、表面平整的木板,较小的仅容一人站立,较大的可以同时站立 2～3 人,如图 14-5 所示。平衡台的基本原理是利用儿童在寻求平衡的过程中所做的姿势调整,有效统合前庭觉、固有感觉和视觉,从而使儿童保持身体平衡。

训练时间:每周 2～3 次,每次 20～30 分钟。

图 14-5

活动一:平躺摇晃

(一) 功能
1. 强化特殊儿童的前庭觉。
2. 调节特殊儿童的情绪。

(二) 方法

准备: 平衡台一个,绒布玩具或皮球数个。

操作层次:

1. 让儿童仰躺或俯趴在平衡台上面,手臂和腿放松,自然伸展,任平衡木自然晃动,或由指导者协助进行左右摇动。左右摇晃时,要维持一定的节奏,使重力感觉可以唤起脑干的苏醒。开始摇晃的速度应较慢,如果儿童能够适应,速度可逐渐加快。加快速度时,要注意观察儿童的表情和姿势反应,以儿童乐于接受为宜。

2. 让儿童睁眼 10 分钟摇晃,其余要求同层次 1。睁眼时可与儿童对视或让他看一目标物。在摇晃中可做明显的停顿,可按顺序分别向左右两侧倾斜,观察儿童两侧的反应情形。

3. 让儿童闭眼 10 分钟摇晃，其余要求同层次 1。

活动二：俯卧摇晃

（一）功能
1. 促进特殊儿童前庭觉和平衡能力的发展。
2. 促进特殊儿童身体姿势的发展。
（二）方法
准备：平衡台一个，绒布玩具或皮球数个。
操作层次：
1. 让儿童俯卧在平衡台上，自己进行左右摇晃。
2. 在平衡木上放置物品，吸引儿童以自己爬过来取的形式产生摇晃。

活动三：跪坐或静坐摇晃

（一）功能
1. 统合特殊儿童的平衡反应能力。
2. 促进特殊儿童对姿势的调整。
（二）方法
准备：平衡台一个。
操作层次：
1. 让儿童坐或跪在平衡台上，由指导者左右摇晃平衡木。坐或跪在平衡台上时，由于重心较高，平衡感较不易掌握，摇晃前必须提醒儿童坐好，让他自己尝试运用可以移动的双手来保持身体的平衡。
2. 让儿童先睁眼摇晃 10 分钟，再闭上眼睛摇晃 10 分钟，感受有无视觉补偿时不同的平衡感觉。注意跪坐的姿势相对较难，可在儿童掌握了其他几种平衡台姿势后再使用或者由老师辅助开始。

活动四：双人站立平衡台

（一）功能
强化特殊儿童的前庭觉，促进其身体姿势的建立。
（二）方法
准备：平衡台一个。
操作层次：
1. 指导者从身后扶住儿童，给他一定支撑，两人共同站立在平衡台上保持平衡。
2. 指导者和儿童共同站在平衡台上，两人面对面、手拉手，互相保持平衡。

活动五：被动的平衡台站立摇动

（一）功能
调整特殊儿童前庭感觉、固有感觉和视觉统合的能力。

(二)方法

准备：平衡台一个。

操作层次：

1. 儿童站立在平衡台上面，双脚分开，保持平衡。
2. 由指导者在台下缓慢摇动平衡台，使平衡台左右晃动。

活动六：主动的平衡台站立摇动

(一)功能

1. 调整特殊儿童前庭感觉、固有感觉和视觉统合的能力。
2. 发展特殊儿童下肢力量，让儿童学习通过屈伸膝关节取得平衡。
3. 发展特殊儿童运动企划的能力。

(二)方法

准备：平衡台一个，皮球一个。

操作层次：

1. 让儿童站立在平衡台上，双脚分开，保持平衡。
2. 让儿童重心交替从一只脚转移到另一只脚，自己控制平衡台进行晃动。通过主动晃动，儿童可以自己调节晃动的节奏和幅度，有利于调动其参与的积极性。此法适用于多动症、身体协调不良的儿童。在摇晃的过程中，儿童还可以做一些其他的活动，如：

（1）让儿童体会不同的平衡感觉。如当儿童站立在平衡木上摇动时，可以通过手部姿势的变化如双臂伸展、双手叉腰或双手平举，来尝试不同的感觉。还可让儿童闭眼做上述动作，让他体会离开视觉补偿后身体的本体感觉和平衡觉。

（2）指挥儿童移动身体，如往前进一步，往后退一步，向右转，向后转，等等。

（3）当儿童站立在平衡台上一边摇动时，可增加一些手部的活动，例如：一边进行抛、接球练习10~20个慢慢增加到60个，发挥得好可做100~200个；还可以一边摇晃一边拍球。

（4）由指导者发出口令并示范，让儿童随着做下蹲和起立的动作，以及伸手、屈臂等动作。

◆ **备注**：平衡台游戏刚开始时，可练习摇动10~20下，以后逐渐增加，到60下时，平衡效果较容易发挥，再根据儿童的情况逐步增加到100或200下。

二、平衡木

平衡木可用木板专门制作，也可以用小方木或塑料积木摆放而成，宽度约10~15厘米。相对平衡台而言，平衡木较小，仅允许孩子双足并拢站立，高度20~30厘米，长度和方向可作不同变换。儿童在限制范围的平衡木上活动，通过脚—眼的协调和身体两侧的配合保持平衡。

训练时间：每周2~3次，每次20~30分钟。

活动一：走直线平衡木

（一）功能

1. 强化特殊儿童身体的双侧配合、平衡反应和视觉运动协调。
2. 帮助特殊儿童身体协调、空间知觉和运动企划能力的养成。

（二）方法

准备：平衡木一个，平行杠一个，绳索两条，皮球数个。

操作层次：

1. 将平衡木排成一排，让孩子在平衡木上踏步前进。
2. 将平衡木两端用绳索吊在平行杠上，让儿童伸展双臂走过。
3. 将平衡木排成平行的两排，让孩子两只脚各踏着一条平衡木前进。
4. 在孩子能够独立行走平衡木后，可要求孩子伸展双手进行上述活动。
5. 让孩子双手抱球进行上述活动。

活动二：行走其他形状平衡木

（一）功能

1. 强化特殊儿童身体两侧的配合，有利于前庭觉和平衡能力的提高。
2. 促进特殊儿童身体和视觉运动协调，以及运动企划能力的养成。

（二）方法

准备：平衡木一个，皮球数个。

操作层次：

1. 将高低不一致的平衡木交替排列成一条曲折的道路，中间还留有一定距离的空当，让孩子徒手走过。
2. 让儿童伸展双臂走过S形平衡木。
3. 让儿童抱球踏步或走过上述平衡木。

三、独脚凳

独脚凳就是只有一条腿的小板凳，唯一的那只腿应在板凳的中心。儿童坐在独脚凳上寻求平衡的过程，正是输入大量刺激的过程，再通过中枢神经系统的调节使个体的平衡得以保持。

训练时间：每周2～3次，每次20～30分钟。

活动一：坐独脚凳

（一）功能

练习特殊儿童伸展和保持身体平衡的能力，强化身体形象的概念。

（二）方法

准备：独脚凳两个，皮球数个。

操作层次：

1. 让儿童用手扶起独脚凳，慢慢将屁股坐上去，放开手，双脚支撑保持平衡。
2. 两人对坐着玩拍手游戏，看谁能够稳得住，不歪倒。
3. 两人一组离得稍远一些，玩抛、接球的游戏。

活动二：踢腿运动

（一）功能

1. 强化特殊儿童身体平衡的能力。
2. 促进特殊儿童手脚的协调。

（二）方法

准备：独脚凳一个。

操作层次：

1. 当儿童在独脚凳上坐稳后，让他双手叉腰，双脚交叉踢高或单脚连续踢。
2. 双手伸展：双手伸展平举或上举，再交替踢腿。
3. 手摸脚背：踢腿时伸手向前尽量去摸踢起来的脚背，可用单手摸同侧脚背或对侧脚背，也可双手一起摸。

四、太极平衡板

由一个圆形基座和两个不同图案套盘组成的平衡板，有大小两种规格，分别适合双、单人使用。如图 14-6 所示。

训练时间：每周 2～3 次，每次 20～30 分钟。

图 14-6

活动一：站立平衡板

（一）功能

1. 丰富特殊儿童的前庭觉刺激，促进其平衡能力的发展。

2. 强化特殊儿童身体姿势的调整。

(二) 方法

准备:太极平衡板一个。

操作层次:

1. 站立在太极平衡板上,双手平举,左右摇晃。
2. 指导教师扶着儿童双肩,嘱其一会睁眼,一会闭眼。

活动二:套盘运球

(一) 功能

1. 提高特殊儿童的平衡能力。
2. 训练特殊儿童手—眼协调和脚—眼协调能力。

(二) 方法

准备:太极平衡板一个,小球一个。

操作层次:

1. 当儿童能够站立在太极平衡板上并保持平衡后,让其两手托住套盘,将小球转入指定位置。
2. 当双手可以控制小球后,再延伸到用双脚来控制小球的走向。初期只要求孩子能在平衡板的外圈转动就可以了(一个人做或两个人同时做)。

五、平衡触觉板

该板是由 8 片曲线加 8 片直线触觉板组成的步道。如图 14-7 所示。

训练时间:每周 2~3 次,每次 20~30 分钟。

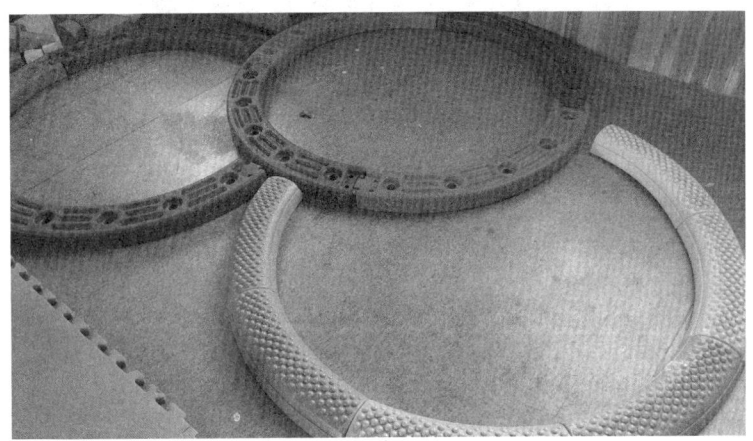

图 14-7

活动：行走平衡触觉板

（一）功能

1. 增强特殊儿童上下肢肌肉力量和关节及周围韧带的弹性。
2. 加强特殊儿童的触觉学习。
3. 强化特殊儿童身体的双侧配合和平衡反应。

（二）方法

准备：平衡触觉板一套，皮球数个。

操作层次：

1. 让儿童光脚或穿薄底鞋在平衡触觉板上行走。
2. 让儿童行走在任意拼搭的不同形状的平衡触觉板上。
3. 当儿童空手行走没有问题后，可进行抛接球，即将平衡触觉板摆成两排，孩子双脚踏在平衡板上进行抛接球。
4. 抱球走。
5. 倒走。
6. 闭眼走。
7. 头向右下方与肩夹球，慢慢前行。

六、平衡踩踏石

平衡踩踏石由塑料制成的半圆形，可有多种颜色选择。

训练时间：每周 2～3 次，每次 20～30 分钟。

活动：踩踏石行走

（一）功能

1. 发展特殊儿童的平衡能力和逻辑思考能力。
2. 发展特殊儿童的手—眼协调能力。

（二）方法

准备：平衡踩踏石一套，皮球数个。

操作层次：

1. 左右脚分别踩在踩踏石上，手握绳子向前走。
2. 左右脚分别踩在踩踏石上，手握绳子向后走。
3. 不用手扶着进行抛接球。

第五节 球类活动

一、大、小龙球

大、小龙球是直径 60~100 厘米的弹性充气圆球,可以承受 200 多公斤的重量,分触点和平面大龙球两种。大、小龙球的基本原理是通过其与身体的接触,强化身体肌肉的伸展能力,丰富前庭觉,促进儿童本体觉和平衡反应的发展。大龙球是练习身体和地心引力协调非常重要的教具,也是感统失调测评前庭平衡能力和重力感必不可少的教具。如图 14-8 所示。

训练时间:每周 2~3 次,每次 20~30 分钟。

图 14-8

案例:孩子不敢趴在大龙球上,原因何在?

文文,男,两岁六个月,无语言孤独症儿童,平时性格执拗,多动。当老师抱起他放在大龙球上时,不论是趴还是仰,孩子会似触电般一个鲤鱼打滚,从目前的姿势一直翻身,直至从球上滑下来。一段时间以来,此项训练一直搁浅。①

从案例中可以看出,该儿童存在着触觉防御过度、拒绝接受新事物的问题。例如:他不曾玩的玩具,或者没有吃过的东西,孩子有一种本能的抵触机制。这样的儿童,在进行训练时,需要不断鼓励,并让其尝试和体验,来逐渐增长其自信心和安全感,使其能够主动配合训练。

---

① 案例来自中国孤独症网:http://www.cautism.com/2005/10-5/10071055494.html

活动一:俯卧大龙球

(一)功能

1. 丰富特殊儿童的前庭觉,有利于其重力感的调整。
2. 发展特殊儿童的触觉统合能力。
3. 强化特殊儿童手—眼协调、双侧均衡操作控制,协助儿童练习运动企划,对特殊儿童语言发展和自我控制能力的帮助很大。

(二)方法

准备: 大龙球一个。

操作层次: 1. 让儿童俯卧在大龙球上,指导者抓住他的双脚,将两腿平举,并做轻微的前后推拉和左右转动,前后左右快慢的变化。或者指导者也可以用双手压住儿童的腰部,让大龙球做前后左右转动。此时指导者注意不要太快,让孩子自己努力保持平衡,以免从球上掉下来。同时当孩子在大龙球上,要教他练习如何用手、脚及头部的平衡来保护自己。如图14-9所示。孩子在大龙球上如果能抬头挺胸,并将手和上臂上举,则表示孩子的肌肉张力足以抗衡地心引力,保持抗重力的姿态。这类孩子在日常生活中当身体倾斜、跌倒或受到意外碰撞时,身体的保护性反射比较灵敏,双手伸展保护的能力也较强,头部较不易受伤;如果孩子头抬不起来,双手紧张地扶住龙球或不知所措,全身紧张僵硬,则表示身体和地心引力协调不良。这类孩子在日常的活动中容易发生磕磕碰碰,遇到突然碰撞时保护反射能力较差,较易受伤。因此这类孩子会显得比较胆小,动作不够灵活。那么指导者可扶住孩子的腿部,协助孩子保持平衡,消除紧张感。

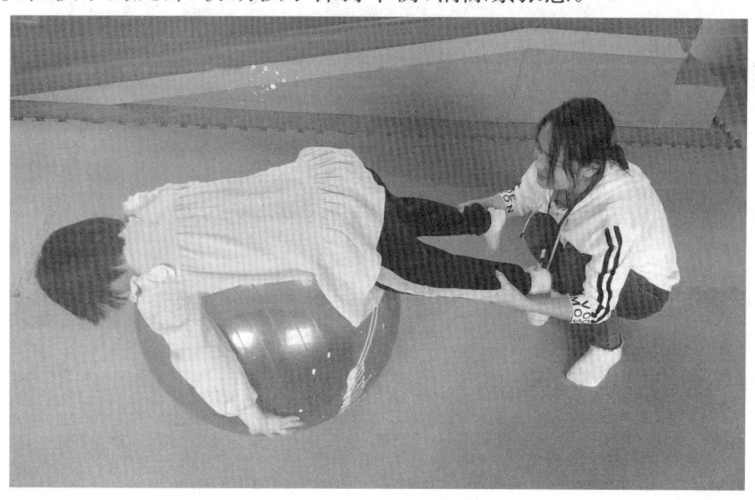

图14-9

2. 抓东西。让儿童俯卧在大龙球上,保持身体平衡,将目标物(小球、积木、绒布娃娃等)放置于儿童前面,儿童向前滚动时用手可以够得到的位置,指导者扶着儿童的脚协助儿童前后左右滚动,帮助他按要求抓取到目标物。该活动可以逐渐从60次增加到200次。

活动二：俯趴小龙球

（一）功能

1. 强化特殊儿童身体各部对重力的协调感。
2. 提高特殊儿童的自我控制能力。

（二）方法

准备：小龙球一个。

操作层次：

1. 可以用较小的弹力球置于儿童的腹部，让他趴在上面，双手双脚接触地面，教师扶着孩子的身体做前后左右推动。如图 14-10 所示。
2. 让儿童自己操作进行前后、左右及快慢地滚动，带动弹力球在腹部下面滚动。

图 14-10

活动三：仰卧大龙球

（一）功能

1. 促进特殊儿童全身关节和肌肉的感觉，帮助其锻炼运动企划能力。
2. 强化特殊儿童的颈部张力，丰富固有感觉和本体感的刺激。

（二）方法

准备：大龙球一个。

操作层次：

1. 让儿童仰躺在大龙球上，以腰部为支点，由指导者扶住儿童的腰和臀的部位，做前后的快慢推动和滚动。如图14-11所示。

2. 上述活动下，指导者扶住儿童的腰和臀的部位，做左右的快慢推动和滚动。

注意：在此活动之前，一定要先做好前面的俯卧大龙球的游戏，让孩子在熟悉大龙球的重力感后，再进行此活动，以免引起孩子的排斥心理。

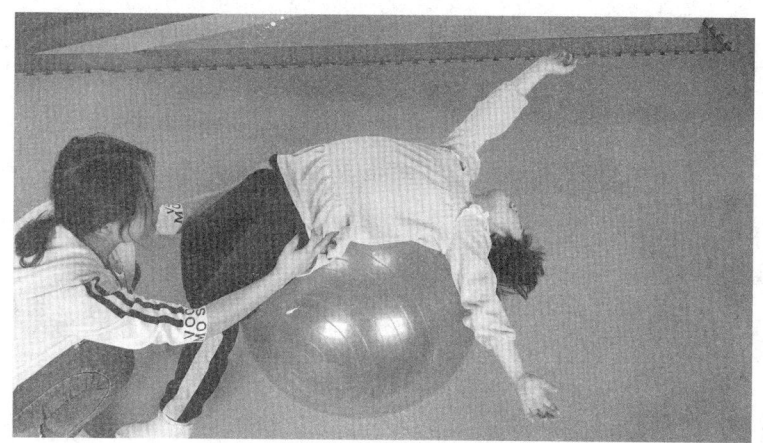

图 14-11

活动四：倚靠小龙球

（一）功能

1. 促进特殊儿童触觉的分化。
2. 提高特殊儿童的运动企划能力。

（二）方法

准备： 小龙球一个。

操作层次：

1. 将小型弹力球放在墙脚，让儿童颈、肩膀、后背或腰部靠在上面，扭动身体使球在身体和墙壁之间滚动，或晃动身体使之受到挤压。
2. 将小型弹力球置于两个儿童的背后或腰下，让儿童自己互相挤压。

活动五：坐大龙球

（一）功能

1. 增强特殊儿童身体和地心引力的协调，强化肌肉、关节的伸展能力，促进本体感觉和前庭觉的发展。
2. 训练特殊儿童的平衡能力和运动企划能力。
3. 强化特殊儿童对自己身体操作的信心及勇气。

（二）方法

准备： 大龙球一个，皮球或小环数个。

操作层次：

1. 将儿童扶坐在大龙球上，进行前后左右推动，让大龙球在儿童的屁股下面做前后左右的转动。

2. 也可扶着儿童的身体,利用大龙球的弹性进行有节奏地上下振动。

3. 对大一些的儿童指导者可以放手,指导他自己扶着墙壁、桌沿或其他扶手保持身体平衡,移动身体使大龙球进行前后左右的转动或利用自己身体的重量用屁股在大龙球上做上下振动。每次在训练中要尽量多做些摇晃动作。

4. 让儿童坐在大龙球上,由指导者协助保持球的稳定,指导儿童双手平举或叉腰保持平衡。

5. 让儿童坐在大龙球上,一名指导者协助扶持住大龙球,另一名指导者递球和小环给他,让他伸手接球并将球投入指定的篮子或将小环套在指定的目标上,也可由另一位指导者与他作抛、接球的练习。

注意:大龙球上的游戏可以持续摇晃60～200下不等。对不适应的儿童,可先做20下,逐步增加到60下,慢慢发挥调整重力感的功能,以后慢慢增加。

活动六:坐小龙球

(一)功能

1. 强化特殊儿童身体肌肉的伸展能力和前庭体系的发展。
2. 促进特殊儿童手眼协调和运动企划能力的发展。

(二)方法

准备:小龙球一个,皮球或套圈数个。

操作层次:

1. 将小弹力球放在儿童的屁股下,鼓励儿童屁股使劲往下压,设法坐扁屁股下的弹力球。

2. 让儿童坐在球上做各种游戏,如跟儿童面对面坐在球上玩指眼、耳、口、鼻的游戏或拍手游戏,及抛、接物品、套圈等游戏。

活动七:大龙球压滚游戏

(一)功能

1. 改善特殊儿童的触觉。
2. 提高特殊儿童对重力变化的感觉。

(二)方法

准备:大龙球一个,毛巾一块。

操作层次:

1. 让儿童俯卧在软垫上,指导者用大龙球放置在他身体的腰或臀的部位,慢慢地进行前后左右的滚动,或在上面进行轻轻压挤,压时可还稍用力给予上下振动。如图14-12所示。

图 14 - 12

2. 让儿童仰躺在软垫上,指导者用大龙球放置在他身体的腹部或腿部,慢慢地进行前后左右的滚动,或在上面进行轻轻压挤,压时可还稍用力给予上下振动。如图 14 - 13 所示。

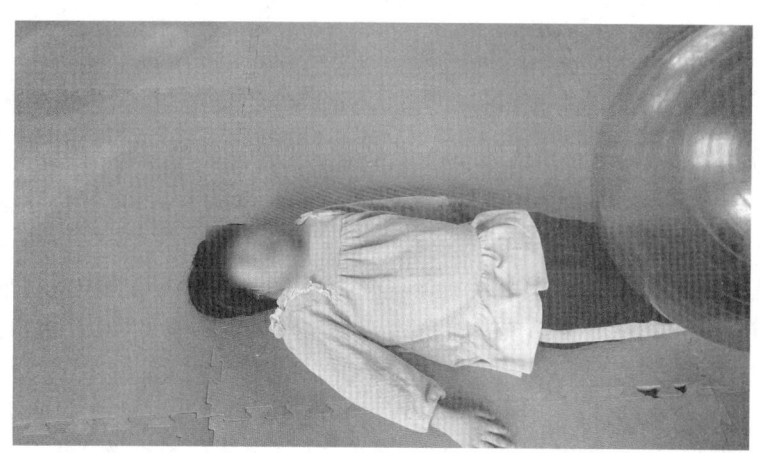

图 14 - 13

3. 在孩子身上加一块毛巾,或将大龙球的气体放掉一半,让孩子感到重力的变化。

活动八:大龙球上跳跃

(一) 功能

1. 增强特殊儿童身体和地心引力的协调,促进其本体感觉和平衡反应的发展。
2. 强化特殊儿童身体肌肉的伸展能力。

(二) 方法

准备: 大龙球一个。

操作层次:

1. 扶着儿童站立在大龙球上,先让他轻轻上下晃动。
2. 扶着儿童让其站在大龙球上,双脚交替踩压。
3. 扶儿童跳起来,让其体会落下去又弹起来的感觉。

二、羊角球

羊角球又叫跳跳球,因其身上长有两个手柄类似羊角而得名,如图 14-14 所示。羊角球主要是通过孩子抓握羊角跳跃的过程,来强化姿势反应和两侧的统合。

训练时间:每周 2~3 次,每次 20~30 分钟。

活动:骑羊角球

(一) 功能

1. 强化特殊儿童的姿势反应和双侧的统合,促进其高深程度的运动企划。

图 14-14

2. 改善特殊儿童前庭平衡不协调、触觉不敏感、本体感不足。
3. 训练特殊儿童的眼球控制力。

(二) 方法

准备: 羊角球一个。

操作层次:

1. 让儿童坐在羊角球上,双手握住把手,保持身体平衡,尽量用劲往下把球坐扁,再借助球的弹性进行上下振动。
2. 指导儿童坐在羊角球上,双手握住把手,身体自然屈曲,双脚蹬地往前跳动,同时用手握紧羊角球的把手,带动羊角球随身体一起往前后左右移动,高度也可随时做不同调整。
3. 当儿童能够熟练骑在羊角球上自由移动后,可对其增设一些规定或者比赛,如:

(1) 规定路线,让儿童沿指定的路线跳动,以使跳动的方向作前后左右及旋转等变化;

(2) 规定跳跃的高度和距离,在地上设定标识,要求儿童跳过去;

(3) 可让两个儿童以比赛的形式一起跳,看谁跳动的次数多;也可规定距离,要求儿童往返跳若干次,看谁先完成;

(4) 跳动时,指导者也可以在旁边绕圈,让儿童的视线随着你手中的物体作视觉追踪,也可丢球给他看。

示例：小青蛙跳荷叶①

活动目标：练习跨坐羊角球跳跃；通过活动，发展儿童的下肢力量，强化前庭刺激。

活动准备：羊角球、青蛙头饰若干（与儿童人数相等）、绿色硬纸板片做"荷叶"若干、纸做"害虫"若干、塑料筐3个。

开始部分：儿童戴好头饰后，老师说：美丽的春天到了，小蝌蚪慢慢变成小青蛙，你们还记得小蝌蚪是怎么变成小青蛙的吗？老师指导儿童骑坐羊角球上四散游泳、半蹲跳跃、撑地跳跃、四散跳跃。基本部分：跳荷叶。每只"青蛙"拿两片"荷叶"，自由结伴摆放在"池塘"中，练习在"荷叶"上轻轻跳（教师可根据儿童的能力，适当调整"荷叶"间距）。"青蛙"将所有"荷叶"四散放于"池塘"中，练习在"荷叶"上进行蹲跳、捉害虫。场地：在池塘一头画有起点，放着三个篓子，另一头是农田，农田里有害虫，小青蛙要站在预先画好的线后。

讲解规则及玩法：妈妈发出信号，小青蛙从线后出发，轻轻跳过一片荷叶，最后跳到农田里捉害虫，并从池塘两边做游泳动作回来，将害虫放入篓子，再次去捉。反复进行，直至害虫被捉完。

结束部分：结束评价，整理场地。

三、球类活动

球的种类很多，使用方法和作用也较广泛。

训练时间：每周2～3次，每次20～30分钟。

活动一：趴地推球、抛球

（一）功能

1. 增强特殊儿童的手臂力量，发展特殊儿童的身体运动能力。
2. 发展特殊儿童的眼球注视能力、双手协调能力。
3. 促进特殊儿童的语言发展。

（二）方法

准备：垫子一个，滑板一个，皮球数个。

操作层次：

1. 让儿童趴在垫子上，面对墙壁，距离墙壁约50厘米左右，挺胸、抬头，双臂离开垫子，双手将球水平推向墙壁，待球从墙壁弹回后接住再推向墙壁，如此反复。开始每天推球100次，一周后增加到200次，最多可增加至600～800次。

2. 让儿童趴在滑板上，面对墙壁，距离墙壁一米左右，双手抱一个小皮球或排球，往墙壁30～50厘米高的地方用力抛去，等球弹回时尽力接住弹回的球。

3. 让儿童一边推球或者抛球，一边数数，数数可以从最初的外化语言逐渐转变为内化语言。

---

① 新浪论坛 http://club.baby.sina.com.cn/thread-2735298-1-1.html

活动二：对墙壁打球、踢球

（一）功能

1. 提高特殊儿童双手和脚的协调能力。
2. 促进特殊儿童运动企划能力的发展。

（二）方法

准备： 皮球一个。

操作层次：

1. 让儿童手中拿一个小皮球，距离墙壁1米，面对墙壁站立，自行用力将球丢向墙壁，让球弹回，并尽量接住弹回的球。
2. 让儿童手中拿一个小皮球，距离墙壁1.5米，面对墙壁站立，自行用力将球丢向墙壁，让球弹回，并尽量接住弹回的球。
3. 让儿童手中拿一个小皮球，距离墙壁2米，面对墙壁站立，自行用力将球丢向墙壁，让球弹回，并尽量接住弹回的球。
4. 让儿童站着面对墙壁，用脚踢球，用脚接或再踢弹回的球。

活动三：拍球

（一）功能

1. 发展特殊儿童的手—眼协调能力。
2. 促进特殊儿童运动能力的发展。

（二）方法

准备： 皮球一个，平衡木一个。

操作层次：

1. 让儿童把球抛向地面，当球从地上弹起时再往下拍，看看能拍多少个。对于刚开始练习拍球的儿童，可以允许他跟着球跑，只要能接住弹起来的球就行。
2. 让儿童站立在原地拍球。
3. 要求儿童只能用规定的手推或拍球。
4. 要求儿童双手交替拍球。
5. 要求儿童站在平衡木上拍球。

四、球池活动

一个木制的或橡胶的池子，里面盛有塑胶软球或硬球，这种池子称为球池，也叫浮力球池或浴球池。海洋球池一般是由各种颜色、软硬适度、直径10 cm左右的塑料小球堆积而成。因其色彩鲜艳，往往又可以结伴玩耍，深受孩子们的喜爱。球池通过儿童身体与球的接触所产生的触觉刺激和前庭刺激，强化脑干部机能，从而改善触觉敏感或不足现象，提高个体的身体协调和平衡能力。球池还可用其他的材质来代替，使儿童体会不同的触觉刺激。比如可用塑胶颗粒、泡绵粒或旧报纸揉成一团团放入体积足够大的容器中代替球池，也可将干黄豆、绿豆、大豆、玉米粒等放入合适的容器中代替，发挥相同的功效。

训练时间:每周 2~3 次,每次 20~30 分钟。

活动一:球池游泳

(一)功能

1. 强化特殊儿童的触觉。
2. 调整特殊儿童身体的重力感。

(二)方法

准备:球池一个。如图 14-15 所示。

操作层次:

1. 进入球池。儿童可以各种方式进入球池,如轻轻跨入或用力跳入。
2. 让儿童慢慢坐下或躺下,将身体全部藏入球池中,接受球的挤压,加强对全身触觉系统的刺激和锻炼,以降低其触觉防御。
3. 在球池中转动手、脚,划动四肢或翻动身体,摆动头部、颈部,在浮力状态中呈游泳状。

图 14-15

活动二:球池踏步或跳跃

(一)功能

1. 提高特殊儿童触觉感受性的分化。
2. 培养特殊儿童的身体运动企划能力和身体协调性发展。

(二)方法

准备:球池一个。

操作层次:

1. 让儿童站在球池中,做踏步运动。
2. 让儿童在球池中做跳跃运动,承受不同重心及身体运动的感觉。
3. 确定一个目标,规定儿童以某种规定的动作(站着走、蹲着走、爬行、单脚跳、双脚跳)或沿某条规定的路径达到目标。

活动三:球池寻物

（一）功能

1. 培养特殊儿童的触觉分辨力。

（二）方法

准备:球池一个。

操作层次:

1. 将不同质地或大小的物体藏在球池中，让儿童寻找。
2. 将儿童分组，以比赛的形式开展，看哪一组找得快，找得多。

除上述活动外，在球池中还可充分发挥儿童的好动天性，创造出各种游戏，如飞机起飞、火车开动、太空人漫步、抛接球等游戏，以强化儿童的运动企划能力。

球池是一项儿童非常喜欢的活动，因此还可以将球池与其他的器材或活动联系起来，使儿童的身体感觉得到充分而完整的发展，也有助于儿童自信心的建立。下面介绍几种球池综合游戏，充分发挥球池活动的趣味性。

示例:找炸弹[1]

活动目标:培养儿童团结协作的精神及相互谦让的品质;统合全身肌肉,尤其是下肢的灵敏性及手—眼协调能力;培养儿童的观察力。活动准备:海洋球池两处。

开始部分:教师带领儿童来到球池旁进行行走练习。教师说:我们今天有一个任务,要将一个红色炸弹找出来,现在就出发。让儿童扮演寻炸弹的人。

基本部分:让儿童分两队,通过扒、拣等方式寻找目标球,每人找到一枚后即退出球池。另一名儿童进去找红色球,以下依次进行。儿童游戏,教师在旁提醒他们注意游戏规则。评比哪个队先找完红色炸弹球。小结:小朋友都很能干,没一会儿便寻找完了炸弹,这一次我要请一队小朋友自己埋炸弹,注意埋的时候一定要埋得深,埋得好,尽量不要让人发现。另一队儿童寻找红色炸弹。进行第二轮游戏。

结束部分:儿童平卧海洋球池内休息片刻。

活动四:跳跃击球

（一）功能

1. 发展特殊儿童的伸展能力和运动企划能力。
2. 训练特殊儿童的手—眼协调能力。

（二）方法

准备:球池一个;悬挂的皮球,红、黄、蓝三种颜色各1个。

操作层次:

1. 在球池旁边放置一个高约1米的木台,上方悬挂3个皮球,红、黄、蓝三种颜色各1个,让儿童自己登上高木台,从高木台上跳下。

---

[1] 新浪论坛 http://club.baby.sina.com.cn/thread-2735298-1-1.html

2. 当儿童可以克服恐惧感从高木台跳入球池后,可要求他先用手打击吊在球池上方的皮球,然后再跳入球池中。

活动五:飞身入池

(一)功能

1. 促进特殊儿童上肢力量的发展和视觉统合能力。
2. 增强特殊儿童的自信。

(二)方法

准备:球池一个,绳子一条。

操作层次:

1. 在距离球池较远处放置一个高木台,在球池与高木之中的上方悬挂一根绳索,让儿童登上高木台,双手抓住绳索,像荡秋千一样荡到球池的上方。
2. 跃入球池中。

活动六:软垫、球池、吊缆组合游戏

(一)功能

1. 丰富特殊儿童的前庭觉,提高其对重力的感受力。
2. 发展特殊儿童触觉反应及运动企划能力。

(二)方法

准备:球池一个,软垫一个,吊缆一个。

操作层次:

1. 让儿童爬上软垫,再由软垫滚入球池内。
2. 让儿童由阶梯爬上高木台,再上吊缆,让儿童先在吊缆上做各种动作。
3. 再由吊缆跳入球池,由球池出来再做一次前滚翻。

注意:部分触觉敏感的孩子,在最初可能会排斥这个游戏。这时,教师可以引导他在旁边观看其他儿童玩耍,或拿1~2个球让他先在外面玩,等其适应后再进入球池。

第六节 蹦床活动

许多儿童游乐场所都有弹性蹦床,用于家庭健身的小型蹦床或席梦思床垫也可发挥相同的作用。蹦床的原理是儿童在上下跳跃的过程中,使椭圆囊和球囊因直线加(减)速运动而产生兴奋。此时随着头部位置的改变,两者在空间的相对位置也发生改变,耳石就不同程度地牵拉毛细胞的纤毛以引起毛细胞兴奋,冲动经前庭神经传至前庭神经核,反射性地引起肌紧张的变化,从而维持了身体平衡。跳床的弹力可根据儿童的年龄段进行调整。

训练时间:每周2~3次,每次20~30分钟。

活动一：指导者辅助的蹦床活动

该活动适合于对蹦床有恐惧感或年龄太小无法独立使用蹦床的儿童，主要是让儿童通过成人的辅助，感受跳床的振动。

（一）功能

1. 提高特殊儿童前庭感觉的统合能力，培养其平衡感。
2. 促进特殊儿童全身肌肉本体感的形成。

（二）方法

准备：蹦床一个。如图 14-16 所示。

操作层次：

1. 由指导者和儿童一起坐在蹦床上，利用蹦床的弹性，以身体为支撑进行上下摇动。
2. 让儿童俯卧在蹦床上，由指导者站立跳跃，将儿童弹起，让儿童体会蹦床上下起伏的感觉。
3. 对于不敢上去或年龄较小的儿童，为减少他的恐惧，开始可由家长或指导者背着儿童一起在蹦床上跳跃。

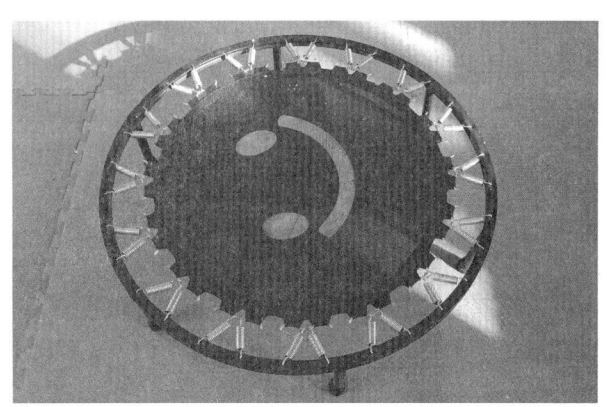

图 14-16

活动二：儿童自主跳跃

（一）功能

1. 协助特殊儿童形成正确的前庭—固有感觉。
2. 提高特殊儿童手—眼协调的能力及身体形象的建立。
3. 发展特殊儿童自力运动和运动企划能力。
4. 增强特殊儿童气息的流畅性，提高其声带的发音力量。

（二）方法

准备：蹦床一个，皮球一个，空篮子一个，悬挂的网篮和气球各一个。

操作层次：

1. 让儿童在蹦床上进行自由地跳跃。

2. 当儿童能够自由在蹦床上跳跃后,可尝试下列活动,使儿童的蹦床活动更有趣味和难度:
(1) 双手抱球在蹦床上跳跃;
(2) 双手抱球一边跳跃,一边唱歌;
(3) 让儿童与指导者做抛接球的游戏;
(4) 让儿童在蹦床上一边跳跃,一边将手中的球投入指定的篮子内;
(5) 蹦床上方悬挂一个网篮,让儿童跳跃时投球入网;
(6) 在蹦床的上方悬挂一个气球,让儿童每次跳起时击打目标。

活动三:双人跳跃

(一)功能
1. 训练特殊儿童相互之间的协调运动能力。
2. 增强特殊儿童视觉的稳定性。

(二)方法
准备:蹦床一个,小呼啦圈一个。
操作层次:
1. 让两个儿童面对面,手拉手站在蹦床上一起跳跃。
2. 让两个儿童共同拉着一个小呼啦圈一起跳跃。

注意:要求孩子在跳的时候是双腿同时起跳。蹦床训练的强度与训练时间要把握好,同时在整个过程中教师要注意每个学生的安全。

第七节　钻笼、滚筒活动

一、时光隧道

时光隧道是用塑料、金属或布料做成的隧道。有的滑梯设计成隧道的形式,可让儿童在滑行的同时体会光、声的改变。该活动具有一定的游戏娱乐特点,可以提高参与的积极性,增强训练效果。儿童在时光隧道中爬行时,身体接受到来自肌肉、肌腱、关节、韧带和骨骼等深层组织感觉传来的信息。儿童通过控制肌肉张力的肌梭,调节肌肉的张力和运用四肢的力度;通过接受肌肉附在骨头处的肌腱的信息,控制关节位置的状态和关节活动的方向及速度。

训练时间:每周 2~3 次,每次 20~30 分钟。

活动一:钻隧道

(一)功能
1. 帮助特殊儿童对自己身体的形象做出较正确的判断。
2. 促进特殊儿童的触觉统合。

3. 提高特殊儿童头、手、脚的协调,有助于儿童前庭感觉的调节。

（二）方法

准备：钻笼一个,毛巾、积木、海绵垫等若干。

操作层次：

1. 让儿童头在前、脚在后,自己设法爬进隧道里面,通过隧道从另一面爬出来。
2. 让儿童采用脚在先、头在后的方式倒着爬进去,通过隧道从另一端爬出来。
3. 在隧道内放置毛巾、积木、海绵垫等,让儿童以顺着或倒着的方式从一端爬进,另一端爬出。
4. 当儿童在隧道中爬行时,轻轻转动隧道,让儿童在滚动中爬行。转动时指导者应尽量和儿童说话,当儿童有不舒服的感觉时,应马上停止转动,协助儿童从隧道内爬出来。

活动二：隧道取物

（一）功能

1. 加强特殊儿童前庭体系的刺激和调整。
2. 发展特殊儿童的听觉、视觉统合能力。
3. 促进特殊儿童手、肘、肩、膝等关节的固有感觉输入。

（二）方法

准备：钻笼一个,积木、玩具等若干。

操作层次：

1. 在隧道内放置很多东西,要求儿童爬进去将指定的东西拿出来。
2. 让儿童一只手或双手拿着东西从隧道的一端爬进,从另一端爬出。

二、滚筒

滚筒是一个中空的,内、外均有海绵垫和帆布包裹的圆形木筒或金属筒或橡胶筒,高一米左右,内径约 50～60 厘米。几个游泳圈绑在一起可代替滚筒。滚筒上的平衡性动作是通过前庭感受器感知人体在空间的位置及其变化,并将这些信息向中枢传递,使人体对变化了的位置和姿势进行调节,以保持平衡。滚筒滚动的游戏则是通过个体半规管对身体旋转的角加速度的感知来调节平衡和保持姿势。

训练时间：每周 2～3 次,每次 20～30 分钟。

活动一：俯卧滚筒

（一）功能

1. 丰富特殊儿童的前庭觉,有利于其重力感的调整。
2. 发展特殊儿童的触觉统合能力。
3. 强化特殊儿童手—眼协调、双侧均衡操作控制,协助特殊儿童练习运动企划,对其语言发展和自我控制能力的帮助很大。

（二）方法

准备：滚筒一个,小球、积木、绒布娃娃等若干。

操作层次:

1. 让儿童俯卧在滚筒上,姿势与俯卧在大龙球上相同,由指导者扶着儿童的脚做前后晃动,要求儿童努力抬起头和颈部,尽量伸展双臂。

2. 抓物。让儿童俯卧在滚筒上,保持身体平衡,将目标物(小球、积木、绒布娃娃等)放置于儿童前面,儿童向前滚动时用手可以够得到的位置。指导者扶着儿童的脚协助儿童前后左右滚动,帮助他按要求抓取到目标物。

活动二:站立滚筒

(一)功能

1. 建立特殊儿童的运动企划能力。
2. 发展特殊儿童的平衡能力。

(二)方法

准备: 滚筒一个。

操作层次:

1. 将滚筒竖立,让儿童自己爬上滚筒,分开两脚,伸展双手,保持身体的平衡。尽量让儿童自己做,指导者在一旁注意保护,有困难时适当给予帮助。

2. 让儿童一边站立在滚筒上,一边唱歌。

活动三:滚筒隧道游戏

(一)功能

1. 训练特殊儿童头、手、脚的协调能力。
2. 丰富特殊儿童的触觉刺激。
3. 促进特殊儿童听觉、视觉统合能力的发展。

(二)方法

准备: 滚筒一个,毛巾、地垫、纸团、小塑胶颗粒等若干,积木或小玩具等若干。

操作层次:

1. 把滚筒当作隧道,自己玩爬进爬出的游戏,可以顺着爬进去,也可以倒着爬进去,还可以蹲在里面改变方向,如转弯或掉头。提醒儿童注意手、脚和身体的运用。

2. 在滚筒内放置不同材质的物品,如毛巾、地垫、纸团、小塑胶颗粒等,让儿童在滚筒内活动时可以体会到不同的触觉刺激。

3. 在滚筒中放置一些积木或小玩具等,等他爬进去后,让他按照指导者在筒外发出的指令,将指定的物品扔出来或拿在手中爬出来。

活动四:筒内滚动游戏

(一)功能

1. 促进特殊儿童建立对自己身体的控制能力。
2. 增强特殊儿童前庭—固有感觉和触觉刺激及身体颈肌张力反应。
3. 促进特殊儿童本体感的建立,强化身体形象概念。

(二) 方法

准备: 滚筒一个。

操作层次:

1. 让儿童爬进筒内,指导他将手指和手臂张开,注意保护头部,同时颈部用力支撑头部,不要把头靠在筒壁上。指导者轻轻推动滚筒转动,先按前进方向慢速转动若干圈。

2. 再往后退的方向转动若干圈。

活动五:滚筒内摇晃

(一) 功能

1. 促进特殊儿童前庭机能的全面发展。
2. 发展特殊儿童的本体感。

(二) 方法

准备: 滚筒一个。

操作层次:

1. 将滚筒口朝上立起来,让儿童蹲坐或站立其中,由指导者扶住筒口进行前后、左右摇晃。
2. 顺时针旋转滚筒。
3. 逆时针方向旋转滚筒。注意儿童的表情,若有不适,应立即停止。

第八节 浴盆活动

旋转浴盆的上部与普通的浴盆相似,不同之处在于它的底部呈弧形,四周有比较高的壁,儿童可蹲或坐在里面双手扶着浴盆的边缘进行前后、左右摇晃和回转,适用于两岁以上的儿童。浴盆活动的原理与前文所述的旋转性活动原理相同,都是通过对前庭器官的刺激来感知身体位置和调节眼球转动,从而帮助孩子保持平衡和提高运动企划能力。

训练时间:每周 2～3 次,每次 20～30 分钟。

活动一:坐或蹲在其中

(一) 功能

1. 发展特殊儿童的平衡能力和健全姿势。
2. 强化特殊儿童前庭—视觉间的协调,对身体位置、视觉空间及眼球转动的控制帮助较大。
3. 培养特殊儿童高度运动企划的能力。

(二) 方法

准备: 旋转浴盆一个,皮球数个,空篮子一个,套圈数个。

操作层次:

1. 让儿童盘腿坐或蹲在旋转浴盆中,由指导者在一旁扶着盆沿帮他回转。初期可以先做 180°的摇摆,帮助儿童逐渐适应,速度不宜太快,如图 14-17 所示。

图 14-17

2. 根据孩子的适应状况，再加到 360°的旋转，约 2～3 秒钟转一圈，并注意儿童的反应。可先向左回转，稍做停顿后再向右回转，也可连续往左回转几次，再连续往右回转几次。回转的速度也可适当变换。在旋转的过程中，可以发现刚开始孩子是在教师的辅助下旋转，然后慢慢以用自己的身体逐渐地控制旋转浴盆的力量从而达到旋转的目的。这个过程中孩子的本体感受觉也得到了一个充分的训练。如果是比较小的孩子，指导者可以在浴盆内垫上毛巾被，让孩子半躺在浴盆中。如果是女孩子的话要把头发扎起，以免在旋转的过程中压到头发。

3. 当儿童适应旋转浴盆以后，可适当地增加如下一些活动。

（1）投球：递给儿童一些球，让他投入指定的篮子或纸箱中，可以在浴盆周围不同的方向、不同的距离放置几个篮子或纸箱，经常变更投掷的方向和距离，让儿童寻找目标。

（2）套圈：给儿童一些小环，浴盆附近放置小木棒，让他将环丢向指定的木棒并尽量套住它，也可经常变换目标的方向和距离。

活动二：趴在旋转浴盆上

（一）功能

1. 提高特殊儿童对眼球转动的控制。
2. 促进特殊儿童平衡能力和姿势的健全发展。

（二）方法

准备：旋转浴盆一个。

操作层次：

1. 让儿童俯趴在旋转浴盆的盆沿上，努力保持身体平衡。儿童可以是双脚踩在盆沿、双手扶着盆沿的姿势，也可以是双手扶着盆沿、双腿跪在盆沿的姿势，还可以是四肢伸展、双上臂和大腿架在盆沿上，呈飞机飞翔的姿势。尽量让儿童自己上去，指导者可帮助扶持旋转浴盆，协助儿童保持平衡。

2. 等儿童踩稳、扶好之后，再轻轻回旋。指导者可一边回旋一边跟儿童说话，鼓励儿童抬起头来与你对视。

注意:旋转浴盆中的游戏每次可持续 10~20 分钟,但每次连续回转的时间不要超过 30 秒。

第九节　袋鼠跳活动

袋鼠跳是让儿童进入用灯芯绒布面或人造革等制成的袋子中,下半部身体装在其中,提起袋沿做袋鼠跳动状的趣味活动,如图 14-18 所示。袋鼠跳的活动原理和蹦床相似。

训练时间:每周 2~3 次,每次 20~30 分钟。

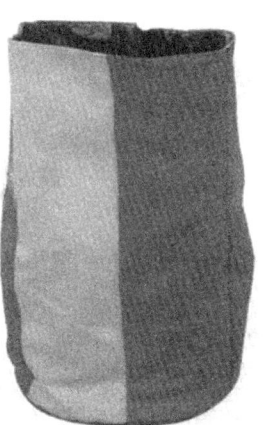

图 14-18

活动:看谁跳得快

(一) 功能

1. 强化特殊儿童前庭—固有感觉。
2. 发展特殊儿童手脚的协调运动能力和全身肌肉的紧张,促进本体感觉的成长。

(二) 方法

准备: 跳袋一个。

操作层次:

1. 让孩子进入袋中,双手提起袋沿,一起往前跳动,先不宜要求孩子跳得太快。
2. 当他慢慢体会手足协调,重心平衡的感觉后,再加大跳跃的幅度和改变跳跃的方向。
3. 可以让几个孩子同时比赛跳,看谁先到达终点。

注意:对体力不太好和不太能坚持的孩子,随时可以允许终止训练,也可以让孩子中途休息一下再继续;相反,对于那些特别好动和体力过剩的孩子则可以增加训练的量。根据孩子的体力,每次训练跳 5~10 个 6 米左右的距离。

示例:小刺猬运果子[①]

活动目标:在垫上做前滚翻动作,强化前庭刺激,抑制过敏的信息,调节身体姿势,增强本体感觉。

活动准备:海绵垫、跳袋若干、苹果图剪片(附双面胶)或用纸团。

开始部分:引导:小刺猬们,果园里的果子都熟了,我们穿上"外套"一起去果园运果子,好吗? 儿童人手一条跳袋,下身进入袋中,扮成小刺猬。

基本部分:小刺猬运果子示意图,如图 14-19 所示。

---

① 育儿论坛 http://bbs.ci123.com/post/13529340.html

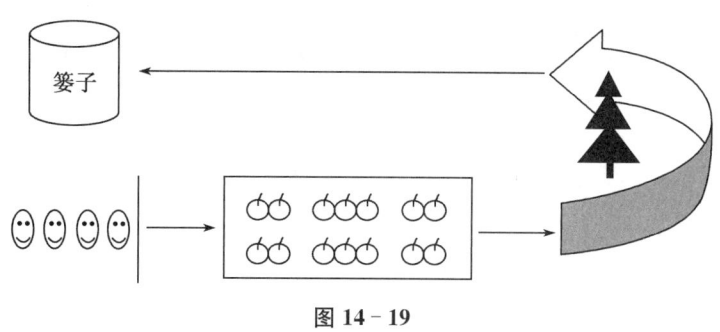

图 14-19

"小刺猬"跑到垫子前,侧身躺在垫子上,侧身向前翻滚,边翻边让果子黏在"外套"上,直至垫子边缘。鼓励"小刺猬"绕过树林跑回家,把"外套"上的果子摘下来放进篓子里。注意事项:在垫子上翻滚时,能灵活、协调地调整身体姿势,尽可能多地黏上果子;起身站立时动作迅速。

结束部分:小结,整理活动。

附表:感觉统合训练器材功能及活动归纳

功能	器材	活动
视觉和空间知觉协调	皮球、滑板、吊缆、插棍、太极平衡板、平衡踩踏石、球池	球类活动(如拍球、抛接球)、手眼协调的活动(如乌龟爬行、滑板上水平推球、吊缆秋千、吊缆插棍、套盘运球、走平衡踩踏石、球池跳跃击球)
听觉与空间知觉协调	钻笼、玩具	隧道取物
前庭与视觉协调	滑板、滑梯、皮球、吊缆、插棍、平衡木(台)、太极平衡板	滑板活动(如滑板过隧道、滑板上投球、滑板上水平推球、双人推球比赛、滑板上抛接球等)、滑梯活动(如滑板从滑梯滑下时捡球、推球、抛球等)、吊缆秋千活动(如吊缆插棍活动、圆筒帽上游戏)、平衡木(台)活动(如走平衡木、太极平衡板游戏)、球类活动
前庭与本体觉协调(保持平衡和姿势)	圆筒帽吊缆、圆木柱吊缆、游泳圈吊缆、浴盆、大龙球、羊角球、平衡踩踏车、独脚凳	旋转运动(如圆筒帽旋转、浴盆旋转)、摇晃运动(如采取俯卧位、仰卧位、侧卧位、头脚颠倒等体位进行秋千、吊缆、大龙球等游戏)、跳跃性运动(如蹦床、羊角球)、姿势反应性运动(如平衡踩踏车、滑梯腹部爬行)、速度感、位置感、距离感的体验(如滑板牵引滑行、乌龟仰躺、独脚凳)
本体觉(对身体形象的认知)	滑板、吊缆、滚筒	闭眼的滑板活动、直立吊缆活动、滚筒内滚动游戏
本体觉(身体平衡与协调性)	滑板、羊角球、平衡触觉板	身体上下肢的协调(如骑羊角球)、身体单双侧协调(如静态飞机、乌龟爬行、青蛙蹬、行走平衡触觉板)、肢体动作力度大小的控制(如滑板上抛接球)
触觉(触觉敏锐力和辨别力)和前庭觉、本体觉的协调	球池、平衡触觉板、大小龙球、钻笼	如球池、平衡触觉板、仰卧大龙球、倚靠小龙球、大龙球压滚、钻笼隧道、球池寻物、隧道取物

【本章小结】

感觉统合能力的正常发展不仅会促进儿童运动技能的发展,还是儿童学业、社交、个性和生活自理等能力发展的重要基础。特殊儿童由于其生理和心理缺陷,比正常儿童更容易出现感觉统合失调的问题,因此有必要对特殊儿童常有的感觉统合失调开展有针对性的感觉统合训练,以改善其动作和学业等方面的缺陷。本章主要针对儿童感觉统合进行相关概念、器材以及训练活动的介绍。本章共九节,主要内容涉及以下几个方面:

1. 感觉统合和感觉统合失调概念介绍,旨在让广大家长及相关工作者对这一问题有初步了解,以便在日常生活中能够正确对待感统失调的儿童。

2. 从第二节开始,主要介绍感觉统合训练中比较常用的器材,其中包括器材的名称、外形、训练时间、功能和使用方法。本章在介绍这些基本器材时,挑选的是在感统训练中最为常见和较基本的类型,如滑板、滑梯、吊缆、平衡木(台)、球类、钻笼、滚筒、旋转浴盆、袋鼠跳。尤其在使用方法中,以主题活动的形式来呈现每次训练,从易到难,循序渐进逐步提高训练的层次和难度,从而取得良好的训练效果。不仅仅是介绍如何进行主题活动训练,更重要的是为那些准备为儿童提供感统训练的准教师提供感觉统合训练活动设计的方法、思路,使他们在实际操作中规范、准确、有针对性。

【思考与练习】

1. 什么是感觉统合、感觉统合失调?

2. 学会辨认常用的感觉统合训练器材,并说明每一种器材的1~2种常见活动方式,并能利用玩具模型进行实物操作。

3. 针对智障儿童,选用适当的器材,分别设计一个改善平衡能力、触觉敏感、本体感、注意力、手眼协调能力和动作计划能力的感觉统合训练活动,并进行活动设计案例汇报。

要求:

(1) 根据感觉统合训练活动设计的方法,结合指定的主题,针对智障儿童设计一个训练活动。

(2) 所设计的活动需具备规范性、准确性、针对性、适切性、层次性、循序渐进性及可操作性。

(3) 所设计的活动在训练方法上至少包含2个层次。

4. 案例分析

小明上课坐不住,极容易分心,经常在学校打架,只和比他小的孩子玩,经常发脾气,特别是在他完成一些生活自理的任务时,如穿衣、吃饭、洗漱。小明无法长时间坐在椅子上而不摇晃,在书写和阅读活动中,还喜欢将他的头紧靠在手上。写字时,他的另一只手不能自如地帮他握住纸。此外,他握不紧笔,因此他表现出较差的运笔能力,写的字也不易辨认。

请问该儿童可能存在哪些感统失调?请为其提供一些具体的训练方法。

参考文献

[1] [美]David R. shaffer. 发展心理学——儿童与青少年[M]. 邹泓,等译. 北京:中国轻工业出版社,2005.
[2] [美]Neil R. Carlson. 生理心理学[M]. 北京:中国轻工业出版社,2007.
[3] 蔡文琴,李海标. 发育神经生物学[M]. 北京:科学出版社,2001.
[4] 曹莉莉,等. 多感官的应用[M]. 香港:明爱赛马会乐仁学校出版,1999.
[5] 陈文德编. 奇德儿——感觉统合积极疗法[M]. 台北:奇德儿幼教事业股份有限公司,1999.
[6] 陈英三,林南风,吴新华,等. 动作教育的理论与实践[M]. 台北:五南图书出版公司,1994.
[7] 董奇,陶沙. 动作与心理发展[M]. 北京:北京师范大学出版社,2002.
[8] 黄保法. 感觉统合与儿童成长[M]. 上海:少年儿童出版社,2006.
[9] 林崇德. 发展心理学[M]. 北京:人民教育出版社,1995.
[10] 罗伯特. V. 卡尔. 儿童与儿童发展[M]. 周少贤,等译. 北京:教育科学出版社,2009.
[11] 玛利亚·蒙台梭利. 蒙台梭利教育法[M]. 霍力岩,李敏谊,胡文娟译. 北京:中国人民大学出版社,2008.
[12] 毛连塭. 特殊儿童教学法[M]. 台北:心理出版社,1999.
[13] 倪朝民. 神经康复学[M]. 北京:人民卫生出版社,2008.
[14] 王辉. 行为改变技术(第二版)[M]. 南京:南京大学出版社,2014.
[15] 王辉. 特殊儿童感知觉训练讲义(内部资料),2011.
[16] 王振宇. 儿童心理发展理论[M]. 上海:华东师范大学出版社,2004.
[17] 吴汉荣. 儿童学习困难的预防及其矫治[M]. 武汉:华中师范大学出版社,2000.
[18] 熊哲宏. 你来知晓的20世纪最杰出心理学家[M]. 北京:中国社会科学出版社,2008.
[19] 许天威,等. 发展学习能力——儿童的游戏与教具[M]. 台北:五南图书出版有限公司,2000.
[20] 杨霞,叶蓉,等. 儿童感觉统合训练手册[M]. 上海:第二军医大学出版社,2007.
[21] 张福娟,马红英,杜晓新. 特殊教育史[M]. 上海:华东师范大学出版社,2000.
[22] 朱宗顺. 特殊教育史[M]. 北京:北京大学出版社,2011.
[23] 张馨,张文禄. 特殊儿童游戏化音乐活动60例[M]. 上海:上海教育出版社,2009.
[24] 郑信雄. 感觉统合游戏室——儿童学习障碍与多动症的治疗与矫正[M]. 北京:九州出版社,2004.

[25] 中国残疾人联合会.智力残疾儿童系统康复训练[M].北京:华夏出版社,1997.
[26] 朱智贤.儿童心理学[M].北京:北京师范大学出版社,2002.
[27] 方俊明,雷江华.特殊儿童心理学[M].北京:北京大学出版社,2011.
[28] 刘春玲,马红英.智力障碍儿童的发展与教育[M].北京:北京大学出版社,2011.
[29] 周念丽.自闭症谱系障碍儿童的发展与教育[M].北京:北京大学出版社,2011.
[30] 邓猛.视觉障碍儿童的发展与教育[M].北京:北京大学出版社,2011.
[31] 贺荟中.听觉障碍儿童的发展与教育[M].北京:北京大学出版社,2011.
[32] 赵微.学习困难儿童的发展与教育[M].北京:北京大学出版社,2011.
[33] 王和平.特殊儿童的感觉统合训练[M].北京:北京大学出版社,2011.
[34] 周念丽.特殊儿童的游戏治疗[M].北京:北京大学出版社,2011.
[35] 徐芬.学业不良儿童教育与矫治[M].浙江:浙江教育出版社,1997.
[36] 陈学锋,谢天壬.从容面对儿童的学习困难[M].北京:北京师范大学出版社,2002.
[37] 钟启泉.差生心理与教育[M].上海:上海教育出版社,2002.
[38] 刘翔平.学习障碍儿童的心理与教育[M].北京:中国轻工业出版社,2010.
[39] 刘翔平.让学习障碍儿童突破学习困难[M].北京:中国妇女出版社,2005.
[40] [美]Susan Winebrenner.学习困难学生的教学策略[M].刘颂,刘巧云译.北京:中国轻工业出版社,2005.
[41] 周平.学习障碍儿的教育指导[M].浙江:杭州出版社,2003.
[42] 彭聃玲.普通心理学[M].北京:北京师范大学出版社,2001.
[43] 王萍,高宏伟.家庭中的感觉统合训练[M].北京:清华大学出版社,2011.
[44] 于帆.中国儿童感觉统合游戏(0～6岁)[M].北京:中国妇女出版社,2011.
[45] 王顺妹.幼儿感觉统合游戏[M].上海:文汇出版社,2000.
[46] 蔡睿.早期丰富环境诱导中枢听觉功能可塑性的细胞分子机制[D].上海:华东师范大学博士论文,2010.
[47] 杨莉.注意缺陷多动障碍的表型研究[D].北京:北京大学硕士论文,2001.
[48] 郭丽敏,迟放鲁.姿势平衡中的感觉相互作用[J].上海医学,2003,26(4):258-261.
[49] 韩凯,林仲贤.学前儿童视、触大小知觉实验研究[J].心理学报,1983(3):329-335.
[50] 李灵,陶沙,董奇.动作教育及其发展的新趋势[J].辽宁师范大学学报(社会科学版),2002,25(3):46-49.
[51] 刘波,孔维佳,邹宇.应用海绵垫干扰本体觉分析正常人姿势平衡中的感觉整合作用[J].临床耳鼻咽喉头颈外科杂志,2007(4):62-165.
[52] 刘杰,孟会敏.关于布朗芬布伦纳发展心理学生态系统理论[J].中国健康心理学杂志,2009,17(2):250-252.
[53] 鲁利群,赵聪敏.丰富环境与神经可塑性[J].中国临床康复,2005(16):141-143.
[54] 马南,路来金,张敬莹,等.周围神经损伤后神经系统的可塑性[J].中国临床康复,2006,10(22):128-130.
[55] 蒲昭霞,赵聪敏.丰富环境对脑损伤后脑功能恢复的作用[J].中国临床康复,2005,9(21):184-185.

[56] 任桂英,王玉凤,顾伯美等.北京市城区1994名学龄儿童感觉统合失调的调查报告[J].中国心理卫生杂志,1995(9):70-73.

[57] 任园春,王玉凤.伴与不伴前庭功能失调的注意缺陷多动障碍患儿临床特点的对照研究[J].中华精神科杂志,2004(3):136-139.

[58] 森园彻志.颈部震动刺激对身体平衡的影响[J].国外医学耳鼻咽喉科学分册,1997,17(4):237-238.

[59] 王辉.培智校学生的感知觉局限与感知觉训练[J].现代特殊教育,2011(2):36-39.

[60] 谢玉丰.神经胶质细胞与突触可塑性研究新进展[J].生理科学进展,2007(2):111-114.

[61] 杨汉麟,李贤智.近代特殊教育的开路先锋———依塔德驯化野孩教育实验的历史回顾[J].华中师范大学学报(人文社会科学版),2007(7):119-124.

[62] 杨晓萍.蒙台梭利的自由教育和感官教育[J].西南师范大学学报(哲学社会科学版),1994(2):41-45.

[63] 曾桂香,王加林,等.视觉、听觉注意力缺损与学习障碍关系探讨[J].中国儿童保健杂志,2007(7):591-593.

[64] 曾桂香,赵亚萍,等.学习障碍儿童视觉、听觉注意力的变化[J].疑难病杂志,2011,10(5):370-371.

[65] 张通.运动控制理论简介[J].中国康复理论与实践,2001,7(1):42-43.

[66] 广州市越秀区培智学校,广州市教育科学研究所联合课题组.弱智儿童左右概念的测试研究[J].教育导刊,2002(2):62-77.

[67] 龚义进.学习障碍视觉空间障碍研究概述[J].中国特殊教育,2006(5):67-70.

[68] 王庆雄,静进,蔡小梅等.非言语型学习障碍儿童视觉空间认知特征与行为问题[J].中国心理卫生杂志,2005(1):15-18.

[69] 陈健.学习困难儿童感觉统合训练的应用[J].临床护理杂志,2003(3):37-38.

[70] 马玉,王立新,魏柳青等.自闭症者的视觉认知障碍及其神经机制[J].中国特殊教育,2011(4):60-65.

[71] 石学云.西安市学习障碍小学生感觉统合失调的调查研究[J].中国特殊教育,2006(10):60-63.

[72] 杭荣华,等.感觉统合训练改善注意缺陷多动障碍儿童行为、智力及执行功能的对照研究[J].中国心理卫生杂志,2010(3):219-223.

[73] 许晶莹,刘新民.感觉统合训练队多动症儿童的行为及智力的疗效研究[J].中国健康心理学杂志,2011(5):576-578.

[74] 于素红.智力落后儿童感觉统合失调状况调查报告[J].中国特殊教育,1999,(2):21-23.

[75] 郑静.一个自闭症儿童的初期训练[J].中国特殊教育,2004,(9):74-79.

[76] 仲炜,宋克林.感觉统合训练队达成特教目标的意义[J].现代特殊教育,2000,(5):21-22.

[77] 张挚,等.我国儿童感觉统合训练及其研究[J].教育探索,2008,(4):12-13.

[78] 李霞. 儿童感觉统合失调的矫治效果[J]. 学前教育研究,2004,(12):22-23.

[79] 周平. 浅谈学习障碍儿的感觉统合治疗[J]. 现代特殊教育,2000,(2):24-25.

[80] Ayres, A. J. Sensory integration and learning disorders. Los Angeles, CA: Western Psychological Services, 1972.

[81] Nitzan Mekel Bobrov, Sandra L. Gilbert, Patrick D. Evans, Eric J. Vallender, Jeffrey R. Anderson, Richard R. Hudson, Sarah A. Tishkoff, and Bruce T. Lahn. "Ongoing Adaptive Evolution of *ASPM*, a Brain Size Determinant in *Homo sapiens*", *Science* 9 September 2005:1720-1722.

[82] Viterho F, Trindade JC, Hoshino K, et al. Two end-to-side neurorrhaphies and neve graft with removal of the epineural sheath: experimental study in rats. Br J Plast surg 1994,47(2):75-80.

[83] Glen T Prusky, Candance Reidel, Robert M Douglas. Environmental enrichment fom birth enhances visual acuity but not place learning in mice. Behav brain Res 2000,114:11-15.

[84] Woodcock EA, Richardson R. Effects of Multisensory environmental stimulation on contextual conditioning in the developing Rat. Neurobiol Learn Mem. 2000,74:89-104.

[85] Schrijver NC, Pallier PN, Brown VJ, et al. Double dissociation of social and environmental stimulation on spatial learning in rats. Behav brain Res 2004,152:307-314.

[86] Patrick D. Evans, Sandra L. Gilbert, Nitzan Mekel Bobrov, Eric J. Vallender, Jeffrey R. Anderson, Leila M. Vaez Azizi, Sarah A. Tishkoff, Richard R. Hudson, and Bruce T. Lahn. "Microcephalin, a Gene Regulating Brain Size, Continues to Evolve Adaptively in Humans", *Science* 9 September. 2005:1720-1722.

[87] Horak FB. Assumptions under lying motor control for neurologic rehabilitation. In: Lister MJ. Contemporary management of motor control problems: proceedings of 2nd STEPconference. Alexandria, VA: Foundation for Physical Therapy,1991:5-10.

[88] Show. J. H. Clinical use of Benton Visual Retention Test for children and adolescents with learning disabilities. *Archives Clinic Neuropsychology*, 1998, 13(7):629-636.

[89] 搜狐科学. http://www.39kf.com/focus/lc/sjk/2008-07-03-498725.shtml. 2008-07-03.

[90] 中国教具网感觉统合训练视频教程. http://v.youku.com/v_show/id_XMTIyMTk2MTA4.html. 2012-05-07.

[91] 感觉统合教育在线培训指导. http://v.youku.com/v_show/id_XMjE4MzczODg0.html. 2012-05-08.